재일디아스포라와 글로컬리즘 2

정치 · 경제

동국대학교 일본학연구소 연구총서

재일디아스포라와 글로컬리즘 2

정치·경제

동국대학교 일본학연구소 편

보고사
BOGOSA

머리말

연구팀의 아젠다인 '재일디아스포라의 생태학적 문화지형과 글로컬리티'는 재일코리안 관련 자료를 총체적으로 조사·발굴·수집하고 이를 생태학적 관점에서 분석해 체계화된 문화지형을 구축하고, 이를 통해 '탈경계적이면서도 다중심적인' 글로컬리티의 관점에서 재일디아스포라의 삶과 사회적 기반활동을 규명하고자 한 학제 간 연구이다. 재일디아스포라에 관한 통합적인 연구는 오늘날 빠르게 다민족·다문화 사회로 재편되고 있는 한국과 일본 사회에 문화적 소수자와의 공존에 필요한 실천적 이론 모델을 제시했다는 점에서 의의가 있다.

연구총서 『재일디아스포라와 글로컬리즘 2 정치·경제』는 재일디아스포라의 정체성 정치, 재일디아스포라를 둘러싼 정치적 동학, 재일디아스포라와 동아시아, 재일디아스포라의 경제 네트워크라는 네 가지 범주로 구성하였다.

제1장 '재일디아스포라의 정체성 정치'는 재일디아스포라가 정체성을 위해 어떠한 정치적인 노력을 했는지를 다각도에서 검토한 글들을 수록했다. 먼저 「아이덴티티 변용의 측면에서 본 재일코리안」(이진원)은 초기 재일디아스포라의 민족문화 공동체에 대한 공통감각과 공동체 유지의 경향과 일본문화에 익숙해진 후기 재일 디아스포라들의 멘털리티의 변화를 주목한 경우이다. 「한민통의 한국민주화운동 - 1970~80

년대 활동을 중심으로–」(조기은)는 1970~80년대의 한국민주회복통일 촉진 국민회의 일본본부(한민통)가 전개한 한국민주화운동을 고찰한 글이다. 「샌프란시스코 일본군'위안부'기림비 건립 운동과 자이니치코리안의 정체성 정치」(이지영)는 샌프란시스코시 '위안부'기림비 건립을 주도한 재일디아스포라 단체인 'Eclipse Rising(ER)'의 정체성 정치를 살핀 글이다.

제2장 '재일디아스포라를 둘러싼 정치적 동학'에서는 다양한 측면에서 재일디아스포라에 대한 정치적인 다이내믹스를 분석한 글을 수록했다. 먼저 「재일디아스포라의 탄생–국적과 제도의 길항–」(신승모)은 패전/해방 후 재일디아스포라가 탄생하게 된 배경과 과정을 검토하며 국적(nationality)을 둘러싼 제국/포스트제국 일본의 법적 해석을 비판적으로 고찰한 글이다. 「냉전의 역학 속 '해방민족'–점령기 일본의 재일조선인에 대한 치안정책–」(이승희)은 1945년 8월 패전의 시기로부터 1952년 8월 대일강화조약 체결까지 재일디아스포라에 대한 GHQ/SCAP과 일본 정부의 치안정책의 추세를 정리한 글이다. 또한 「일본 헤이트스피치 해소법」(이진원)은 일본의 헤이트스피치 해소법의 성격을 정리한 글이며, 「일본 조선학교 고교무상화 배제의 정치과정」(권연이)은 일본 민주당과 자민당 정권기에 이루어진 고교무상화 제도의 도입과정과 조선학교 배제의 경로를 살핀 글이다.

제3장 '재일디아스포라와 동아시아'는 동아시아 정치 및 경제의 수준에서 재일디아스포라가 가지는 의미를 살펴본 글들을 모았다. 「재일조선인 혐오의 계보와 인권운동–고마쓰가와 사건, 김희로 사건, 히타치 투쟁을 중심으로–」(이영호)는 일본 사회에서 재일디아스포라를 대상으로 발생한 혐오 사건의 계보를 정리하고, 고마쓰가와 사건, 김희로 사건, 히타치투쟁 등을 조명하여 재일디아스포라 인권운동의 의미와

역할을 규명한 글이다. 「일본의 외국인 참정권 논쟁」(이진원)은 일본의 외국인 참정권 정책을 쟁점별로 분석한 글이다. 「5.18광주민주화운동과 재일동포사회」(임영언)는 1980년 5.18을 전후로 글로벌 허브 역할을 담당했던 일본 언론과 미디어의 보도 행태를 고찰한 글이다. 「재일조선인 북한송환 사례와 인권 정치」(강여린)는 냉전기인 1959년부터 재일디아스포라 북한송환 후 NGO인 '모두 모이자'의 설립자 활동을 분석한 글이다. 또한 「자이니치 인권운동과 유엔」(강여린)은 냉전기 재일디아스포라의 북한송환에 대한 유엔 북한인권조사위원회의 반응과 냉전기 재일교포 북송문제에 대한 인권 운동을 고찰한 글이다.

제4장 '재일디아스포라의 경제 네트워크'는 재일디아스포라의 경제적인 활동에 대해 고찰한 글들을 모았다. 우선 「재일코리안의 고베(神戸)·나가타(長田) 지역 고무산업 진입 과정과 케미컬슈즈의 탄생」(김웅기)은 고베 나가타지역의 토종산업인 케미칼슈즈 제조업의 발전과 함께 재일디아스포라의 정착과정에 주목한 글이다. 「재일(在日)한인 기업가의 등장과 사회적 배경 특성」(고광명)은 재일디아스포라 기업가들의 유형과 기업특성의 차이에 주목한 글이다. 「북한의 상업거래 관행-재일상공인과 남한 기업인의 사례를 중심으로-」(남근우)는 북일무역과 남북교역이 중단된 2010년 이전을 중심으로 총련계 재일상공인과 남한 기업인들이 북한교역에서 경험했던 비정상적인 거래 관행을 실증적으로 논의한 글이다.

이번 연구총서의 발간은 동국대학교 일본학연구소의 그간의 연구활동의 결실이자 재일디아스포라의 총체를 이해하기 위한 초석이 될 것이다. 이번 연구총서 발간에 도움을 주신 故이시가미 젠노(石上善応) 교수님, 故이희건 회장님, 김종태 사장님, 왕청일 이사장님께 감사의 말씀을 드린다. 그리고 이번 연구총서 발간에 함께 해주신 모든 선생님들께 깊은 감사를 드린다.

2023년 겨울

재일디아스포라의 생태학적 문화지형과 글로컬리티

연구팀을 대표하여

김환기 씀

차례

제4장 _ 재일디아스포라의 경제 네트워크

제1장

재일디아스포라의 정체성 정치

아이덴티티 변용의 측면에서 본 재일코리안

이진원

1. 머리말

1945년 일본이 전쟁에서 패하기 전부터 일본으로 이주하여 거주하고 있던 한민족에 대한 칭호에 대해서는 많은 변화와 논란이 있었다. 식민지 시절 이들에 대해 일본사람들은 '조선인'이라고 불렀으며 일본이 패망하여 한반도에서 정부가 세워지기 전까지는 '재일조선인'이라고 불렀다. 그 후 한반도가 분단되어 이념을 달리하는 대한민국과 북한의 두 개의 정부가 수립되자 일본 내에 거주하고 있던 한민족도 대한민국을 조국으로 하는 '한국 국적'과 북한을 조국으로 하는 '조선 국적'으로 나뉘어졌다. 일본 정부는 한반도에서 국교를 맺고 있는 유일한 국가가 대한민국이라는 점을 고려하여 이들 모두를 '한국 국적'으로 취급하고 있었지만 일본 사회에서는 통상 이들을 '재일한국, 조선인'이라고 불렀다. 그 후 일본에 거주하고 있는 한민족들은 국적을 따지지 않고 일본 사회에서 살고 있는 자신들을 '재일코리안'으로 부르기도 하였으며 '코리안 재패니즈'라고 부르자는 제안도 있다.[1)]

1) 이러한 칭호 중 어느 것이 가장 적합한 칭호인가에 대해서는 많은 논란이 있을 수

이러한 칭호의 변화는 일본에 거주하는 한민족의 역사와 성격 그리고 아이덴티티의 변용을 엿볼 수 있는 것이다. 즉 이들이 일본에서 차지하고 있는 위상의 변화가 매우 많았다는 것을 말하여 주는 것이고 이로 인해 이들의 의식과 생각 또한 많은 변화가 있었다는 것을 말하여 주는 것이다.

소수자들의 정체성 연구에서 많은 업적을 남기고 있는 마누엘 카스텔(Manuel Castells)이 소수자의 아이덴티티는 '저항적 정체성'에서 '기획적 정체성'으로 변화한다고[2] 설명하고 있듯이 일반적으로 소수자들의 아이덴티티는 시간이 지나 세대가 변하면서 그 모습을 달리한다. 따라서 일본에 거주하는 한민족들의 1세와 2세 그리고 3세와 4세는 자신들이 처한 상황도 변하고 생각도 달라졌다. 그렇지만 이들의 변화가 마누엘 카스텔이 설명하고 있는 것과 같이 '저항적 정체성'에서 '기획적 정체성'으로 변화하고 있지도 않다. 앞에서 일본에 거주하고 있는 한민족들에 대한 칭호의 변화로부터 이들의 특수한 상황을 알 수 있었듯이 이들은 일본 사회에서 매우 특수한 역사적 경험을 갖고 있다. 그렇기 때문에 이들의 아이덴티티의 변용도 다른 시각에서 설명하지 않으면 안 된다.

이 글은 이러한 문제의식에서 출발하여 일본에 거주하는 한민족들의 아이덴티티를 보다 명확하게 분석해 보고자 한다. 이를 위해 이들의 특수한 역사적 경험은 무엇인가를 살펴보고 이를 바탕으로 이들의 아

있지만 이 글에서는 한반도가 분단되기 이전인 식민지 상태에 있던 시대부터 현재까지를 분석의 대상으로 하고 있기 때문에 '재일코리안'이라는 칭호를 사용하고자 한다. 따라서 분석의 대상은 1980년대 이후 일본으로 이주한 뉴커머가 아닌 올드커머로 한정한다.

2) 마누엘 카스텔 지음, 정병순 옮김, 『정체성 권력』, 한울, 2008.

이덴티티의 변용을 살펴볼 것이다. 아이덴티티의 변용을 살펴보기 위해 이 글에서는 일본의 도쿄(東京)와 오사카(大阪) 지역을 중심으로 2010년 1월부터 10월까지 수집한 15개의 사례의 심층면접 자료를 활용하였다.[3)]

2. 재일코리안의 위상의 변화와 특징

1) 특수한 일본인으로서의 조선인

일본에서 거주하는 한민족이 급격하게 증가한 것은 이들이 일본 국적으로 '조선인'으로 불리었던 1910년 한일강제병합 이후이다. 그 이전인 1909년에는 일본에 사는 한민족의 숫자는 공식적으로는 790명이었고[4)] 실제로는 천여 명이 넘었을 것으로 추산하고 있다. 이들은 주로 탄광, 철도공사 등에 투입된 노동자와 행상인인 엿장수 등[5)] 하층계급이었다.

역사적으로 일본에 거주하는 조선인이 급증하게 된 것 계기는 일본 정부가 한반도에서 실시한 '토지조사사업'으로 보고 있다.[6)] 한반도 농민들의 토지경작권을 강제로 박탈하여 토지에서 이탈한 농민들은 도시로 이주하였고 그중 일부는 일본으로 이주하였다. 그 결과 일본 거주

3) 심층면접 대상자는 남녀별로는 남성이 3명, 여성이 12명, 연령별로는 20~30대 4명, 40~50대 7명, 80대 3명, 미파악 1명이다.

4) 中尾宏, 『在日韓国朝鮮人問題の基礎知識』, 明石書店, 2005, p.10.

5) 福岡安則, 『在日韓国朝鮮人』, 中公新書, 2008, p.22.

6) 歴史教科書在日コリアンの歴史作成委員会 編, 『歴史教科書 在日コリアンの歴史』, 明石書店, 2010, p.9.

'조선인'의 숫자는 1911년 2,527명에서 토지조사사업이 끝나는 1918년에는 22,411명으로 10배가 증가하였다.[7)]

1920년의 '산미증산계획'의 실시도 일본 내에 조선인이 증가하게 된 배경이다. 부족한 쌀을 한반도에서 보충하려 한 일본 정부는 한반도의 쌀 증산계획을 수립하고 이를 위해 필요한 수리시설 확충 등의 비용을 농민에게 떠넘김으로써 농민들을 토지에서 이탈하여 그중 일부가 일본으로 이주하는 계기를 만들었다. 이로 인해 일본 거주 '조선인'의 숫자는 1924년에 118,152명으로 급증하게 되었다. 일본으로 건너오는 '조선인'의 수가 증가하자 일본 정부는 실업률 증가 등을 염려하여 1919년 한민족의 일본 도항 금지제도를 실시하였다. 또한 1929년에는 한반도에 사는 조선인이 일본으로 가기 위해서는 거주지 경찰서의 소개서를 필요로 하는 등의 조치를 취하였다.[8)] 즉 한일강제병합 이후 공식적으로 일본 국적인 한반도의 조선인은 식민지 국가의 국민이라는 이유로 식민 지배국인 일본으로 가는 것조차 자유롭지 못하였다.

'토지조사사업' '산미증산계획'으로 '조선인'이 일본에 이주하게 된 것은 결국은 생활을 영위하기 위한 경제적 이유에서였다.[9)] 그렇지만 1930년대에 들어서면서 일본 거주 '조선인'의 증가는 '직접적인 강제연행'에 의해 이루어졌다. 1937년 중일전쟁이 발발하면서 많은 일본의 젊은 노동력은 전장으로 내 몰렸고 일본 내에서는 노동력 부족현상이 일어났다. 부족한 노동력을 보충하기 위해 일본 석탄연합회에서는 '반도 노동자의 단체 이입 및 보호광부(죄인노동)의 입광허가'를 요구하였

7) mindan http://www.mindan.org/shokai/toukei.html#01(2011/2/4)

8) 中尾宏, 『在日韓国朝鮮人問題の基礎知識』, p.11.

9) 이에 대해 나카오는 '간접적' 강제'에 의한 일본 이주라고 하였다.(中尾宏, 『在日韓国朝鮮人問題の基礎知識』, p.11)

고 일본 정부는 이에 응하여 '조선인 노무자 모집 요강' 및 '도항 취급 요령'을 조선 총독부와 협의하여 결정하였다. 이 사업은 한반도 전 지역에서 '인원공출'을 할당하는 방식으로 추진하여 한반도의 조선인은 일본으로 강제연행되기 시작하였다.[10] 보다 강제적인 조선인 연행은 1938년 '육군특별지원병령'으로 많은 조선인들이 일본군대로 징집되었고 전쟁의 막바지인 1944년에는 조선인에게 징병령이 실시되어 17,066명의 젊은 조선인들이 일본군의 병사로 동원되었다.[11] 이와 함께 정확한 숫자는 파악되지 않았지만 많은 젊은 조선인 여성들이 '일본군 위안부'라는 이름으로 강제로 연행되었다.

즉 일본식민지 시절 일본으로 이주한 '조선인'들은 정상적인 방법으로 일본에 거주하기 시작한 것이 아니었다. 따라서 이들은 일본 내에서 영세한 공장의 노동자나 청소업 등 잡역직에 일본인의 반 이하의 저임금으로 고용되었고 엿장수나 고물상을 운영하면서 얻은 낮은 수입으로 일본 사회 내에서 최하층을 구성하였다. 그리고 직·간접적 강제에 의해 고향을 떠나 타지에 사는 외로움을 달래기 위해 자신들만의 집단 거주지를 형성하여 고향에서의 생활방식을 고집하면서 살아갔다. 또한 이들은 국적인 일본이었지만 식민지 출신이라는 이유로 차별과 멸시의 대상이 되었다.[12]

10) 歴史教科書在日コリアンの歴史作成委員会 編, 『歴史教科書 在日コリアンの歴史』, pp.46~47.

11) 歴史教科書在日コリアンの歴史作成委員会 編, 위의 책, p.53.

12) 歴史教科書在日コリアンの歴史作成委員会에서 편찬한 『歴史教科書 在日コリアンの歴史』의 제2장 '해방전 재일조선인의 생활'에서는 일본 사회에서의 재일 조선인들의 차별에 대해 매우 상세하게 설명하고 있다.

2) 특수한 외국인으로서의 재일 한국 조선인

1947년 일본 정부는 '외국인등록령'을 발표하여 일본 국적을 갖지 않은 자를 외국인으로 규정하면서 "대만인 가운데 내무대신이 정한 자 및 조선인은 이 칙령의 적용에 대해서는 당분간 이를 외국인으로 한다."[13]라고 하였다. 일본 정부는 식민지 시대 직 간접적인 강제 연행으로 일본에 거주하게 된 조선인과 대만인의 일본 국적을 박탈하고 외국인으로 취급하였다. 일본을 점령한 연합국 점령군도 마찬가지였다. 식민지 지역 출신으로 일본 국적을 갖고 있던 사람들에 대해 처음에는 해방 국민으로 취급하였으나 1948년부터는 일본인도 아니고 그렇다고 일본 국적에서 이탈한 것도 아닌 특수한 지위를 가진 국민으로 취급하였다.[14] 따라서 재일 한국 조선인들은 일본인으로서의 권리를 부여받지 못하였고 자신들의 권리를 주장할 수도 없는 입장이 되었다. 오히려 이들은 일본 정부에 의해 '귀찮은' 존재로 취급을 받았고 치안유지를 위해서는 '관리'를 해야 하는 대상이었다.[15] 일본 정부는 1951년에 출입국관리령에 "입국경비관은 용의자, … 해당한다는 의심이 있다는 상당한 이유가 있을 때 수용명령서에 의해 그들을 수용할 수 있다."라고 규정함으로써 재일 한국 조선인들을 외국인으로서 언제든지 강제퇴거할 수 있는 근거를 마련하였다. 이에 더하여 일본 정부는 재일 한국 조선인을 잠재적인 범죄인으로 취급하여 1952년 외국인 지문날인제도를 실시하여 이를 거부할 경우에는 체포될 수 있는 규정을 만들었다. 일본의 식민지정책에 의해 한반도에서 모든 생활을 기반을 잃고

---

13) Wikisource　http://ja.wikisource.org/wiki(검색일: 2011.03.28.)
14) http://www.chosun.com/politics/news/200508/200508260151.html(검색일: 2011.03.28)
15) 福岡安則,『在日韓国朝鮮人』, p.48.

직·간접적으로 연행되어 온 재일 한국 조선인들은 자신들이 생활기반을 닦아 온 일본에서 언제든지 추방될 수 있는 상황에 처하게 되었다.

재일 한국 조선인들의 불안감이 다소 줄어든 것은 1965년 한국 정부와 일본 정부가 한일국교정상화를 기하여 "대한민국과 일본국 간의 일본국에 거주하는 대한민국 국민의 법적 지위와 대우에 관한 협정"을 체결이다. 여기에서는 "대한민국과 일본국은 다년간 일본국에 거주하고 있는 대한민국 국민이 일본국의 사회와 특별한 관계를 가지게 되었음을 고려하여 이들 대한민국 국민이 일본국의 사회 질서 하에서 안정된 생활을 영위할 수 있게 하는 것이 양국 간 및 양국 국민간의 우호관계 증진에 기여함을 인정하여 다음과 같이 합의하였다."[16]라고 하여 재일 한국 조선인에 대한 특수한 위치를 전제로 한 협의 안을 만들었다. 이 협정 안으로 재일 한국 조선인의 영주 허가를 용이하게 하였으며 강제 퇴거에 대한 불안감을 제거하였다.

그 이후 재일 한국 조선인들은 자신들이 지금까지 일본 사회에서 특수한 위치에 있다는 것을 근거로 권리를 찾는 운동을 펼쳤다. 취업 등에서의 국적 조항 철폐 운동이 그중의 하나이다. 1970년 히타치(日立) 취업차별 사건을[17] 계기로 취업에서의 국적 조항 철폐운동이 시작되었다. 이때 재일 한국 조선인들의 주장은 일본에서 재일 한국 조선인으로 살아가가 위해서는 자신의 의사와 상관없이 일본명(通名)을 사용

16) 대한민국과 일본국간의 일본국에 거주하는 대한민국 국민의 법적 지위와 대우에 관한 협정. http://www.chosun.com/politics/news/200508/200508260151.html(검색일: 2011.03.28.)

17) 일본에서 태어나 일본 학교에서 교육을 받고 일본에 살면서 일본인과 다름없이 일본어를 구사하지만 취업당시 원래의 이름을 사용하지 않은 채 취업을 한 사실과 단지 국적이 일본이 아니라는 이유로 취업에 차별을 받는 것에 대한 저항운동이었다.(歴史教科書在日コリアンの歴史作成委員会 編, 『歴史教科書 在日コリアンの歴史』, p.98.)

하지 않으면 안 되었다는 내용으로 일본 사회에서 특수한 위치로 살아가지 않으면 안 되었던 재일 한국 조선인들의 입장을 근거로 하고 있다. 1976년 사법시험에 합격하였지만 일본 국적을 갖고 있지 않다는 이유로 귀화를 강요받은 사건도 발생하였다. 이러한 재일 한국 조선인들의 저항운동에 대해 일본의 사법부는 재일 한국 조선인의 주장을 인정하여 재일 한국 조선인들의 일본 사회에서의 특수한 위치를 확인하였다.

3) 특수한 소수자로서의 재일코리안

전후 일본은 경제적으로는 눈부신 경제성징을 이룩하여 경제대국이 됨과 동시에 사회적으로는 저출산 고령화의 급속한 진행으로 노동인구가 감소하여 다른 나라의 국민들을 필요로 하였고 많은 외국인들이 일본으로 이주하여 오기 시작하였다. 이러한 움직임에 보다 박차를 가한 것은 세계화라는 국제 환경의 변화이다. 세계화 현상으로 물건, 정보, 사람, 돈 등은 국경을 초월하여 자유롭게 이동하였고 이러한 현상은 일본에도 영향을 미쳐 1988년 이후 일본 내에 거주하는 외국인의 숫자는 증가하기 시작하여 일본의 외국인 등록자는 1985년 85만에서 2000년에는 168만 명을 넘어 현재 일본 총인구의 1%를 넘어서고 있다.

외국인 등록자 수[18)]

〈단위: 명〉

1985	1990	1995	2000	2005	2006	2007	2008
850,612	1,075,317	1,362,371	1,686,444	2,011,555	2,084,919	2,152,973	2,217,426

이러한 현상에 대응하여 일본 정부가 취한 정책은 '다문화 공생'이

18) 日本の統計, http://www.stat.go.jp/data/nihon/index.htm#mokuji(검색일: 2011.03.29.)

다. 2006년과 2007년에 총무성(總務省)이 작성한 "다문화 공생 추진에 관한 연구회 보고서"에서는 '다문화 공생' 정책의 추진 배경으로 "1970년대까지는 일본의 외국인 주민의 대부분은 재일 한국 조선인 즉 종전 전부터 계속해서 일본에 재류하고 있는 한반도 출신자 및 그 자손들이었다. 그러나 1980년대 이후 경제 활동의 국제화가 진행됨에 따라 국경을 초월하여 사람들의 이동이 활발하게 되었다."라고[19] 설명하고 있다. 그리고 구체적으로 추진해야 할 정책으로 '지역에서의 정보의 다 언어화 및 일본어 및 일본 사회에 관한 학습지원을 체계적으로 검토할 필요가 있다.'는 제언을 하였다. 2007년의 보고서는 좀 더 구체적으로 "(1) 지역에서의 정보 다언어화 추진의 구체적인 방법 … F 행정 정보의 다언어화의 계획적인 추진, G 통역 번역 서비스 충실, (2) 일본어 및 일본 사회에 관한 학습지원의 구체적인 방법 … C 일본어 및 일본 사회에 관한 학습 지원, E 영주허가 취득 시 일본어 능력 고려"를 제시하고 있다.[20]

그렇지만 이러한 일본 정부의 외국인 정책은 앞에서 언급한 총무성의 보고서에도 설명한 바와 같이 일본 정부는 과거부터 일본 사회에 거주하고 있던 재일코리안에게는 적용되지 않는다. 같은 외국인으로 일본 사회에서는 소수자의 입장에 있지만 일본에서의 커뮤니케이션에 곤란함을 겪지도 않고 일본 문화와 관습에 낯설지도 않아 일본 사회에 대한 이해가 부족하지도 않다. 즉 세계화된 일본 사회에서도 재일코리안은 다른 외국인들과는 달리 특수한 소수자라고 할 수 있다.

19) 多文化共生の推進に関する研究会報告書(平成17年度) http://www.soumu.go.jp/kokusai/pdf/sonota_b5.pdf(검색일: 2011.03.18.)

20) 多文化共生の推進に関する研究会報告書(平成18年度) http://www.soumu.go.jp/menu_news/s-news/2007/pdf/070328_3_bt1.pdf(검색일: 2011.03.18.)

3. 아이덴티티 측면에서 본 재일코리안 공동체의 변용

1) 민족문화공동체에서 정치적공동체로

앞에서 설명한 바와 같이 재일코리안들은 일본 사회에서 일본인들과는 다른 특수한 위치에 있었기 때문에 자의 혹은 타의로 자신들만의 아이덴티티를 가질 수밖에 없었다. 위키피디아 일본어판은 아이덴티티를 동일성이라고 하면서 그 개념의 하나로 "공동체(지역 조직 집단 등)로의 귀속의식"이라고[21] 설명하고 있다. 재일코리안들이 가장 먼저 속할 수 있는 공동체의 성격은 일본 사회에서 살아가면서 항상 특수한 위치에 있다는 의식과 일본에서 거주하고 있는 한민족이라는 의식을 바탕으로 하고 있다. 민족의 개념에 대해 "일종의 문화적 특징을 기준으로 하여 다른 것과 구별되는 공동체를 말한다. 토지 혈연관계 언어의 공유(모국어)나 종교 전통사회 조직 등이 그 기준이 되지만 보편적이고 객관적인 기준을 만들어도 개념 내용과 일치하지 않는 경우가 많기 때문에 오히려 어떤 민족 개념으로 귀속의식이라는 주관적 기준이 객관적 기준으로 되어 있다."[22]라고 설명한 바와 같이 초기에 한반도에서 일본으로 이주하여 생활을 시작한 재일코리안들은 어려운 생활을 극복하는 수단으로 자연스럽게 집단으로 거주지를 형성하기 시작했고 고향을 떠난 외로움을 달래 기위해 한반도에서 갖고 온 습관과 문화를 유지하고자 하였고 이러한 그들의 생활환경과 습관은 민족문화공동체 의식을 강하게 갖게 하였다.

식민지 시절부터 일본에 거주하기 시작한 심층면접 사례1의 경우에

21) Wikipedia http://ja.wikipedia.org/wiki/(검색일: 2011.01.18.)
22) Wikipedia http://ja.wikipedia.org/wiki/(검색일: 2011.04.06.)

는 한국음식은 마늘이 많이 들어가 일본인들이 싫어함에도 불구하고 집에서는 항상 한국 음식을 먹었다. 그는 집에서 '김치를 만들고 마늘을 넣고 지지고 볶고 고춧가루를 넣어 만든' 한국 음식을 먹었다고 한다. 4세의 면접 대상자의 경우에도 부모의 한국 음식에 대한 기억을 갖고 있다. 집에서 늘 한국 음식을 먹었으며 할머니나 자주 한국요리를 한 기억을 하고 있다. 일본인들은 음식을 할 대 주로 일본 된장을 사용하지만 자신의 집에서는 고춧가루를 사용하여 음식을 하였다고 한다. '집에서는 늘 한국 요리를 먹었어요. 김치도 그렇고 고등어조림도 고춧가루를 넣었고 모든 음식에 고춧가루를 넣어서 만들어 먹었어요.(…) 할머니가 자주 한국 요리를 했죠.'라는(사례5) 기억을 갖고 있는 것처럼 초기 세대의 재일코리안들은 한민족 음식문화를 잊지 않았다. 민족 고유의 문화를 지킴으로써 자신들이 한민족임을 잊지 않게 되는 경우도 있다. 일본에서 출생한 4세의 심층면접자는 자신의 부모는 지금도 제사를 지내고 있으며 이것이 자신이 한국인임을 잊지 않게 해 준 것 같다고 말하고 있다. 그는 제사에 대해 '일본에는 그런 의식이 없고 (재일코리안들은) 매년 같은 날 꼭 모여서 정식 제사를 치르기 때문에 (…) 그것을 지켜 오면서 한국 음식을 상에 차려서 먹고 한 것이 한국인이라는 걸 인식시켜 온 것 같아요. 일본에는 없는 의식이기 때문에 그것을 해 오면서 일본인과 자신을 구별하는 것이 자연스럽게 몸에 배인 것 같아요. (…) 우리말을 안 쓰면서도 한국인임을 지켜오게 한 것이 제사의 역할 인 것 같아요.'(사례13)라고 하면서 문화가 다른 일본 사회에 살면서 부모세대가 지켜오고 있는 한민족의 제사의식이 자신을 한민족으로서의 민족문화공동체의 일원이라는 것을 갖게 하였다고 설명하였다.

그렇지만 일본에서 태어나 일본 사회 밖에 알지 못하는 재일코리안의 3세, 4세 등 후세들은 부모와의 관계를 제외하고는 민족문화를 접하는 기회가 점차 적어지면서 민족의식이 희박하게 되었다.[23] 그렇다고 재일코리안 후기 세대가 일본 사회에 흡수되어 자신들만의 아이덴티티가 사라진 것은 아니다. 앞 장에서 설명한 바와 같이 이들이 일본 사회에서 처한 위치가 달라진 것은 아니다. 이러한 현상에 대해 후쿠오카 야스노리(福岡安則)는 "'재일' 젊은이의 대다수가 많건 적건 피차별의 경험을 하고 있으며 일본인의 편견을 느꼈다. 그리고 아이덴티티 갈등에 고민하는 체험을 하고 있다. 어떠한 삶을 살면 좋은가? 출구가 보이지 않는 혼미한 상태"라고 설명하고 있다.[24] 즉 이들은 초기 재일코리안들 갖고 있던 민족문화공동체 아이덴티티에 대체할 것을 찾지 않으면 안 되었고 이들이 가장 먼저 인식하게 된 것은 일본 사회에서 살아가는 소수자라는 것이다. 재일코리안 2세인 사례4의 경우에는 자녀들에 대해 '오히려 우리 아이들이 소수파라는 생각'을 갖기를 바란다고 하였으며 3세인 사례6도 자신을 '소수파'라고 생각하고 있으며 '내가 외국 국적이기 때문에 일본 사회에서는 소수파이고'라고 하고 말하고 있으며 같은 3세인 사례15도 '재일 한국인은 일본 사회에서 소수민족이라고 생각한다. 한국 사람도 아니고 일본 사람도 아닌 독자적인 아이덴티티를 가지고 있는 소수민족'이라고 말하였다. 그리고 이러한 소수자의 장점을 살리는 쪽으로 생각하는 적극적인 입장도 있다. 4세인 사례5는 '내가 소수파이기 때문에 가능한 일이 무엇인가'를 생각하였다.

이와 함께 후기 재일코리안들은 자신들의 이익을 보호해야 한다는 정치적 의식을 갖게 되었고 초기 재일코리안들이 갖고 있던 민족문화

23) 이러한 사실은 서론에서 언급한 전형권과 최영호의 연구에서 자세하게 설명하고 있다.
24) 福岡安則, 『在日韓国朝鮮人』, p.79.

공동체로서의 아이덴티티를 넘어서 "사람들이 생활하면서 따라가는 규칙, 지배 통치를 창조하고 유지하고 수정하고 또 파괴하는 생동", "사회의 전반에 걸쳐 통치를 수반하고 유지 또는 수정하는 활동이며 사회적 활동인 대립 협력" 등과[25] 관계가 있는 정치적 활동에 의미를 두었다. 이들은 소수자에 대한 차별에 반대하는 행동에 참여하거나 시민운동과 문화운동에 관심을 갖게 되었다. 즉 후기 재일코리안들은 정치적공동체 아이덴티티를 가짐으로써 자신들이 처한 상황에 대처하였다.

2) 아이덴티티 유지에서 아이덴티티 정치로

재일코리안들이 인식하고 있는 아이덴티티가 민족문화공동체에서 정치적공동체로 변화하는 모습을 보이고 있는 것과 동시에 아이덴티티와 관련된 이들의 태도도 변화를 보인다고 설명할 수 있다.

초기의 재일코리안들은 일본 사회에서 특수한 위치에 있으면서 차별을 극복하고 살아가기 위해서는 민족문화공동체를 형성하여 그 속에서 자신들의 존재감을 확인하지 않으면 안 되었다. 따라서 그들은 민족문화공동체 아이덴티티를 유지하는 것만이 일본 사회에서 살아갈 수 있는 길이라고 생각했던 것이다. 앞에서 설명한 한민족의 음식문화와 제사문화 등을 버리지 않은 것도 민족문화공동체를 유지하려는 의지 중의 하나였으며 이러한 민족문화를 지속적으로 이어나가가 위해 많은 노력을 하고 있다. 식민지 시대부터 일본에 거주하기 시작한 심층면접 사례1의 경우에는 자신이 한국인임을 잊지 않고 있으며 지금도 고향을

25) 정치개념(Wikipedia http://ja.wikipedia.org/wiki/(검색일: 2011.04.06.))

아주 명확하게 기억하고 있다고 답변하였다. 2세인 사례4의 경우에는 아이들이 일본 국적을 갖고 있음에도 한국인임을 잊지 않게 하기 위해서 가족들의 반대에도 불구하고 아이들을 한국 학교에 보냈으며 아이들에게 항상 한국을 잊어서는 안 된다고 교육을 하고 있다고 하였다.

초기의 재일코리안들이 자신들의 아이덴티티를 유지하려는 경향은 한민족끼리의 결혼을 고집하는 것에서도 찾아 볼 수 있다. 박용구의 재일코리안들의 결혼관에 대한 조사를 보면 50대와 60대와 같이 초기 세대에 가까울수록 한민족끼리의 결혼을 선호하는 것으로 나타났다.

결혼관에 대해 답변하여 주시기 바랍니다.

〈단위 %〉

	반드시 동포와 결혼	가능한 한 동포와 결혼	별로 상관 없다	전혀 상관 없다
20대	7.7	25.6	33.3	33.3
30대	0	54.5	33.3	12.1
40대	13.3	33.3	43.3	10
50~60대	26.2	28.6	33.3	11.9
전체	12.5	34.7	35.4	17.4

자료: 박용구 「재일코리안의 나이 그룹별 정체성에 대한 실증분석」[26)]

심층면접의 결과도 같은 경향을 보인다. 사례1의 경우는 지금은 자녀들이 결혼을 해서 행복하게 살면 된다는 생각을 갖고 있지만 전에는 자녀들이 결혼할 때 한국 사람이 아니면 안 된다고 하였다고 답변하였다. 사례1과 같이 식민지 시대부터 일본에서 거주하여 온 사례2의 경우도 마찬가지로 손자 손녀들은 상관없지만 자녀들이 일본인과 결혼하는 것에 반대하고 있다. 2세로 남성인 사례3은 많은 나이임에도 불구하고

26) 『국제지역연구』 13(2), 2004.

자신은 한국 사람과의 결혼을 고집하고 있기 때문에 아직 결혼을 하지 못하고 있다고 술회하였다. 2세로 여성인 사례4의 경우와 3세로 여성인 사례7의 경우도 부모님이 일본인과 결혼하는 것을 절대 반대하였다고 한다. 2세로 80대인 사례8의 경우에는 자신과 형제들이 모두 한국인과 결혼하였고 자녀들에게도 한국 사람과 결혼해야 한다고 교육했다고 한다. 3세와 4세의 경우에는 1세와 2세 부모님으로부터 한국 사람과의 결혼을 강하게 권유받았다. 4세인 사례13은 부모님이 일본 사람과의 결혼은 절대 안 된다고 하였으며 3세인 사례14는 부모가 강력하게 한국 사람과의 결혼을 말하였으며 특히 할아버지가 강력하게 말한 것을 기억하고 있다.

그렇지만 후기 재일코리안들은 민족문화공동체 아이덴티티를 유지하는 것에만 집착하지 않는다. 후쿠오카 야스노리가 재일코리안들이 일본에서 살아가는 모습을 공생지향 타입, 조국지향 타입, 개인지향 타입, 귀화지향 타입으로 구분하고 있는 것처럼[27] 후기 재일코리안들의 일본에서의 생활 방식은 변하고 있다. 이들은 한국 국적을 고집하지 않고 한국 사람과의 결혼에 집착하지 않는다. 민단의 조사에 따르면 일본 국적을 선택하는 재일코리안이 꾸준히 증가하고 있는 것이다. 1952년의 232명을 시작으로 꾸준히 증가하여 1만 명을 넘는 해가 1995년과 2003년 2004년이고 1952년부터 2008년까지의 합계는 29만 6168명으로 조사되었다. 또한 재일코리안들의 결혼 상대를 보면 1955년 재일코리안끼리의 결혼이 66.90% 일본인과의 결혼이 30.50%였던 것이 1975년에는 각각 49.90%, 48.90%로 비율이 비슷하게 되었고 그 이후 1985년에는 각각 28.00%, 74.50% 그리고 2002년에는 각각

27) 福岡安則, 『在日韓国朝鮮人』, pp.92~97.

10.70%, 87.40%로 일본인과의 결혼이 압도적으로 많아졌다.[28] 심층면접 조사에서도 이러한 경향은 나타난다. 1세인 사례2의 경우 자녀들이 일본인과 결혼하는 것을 반대하였지만 손자 손녀들의 경우에는 상관이 없다고 답변을 하였다. 3세인 사례6과 사례10, 사례11, 사례13의 경우도 아이들의 결혼 상대에 대해 국적을 상관하지 않는다고 하였다. 이중 사례10을 제외하고는 부모님들은 자신들에게 한국인과 결혼 할 것을 권유하였지만 자신들의 자녀 세대에 대해서는 일본인과의 결혼도 좋다는 의견을 갖고 있다.

그렇지만 앞에서 설명한 바와 같이 재일코리안들이 일본 사회에서 특수한 위치를 벗어난 것은 아니었다. 이에 이들이 선택한 방법은 아이덴티티 정치였다. 일본어판 위키피디아에서 아이덴티티에 따른 정치활동에 대해 "주로 사회적 불공정에 의한 희생이 되고 있는 젠더, 인종, 민족, 성적 지향, 장애 등의 특정 아이덴티티에 기초한 집단의 이익을 대변하는 정치활동. 사회적으로 억압되어 있는 아이덴티티 집단에 속하는 사람들은 그들에게 공통적인 사회문제를 해결하기 위해 그 아이덴티티 로 단결하여 싸워야 하는 것으로 되어 있다. 개개의 아이덴티티 집단의 특유의 문제는 기본적으로 자신들의 손으로 해결해야 하는 것으로 되어 있고 다른 억압되는 아이덴티티 집단과 연대하는 것은 다른 아이덴티티 집단에게도 공통되는 보다 큰 사회문제와 대치할 때이다." 라는[29] 설명에서 알 수 있듯이 후기 재일코리안들은 아이덴티티를 활용한 정치활동에 적극적이었다. 먼저 이들은 한국어를 배우고 민족문화 활동에 참여하거나 차별에 반대하는 행동에 참가하며 일본인과 연

28) mindan http://www.mindan.org/shokai/toukei.html#01(검색일: 2011.02.04.)
29) 위의 글.

대를 도모하는 등의 활동을 전개하였다. 또한 재일코리안들이 자신들의 목소리를 내고 입장을 대변할 수 있는 수단으로 참정권을 획득하는 문제에 적극적이 되었다. 심층면접 대상자들도 대부분이 참정권에 매우 적극적인 입장을 표시하고 있으며 참정권을 얻으면 반드시 권리를 행사할 것이고(사례11, 12, 14) 참정권을 받아 일본인과 같은 대우를 받고 싶다고 하였다.(사례7) 재일코리안들은 일본 사회에서 일본인과 동등하게 세금을 지불하고 있기 때문에 참정권은 당연히 행사할 수 있어야 한다고 하고 있다.(사례6) 사례 15의 경우에는 재외동포로서 한국에서 투표권을 행사하는 것보다는 일본 내에서 참정권을 행사하는 것에 더욱 적극적이다. 즉 이들은 이제 민족적 의식을 갖고 문화와 생활을 지키는 것을 넘어서서 일본 사회의 소수자로서 자신들의 이익을 정치적 행동을 통해서 추구하고자 한다. 이를 위해서 같은 소수자 입장에 있는 다른 그룹이나 혹은 생각을 같이 하는 일본인들과의 연대를 도모하여 정치적 행동을 취하고 있다.

4. 맺음말

재일코리안들의 아이덴티티의 변화는 일반적으로 소수자들이 겪은 아이덴티티의 변화의 양상과는 다르다. 가장 큰 이유는 재일코리안들이 역사적으로 경험한 내용이 일반적이지 않다는 것이다. 한반도가 식민지 지배를 받게 되어 일본으로 직, 간접적으로 연행되면서 이들은 특수한 상황에 처해지기 시작하였고 한반도가 식민지에서 해방되고 나서도 과거에 대한 배상은커녕 삶의 터전인 일본 사회에서 감시와 관리의 대상이 되었다. 세계화의 물결 속에서 일본 사회가 다문화 공생을 주장하는 상황에서도 이들은 여전히 다른 소수자들과는 다른 입장에 처해 있었다.

재일코리안들이 처한 이러한 특수한 상황은 이들의 아이덴티티 형성과 변화에도 영향을 끼쳤다. 과거로부터 여전히 변하지 않는 일본 사회에서의 특수한 위치는 지속적으로 저항적인 성격을 띠게 하였다. 다만 아이덴티티의 성격과 표현 방법에는 변화를 보이고 있다. 초기에 재일코리안들은 자신들의 존재 이유를 확인하고 생활을 유지하기 위해 자신들은 한민족의 문화와 전통, 생활 습관 등을 지켜가는 것이 중요하다고 생각하였고 이러한 민족문화공동체에 속해 있다는 것을 강조하였다. 그리고 이를 유지하는 것에 힘을 기울였다. 그렇지만 세대가 지날수록 한민족의 문화보다는 일본 사회와 문화에 익숙하게 된 후기 재일코리안들은 자신들이 속한 공동체의 성격에 변화를 주어 일본 사회 속의 소수자로서의 이익을 대변할 수 있는 정치적공동체에 관심을 갖게 되었고 아이덴티티를 활용한 정치 활동에 힘을 기울이게 되었다. 그렇다고 이들이 일본 사회에서 처한 위치가 변화를 가져 온 것은 아니었다. 따라서 이러한 변화는 단순히 민족의식이 희박해졌거나 저항적 정체성이 변화를 보인다기 보다는 자신들이 속한 공동체 아이덴티티의 성격과 그 표현 방법에 전환을 가져오고 있다고 말할 수 있다.

이 글은 한국일본학회의 『일본학보』 제89집에 수록된 논문
「아이덴티티 변용의 측면에서 본 재일코리안」을 수정·보완한 것임.

참고문헌

고스기 야스시 외 엮음, 황영식 옮김, 『해체와 재구성 정체성』, 한울, 2007.

권숙인, 『다문화 사회 일본과 정체성 정치』, 서울대학교 출판문화원, 2010.

김현선, 「재일코리안의 축제와 민족 정체성」, 『日本研究論叢』 26, 현대일본학회, 2007.

마누엘 카스텔 지음, 정병순 옮김, 『정체성 권력』, 한울 아카데미, 2008.

윌 킴리카 저, 장동진 역, 『다문화주의 시민권』, 동명사, 2010.

전형권, 「일본의 보수화와 재일 한인의 국적문제: 디아스포라 정체성의 동학」, 『한국동북아논총』 43, 한국동북아학회, 2007.

최영호, 「재일교포사회의 형성과 민족 정체성 변화의 역사」, 『韓國史研究』 140, 한국사연구회, 2008.

マイケル·ケニー, 『アイデンティティの政治学』, 日本経済評論社, 2005.

福岡安則, 『在日韓国朝鮮人』, 中公新書, 2008.

歴史教科書在日コリアンの歴史作成委員会 編, 『歴史教科書 在日コリアンの歴史』, 明石書店, 2010.

中尾宏, 『在日韓国朝鮮人問題の基礎知識』, 明石書店, 2005.

http://ja.wikipedia.org/

http://ja.wikisource.org/

http://www.chosun.com/

http://www.mindan.org

http://www.soumu.go.jp/

http://www.stat.go.jp/

한민통의 한국민주화운동

1970~80년대 활동을 중심으로

조기은

1. 들어가며

이 글은 1970~80년대 일본에서 한국민주화운동을 전개한 '한국민주회복조국통일 국민회의 일본본부'(한민통)의 한국민주화운동에 관해 고찰한 글이다. 한민통은 일본에서 한국민주화운동을 전개하면서 일본인 한국민주화운동 지지세력과 연대하고, 해외 '한국인'과 연대해 연합전선을 형성했다. 이러한 한민통의 운동은 한국의 '반공'이라는 벽에 부딪혀 민주화운동사로서 역사적으로 재구성되거나 제대로 된 평가를 받지 못했다.

이 글에서는 한민통의 한국민주화운동을 역사적, 시계열적으로 재구성하고, 한민통의 한국민주화운동의 의미를 보기로 한다. 그리고 박정희 정권이 '반공'을 이유로 국내의 민주화운동을 억압하기 위해 북한의 '위협'을 강조했고, 그 증거로 재일조선인 관련 간첩사건을 날조하는 경우가 많았다. 한민통은 박 정권이 북한의 '위협'을 증명하는 데에 이용할 수 있는 대상이었다. 특히 민단계 재일조선인이 김대중과 '연대'해 한민통을 조직하고 해외 '한국인'과의 연대로 민주화운동을 조직적으로 확대해 가는 상황에서 한민통은 박 정권에게는 경계 대상이었으므로 한민통의 운동을 '반공'으로 견제했다. 이 글에서는 박 정권의 한민통에 대한 견제, 그리고 한국의 '반공'이 한민통의 운동에 어떠한 영향을 미쳤는지를 살펴본다.

유신체제 돌입으로 박정희 독재정권이 본격적으로 가동되면서 민주화에 대한 요구도 한층 강해졌다. 민주화에 대한 요구는 해외에서도 일어났는데 주로 일본의 재일조선인, 미국, 서독 등의 국가에 체재·주재하고 있는 '한국인'들이 주도한 것이었다. 직접적이고 실질적인 운동은 학생, 재야 운동가가 중심이 된 국내의 운동이었던 반면, 해외의 한국민주화운동은 '후방'의 입장에서 지원하는 형태를 띠었다. 이들의 운동은 주로 거주국에서 한국 민주화운동에 대한 여론을 형성하며, 이를 바탕으로 거주국의 정부를 움직여 한국 정부에 압력을 가하는 형태를 띠였다. 그 대표적인 예로 일본과 미국을 중심으로 활동한 기독교인이 중심이 되어 결성한 비밀조직인 '민주동지회'의 활동을 들 수 있다. '민주동지회'의 주요 멤버인 오재식과 지명관 등의 기독교인은 잡지 『세계』의 편집장 야스에 료스케(安江良介)와 연대해 『세계』의 「한국으로부터의 통신」이라는 칼럼을 통해 한국의 상황을 일본 사회에 전달해 여론 형성에 기여했다. 그리고 한민통은 일본의 정치인이나 한국민주화운동을 지지하는 단체, 그리고 해외의 제3세계의 세력들과 연대해 해외의 한국민주화운동에 대한 여론형성을 시도했다.

한민통의 주요 멤버는 민단에서 간부 등으로 활동했던 민단계 재일조선인들로 민단의 민주화를 위해 운동했고, 결과적으로 민단에서 배제된 인물들과 단체들이다. 이들은 김대중과 '연대'해 한국의 민주화를 위한 운동조직체를 결성하려고 논의하던 중 김대중이 중앙정보부에 납치되자 김대중의 부재 상황에서 김대중의 조직 이념이 살아있는 조직을 결성했는데, 그 조직이 바로 한민통이다.[1]

'반국가단체' 규정으로 인해 한민통을 연구 대상으로 하기에는 정치적, 이념적인 벽이 높아 학술적인 연구가 많지 않다. 한민통에 관한 선행연구 중에 졸론 『재일조선인과 1970년대 한국민주화운동』[2]과 『해외 한국민주화운동 – 민주민족통일 해외한국인연합을 중심으로』,[3] 『민단계 재일조선인의 한국민주화운동 – 민단민주화운동세력과 김대중의 '연대'를 중심으로』[4] 등이 있다. 『재일조선인과 1970년대 한국민주화운동』은 민단계 재일조선인의 활동에 중심을 두었기 때문에 한민통에 관해서는 간단히 소개하는 정도이며, 『해외 한국민주화운동 – 민주민족통일 해외한국인연합을 중심으로』는 한민통과 해외 체재·주재 '한국인'과의 '연대'와 조직 결성에 초점을 맞춘 논문이다. 『민단계 재일조선인의 한국민주화운동 – 민단민주화운동세력과 김대중의 '연대'를 중심으로』는 한민통 결성 경위를 민단민주화운동과 김대중과의 '연대'에 초점을 맞춰 고찰했다. 그리고 한민통의 통일운동에 중점을 둔 것으로 졸론 「재일조선인사회의 '통일론' – 민단계 재일 조선인의 한국민주화운동단체를 중심으로」,[5] 지충남 『해외한인의 통일운동』[6] 등이

1) 한민통 결성과정에 대해서는 졸론 「민단계 재일조선인의 한국민주화운동 – 민단민주화운동세력과 김대중의 '연대'를 중심으로」(『한국학연구』 75, 고려대학교 한국학연구소, 2020)를 참조.

2) 졸론, 「在日朝鮮人と1970年代の韓国民主化運動」, 『言語·地域文化研究』 12, 東京外国語大学大学院博士後期課程論叢, 2006.

3) 졸론, 「해외 한국민주화운동: '민주민족통일해외한국인연합'을 중심으로」, 『한일문제연구』 29, 한일민족문제학회, 2015.

4) 졸론, 「민단계 재일조선인의 한국민주화운동 – 민단민주화운동세력과 김대중의 '연대'를 중심으로」, 위의 주.

5) 졸론, 「在日朝鮮人社会における「統一」論 – 民団系在日朝鮮人の韓国民主化運動団体を中心に」, 『在日朝鮮人史研究』 No.41, 在日朝鮮人運動史研究会, 2011.

6) 지충남, 「해외한인의 통일운동 고찰 – 한민통을 중심으로」, 『한국민족문화』 61, 부산대학교 한국민족문화연구소, 2016.

있다. 「재일조선인사회의 '통일론'」은 한민통의 통일운동을 민단계 재일조선인 사회의 통일운동의 한 흐름으로 서술한 것이고, 지충남의 논문은 한민통과 후신인 재일한국민주통일연합(한통련)[7]의 통일운동을 고찰한 것이다. 위의 논문들은 한민통의 운동을 조명한 것이지만 한민통의 한국민주화운동의 상세한 부분까지 알 수 있는 것은 아니다. 이 글에서는 한민통의 70~80년대의 운동을 시계열적으로 정리하며 한민통 운동의 의의와 그 한계, 한국의 '반공', 한민통에 대한 박정희 정권의 견제가 한민통의 운동과 해외 '한국인'의 '연대'에 어떠한 영향을 미쳤는지 고찰하겠다.

2. 한민통의 70~80년대의 민주화운동

1) 한민통의 결성과 조직

한국민주회복조국통일촉진 국민회의 일본본부(한민통)은 1973년 8월 15일에 도쿄 히비야 공회당에서 결성되었는데 민단계 재일조선인 70명과 김대중이 발기인으로 되어 있다. 결성 후의 첫 활동은 김대중 납치 규탄대회였다.[8] 한민통은 "정견과 종교를 초월해 일체의 사리·당략"을 멀리하는 비정치적이고 중립적인 입장에서 한국민주화운동을 위한 국내외의 한국인과 민주단체, 그리고 각계 "애국인"들과의 '연

7) 재일한국민주통일연합(한통련)은 한민통의 후신으로, 한민통이 한국민주화가 '달성'된 후 본격적인 통일운동을 전개하기 위해 1989년 2월에 조직 개편과 더불어 조직명을 개칭했다.

8) 「金大中拉致に憤怒した大衆」, 『民族時報縮刷版』, 1973년 8월 21일 자(3면), p.77.

합체'로 결성되었다.[9] '유신체제' 타파와 민주 헌정 질서의 회복을 주장했고, 한국 내에서 효과적으로 전개할 수 없는 민주화운동과 통일운동을 해외 각 지역에서 조직적으로 전개하는 것을 활동목표로 했다.[10] 당시 김대중은 한국민주화운동을 위한 "전 세계적인 연합체"를 구상하고 있었는데 한민통이 내세운 해외 각 지역의 운동세력과의 '연대'는 김대중의 생각이 반영된 것이었다.[11]

기본적으로 한민통은 김대중의 영향을 많이 받았다. 그 이유는 앞에서도 서술했듯이 김대중이 한국민주화운동을 위한 연합체의 하나로 한민통을 구상했고, 연합체 결성을 협의하는 과정에서 김대중의 의견이 많이 반영되었기 때문이다. 전 한민통 의장인 배동호가 발기대회에서 한 경과보고에서 김대중이 제의한 "대한민국 국민으로서 대한민국의 입장에 설 것"과 "선민주화·후통일" 원칙, "연방제" 등에 합의했고, 강령과 조직 또한 김대중과의 합의내용에 근거한 것이라고 밝혔을 정도로 김대중의 의견이 많이 반영됐다.[12] 그리고 무엇보다 김대중이 중앙정보부에 납치되자 김대중의 뜻을 살린 조직을 결성하는 것이 김대중 구명을 위해 좋을 것이라고 판단했기 때문이다.[13]

한민통 강령은 1973년 8월 4일에 있었던 배동호·김재화·정재준·조활준과 김대중이 가진 비밀회합에서 작성되었다.[14] 주로 한국의 민

9) 「発起宣言文」, 『民族時報縮刷版』, 1973년 8월 21일 자(1면), p.75.

10) 앞의 주.

11) 배동호, 「国民会議経過報告」, 『民族時報縮刷版』, 1973년 8월 21일자(3면), p.77.

12) 앞의 주.

13) 민단민주화운동세력과 김대중과의 '연대'에 관해서는 「민단계 재일조선인의 한국민주화운동 – 민단민주화운동세력과 김대중의 '연대'를 중심으로」 참조.

14) 金大中, 『金大中自伝 I 死刑人から大統領へ – 民主化への道』(岩波書店, 2011, p.230). 그리고 배동호, 「国民会議経過報告」, p.77.

주화와 사회 안정, 한국의 외교, 통일에 관한 내용이 들어간 10항목으로 구성되어 있다.[15] 하지만 이 강령은 정치인인 김대중의 정치적인 입장이 강조된 것으로 한국의 민주화와 그 이후의 한국의 정치적·사회적 상황을 타개하기 위한 '정책'으로 보여지는 내용으로 구성되어 있어 언뜻 보면 김대중의 정치적인 '공약'처럼 보이며 재일조선인의 입장이 보이지 않는 것이었다.

한민통의 주요 멤버인 민단민주화세력이 한국민주화운동으로 전환하는 데에 김대중은 중요한 역할을 했지만 김대중과의 '연대'로 인해 '재일'하는 조건을 살리면서 '총련계' 재일조선인과 함께 통일 운동 등에서 '연대'를 할 수 없게 되었다.[16] 즉, 민단민주화세력의 한국민주화운동은 한민통의 결성 시점부터 김대중의 정치가로서의 입장과 의향을 추종해서 재일조선인의 입장을 살릴 수 없게 되었고, 주체성이 옅어졌다고 할 수 있다.

한민통은 민단계 재일조선인 단체의 '연합체'로, 민단민주화운동을

15) 한민통의 강령은 다음과 같다. ①파쇼적인 일인 독재체제를 타도하고 헌정질서를 회복한다, ②민주민권을 보장하고 인간의 존엄과 자유, 평등을 옹호한다, ③경제의 대외의존성을 지양하고 민족경제의 자주적인 발전을 도모한다, ④부정부패를 일소하고 부익부·빈익빈 현상을 해소하고 민생문제의 실제적인 해결을 기한다, ⑤기회균등의 원칙하에서 교육체제를 쇄신하고 과학기술 발전을 촉진한다, ⑥민족위주의 가치관을 정립하고 민족문화의 건전한 개화발전을 도모한다, ⑦정병주의 원칙으로 공고한 국토방위체제를 확립한다, ⑧비동맹 다원외교를 실시하고 국위성양과 세계평화에 기여한다, ⑨한반도를 중립화하고 남북연방제에 의한 점진적인 통일을 실현한다, ⑩해외동포의 생활안정과 한국민으로서의 제반 권리를 보장한다(「発起宣言文」, 앞의 글).

16) 졸론, 「韓国民主化運動への参加に見る在日朝鮮人のアイデンティティ－民団系在日朝鮮人を中心に」, 『言語·地域文化研究』 17, 2011, p.22~23. 김대중은 민단민주화운동세력과 연대하면서 북한·총련과 선을 그을 것을 요구하기도 했다. 김대중이 제안한 3원칙에 관해서는 「金大中先生と韓民統についての声明文」(『民族時報縮刷版報』, 1980년 10월 1일 2면)과 졸론, 「민단계 재일조선인의 한국민주화운동 – 민단민주화운동세력과 김대중의 '연대'를 중심으로」, p.137.

했던 민단자주수호위원회(자수위원회), 민족통일협의회(민통협), 민단 도쿄본부, 민단가나가와본부, 재일한국청년동맹(한청), 대한부인회 도쿄본부 등의 6단체가 중심이 되었다. 그리고 '김대중선생 구출위원회'가 한민통에 참가하게 되었다.

한민통의 조직 구성은 의장, 중앙위원장과 중앙상무위원회, 통제위원회가 중심을 이루었다. 중앙상무위원회의 하부 조직으로 사무국, 조직국, 선전국, 국제국, 재정위원회를 두었다. 그리고 무엇보다 한민통의 인적 구성을 보면 한민통이 어떤 성격의 조직인지 알 수 있다. 부의장인 김재화는 민단이 한국 정부에 대해 '본국정부 불신임 선언'(1959년 6월 15일 자)을 제출했을 때 민단 단장이었고, 고문인 양상기와 나종경은 민단이 본국정부에 대해 주체성을 가질 것을 주장한 '제3선언'을 발표했을 당시 민단 간부를 역임했다. 그리고 양상기·오우영·유석준·김재술 등은 '녹음사건'[17]의 진상을 요구하기도 했다. 곽동의는 한청 전 의장으로 민단민주화운동에 참가했고, 김용원과 함께 "나스(那須)사건"을 이유로 1973년 5월 9일 민단 제21회 중앙위원회에서 징계처분을 받았다.[18] 또한 정재준·조활준·김재술·오우영·김은택, 그리고 나종경은 민단민주화운동에 참가한 것을 이유로 1972년에 민단으로부터 제명처분을 받았다. 즉, 한민통의 주요 멤버는 기본적으로 한국 정부에 비판

17) '녹음사건'은 1971년 3월 25일에 민단 제34회 전체대회에서 단장을 선출하는 선거가 실시됐는데, 이 선거에서 주일대사관의 김재권 공사가 민단민주화운동세력 중에 반국가적 행위자가 있다고 발언해 민단민주화에 대한 요구가 한층 강해진 계기가 된 사건이다.

18) 「朝総連と野合, 赤化工作－那須事件首謀者らを懲戒」, 『韓国新聞』, 1973년 5월 12일 자, 1면. "나스사건"(那須事件)은 1964년 8월 9일~11일의 사흘 동안 민단원에 대해 밀봉교육과 비밀연수회가 있었고 곽동의·김용원을 비롯한 민단원과 한청 멤버들이 참가했다고 민단은 주장하고 있다(「見よ！恐るべきこの大陰謀」, 『民団時事』, 재일본대한민국거류민단 비상대책위원회, 1971년 9월 11일 자(5면)).

적인 입장을 취하던 인물들로서 민단민주화운동을 주도했고, 그를 이유로 민단에서 쫓겨난 세력이 중심이 되어 운영되었다고 할 수 있다.

〈표〉 한민통 조직의 인적구성

조직	이름
의장	김대중
부의장	김재화 · 정재준(김대중구출위원회 위원장 겸임)
상임고문	배동호
고문	양상기[19] · 오우영 · 유석준 · 김재술 · 안영주 · 김유종 · 박도춘
사무총장	조활준
조직국장	곽동의
선전국장	김경식
국제국장	김종충
통제위원장	김영출
헌장제정소위원회	김재화 · 나종경 · 김용원 · 곽동의 · 김상룡 · 조활준 · 김은택

*출전: 『韓統連20年運動史』, 『民族時報縮刷版』[20]

인적 구성을 보면 민단민주화운동세력 중심으로 한민통이 운영된 것처럼 보이지만, 실제로는 배동호 등의 일부 핵심 멤버 중심으로 '폐쇄적'으로 운영된 것 같다. 그중에서도 한청의 위원장 출신으로 조직국장인 곽동의가 조직운영의 중심이었던 것으로 보인다. 한민통 기관지인 『民族時報』의 편집위원이었던 정경모는 '민주동지회' 멤버였던 이삼열에게 보낸 편지에서 한민통을 움직이는 주요인물로 배동호, 곽동의, 김용원, 곽영문을 들었고, 조직의 실권을 쥔 인물로 곽동의를 지목했다.[21]

19) 양상기는 민단 산타마(三多摩) 지방본부 17~20대 단장을 역임했다.

20) 在日韓国民主統一連合·関東連結成20周年記念事業実行委員会, 『韓統連20年の運動史』, 在韓国民主統一連合, 1994년.

그리고 한민통을 둘러싸고 많은 '의혹'이 있었다. 그중의 하나가 한민통의 활동자금 문제였는데, 그 이유는 한민통의 자금이 북한·총련에서 흘러들어온 것이 아닌가 하는 '의혹'이 항상 제기되고 있었기 때문이다. 한민통의 자금은 기본적으로 조직 내의 멤버들이 거출하거나 모금활동으로 모은 것으로 보인다. 한민통은 결성 당시부터 자금 확보에 상당히 주력하고 있었고, 자금의 많은 부분을 재정위원회가 부담했다. 1973년 10월 19일에 있었던 제1회 재정위원회 회의에 김재화, 정재준, 배동호, 양상기, 조성제, 윤혁효 등이 참가했다.[22] 이 회의에서 2억 엔을 목표로 모금활동에 착수했고, 회의 당일에만 3570만 엔을 모았다. 또한 한민통 신년 연수회(1974년 1월 11~13일)의 재정관련 보고에서 상공인을 대상으로 모금활동을 강화할 것을 발표했다.[23] 제2회 중앙위원회(1974년 9월 21일)에서 재정위원장인 조성제는 재정확보 방법에 관한 방침을 냈고, 기본 재정확보를 위해 중앙위원을 중심으로 한 조직으로부터 회비를 각출하고 재정위원의 부담과 활동으로 충당해야 한다고 주장했다.[24]

이상을 보면 재정위원회의는 상공인을 중심으로 구성되어 있었고, 멤버 자신들이 자금을 제공하거나 그들의 인맥을 통해 재정을 충당한 것으로 보인다. 부의장인 정재준도 회사의 경영자로서 운동자금을 충당했다고 회고하고 있다.[25] 그러나 나중에 재정위원회의 멤버들이 조

21) 정경모가 이삼열에게 보낸 편지(1978년 8월 11일 자), 국사편찬위원회, 005-1)와 鄭敬謨, 『歴史の不寝番 -「亡命」韓国人の回想録』(藤原書店, 2011年), p.236.

22) 「二億円募金に着手 - 官民等財政委で決定」, 『民族時報縮刷版』, 1973년 11월 1일 자(3면).

23) 「韓民統新年研修会」, 『民族時報縮刷版』, 1974년 2월 1일 자(2면), 132-②항.

24) 「財政確保に総力を趙盛済財政委長討論」, 『民族時報縮刷版』, 1974년 10월 1일 자(1면), p.221.

25) 정재준은 자신의 회고록인 『金大中救出運動小史ーある「在日」の反省』(現代人文社,

직에서 이탈하게 되면서 자금 면에서 타격을 받게 되었다.

그리고 그 외는 비회원의 기부금 등으로 운영된 것으로 보인다. 이 중앙위원회에서 재정위원회 사무국장인 김명수는 익명으로 "특별찬조를 한 동지"가 많다고 발표했다.[26] 예를 들면 정경모는 회고록에서 자신의 개인적인 관계를 바탕으로 한 기부금이 한민통에 비정기적으로 전달됐다고 밝혔다.[27] 하지만 이렇게 특별찬조 등을 통해 한민통의 재정을 뒷받침한 인맥이나 기부금액 등 기부와 관련된 자료가 공개되어 있지 않아서 자금과 관련된 자세한 내용이 거의 알려져 있지 않다. 이러한 자금의 '불투명성'은 해외주재·체재 '한국인'(해외 '한국인')의 운동단체가 기관지를 통해 기부자와 기부금액을 보고하고 정기적으로 회계보고를 한 것과는 대조적이다. 또한 이와 같이 재정과 회계 관련 정보를 비공개로 한 것은 북한과 총련으로부터의 자금유입과 한민통 멤버에 의한 운동자금의 부정사용[28]이라는 '의혹'을 낳았다. 한정된 자료를 근거로 판단하면 한민통 관련자의 개인적인 네트워크를 통한 기부가 주를 이루었을 것으로 보인다. 당시 한국 정부와의 관계에서 한민통에 공개적으로 기부금을 보내는 것에 심리적으로 부담감을 느낀 재일조선인들이 뒤에서 비밀리에 지원금을 보내는 등 되도록 기록을 남기지 않는 방법으로 기부금을 보냈을 가능성이 크다.

또한 이러한 한민통의 활동자금과 관련된 '의혹'은 재일조선인 사회

2006年)에서 김대중 구명운동과 한민통 운동에 관해 서술했다.

26) 「韓民統第2回中央委員会開催」, 『民族時報縮刷版』, 1974년 10월 1일 자(1면), p.221.

27) 정경모, 『歴史の不寝番－「亡命」韓国人の回想録』, pp.229~230.

28) 정경모는 회고록에서 한민통의 간부인 배동호와 곽동의가 한민통의 활동자금을 사적으로 사용하고 호화주택을 구입했다고 폭로했다(鄭敬謨『歴史の不寝番－「亡命」韓国人の回想録』, 藤原書店, 2011年, p.229).

의 '분단'이라는 시점에서 볼 필요가 있다. 재일조선인 사회는 민단계와 총련계로 나뉘어져 있다. 특히 민단계 재일조선인은 총련이나 북한과의 관계를 의심받거나 반체제운동에 참가한 것이 알려질 경우에는 한국 정부로부터 압력을 받는 것은 물론, 나아가서는 재일조선인정치범의 경우처럼 생명과 안전에 위험을 초래할 수 있다. 그 때문에 한국민주화운동을 지지하는 민단계 재일조선인이 익명으로 비밀리에 한민통을 지지하고 기부금을 보냈을 가능성이 꽤 높다. 또한 총련계 재일조선인의 기부가, 북한과 총련의 사주를 받지 않은 순수한 개인적 차원의 기부라 하더라도 한민통이 북한·총련으로부터 자금을 받는다는 증거로 이용될 수 있기 때문에 운동에 영향을 초래하지 않도록 공개를 주저했을 가능성도 추측할 수 있다. 다른 한편으로는 총련계 재일조선인의 기부가 북한이나 총련과 관계없는 개인적 차원의 행동이라는 것을 증명할 필요가 있는 정치적으로 까다로운 문제였다. 그 때문에 한민통에 대한 금전적 지원은 '익명성'을 강하게 띨 수밖에 없었고, 결과적으로 '불투명성' 문제가 대두되었다고 생각된다. 이러한 문제로 인해 해외 '한국인' 운동세력 사이에 한민통이 북한으로부터 자금을 받는 것이 아닌가 하는 '의혹'이 퍼진 것으로 보인다.[29] 그리고 실제 북한이나 총련으로부터 자금이 유입됐을 가능성도 있을 수 있지만 이를 '간첩활동'으로 판단할 수 있는 근거가 되는 자료 또한 아직 발견되고 있지 않는 것도 사실이다. 그리고 '의혹'을 해명하기 위한 한민통의 입장표명이나 자료 공개가 거의 되어 있지 않아 '의혹'이 풀리지 않고 있는 것이 현실이다. 이러한 '의혹'은 한민통의 명예회복과 관련되어 있고, 그런 점에서 이는 한민통의 후신인 한통련의 과제라고 할 수 있을 것이다.

29) 졸론, 「해외 한국민주화운동 – '민주민족통일해외한국인연합'을 중심으로」, p.208.

2) 한민통의 70~80년대 운동

한민통 운동은 두 시기로 나눌 수 있다. 제1기는 1973년 8월 결성한 때부터 조직 '제2선언'을 채택하며 새로운 의장으로 교체한 1983년 9월까지이다. 이 시기는 김대중 구명운동이 중심 운동이었다. 그리고 제2기는 1983년 9월부터 통일운동으로 전환하는 1989년 2월까지로, 이 시기는 반체제운동과 반외세운동이 중심이었다.

우선 제1기에 해당하는 70년대 운동의 핵심은 반체제, 김대중, '연대'라고 말할 수 있다. 한민통은 조국통일을 궁극적인 목표로 삼았다. 그리고 박정희 독재정권이 조국통일을 방해하는 주요 요인이라고 간주하고 있었기 때문에 반체제 운동이 조직 운동의 기본 노선이 되었다. 한민통의 반체제운동은 우선 한국 내의 민주화운동 노선을 지지하고, 한국 내의 운동 방향이나 주장이 반영된 것이었다. 예를 들면 제6회 중앙위원회(1978년 2월 12일)에서는 '유신선거거부·민주화전취(戰取) 백일간 운동'을 전개할 것을 결정했다. 이 운동은 같은 해 1월 19일에 한국의 민주화운동 세력이 발표한 '민주 국민에게 고한다'는 제목의 성명에 응답하는 것으로 유신체제 하에서 실시되는 선거를 거부할 것을 촉구하는 운동이다. 하지만 한민통은 한국 내의 운동처럼 박 정권에 대해 직접적인 저항운동을 할 수 없었기 때문에 한국의 정치적·사회적 실정이나 민주화운동 상황을 일본과 해외에 알려 여론 형성을 위한 활동을 주로 했는데, 주로 피켓 시위, 가두 행진, 단식운동과 같은 형식으로 운동을 전개하는 경우가 많았다.

그리고 한민통이 김대중과의 '연대'를 모색하는 과정에서 결성된 만큼 한민통이 가장 중점을 둔 활동은 김대중 구명 및 원상복귀운동이었다. 민단도쿄본부의 단장인 정재준이 조직한 '김대중선생 구출위원회'

와 함께 김대중의 구명운동을 중심으로 활동했다. 김대중 납치사건은 김대중과 민단민주화세력이 '연대'에 관해 협의하던 중에 일어났는데, 당시 신변에 위협을 느끼고 있던 김대중을 한청의 청년들이 경호하고 있었다. 그래서 당시의 민단민주화세력은 김대중의 납치를 누구보다 빨리 인지했고, 신속하게 대응할 수 있었다. 또한 납치사건에 일본 정부도 '관련'되어 있어 한민통은 일본 정부를 상대로 김대중 구명운동과 원상회복 운동에 주력했다.

김대중 구명운동은 후에 재일조선인정치범 구명운동과 병행해 전개되었다. 한민통은 1976년 6월 19일 한청이 '열성자(熱誠者) 회의'에서 제안한 '3.1민주구국선언을 지지하고 전(全) 정치범 즉시 석방을 요구하는 백만 명 서명운동' 등에 공감해 정치범 지원운동을 지지·지원하게 되었다.[30] 나아가 제4회 중앙위원회(1977년 2월 13~14일)에서는 '재일한국인정치범 가족협의회'를 준(準) 산하단체로 받아들여 정치범구원운동을 적극적으로 지원할 것을 결정하며 본격적으로 재일조선인정치범구원운동을 전개했다.[31]

재일조선인정치범 구원활동은 일본인 중심의 재일조선인정치범 구명 운동 단체인 '일한연대연락회의' 등과 공조하며 전개됐다. 한민통은 재일조선인정치범 가족을 유엔에 파견해 정치범들의 실상을 알리며 협력을 요청하는 등의 활동을 했다. 유엔파견은 1980년 1월에 처음 이루어졌는데 재일조선인 정치범 가족이 유엔에서 직접 정치범 문제를 호소했다. 이때 '재일한국인정치범을 구원하는 회 전국회의'의 사무국

30) 「100万名署名運動」, 『民族時報縮刷版』, 1976년 6월 21일(1면), p.429.

31) 「在日韓国人政治犯家族協議会 - 政治犯救援を積極支援」, 『民族時報縮刷版』, 1977년 2월 21일 자(1면), p.517.

장인 요시마쓰 시게루(吉松繁)가 동행했고, 그 후에도 '베트남에 평화를! 시민연합'(베헤렌)에서 반전운동을 했던 활동가들도 참가했다.[32] 이러한 활동은 80년대에도 이어졌는데, 재일조선인정치범 구원활동을 하는 단체와 일본인 한국민주화운동 지지 세력과 연대가 있었기 때문에 가능했다고 할 수 있다.

'연대'는 한민통의 운동을 상징하는 핵심어라고 할 수 있다. 앞에서도 서술한 일본 내의 재일조선인 정치범 구원운동 단체, 해외 '한국인' 이외에도 제3세계의 비동맹국가나 사회주의 인터내셔널(SI) 등과 '연대'해 국제적인 여론형성이나 한국 정부에 압력을 가하는 활동을 했다. 한민통은 강령에서 비동맹 다원외교의 실시를 표명하는 등 국제연대에서 이른 시기부터 제3세계의 힘을 의식하고 있었다. 당시 한국민주화운동세력도 제3세계와의 관계를 의식하고 있어 윤보선·함석헌·김대중 등 한국민주화운동에서 지도적인 입장에 있었던 9명은 1976년 3월 1일에 '민주구국선언'을 발표했는데,[33] 선언 내용 중에서 한국 정부가 새로운 세력으로 부상한 제3세계에 무관심한 것을 비판하는 내용이 담겨 있었다. 또한 한민통의 강령에 김대중의 의견이 반영되어 있는 것을 생각하면 한민통이 제3세계와 '연대'한 것은 김대중의 운동방침이었을 가능성이 높다. 이렇듯 국내의 민주화운동세력이 제3세력과의 연대를 의식하고 있었지만 실제로 연대를 실천한 것은 한민통이었다고

32) 베헤렌 전 활동가인 고토 코(古藤晃)는 자신이 재일조선인가족과 함께 유엔에 갔다고 증언했다. 그가 몇 년도에 유엔에 갔는지는 그의 기억이 확실하지 않아 정확한 연도를 들을 수 없었지만 1989년 3월 시점에 정치범 가족의 유엔 파견은 9회 째였다. 고토 코와의 인터뷰는 2019년 5월 31일 도쿄 치요다구(千代田区)에 있는 그의 사무실에서 이루어졌다.

33) 민주화운동기념사업회 연구소, 『한국민주화운동사 2 - 유신체제기』, 돌베개, 2009년, p.219.

할 수 있다. 당시 한국의 정치적 상황에서 민주화운동 세력이 제3세계와 연대하는 것은 거의 불가능했다. 또한 국내의 민주화운동세력에게 독재정권에 맞서 비민주적 상황을 타개하는 것이 급선무였고, 박 정권의 강력한 경계와 제재 하에서 해외 지지세력과의 '연대'가 쉽지 않았던 점을 생각하면 제3세계의 힘을 이용하는 것은 현실적으로 어려운 일이었다. 그러한 상황을 생각하면 한민통이 제3세계와 '연대'할 수 있었던 것은 '후방'에서 활동했기 때문에 가능했으며, 일본에서 다양한 세력과의 연대를 실천한 것은 한민통의 운동성과라고 할 수 있다.

또한 한국 내의 민주화운동세력이 제3세계의 힘을 의식하는 단계에 머물러 있을 때 한민통은 한국이 경제적으로 제3세계의 국가와 다르지 않다고 인식하고 있었기 때문에 그들과 유대관계를 갖는 것이 중요하다고 생각했고, 무엇보다 통일문제에서 민족자결, 즉 미국 등의 강대국에 저항할 수 있는 힘이라는 측면에서도 제3세계와의 교류를 무엇보다도 중요하다고 인식하고 있었다.[34] 그래서 비동맹 정상회의 등에서 김대중의 구명을 비롯한 한국의 민주화를 위해 협력을 요청하는 등 연대운동을 전개하려고 했다. 그 일환으로 제3세계 국가들의 활동가들이 중심이 된 '한국문제 긴급 국제회의'[35] 등에 적극적으로 참가했다. 이 회의는 1976년 8월 12일부터 14일까지의 3일 동안 도쿄에서 개최된 것으로, 한국의 정치·사회, 민주화운동 등 여러 문제를 제3세계 문제와 연결시켜 토의하는 국제회의이다. 이 회의에 제3세계 국가의 활동가, 일본의 '일한연대'를 중심으로 활동하는 일본인, 사회당 등에 소속된 정치가 등이 참가했다. 이러한 제3세계와의 '연대'는 일본의 운동세

34) 金晩洙, 「非同盟会議と韓国」, 『民族時報縮刷版』, 1975년 9월 1일 자(3면), p.343.
35) 「祖国の自主統一運動に新しい紀元」, 『民族時報縮刷版』, 1976년 8월 21일 자(1면), p.453.

력들과의 연대가 그 배경에 있다고 할 수 있다. 그러한 일본의 운동세력 중에는 사회당·공명당·민사당 소속 국회의원들이 있었고, 한민통은 그들과 교류하며 한국민주화운동에 대한 협력을 요청함과 동시에 일본 정부에 압력을 가하려고 했다.[36] 그리고 그 외에 주목해야 할 인물이 오다 마코토(小田実)이다. 오다 마코토는 시민운동 베헤렌('베트남에 평화를! 시민연합') 운동을 조직해 전개했고, 베헤렌이 해산한 후에는 김지하 구명운동 등 한국민주화운동을 지지하는 활동을 펼쳤다. 앞에서 서술했듯이 전 베헤렌 활동가들 중에는 재일조선인정치범 문제로 한민통과 교류하던 사람들이 있었다.

그리고 이러한 운동은 해외 '한국인'과의 연대를 촉진했다. 한민통은 해외에 주재하거나 체재하고 있던 '한국인'들과도 교류하면서 운동의 외연을 넓혔고 이런 '연대'를 통해 '민주민족통일해외한국인연합'(한민련)을 조직해 해외의 한국민주화운동에서 연합전선을 형성했다.[37]

한민통은 제2기에 들어서면서 조직명에서 '일본본부'를 삭제했다. 그것은 당초 김대중이 한국민주화운동의 해외거점으로 구상한 조직인 한민통이 김대중과의 관계를 '해제'하면서 독자노선을 걷기 시작했다는 것을 의미한다. 그리고 광주민중항쟁을 겪으며 한국 내의 운동이 반미·반일주의를 중심으로 한 반외세운동으로 변하자 한민통의 운동도 반외세운동으로 전환했다.

36) 예를 들면 1973년 8월 20일에 민통협 결성 1주년 기념 파티가 개최됐는데 김대중 구명운동에 대한 일본 사회의 이해를 도모하기 위한 것이었다. 이 파티에 참석한 국회의원은 사회당의 텐 히데오(田英夫)와 공명당의 오키모토 야스유키(沖本泰幸)를 비롯한 사회당, 공명당 소속 의원이었다(「海外同胞会議の召集」, 『民族時報縮刷版』, 1973년 9월 1일 자(1면), p.79).

37) 한민련의 결성과 활동에 관해서는 졸론, 「해외 한국민주화운동 –'민주민족통일해외한국인연합'을 중심으로」를 참조.

한민통은 70년대부터 미국과 일본의 정부에 대해 박 정권에 대한 군사적·경제적 원조를 중지할 것을 요구했고, 한·미·일의 "일체화 노선"을 비판했었다. 그리고 80년대 들어서 한국 내의 운동 흐름에 맞춰 반외세를 운동방침으로 정했다. 1983년 9월 제12차 중앙위원회에서 '우리들은 외세세력의 지배와 간섭을 배제하고 민족자주권 회복을 구국운동의 기본노선으로 한다'[38]는 것을 새 강령 제1항으로 정하며 반외세를 공식적인 방침으로 내세웠다. 그리고 원래부터 한민통은 조국통일을 저해하는 외세에 저항하는 것은 조국통일운동의 일환이라고 인식하고 있었기 때문에 반외세운동으로 전환하는 것은 자연스러운 일이었을 것이다.

같은 해 8월 14일에는 한민통 결성 10주년을 기념해 "반외세 민족자주 수호투쟁 선언"을 발표했는데, 그 내용은 반외세 운동을 전개하는 당위성과 반외세운동을 통해 자주를 지켜 통일을 이루겠다는 의지를 표명한 것이었다.[39] 1989년 한국이 '민주화'되면서 운동의 흐름이 통일운동으로 바뀌자 한민통은 조직개편과 더불어 조직명을 재일한국민주통일연합(한통련)으로 바꾸고 통일운동으로 전환해 현재에 이르고 있다.

한민통 운동의 특징 중의 하나는 연극·영화의 제작·상영 활동을 통해 여론형성을 꾀한 것이다. 연극·영화의 내용은 주로 노동문제나 정치범 문제를 다룬 것으로, 이는 당시 '문화활동'을 표방하며 운동을 전개했던 청년단체인 한청과의 협력으로 이루어진 것이다.[40] 일본 대

38) 「第2宣言(韓民統新綱領)」, 『民族時報』, 1983년 10월 5일 자(4면).

39) 「反外勢民族自主守護闘争宣言一韓民統結成10周年に際して」, 『民族時報』, 1983년 8월 21일(2면).

40) 한청의 '문화활동'에 대해서는 졸론, 「민단계 재일조선인의 한국민주화운동 – 재일한

도시를 중심으로 영화 상영운동이 전개되었는데, 이 운동에는 일본의 총평(일본노동조합 총평의회) 등의 노동단체 등이 영화관람을 하는 등 한민통과 한청의 활동에 협력했는데, 이는 한일노동자들 사이의 '연대' 활동이라고 할 수 있다. 일본의 노동단체 등이 관람했던 이유는 한민통이 상영한 영화가 주로 노동문제를 다루었고, 청년단체인 한청에는 노동자인 재일조선인 청년들이 많이 활동하고 있었으므로 한국의 노동문제를 통해 연대의식이 형성되었기 때문으로 보인다.

연극·영화 제작에서 한민통은 주로 제작기획과 자금지원을 담당하고 한청 멤버들이 현장 스태프나 출연자로 참가했다. 그 대표적인 영화가 '고발', '어머니'의 상연이다. '고발'은 '재일한국인정치범 리포트'라는 부제가 붙은 기록영화로, 울릉도사건으로 체포된 재일조선인정치범 사건을 영화한 것으로 한민통의 선전국장 김경식이 구성을 담당하는 등 제작협력을 하고 한청과 '재일한국인정치범 가족협의회', 그리고 정치범의 가족이 상영운동을 뒷받침했다.[41] 이 영화는 『민족시보』를 보면 1975년 10월 중순~하순 사이에 완성된 것으로 보인다. 그리고 같은 해 11월 14~15일에 도쿄 도라노몬 닛쇼홀(虎ノ門日消ホール)에서

국청년동맹을 중심으로」(『한국학연구』 59, 인하대학교 한국학연구소, 2020)을 참조.

41) 그 외에 촬영은 '통일사프로'가 담당하고 '나는 조개가 되고 싶다'(私は貝になりたい)의 감독인 오카모토 요시히코(岡本愛彦)가 감독을 맡았다. 영화 제작에 참여한 대부분의 스태프가 재일조선인으로 구성되었다(「무고한 政治犯의 呼訴」, 『民族時報縮刷版』, 1975년 10월 21일 자(1면), p.353). MovieWalker라는 사이트(https://movie.walkerplus.com/mv 18311)의 '고발 – 재일한국인정치범 리포트'에 관한 영화정보를 보면 주요 스태프는 감독 – 오카모토 요시히코, 정책 – 김경식 구성 – 김경식·오카모토 요시히코, 촬영 – 김양호·이춘호, 음악 – 윤이상, 편집 – 야마지 사치코(山地早智子), 나래이션 – 고노시마 아이코(此島愛子), 조감독 – 최양일이다. 또한 '세계 한민족 문화대전' 사이트에도 같은 정보와 영화 내용이 소개되어 있다(http:www.ok-pedia.kr/Contents/ContentsView?contentsId=GC95200903&localCode=jpn&nodeId=G1%2F3).

상영되었고, 이후 센다이·나고야·오사카 등 일본 대도시에서 상영되었다. 이 전국 상영운동은 당시 재일조선인정치범 구원운동에도 영향을 주었는데 당시 재일조선인정치범의 구원운동을 하고 있었던 요시마쓰 시게루에 의하면 '고발' 상영운동에 촉발되어 재일조선인정치범 구원운동을 위한 전국조직이었던 '재일한국인 "정치범"을 지원하는 회 전국회의'(전국회의)를 결성하게 되었다고 회고하고 있다.[42] 이 영화에 동백림사건 피해자이자 독일에서 활동하던 음악가 윤이상도 참가했는데 어떠한 경위로 참가했는지는 알 수 없으나 한민통과 윤이상은 1975년에 이미 교류하고 있었던 것으로 보인다.

그리고 '어머니'는 노동조건 개선을 요구하며 분신자살한 전태일과 그의 모친인 이소선의 투쟁을 그린 것이다. 이 영화는 민청학련 사건으로 수배되었던 조영래가 자신이 모은 자료에 근거해 쓴 『전태일 평전』을 영화한 것이다. 재야민주화운동가이자, 민주화운동을 기획한 김정남에 의하면 한국에서는 『전태일 평전』을 출판할 수 없었기 때문에 일본 가톨릭정의와 평화협의회의 간사였던 송영순에게 원고를 건네주었고, 송영순은 그것을 다시 배동호에게 전달해 일본에서 영화화할 수 있었다.[43] 『전태일 평전』은 당시의 독재정권 하에서는 출판이 불가능했기 때문에 김정남 – 송영순 – 배동호의 루트로 일본에서 영화화될 수 있었다. 이는 당시의 한국에서는 불가능했던 민주화운동이나 노동관련 출판활동 등이 국내 운동세력과 해외의 '한국인'의 연대, 즉 '한한연대(韓韓連帯)'를 통해 가능했다는 점을 알 수 있다. 또한 당시 일본

42) 吉松繁, 『在日韓国人「政治犯」と私』, 連合出版, 1987년, p.124.
43) 김정남, 「겁났으나, 그들 풍찬노숙하는데 연락 끊을 순 없었다」, 『한겨레신문』, 2019년 9월 21일 자(http://www.hani.co.kr/arti/society/society_general/910371.html).

가톨릭교회에 소속되어 있던 송영순을 통해 한국과 일본의 가톨릭교회의 연대가 가능했고, 그리고 한민통과의 교류, 일본의 지식인 등과의 '한일연대'가 가능했다. 이를 바탕으로 한국의 실정과 민주화운동 관련 정보가 일본에 알려지며 일본 내에서 여론형성이 가능했다. 이는 종교계의 한일연대 중에서 민주동지회를 중심으로 한 기독교의 활동 이외에도 가톨릭교회가 중심이 된 또 하나의 운동 흐름과 자료의 흐름이 형성되어 있었다는 것을 알 수 있다.

한민통은 '한국의 민주화를 위해 투쟁하는 노동자와 전(全) 정치범을 지지하는 6개월 운동'을 전개했는데 이는 앞에서 봤듯이 한국의 노동자와의 '연대'를 위한 활동이었고, 그 활동의 일환이 '어머니'의 상영운동이다.[44] '어머니'의 상영을 위해 1978년 11월 10일에 '상영 중앙 실행위원회'가 결성되었다. 이 실행위원회에는 한민통과 한청의 운동에 공감하는 일한연대위원회, 전국회의, 일본노동조합 총평의회, 중립노동조합 연락회의, 전국산업별 노동조합 연락회의가 참가했다.[45] 한통련에 의하면 1978년 11월 13일에 처음 상영된 이후 일본노동조합인 총평의회의 협력을 받아 일본 전국에서 약 700회 상영되었다고 한다.[46] 정확한 상영 횟수는 확인할 수 없으나 적어도 일본 내의 여러 지지 단체의 협력을 받으며 상당히 많이 상영되었고, 그만큼 일본 노동자들 사이에서 한국의 노동현실에 대한 공감대가 형성되었을 것으로 생각된다.

'어머니' 상영 과정은 한민통이 한국 내의 운동세력 등과의 연대관계

44) 「広がった韓日連帯のすそ野」, 『民族時報縮刷版』, 1979년 1월 21일 자(4면), p.784.

45) 「中央実行委を結成－映画「オモニ」の上映推進のため」, 『民族時報縮刷版』, 1978년 11월 11일 자(1면), p.753.

46) 「全泰壱氏の闘争を描いた映画「オモニ」を制作し, 日本全国七百余か所で上映」, 재일한국민주통일연합, 공식 사이트(http://chuo.korea-htr.org/board.cgi?id=DJKIM&page=8).

를 엿볼 수 있는 중요한 운동이라고 할 수 있다. 한홍구는 자신의 저서에서 1986년 이후의 학생운동을 하는 데에서 재일동포 지도자인 배동호의 『애국론』이 널리 읽혔다고 언급했다.[47] 이 언급은 한민통의 운동이 당시의 학생운동에 영향을 미친 것으로 보이고, 한민통과 한국 내의 운동세력이 수면 하에서 연결되어 있지 않았나 의문을 갖게 했다. 그 의문을 풀 수 있는 실마리가 '어머니' 상영 과정이라고 생각한다. 왜냐하면 '어머니'의 시나리오로 쓰인 원고가 조영래의 『전태일 평전』으로, 이 평전의 원고가 일본에 전해지는 과정에 한민통의 배동호와 일본 가톨릭교회의 송영순, 한국의 김정남의 인적 네트워크가 있었기 때문이다.

한민통의 배동호는 김정남과 서신교환 등을 통해 교류하고 있었다. 이는 한민통의 조직적인 관여가 아니라 배동호 개인적인 교류였고, 이 교류를 통해 한국의 상황과 민주화운동에 관한 정보가 한민통으로 전해졌다. 하지만 배동호와 김정남의 교류가 언제 시작되었는지 확실한 시기를 알 수 없으며,[48] 그 경위 또한 알 수 없다. 당사자인 김정남이 송영순과 교류하고 있을 때 배동호의 편지를 받게 되었고 말하는 것을 보면 김정남도 자세한 경위에 대해 잘 모르고 있다. 김정남의 추측처럼 배동호 쪽에서 먼저 송영순과 김정남에게 다가갔을 가능성이 높다. 왜냐하면 1973년 김대중과 일본의 한국민주화운동을 위한 조직 결성을 진행하는 중에 김대중과의 사이에 의견이 좁혀지지 않아 논의가

47) 한홍구, 『대한민국사1』, 한겨레출판, 2003년, p.60.

48) 김정남은 인터뷰에서 배동호와의 교류가 언제부터 시작되었는지 기억나지 않으며 송영순이 민주화운동과 관련해 기자회견 등의 활동을 했을 때 배동호가 관심을 보였고 그때부터 교류가 시작된 것 같다고 추측했다. 김정남과의 인터뷰는 2019년 10월 11일, 서울에 소재한 서울대 동창회 사무실에서 이루어졌다.

정체되었을 때 배동호는 미국의 임영창과 연대해 조직결성을 하려고 시도했고, 해외의 운동세력과 만나기로 한 것을 보면 김정남의 말에는 어느 정도 타당성이 있다.[49)]

그럼 배동호는 어떻게 송영순과 교류하게 되었을까? 일본의 가톨릭교회 관련 자료를 통해 배동호와 송영순의 접점을 추측해 볼 수 있다. 한민통의 창립멤버인 김재화가 가톨릭신자로 일본가톨릭교회의 모임[50)] 등에 참여한 것을 보면 김재화와 송영순의 접점이 먼저 있었고, 후에 배동호-송영순-김정남의 인적 네트워크가 형성되었을 것으로 보인다. 배동호는 이러한 인맥을 통해 한국의 여러 정보를 입수했을 것이다. 「김정남 서한자료」를 보면 배동호와 김정남은 서신을 통해 한국의 정세나 민주화운동에 관해 의견교환이나 정보교환을 했다.[51)] 김정남은 지학순 주교 등 가톨릭교회의 중심인물들과 친분관계가 있었고, 가톨릭 신문인 『평화신문』의 편집국장을 지내기도 했기 때문에 가톨릭교회의 정보를 수집하는 것이 용이했을 것이다. 그렇게 수집·정리된 자료들이 송영순을 통해 일본에 전해졌다. 송영순은 김수환 추기경, 지학순 주교 등 한국의 가톨릭 신부들과 친밀한 관계였고, 일본가톨릭교회와도 교류가 있었으며, 후에 일본가톨릭정의와 평화협의회 산하 '한국위원회'에 소속되어 간사로 활동하기도 했다. 송영순은 한일 가톨

49) 졸론『民団系在日朝鮮人の韓国民主化運動-「連帯」の中の「分断」』, 東京外国語大学大学院博士論文, 2014年12月10日, p.57.

50) 김재화는 1973년 12월 30일에 일본의 '사회정의를 생각하는 가톨릭 유지회' 주최, 일본가톨릭 정의화 평화위원회의 후원으로 열린 '신의 정의와 이웃사랑을 생각한다'는 이름의 집회에 참가했다. 「神の正義と隣人愛を示そう-韓国問題で若い信徒奮起」, 『カトリック新聞』第2307号, 1974年1月20日付, 1面.

51) 김정남은 송영순, 배동호 등과 주고받은 서신을 2020년에 한국학 중앙연구원에 기증했다.

릭교회를 이어주며 한일연대를 이끈 주요 인물이라고 할 수 있다.

김정남은 마리아(Maria), 배동호는 죠지(Jeorge)라는 필명으로 서신교환을 했고 이 서신교환은 송영순을 통해 약 15년간 이어졌다. 김정남은 배동호와의 교류가 박 정권에 발각될 것이 불안해 편지를 태웠지만 송영순이 김정남과 배동호, 자신과의 사이에 오고 간 편지를 복사해 보관하고 있었다고 증언하고 있다.[52] 이는 김정남이 한민통과 교류하면서 박 정권의 탄압을 의식해 신중하게 대처하고 있었다는 것을 보여주는 부분이고, 김정남 역시 그렇다고 증언하고 있다. 이는 당시의 민주화운동세력 내의 한민통에 대한 인식을 엿볼 수 있는 부분이기도 하다. 한민통이 1977년 반국가단체로 규정되었기 때문에 한민통에 대한 경계나 조심은 당연한 것이라고 할 수 있다.

김정남이 한국 민주화운동자료를 송영순에게 보내고, 송영순은 『민족시보』, 일본 가톨릭신문, 아사히신문 등의 기사를 김정남에 보냈다고 한다. 「애국론」은 『민족시보』에 칼럼으로 실린 것으로 1975년에 단행본으로 출판되었다. 이러한 경위로 『애국론』도 한국 학생운동세력에게 읽혔을 것으로 추측된다. 김정남과 송영순 사이의 교류에는 국제가톨릭형제회(Association Fr-aternelle Internationale, AFI)[53]관련 인물들이 협력했다. 김정남과 배동호가 주고 받은 편지 내용 중에 한국민주화운동에 대한 배동호의 의견과 제안이 많았다. 또한 한국 내의 민주화운동세력의 움직임과 한미관계 등 6월 항쟁이후의 한국내의 정세에 관한 의견도 오갔다. 배동호는 일본으로 유입되는 한국관련 자료만이

52) 김정남 인터뷰, 앞의 주.

53) 국제가톨릭형제회는 가톨릭교회의 평신도로 이루어진 국제조직으로 교육, 사회복지나 사회운동 등의 분야에서 활동한다.

아니라 김정남과의 의견교환을 통해 민주화운동과 관련된 상세한 정보를 입수한 것으로 보인다.

또한 김정남은 서신교환 이외에도 한민통이 한국의 운동세력을 지원할 때 가교가 되었다. 예를 들면 일본 내에서 한국 내의 민주화운동세력을 위해 모금된 기부금을 김정남을 통해 전달했다. 전태일의 노동운동을 그린 '불꽃의 외침'이나 '어머니' 등을 상영했을 때 모인 기부금을 김정남에게 전달하면, 김정남은 김지하의 어머니를 통해 이소선에게 전달했고,[54] 이소선은 박 정권에 의해 해체된 '노동교실'의 재건에 기부금을 사용했다.[55] 이러한 한민통의 한국 내 운동세력에 대한 지원은 송영순에서 김정남으로 이어지는 루트가 있었기 때문에 가능했다고 할 수 있다.

그리고 배동호는 김정남과의 교류를 통해 한민통의 '반국가단체' 규정의 해제, 즉 한민통의 '복권'문제를 해결하려고 한 것 같다. 김정남에게 한민통의 '복권'문제를 어떻게 해야 할지 의견을 물으며 한국 내의 법률가와 상담해줬으면 좋겠다고 부탁했다. 배동호는 민주화 후의 한국의 정세 변화가 한민통의 '복권'문제에 도움이 될 수 있을 것이라고 기대한 것으로 보인다. 그러나 그의 기대는 '희망'으로 끝났다.

또한 배동호는 한국의 민주화세력과의 '연대'를 적극적으로 시도했다. 1987년 11월에 있었던 한민련 결성 10주년 기념행사에 한국에서 누군가 참가할 수 있는 방법을 생각해줬으면 한다고 요청했다. 이 시기는 해외 '한국인'과의 '연대'에 균열이 생긴 시기이기 때문에 한국 내의 운동세력과의 '연대'는 한민통의 입장에서 한민련을 조직적으로 강화

54) 김정남의 인터뷰, 위의 주.
55) 이소선이 배동호에게 보낸 1978년 12월 21일 자 편지.

하기 위한 방법 중의 하나였을 것이라고 생각된다. 하지만 10주년 기념행사 관련 자료를 보면 한국으로부터의 참가자는 없었다. 이러한 배동호의 요청들은 김정남과의 연대를 기반으로 해 한국 내의 운동세력과의 교류 확대하면서 한민통과 관련된 규정을 풀려는 시도로 보인다. 하지만 민주화운동세력의 한민통에 대한 인식에 여전히 '반공'이라는 벽이 존재하고 있었고, 그 벽을 허물기에는 한국의 정치적, 사회적 변화는 요원한 현실이었다. 그리고 이러한 한국의 사정에 대한 배동호의 인식이 낙관적이었다고 지적하지 않을 수 없다.

김정남과의 '연대', 해외 '한국인'과의 연대 등 여러 활동 등을 통해 한민통의 운동역량이 커져가면서 조직 강화에 더욱 힘을 쏟았다. 그를 위해 일본의 주요 지역에 한민통 계열의 조직을 결성하거나 한청의 조직강화를 꾀했다. 한민통의 입장에서는 조직기반이 넓고 튼튼한 청년조직인 한청이 운동을 전개하는 데에 중요한 조직이었기 때문이다. 그리고 민단계 재일조선인 사회에서 기반을 만들면서 민단계 재일조선인을 한민통 운동에 '포섭'하려고 했고, 호별 방문을 통해 한민통의 운동을 알리는 홍보활동도 전개했다.[56] 이는 민단에 불만을 갖고 있거나 민족단체에 관심이 없는 민단계 재일조선인을 한민통 운동으로 끌어들이기 위한 활동이며 민단을 '어용화'한 박 정권에 대한 저항활동의 일환이라고 할 수 있다.

하지만 한민통은 80년대에 들어 조직이 약화되어 조직쇄신을 하지 않으면 안 되었다. 조직 쇄신을 위해 1983년 3월에 의장을 김대중에서 김재화로 교체했다. 의장 교체의 배경에는 김대중이 국내 정치활동을 재개할 수 있게 된 것과 김대중 납치사건이 정치적으로 '해결'되며 김대

56) 「韓民統新年研修会」, 『民族時報縮刷版』, 1974년 2월 1일 자(2면), p.132-㉡.

중 구원운동과 원상회복운동의 의의가 약화된 것이 영향을 미쳤다고 생각된다. 또한 무엇보다 김대중이 한민통과의 관계를 이유로 사형선고를 받은 것과 73년 이후부터 자신을 의장에서 내려줄 것을 요구한 것이 큰 이유이다.

또한 한민통은 조직강화의 일환으로 '3대 약진운동'을 전개했다.[57] '3대 약진운동'은 1983년의 운동방침으로 ① 조직의 학습분위기를 확대할 것, ② 간부양성과 상근·비상근 활동가의 확대, 그리고 이를 통한 동포대중과의 연계 강화와 회비 배증(倍增), ③ 민족시보 애독자 확대 등을 내세웠다. 이 내용에서 한민통이 조직적으로도, 재정적으로도 약화된 것을 엿볼 수 있다. 이러한 문제를 해결하기 위해 인원 확충, 한민통 회원과 민족시보 구독자를 늘려 재정적 안정성을 확보하려고 했던 것을 알 수 있다.

하지만 조직약화의 가장 큰 원인으로 한민통을 조직적, 재정적으로 뒷받침하고 있었던 간부들의 조직이탈을 들 수 있다. 한민통에서 이탈한 대표적인 인물이 정재준이다. 정재준은 민단민주화운동과 한민통 결성에 관여하며 한민통의 재정을 뒷받침하고 있었지만, 1982년 11월 17일 자 한민통과 '김대중 선생 구출위원회'의 회장 등을 사임했다.[58] 민단과 한국의 신문보도를 보면 그 외에도 한민통을 떠난 사람이 적지 않았다. 한민통을 떠난 주요간부는 부의장 민영상, 재정위원 조성제, 민단가나가와본부 의장 김윤종 등으로 한민통을 조직적·경제적으로 뒷받침하고 있었던 인물들이다.[59] 주요 간부의 한민통 이탈은 70년대

57) 「韓民統十周年を三大躍進で迎えよう」, 『民族時報縮刷版』, 1983년 3월 5일 자(4면), p.1296.

58) 「鄭在俊さん辞表提出金載華議長が談話」, 『民族時報縮刷版』, 1982년 12월 21일 자(1면), p.1267.

후반부터 있었다. 1974년 9월 17일에 한민통의 중앙위원이며, 큐슈지역 위원장인 김민주가, 1977년 12월 20일에는 곽태월(민족시보 부사장), 조학래, 김덕봉, 임현종이 탈퇴했다.[60] 다음해 5월 15일에는 윤기수(민통협 의장), 허정두(한민통 발기인 및 중앙위원), 원만식(한민통 중앙위원, 도쿄민단본부 조직강화위원)이 탈퇴했다.[61] 80년대에도 주요 간부 이탈은 이어졌는데 1982년 12월 4일 자 『경향신문』의 보도를 보면 1977년 9월부터 정재준 사임 전까지 한민통에서 "전향"한 사람이 20명 정도가 된다. 1985년에는 중앙위원인 이정규, 양창규(미우라합성 사장), 황은택(평화상사 대표), 고인규(음식점 경영), 이용규(협진상사 대표), 박재홍 등이 탈퇴했다.[62]

한민통은 이렇듯 주요 간부의 탈퇴 등 조직내부의 균열이 진행되는 상황에서도 조직을 확대하려고 했다. 1983년 3월 13일에 오사카 민단자주수호위원회가 한민통 오사카본부로 개편되었다. 한국의 한민통 관련 신문기사는 한민통이 약체화되어 가고 있기 때문에 와해 직전이라고 보도했지만, 그와는 반대로 한민통의 조직은 외형적으로 확대되는 상황이었다. 당시 한국의 신문기사를 어디까지 신뢰할 수 있는지는 의문이지만 정재준 등의 거물이 빠진 한민통의 입장에서는 바람직한

59) 김윤종은 1980년 3월 24일 제8차 임시중앙위원회에서 새 부의장으로 선출되었다. 한민통을 탈퇴한 간부들에 관한 한국의 보도는 「反韓베트콩의 終末」(『京鄕新聞』, 1982년 12월 4일 자(3면))와 「韓民統 瓦解직면」(『東亜日報』, 1982년 12월 3일 자(1면)) 등이 있다.

60) 「北傀에서 資金받아 朝総連 앞잡이로 反政府활동' 転向한 韓民統간부 金敏洙씨 會見」, 『경향신문』, 1974년 9월 17일 자(7면).

61) 「'韓民統'간부넷転向」, 『동아일보』, 1977년 12월 20일 자(1면) 그리고 「韓民統 세간부 民團으로 전향」, 『경향신문』, 1978년 5월 16일 자(7면).

62) 「韓民統幹部 6명 전향」, 『매일경제신문』, 1985년 7월 16일 자(11면).

상황이 아니라는 것은 짐작할 수 있다. 그러한 배경 때문인지 한민통은 1983년 9월 18일 제12차 중앙위원회에서 새 집행부를 출범시키는 것으로 조직개편을 통해 쇄신을 꾀했다. 새 의장으로 상임고문인 배동호가, 부의장에는 김용원에 더해 국제국장인 김종충이 추가로 선임되었다. 그리고 1985년에 한청·한학동과 함께 '재일한국인 민주화투쟁 중앙연락회'를 조직했다. 이는 한민통만으로는 운동을 전개하기에는 조직적·인적으로 한계가 있어 이를 보완하기 위한 것으로 생각된다.[63]

그리고 무엇보다 주목해야 할 변화는 조직명에서 '일본본부'를 삭제해 '한국민주회복통일촉진 국민회의'로 개칭한 것이다. '일본본부'를 삭제한 이유로 몇 가지를 추측할 수 있다. 김대중은 1972년 박 정권이 유신체제에 들어가면서부터 해외에 체재하며 한국민주화운동 거점을 만들고 있었다. 운동의 거점을 만들기 위해 미국에 주재·체재하는 '한국인'이나 일본의 재일조선인과 '연대'하면서 조직을 결성했다. 즉, 한민통은 김대중의 구상이 반영된 조직이다. 그러므로 일본의 한민통이 '일본본부'라는 명칭을 삭제한다는 것은 김대중과의 관계를 재설정했다는 것을 의미한다.

앞에서 봤듯이 김대중은 납치된 후부터 한민통에 자신을 의장직에서 내려달라고 계속 요구하고 있었다. 그리고 결정적으로 광주민중항쟁의 '주모자'로 체포된 후 한민통과의 관계를 이유로 사형판결을 받았다. 김대중이 한민통과의 관계로 생명까지 위협당했고, 사형판결로부터 약 2년 후인 1982년 12월 17일 겨우 석방되어 미국으로 망명하게 된 상황에서 한민통이 김대중의 이름을 걸고 운동을 계속하는 것이 현실적으로 어려웠을 것이다. 한국 정부가 한민통과 김대중의 관계를

63) 「全斗煥の売族行脚を許すな！」, 『民族時報』, 1985년 5월 1일 자(4면).

구실로 김대중을 탄압했기 때문에 김대중을 지키기 위해서라도 김대중과 관계없는 조직임을 강조할 목적도 있었을 것이라고 생각된다.

마지막으로 한민통이 갖고 있는 '자신감'을 들 수 있다. 앞에서 봤듯이 한민통은 김대중이 구상한 조직으로 김대중은 스스로가 한민통의 '총책임자'로 각 지역에 주재·체재하는 '한국인'이나 재일조선인을 각 지역의 책임자로 정해 조직을 운영한다고 구상하고 있었다.[64] 특히 일본 내의 조직 결성에서는 다른 지역보다 김대중 자신이 '주도권'을 가지려고 하는 등 항상 민단민주화세력을 통제할 수 있는 입장이 되려고 했고, 그리고 어느 정도까지 실현됐다. 그 때문에 민단계 재일조선인이 김대중이 납치된 상황에서 한민통을 결성했다 해도 김대중의 '영향력'은 여전히 강했고, 어느 의미에서는 항상 '굴레'였다고 할 수 있다. 그러나 민주화운동을 전개하는 데에서는 일본 등 여러 지역의 한국민주화운동 지원세력, 해외 '한국인'과의 '연대'를 주도했고, 운동을 이끌어 가는 입장이 되면서 발언력과 영향력도 강해졌다. 즉, 해외의 한국민주화운동에서 존재감이 강해지면서 김대중과 '거리'를 두고 독자적인 조직으로서 주체적으로 운동을 전개할 수 있다는 '자신감'이 생긴 것도 조직명에서 '일본본부'를 삭제하는 배경이 되지 않았을까 생각된다. 이처럼 한민통은 내부에서는 조직적·인적으로 '약화'되면서도 외부적으로는 운동조직으로서 성장해 가는 모순을 안고 있었다고 할 수 있다.

64) 金大中, 『金大中自伝 I 死刑囚から大統領へ - 民主化への道』, 岩波書店, 2011年. 김대중은 미국에서 안병국, 일본에서는 김재화, 캐나다에서는 이상철 목사를 각 지역의 책임자로 생각하고 있었다. 그러나 캐나다에서의 조직결성은 김대중이 납치되면서 무산되었다.

3. 만들어진 '반국가단체' - 한민통

민단민주화세력, 특히 한민통 관련자들은 민단분열 과정에서 한국 정부나 민단으로부터 '불순분자'로 비판과 견제를 받았고, 결국에는 민단으로부터 배제되었다. 한민통 결성 이후에는 단순히 '불순분자'를 넘어 북한과 총련의 '앞잡이'라고 불렸고, 결국에 한민통은 '반국가단체'로 규정되어 빨갱이라는 이미지가 완성되었다. 한국이 '민주화'되고 약 30년이 지났지만 지금도 '반국가단체' 규정은 풀리지 않고 있다.

당시의 박 정권에게 한민통 결성은 한국 내의 민주화운동이 해외로 확장되는 것을 의미했다. 게다가 일본에서 한국민주화운동을 주도한 것은 한국 정부와 민단에 저항한 민단민주화운동세력이었기 때문에 민단계 재일조선인 사회에 미칠 영향을 생각하지 않을 수 없었고, 그 때문에 민단계 재일조선인의 반체제 운동을 억누를 필요가 있을 것이다.

박 정권이 한민통의 운동을 견제·억압하는 구실로 이용한 것이 한국 사회와 민단계 재일조선인 사회에 내포되어 있었던 '반공'이었다. 한민통의 중심 멤버들은 민단분열 과정에서 이미 '불순분자'로 만들어졌고, 한청의 전 위원장인 곽동의는 북한에서 교육을 받은 간첩으로 항상 지목되며 곽동의와 관련된 간첩사건이 보도되기도 했다. 그 예로 민청학련 관련자로 체포된 일본인 다치카와 마사키(太刀川正樹)가 있다. 중앙정보부는 이들이 민청학련의 주모자에게 북한으로부터 받은 자금을 건넸고, 다치카와가 곽동의의 지시를 받고 간첩활동을 했다고 발표했다.[65] 그러나 그 발표는 날조된 사건으로,[66] 박 정권이 민주화운동을

65) 다치카와 마사키가 비밀조직원인 곽동의의 지시로 한국에 입국해 민청학련에 자금을 건넸다는 내용이었다. 곽동의에 관해서는 좌익단체인 조선학생동맹에서 활동하고, 민

탄압하기 위해 날조한 '간첩사건' 중의 하나였다. 박 정권은 민주화운동이 거세지거나 억누를 필요가 있는 상황에서 북한의 위협이나 간첩의 존재를 전면에 내세웠는데, 이는 민주화운동을 탄압하기 위한 상투적인 수법이었다. 그리고 재일조선인은 북한의 위협을 증명해 줄 간첩으로 '만들어졌다'.

또한 같은 해 8월 15일에 재일조선인 문세광에 의해 박정희 저격사건이 일어났고, 이 사건으로 대통령 부인인 육영수가 유탄에 사망했다. 이 사건 이후 한국의 주요 신문은 문세광이 한청 소속이며 오사카부 경찰이 한청의 중앙본부 사무실과 위원장인 김군부의 자택을 수색한 것[67]과 김대중 구출위원회나 민단자주수호위원회의 직함이 있는 문세광의 명함이 발견된 사실 등을 보도했다.[68] 이러한 보도는 한민통이 국가안보에 위협이 되는 존재라는 인식을 심어주기에 충분했다.

그리고 무엇보다도 한민통이 북한의 앞잡이인 '불순분자'들에 의해 조직된 단체라는 확고한 '증거'가 된 것이 '윤효동 간첩사건'이었다.[69]

단 내부에서는 베트콩 그룹을 만들어 총련으로부터 자금을 받아 활동했다고 발표했다(「鬪爭방식은 統一戰線 형성工作」, 『경향신문』, 1974년 4월 25일 자(1면)).

66) 타치카와 마사키는 민청학련 사건의 피해자들과 함께 손새배상청구 소송을 제기해, 2010년 1월 27일에 서울 중앙지법에서 무죄판결을 받았고(「'간첩혐의' 일본기자 36년 만에 무죄」, 『한겨레신문』, 2010년 1월 27일, http://www.hani.co.kr/arti/society/society_general/401409.html)고, 2010년 10월 29일에 서울 중앙지법에서 국가배상재판에서 승소판결을 받았다(「'민청학련' 첫 국가배상 판결」, 『한겨레신문』, 2010년 10월 29일, http://www.hani.co.kr/arti/society/society_general/446112.html).

67) 「文世光주변強制搜査 日警, 韓青本部등 세 곳急襲」, 『동아일보』, 1974년 10월 25일 자, 1면. 관련자로 체포된 일본인 여성 요시이 미키코(吉井美喜子)의 가택수사에서도 문세광의 김대중구출위원회나 민단자주수호위원회의 직함이 쓰인 명함이 발견되었다고 보도했다.

68) 「文世光背後에 共犯조직 日警미끼꼬拘束旅券法위반」, 『每日経済新聞』, 1974년 8월 17일 자(1면).

69) 1977년 5월 28일에 북한의 간첩인 전 민단원인 윤효동이 자수해 곽동의를 북한에 보내

한국의 중앙정보부는 1977년 5월 28일에 '재일동포 거물 간첩'인 윤효동이 자수했다고 발표했다.[70] 민단 이바라키현 본부의 의장을 지낸 적이 있는 윤효동은 1970년 4월 유지간담회의 멤버인 곽동의가 북한에서 간첩교육을 받고 배동호와 손잡고 민통협을 결성했으며, 이후에 김대중과 연계해 한민통을 결성했다고 증언했다. 그리고 배동호, 곽동의, 김재화, 정경모 등이 북한과 연결되어 있다고도 진술했다.[71]

이에 대해 김재화와 정재준은 공동담화를 발표해 중앙정보부의 발표 내용을 반박했다. 공동담화는 곽동의의 알리바이를 증거로 냈고, 윤효동 간첩 자수 증언은 날조라고 반박하며 지금까지 보도된 간첩사건이 박 정권에 의해 날조된 것이라는 것이 알려졌기 때문에 '체포'에서 '자수'로 바꾸는 등 간첩 사건을 날조하기 위한 방법을 바꿨다고 지적했다.[72] 게다가 윤효동과 중앙정보부의 제7국장인 정홍진이 친구인 것을 지적하며 윤효동이 중앙정보부에 이용당했다고 주장했다.

또한 한민통은 윤효동과의 관계를 부인했으며, 중앙정보부가 민단 민주화운동 조직인 '민단정상화 유지간담회'(유지간담회)를 구실로 한민통과 윤효동과의 관계를 허위로 꾸몄다고 반박했다.[73] 하지만 이러한 한민통의 주장은 사실과 다르다. 민족통일협의회(민통협) 관련 자료

교육을 받게 한 것, 곽동의가 간첩교육을 받은 후 배동호 등과 함께 민족통일협의회나 한민통 등을 조직해 반국가활동을 했고, 그 이외에도 한민통 조직에 관련된 배동호, 김재준, 정경모가 북한의 간첩이라고 증언한 간첩사건을 말한다.

70) 「在日北傀거물間諜自首」, 『경향신문』, 1977년 5월 28일 자(1면).

71) 「韓國의発展相直接보고 北傀の거짓宣傳切感…自首」, 『東亞日報』, 1977년 5월 28일 자(7면).

72) 「朴政権の造作尹孝同事件」および「共同談話金載華韓民統議長代行鄭在俊金大中先生救対委長」(『民族時報縮刷版』, 1977년 6월 11자(1면, 2면), pp.563~564.

73) 「共同談話金載華韓民統議長代行鄭在俊金大中先生救代委長」, 『民族時報縮刷版』, 1977년 6월 11일 자(2면), p.564.

를 보면 윤효동은 민통협 결성의 발기인으로 이름이 실려 있는 등 한민통 멤버와 함께 통일운동을 했기 때문이다.[74] 이는 윤효동이 한민통 멤버들과 이전에 같이 활동을 했다는 것을 말해주는 것이다. 중앙정보부의 발표처럼 유지간담회의 활동에 윤효동이 참가했는지는 입수한 한민통의 자료에서는 알 수 없지만 민통협 멤버 대부분이 유지간담회의 멤버인 것을 생각하면 윤효동이 유지간담회 활동에 관여했을 가능성이 높다.

한민통에서 활동했던 간부들의 탈퇴도 한민통과 그 멤버들에 대한 의혹을 부추겼다. 앞에서 서술했듯이 한민통의 많은 간부가 조직에서 이탈했다. 여기서 주목해야 할 것은 간부들의 한민통 탈퇴의 대부분이 재일조선인 관련 간첩사건이 발표된 후이거나 한민통을 비롯한 해외 '한국인'의 한국민주화운동과 관련해 주목할 만한 움직임이 있었을 때였다는 것이다. 이와 같은 사실에서 박 정권이 한민통의 활동을 견제하기 위해 한민통 멤버의 이탈을 이용했을 것으로 짐작된다.

그리고 한민통 멤버들의 탈퇴가 '전향'으로 취급되었다는 것에도 주목해야 한다. 이 '전향'은 양식화된 형태로 완성되었다. 우선 '전향'을 표명하는 전 한민통 멤버는 기자회견에서 한민통의 정체를 '폭로'하는 것으로 한민통의 반정부·반국가적인 활동을 고발한다. 그리고 '국민'이나 '민단원'으로서 한민통에서 활동한 자신의 '비애국적'인 행동을 반성하고, 최종적으로 한국과 민단에 '귀의'한다는 의지를 표명한다. 그리고 '귀의'는 '성묘단'[75]의 일원으로 한국을 방문하는 형태로 이루어

74) 「経過報告〈要旨〉」, 『民族時報縮刷版』, 1972년 9월 1일 자(2면), p.2.

75) 1973년 7월의 제7차 남북적십자회담에서 한국의 적십자에 의해 '추석성묘단'의 상호파견이 제안된 것을 시작으로 몇 차례에 걸쳐 남국의 이산가족의 재회에 관한 얘기가 있었지만 실현되지 않았다. 민단은 이 상황을 타개하기 위해 1975년부터 '조총련 산하

지고, 완성되었다. 예를 들면 1977년 9월 3일 자 『한국신문』은 같은 해 8월 23일에 한민통의 간부들이 한민통을 탈퇴했다고 보도했다.[76] 한민통의 간부인 나종경(중앙위원·상공공동조합 이사장), 고창수(중앙위원), 이기중(중앙위원), 황일영(도쿄본부 오타지부·부의장), 진석일(도쿄본부 조직강화위원) 등이 탈퇴를 표명하는 기자회견을 했다. 그들은 정재준을 비롯한 한민통의 간부들이 '도쿄 한국인 상공협동조합'을 한민통의 자금원으로 하려고 했다는 '사실'을 폭로했다.[77] 그리고 곽동의를 비롯한 한민통의 멤버가 북한을 방문했고 총련과 결탁해 한민통을 북한의 '공작단체'로 만들었다고 비판하며,[78] 민단원으로서 이적행위를 한 것에 대해 반성의 뜻을 보였다. 그들은 탈퇴한 후 성묘단으로 한국을 처음 방문했고, 앞에서 말한 5명 이외에도 한민통 관련단체의 전 멤버였던 이기우(민족시보·편집위원), 강웅(군마현본부·한청위원장), 김옥련(대한도쿄부인회·도쿄본부회원)도 참가했다.[79]

한민통으로부터 탈퇴한 이유는 탈퇴한 전 간부들이 지적한 한민통과 그 멤버들의 '이적행위'뿐만이 아니라 간부 사이의 갈등도 있었던 것으

동포·성묘단사업'을 실시했다. 우선 비공식적이고 소규모로 1974년 4월 14일에 가나가와 가와사키지부에서 처음으로 성묘단(16명)이, 다음날 오사카 성묘단(32명)이 한국을 방문했다. 같은 해 6월에 도쿄·홋카이도(26명), 오사카(29명)이 방문했다. 그리고 같은 해 9월에 공식적으로 제1차성묘단이 방문했고, 1976년까지 약 2년간 6차례에 걸쳐 많은 인원이 성묘단으로 한국을 방문했다. 한국에서는 1976년 '재일동포 모국방문 후원회'를 조직해 '재일동포'의 한국 방문을 지원했다(민단50년사 편찬위원회, 『民団五十年史』, 재일본대한민국민단, 1997년, pp.124~126).

76) 「『韓民統』は北傀の手先」, 『韓国新聞』, 1977년 9월 3일 자(1면).

77) 도쿄한국인상공협동조합은 1976년 6월 14일에 '재일한국인'기업을 지원하기 위해 설립되었다(「東京韓国人商工協同組合を設立」, 『民族時報縮刷版』, 1976년 8월 1일 자(91면)), p.443.

78) 「『韓民統』は北傀の手先」, 위의 주.

79) 「省墓團일원으로 전韓民統간부 9명도 入國」, 『京鄕新聞』, 1977년 9월 29일 자(7면).

로 보인다. 나종경 등은 탈퇴회견을 할 때 발표한 성명문에서 한민련 결성 준비 등이 비밀리에 이루어진 것에 대해 노골적으로 불만을 드러냈다.[80] 이는 한민통의 주요한 활동과 관련해 한민통 내부에서 정보가 공유되지 않은 것을 의미한다. 한민련 결성처럼 박 정권에 알려질 경우 여러 형태로 방해나 위협을 받을 가능성이 있는 중요 사항 등과 관련해 한민통 내부에서부터 철저하게 비공개로 일이 진행되고 있던 것으로 추측된다. 하지만 이런 비공개적인 활동 등으로 인해 한민통 관계자들이 소외감을 느꼈을 가능성이 있다. 그리고 이러한 상황은 일회성으로 그치지 않고 이어졌을 것으로 추측된다. 그렇기 때문에 일부 멤버 중심으로 한민통이 운영되는 것에 대한 간부들의 불만이 계속적으로 쌓여온 것으로 보인다. 그 위에 한국 정부나 민단이 '전향'한 민단계 재일조선인의 고향에 대한 그리움, 비즈니스와 관련된 문제 등을 한민통에 압력을 가하는 데 이용했을 가능성도 배제할 수 없다.

한민통 내부에서 조직적인 분열이 생겼을 때 재일조선인 모국유학생인 김정사 '간첩사건'은 한민통의 이미지에 큰 타격을 가했다. 1978년 6월 19일에 재일조선인 '간첩'인 김정사에 대한 판결이 서울대법원에서 있었는데, 이 재판에서 한민통은 반국가단체로 규정되었다.[81] 이에 앞서 1977년 10월 29일에 서울지방법원도 윤효동의 진술에 근거해 한민통을 반국가단체로 규정했다. 대법원이 한민통을 반국가단체로 규

80) 앞의 주.

81) 김정사 사건은 '재일한국인 본국유학생'으로 서울대학교에서 유학하던 김정사가 간첩혐의로 체포된 사건이다. 한민통은 김정사 사건 관련으로 1977년 10월 29일에 서울지방법원의 판결에서 처음으로 반국가단체로 규정되었다. 그리고 다음해 1978년 6월 19일 서울대법원에서도 반국가단체로 규정되었다. 후에 김정사는 간첩혐의에 대한 재심을 청구해 2013년 6월 11일 무죄판결을 받았다.

정한 이유는 북한의 지령에 의해 결성된 점, 김재화를 비롯한 한민통 멤버들이 북한의 공작원이나 총련의 지시대로 활동한 점, 북한으로부터 활동자금을 받은 점, '반한(反韓) 대회' 등에서 총련과 공동으로 활동한 점 등이었다.[82] 또한 민단도 『한국신문』을 통해 북한 – 한민통 – 한청간부인 임계성의 지시체계에 의해 김정사가 간첩활동을 한 것과 한민통이 북한으로부터 지령을 받은 것을 뒷받침하는 증거가 많다고 보도했다.[83]

대법원의 규정은 한국 사회나 재일조선인 사회에 한민통을 주축으로 한 재일조선인의 '간첩활동'을 명확한 '사실'로 만들었다. 이 규정으로 인해 한민통과 한민통 멤버는 '반국가단체'와 그 조직에서 활동한 '불순분자'라는 꼬리표가 붙게 되었고, 해외 '한국인' 운동세력의 경계도 한층 심해졌다. 북한의 공작원으로 단정 지어진 임계성이 활동한 한청도 반국가단체의 범주에 들어갔다. 그 반국가단체 규정은 해제되지 않고 여전히 남아 있어 한민통에 대한 인식에 영향을 주고 있다.

한민통은 '윤효동 간첩사건'과 멤버들의 '전향', 그리고 '반국가단체' 규정 등 역풍이 심해지자 상황을 타개하기 위해 입장표명을 했다. 한민통은 '박 독재의 한민통에 대한 모략과 음모책동을 규탄한다'는 제목으로 4회에 걸쳐 칼럼을 게재했다.[84] 칼럼의 주요내용은 한민통이 '선민주·후통일'의 운동방침을 세우고 있고 '한국적 입장'에서 민주주의의

82) 「大法, 金整司被告원심 確定」, 『동아일보』, 1978년 6월 19일 자, 7면. 여기서 말하는 '반한대회'는 1972년 7·4남북공동성명이 발표됐을 때 총련의 산하단체와 함께 남북공동성명을 지지하는 집회를 공동으로 개최한 것을 말한다.

83) 「「韓民統」は反国家団体 ソウル地裁」, 『韓国新聞』, 1977년 10월 29일 자(3면).

84) 배동호, 「朴独裁の韓民統に対する謀略と陰謀策動を糾弾する」라는 제목으로 『民族時報』에 4회에 걸쳐 게재되었다. 제1회 1978년 2월 1일 자, 제2회 같은 달 11일 자, 제3회 같은 해 3월 21일 자, 제4회가 같은 해 4월 11일 자이다(이상, 『民族時報縮刷版』).

확립과 평화적이고 자주적인 민족통일을 기본방침으로 하고 있다고 주장했다. 이 칼럼에서 반국가단체 규정은 한민통을 정치적으로 이용하려는 박정희 정권의 모략에 의한 것이라고 비난하며, 한민통의 운동방침과 목표를 새로 세울 것을 표명하며 한민통이 얼마나 '한국적 입장'에서 활동하는 조직인지를 강조했다. 게다가 한국과 북한 양쪽 다 독재정치임에도 불구하고 한국의 박정희 정권만 비판하는 것은 대한민국 국민의 입장으로 한국의 현실을 바로 잡는 것이 우선이기 때문이며 남북의 통일을 위한 대화의 장이 마련될 때까지는 북한에 대한 비판은 일체하지 않을 것을 명확히 했다.

그러나 이러한 한민통의 입장표명에도 불구하고 '반국가단체' 규정은 한민통의 이미지와 활동에 큰 타격을 주었다. 한민통의 운동이 일본에만 머무르지 않고 해외 '한국인'과 '연대'하며 해외 운동의 중심세력이 되어가자 박 정권은 한민통에 대한 경계를 강화하고, 동시에 간첩사건과 한민통 멤버들의 '전향' 등 다양한 방법으로 한민통의 반국가적 이미지를 만들어 갔으며, '반국가단체' 규정으로 결정타를 가했다고 볼 수 있다. 해외의 한국민주화운동 세력 사이에서 한민통에 대한 경계가 강해졌고 한민통과 해외 '한국인'의 '연대'에 큰 영향을 미친 것을 보면 이와 같은 박 정권의 견제와 압력은 꽤 '성공적'이었다고 할 수 있다.

그리고 '반국가단체'규정은 1980년에 대법원이 내란음모죄로 김대중에게 사형선고를 내리는 근거가 되는 등 정치적으로 김대중의 발목을 잡는 데에도 이용되었다.[85] 1980년 7월 4일 김대중이 내란음모 혐의로 구속된 후부터 한민통의 정체를 폭로하는 기사나 논문이 우익잡지

85) 「김대중 내란음모사건 판결문 요지」, 『한겨레신문』, 1988년 8월 3일 자(3면).

에 등장했다. 한국의 주요 일간지는 70년대부터 민단분열이나 민단민주화운동에 관한 기사를 자주 실었고, 배동호를 비롯한 한민통의 멤버들과 한민통 활동에 대해 비판적인 기사를 내보냈다. 『자유공론』과 『방공』 등의 우익 잡지는 김대중의 체포 후에 한민통의 정체, 한민통과 김대중의 관계를 '폭로'하는 논문을 실었고, 그 주요 내용은 한민통과 김대중이 북한의 지령에 의해 '반국가적'인 활동을 해 왔다는 내용이었다. 이들 잡지는 한민통에 대해 북한의 '행동대'[86]나 '반한'적인 단체[87]로 평가한 잡지들로 한민통 의장인 김대중의 내란음모를 '뒷받침'하려고 했다. 그리고 이러한 기사들은 한민통에 대한 '반국가단체' 이미지를 공고히 하는 효과도 있었을 것이다.

한편 민단은 한민통을 총련의 프락치 단체로 평가해 한민통의 한국민주화운동의 정당성을 부정했다. '8.13사건'[88]의 재판에서 진술된 내용을 보면 한민통에 대해 다음과 같이 비판했다.

> 한민통은 명백하게 북한 공산주의(김일성주의)를 용인한 조직이라고 말하지 않을 수 없으며, 북한·총련과 밀접하게 관련되어 있고 이들과 너무나 비슷한 주장·방침에 근거해 활동하는 조직이라고 볼 수 있으며, 이는 피고인들과 한국 국민과는 서로 맞지 않는 사상·신조를 활동의 기본에 둔 조직이라고 말하지 않을 수 없다.[89]

86) 「이른바 '한민통'의 정체」, 『방공』 86(제6권 제10호), 사단법인 자유평론사, 1980년 10월, p.89.

87) 「한민통과 북괴의 전략」, 『자유공론』 162, 한국자유총연맹, 1980년 8월, p.31.

88) '8.13사건'은 1977년 8월 13일 한민련의 결성을 막으려고 민단 산하단체인 '재일본대한민국 청년회'가 일본의 우익단체의 청년들과 대회장으로 난입했고, 이를 막으려던 한청청년들과 폭력적으로 충돌한 사건이다.

89) 「8·13 裁判」記録刊行委員会, 『歪められた韓国像に挑む－上野·池之端事件にみる在日韓国人青年の憤り』, 洋々社, 1980, p.74.

이와 같은 인식은 민단민주화운동을 전개한 한민통 멤버들을 북한과 총련의 앞잡이로 간주한 민단의 태도가 박 정권 및 대법원의 그것과 다르지 않다. 이는 민단 내부에 반공의 논리가 강하게 작용하고 있으며 민단이 한국 정권에 얼마나 협력적이었는지, 아니 얼마나 강하게 유착되어 있는지를 엿볼 수 있는 진술이다. 나아가서는 민단 스스로가 재일조선인 사회의 '분단상황'을 재현하고 있었던 것을 의미한다.

대법원의 '반국가단체' 규정과 김대중의 내란음모사건은 민주화운동세력이 한민통과 한민통의 한국민주화운동을 의심의 눈초리로 보게 했기 때문에 한민통의 운동에 대해서도 차츰 경계하는 세력이 많아졌고, 그로 인해 해외 '한국인'과의 '연대'가 약해지지 않았을까 추측된다.

한민통은 김대중이 내란음모죄로 사형을 선고받자 자신들이 북한에 추종한다는 '의혹'이나 비판, 경계에 대해 재차 입장을 표명하고 그 '의혹'을 벗으려고 했다. 그 일환으로 김대중 내란음모사건에 대해 성명문을 발표했는데,[90] 김대중이 한민통의 결성에 깊이 관여하지 않은 것과 김대중의 동의 없이 의장으로 추대한 것을 밝히며 김대중을 변호했다. 또한 자유민주주의의를 위해 운동을 하는 한민통이 중앙정보부에 의해 북한에 동조하는 반국가단체로 왜곡됐다고 주장했다.

하지만 한민통 스스로가 한국 내의 자신들에 대한 경계심을 부추기는 주장을 하기도 했다. 한국에서는 금기시되고 있던 국가보안법 철폐를 주장하고 반공주의에도 반대하는 의견을 표명했다. 간부인 배동호는 7.4남북공동성명(7.4공동성명) 발표 3주년을 맞아 열린 '7.4남북공동성명 발표 3주년 기념, 박 정권의 전쟁도발 책동 규탄 재일한국인 민중

---

90) 한민통 상무위원회, 「金大中先生と韓民統との関係について」, 『民族時報縮刷版』, 1980년 10월 1일 자(2면), p.1002.

대회'에서 한 보고에서 박정희 정권이 정권유지를 위해 '반공'을 이용하고 있다고 비판했다. 또한 자신들은 '반공'의 입장에 서서 민단에서 일했지만 '반공'을 내세우면 민족은 망한다고 주장하며, '반공'에서 탈피할 것을 호소했다. 그리고 한국 정부에 반공주의를 재검토할 것을 요청하며,[91] 한국 정부가 한민통을 얽어매는 구실이 반공주의라고 지적했다. 위의 보고를 보면 배동호가 한민통의 한국민주화운동 참여와 한국 정부에 대한 비판을 당시의 한국 지배정권과 사회가 북한에 대한 찬동으로 간주하는 것은 반공주의의 영향이라고 인식하고 있었던 것을 알 수 있다. 그러나 국가보안법 철폐와 반공주의에 대한 반대는 당시의 한국 사회에서는 절대 받아들여질 수 없는 것으로, 오히려 국가의 안전을 위협하는 주장으로 간주되었다. 그 때문에 한민통은 자신들의 운동이 얼마나 조국인 한국을 위한 운동인가를 강조하려고 노력했지만, 한민통의 호소와는 달리 한민통 자신에 대한 '의혹'을 심화시켰다고 할 수 있다.

4. 나오며

한민통은 일본의 한국민주화운동 지지세력, 한국인, 해외 '한국인' 등과 '연대'하며 여론형성, 김대중 및 정치범 구원활동을 중심으로 운동을 전개했다. 한민통의 운동은 일한연대와 해외의 한국민주화운동사에서 한 흐름을 만들었고, 그런 의미에서도 충분히 평가할 가치가 있다.

91) 배동호, 「反共では民族を救えることはできない」, 『民族時報縮刷版』, 1975년 7월 11일자(2면), p.328.

하지만 한민통 운동은 재일조선인의 입장을 살리지 못한 운동이었기 때문에 한계가 많은 운동이었다. 한민통 활동의 거의가 재일조선인을 향한 운동이 아닌 '조국'인 한국을 향한 운동이었기 때문이다. 본문에서 본 것처럼 한민통의 운동은 김대중 구명운동이나 한국민주화운동이 중심이 되면서 권리획득을 중요시하는 2·3세가 증가하는 70년대 후반 이후의 재일조선인 사회에서 그 기반이 약해져 깊게 뿌리내리지 못하는 결과로 이어졌다. 한민통의 강령을 보는 한 항상 재일조선인의 문제는 '뒷전'이 되어있는 듯한 인상마저 준다. 한민통 결성 당시의 강령에는 '해외동포의 생활안정과 한국민으로서의 제반 권리를 보장한다'고 되어있는데, 이는 김대중의 정치가로서의 시점이 반영된 것이자 재일조선인으로서의 입장보다 '한국민'으로서의 입장이 강조된 것이다.

그리고 한민통은 '제2선언'의 제5항에 '재일동포의 민족적 권익을 옹호하고 모든 해외동포와 민주·통일을 위해 연대를 한층 강화한다'[92] 라고 표명했다. 재일조선인이 일본에서 겪고 있는 부조리와 민족적인 문제를 해결하기 위해 '한국민'으로서 한국의 정치를 바로 세우려는 투쟁, 즉 민주화운동을 우선하고 있었다. 그 상황은 운동의 이상은 '민족'에 둔 반면, 운동의 실천적인 부분은 '한국'이라는 틀에 머물러 있었다고 할 수 있다. 즉, 한민통의 운동은 '한국'이라는 '국가'에 갇힌 운동이 되어버렸다. 물론 한민통 멤버들이 민단에 소속되어 활동했다는 경력이 있기 때문에 그들의 정체성이 '한국'에 뿌리를 깊게 두고 있다는 점도 무시하지 못한다. 그렇기 때문에 재일조선인 사회가 안고 있는 권익옹호 등의 문제를 등한시했고, 그러한 문제가 재일조선인 사회에

92) 「第2宣言(韓民統新綱領)」, 위의 주.

서 한민통이 영향력 있는 민족단체가 되지 못한 원인이 되었다고 할 수 있다.

사상면으로 보면 민주화운동을 전개하는 과정에서 항상 의심과 경계의 대상이었고, 한민통의 운동은 '반국가적'인 활동으로 이미지가 고착되었고, 결국에 '반국가단체'로 규정되었다. 그 배경에는 '반공'과 '반공'을 이용한 박정희 정권의 견제가 있었다. 그리고 현재에도 한민통에 대한 '반국가단체' 규정은 여전히 남아 있다. 하지만 한민통과 관련된 '간첩사건'의 재심에서 김대중, 다치카와 마사키, 김정사 등이 무죄를 선고받았다. 이는 한민통의 '반국가단체' 규정에 대해 재검토가 필요하다는 것을 의미한다.

또한 이는 한민통이 말하는 '명예회복'을 위해서만이 아니다. 한반도의 지리적 분단으로 인해 우리 안에 생긴 정치적·이데올로기적 '분단', 그리고 '적'과 '나'를 구분하려는 '심정적 분단'을 해소하기 위해서도 필요하다. '반공', '심정적 분단'은 한민통이 김대중을 비롯한 한국민주화운동세력과 연대하려고 할 때 보이지 않는 벽으로 작용했다. 연대는 보이지 않는 '남'과 '북'으로 '분단'되어 있는, '의심'과 '경계'가 존재하는, 즉 균열이 내재된 '연대'였다. 그렇기 때문에 연대했지만 연대하지 못했다. 물론 그 근본적인 원인은 한반도의 지리적 분단으로 인해 생긴 분단상황이 그 배경에 있다. 하지만 이 '심정적 분단'을 심화시킨 책임은 한반도의 분단을 정치적으로 이용한 정권, 특히 박정희 독재정권에 있다. 민주화운동세력이 운동을 전개하는 과정에서 박 정권의 탄압을 피하고 운동의 존립을 위해 한민통을 경계한 것은 어찌 보면 당연하다. 하지만 민주화운동세력 안에 내재되어 있던 '심정적 분단', 그로 인해 스스로 '반공'의 벽을 만들고 운동을 전개하는 과정에서 '분단'을 재생산한 부분도 없지 않다.

또한 한반도의 '분단'이 재현되고 있는 재일조선인 사회를 제대로 이해하기 위해서도 재검토가 필요하다. 단순히 한국 내의 '반공'이라는 잣대로 재일조선인 사회를 바라보고 판단하는 것이 아니라 재일조선인 사회가 안고 있는 가장 크고 근본적인 문제 중의 하나인 '분단'을 해소하기 위한 실마리로서 한민통에 대한 '반국가단체' 규정을 재검토해야 한다. 이를 위해서는 현 한통련이 한민통 당시의 자료를 공개해 '의혹'을 해소하려는 적극적인 행동 또한 필요하다.

이 글은 연세대학교 국학연구원의 『東方學志』 제194집에 수록된 논문 「한민통의 한국민주화운동 - 1970~80년대 활동을 중심으로」를 수정·보완한 것임.

참고문헌

민주화운동기념사업회 연구소, 『한국민주화운동사 2 - 유신체제기』, 돌베개, 2009.

趙基銀, 「민단계 재일조선인의 한국민주화운동 - 민단민주화운동세력과 김대중의 '연대'를 중심으로」, 『한국학연구』 75, 고려대학교 한국학연구소, 2020년 12월.

_____, 「민단계 재일조선인의 한국민주화운동 - 재일한국청년동맹을 중심으로」, 『한국학연구』 59, 인하대학교 한국학연구소, 2020.

_____, 「해외한국민주화운동 - '민주민족통일 해외한국인연합'을 중심으로」, 『한일민족문제연구』 29, 한일민족문제학회, 2015.

한홍구, 『대한민국사1』, 한겨레출판, 2003.

吉松繁, 『在日韓国人「政治犯」と私』, 連合出版, 1987.

金大中, 『金大中自伝 I 死刑囚から大統領へ - 民主化への道』, 岩波書店, 2011.

鄭敬謨, 『歴史の不寝番 - 「亡命」韓国人の回顧録』, 藤原書店, 2011.

趙基銀, 「在日朝鮮人と1970年代の韓国民主化運動」, 『言語·地域文化研究』 12, 東京外国語大学大学院大学院博士後期課程論叢, 2006.

_____, 「韓国民主化運動への参加に見る在日朝鮮人のアイデンティティー民団系在日

朝鮮人を中心に」,『言語·地域文化研究』17, 東京外国語大学大学院大学院博士後期課程論叢, 2011.
趙基銀,『民団系在日朝鮮人の韓国民主化運動-「連帯」の中の「分断」』, 東京外国語大学大学院博士論文, 2014.

민단 50년사 편찬위원회,『민단 50년사』, 재일본 대한민국민단, 1997.
「이른바 '한민통'의 정체」,『방공』86(제6권 제10호), 사단법인 자유평론사, 1980년 10월.
정경모가 이삼열에게 보낸 편지(1978년 8월 11일 자), 국사편찬위원회 005-1.
「8·13裁判」記録刊行委員会,『歪められた韓国像に挑む』, 洋々社, 1980.
「한민통과 북괴의 전략」,『자유공론』162, 한국자유총연맹, 1980년 8월.
在日韓国民主統一連合·韓統連結成20周年記念事業実行委員会,『韓統連20年の運動史』, 在日韓国民主統一連合, 1994.

『경향신문』,『동아일보』,『매일경제신문』,『한겨레신문』
『民族時報縮刷版』,『民族時報』,『韓国新聞』

김정남 씨와의 인터뷰, 2019년 10월 11일, 서울, 서울대학교동창회 사무실에서.
고토 고(古藤晃) 씨와의 인터뷰, 2019년 5월 31일, 일본 도쿄 지요다구(千代田区)에 있는 그의 사무실에서.

'MovieWalker' 사이트, https://movie.walkerplus.com/mv18311
'세계 한민족 문화대전' 사이트, http://www.okpedia.kr/Contents/ContentsView?contentsId=GC95200903&localCode=jpn&nodeId=G1%2F3
재일한국인민주통일연합在日韓国民主統一連合 공식사이트, https://chuo.korea-htr.org/.
『한겨레신문』 http://www.hani.co.kr/arti/society/society_general/401409.html, http://www.hani.co.kr/arti/society/society_general/446112.html

샌프란시스코 일본군'위안부'기림비 건립 운동과 자이니치코리안의 정체성 정치

이지영

1. 시작하며

2011년 일본군'위안부'(이하 위안부) 문제의 해결을 촉구하는 1000차 수요시위를 기념하여 주한일본대사관 앞에 위안부기림비(이하 기림비)인 '평화의 소녀상'(이하 소녀상)이 설치되었다. 이후 기림비는 2019년 현재 국내에 80개 이상이 건립되었으며 국내뿐 아니라 미국, 캐나다, 중국, 특히 2016년 이후 호주, 독일, 대만, 홍콩, 필리핀 등에서 연이어 건립되는 등 세계적으로 확산하고 있다. 이는 1991년 김학순의 공개 증언 이후 위안부 문제가 한일 양국의 과거사를 넘어 다시는 되풀이 되어서는 안 되는 전시 하 여성에 대한 폭력의 문제, 여성인권의 문제로서 국제 사회의 보편적 이슈의 하나로 자리매김 되었음을 나타낸다.[1)]

해외에서 가장 많은 기림비가 설립된 곳이 미국이다. 세계 최초로 의회에서 위안부결의안을 채택한 미국의 각지에서는 이 결의안을 형해화하지 않기 위한 노력의 일환으로 기림비가 세워지고 있다. 2010년

---

1) 이지영, 「일본군'위안부' 문제를 둘러싼 한일 갈등의 해결 모색: 여성인권과 글로벌거버넌스」, 『일본학』 44, 동국대학교 일본학연구소, 2017, pp.77~103.

미 동부 뉴저지(New Jersey)주 팰리세이즈파크(Palisades Park)의 공공도서관 부지에 기림비가 건립된 이후 2018년까지 13곳에 다양한 기림비가 설치되었다.[2)] 이 가운데 2017년 9월 22일 캘리포니아(California)주 샌프란시스코(San Francisco)시의 세인트메리스퀘어(St. Mary's Square)에 11번째로 건립된 기림비가 〈사진 1〉의 '여성 강인함의 기둥'(Women's Column of Strength)이다.

〈사진 1〉 여성 강인함의 기둥
자료: 필자 촬영(2019/07/03)

한국, 중국, 필리핀의 소녀가 손을 잡고 서있고, 그것을 최초의 증언자 김학순이 바라보는 이 기림비가 건립되기까지 지역 언론뿐 아니라 일본, 미국의 주류 언론과 해외 언론까지 대대적으로 보도했다. 위안부 문제는 2007년 미 하원에서의 위안부결의안 통과 이후 다시금 국제사회의 이슈로 부상하게 된 것이다. 샌프란시스코시의 기림비가 주목을

2) 이지영, 「일본군'위안부' 문제를 둘러싼 '역사전'과 글렌데일시 '평화의 소녀상'」, 『일본연구』 81, 한국외국어대학교 일본연구소, 2019, p.62.

받게 된 것은 실리콘밸리(Silicon Valley)가 인접해 있어 미국의 경제성장을 견인하고 아름다운 경관으로 많은 관광객이 찾는 대도시 샌프란시스코의 높은 인지도의 영향도 있지만 무엇보다 기림비 건립 과정의 특수성 때문일 것이다. 기림비 건립은 일본 국내 우파와 재미일본인 '신 1세'의 건립 반대 운동, 그리고 일본 정부의 전면적인 반대 운동 지원 속에서 인종, 지향하는 목적, 활동 방식이 다양한 17개 정상단체의 연대와 샌프란시스코 내 150개 단체의 지지로 가능했던 것이다.

이 글은 이러한 샌프란시스코 기림비 '여성 강인함의 기둥' 건립 운동을 분석하고자 한다. 분석에서 특히 주목하는 것은 샌프란시스코의 자이니치코리안 커뮤니티 〈Eclipse Rising〉(이하 ER)이다. 일본 제국주의에 의한 식민지배를 원인으로 일본으로 이주한 한반도 출신자 및 그들의 후손을 지칭하는 용어는 매우 다양하다. 일반적으로 국적을 하나의 기준으로 한국적자는 재일(在日)한국인, 북한적자는 재일조선인, 그리고 분단과 이념의 대립을 넘어 양자를 포함하는 재일한인, 재일코리안, 자이니치코리안 등의 명칭이 연구자의 관점과 입장에 따라 다양한 맥락에서 쓰이고 있다.[3] 이 글에서는 자이니치코리안을 사용한다. 자이니치는 재일(在日)의 일본어로 '일본에 있는', '일본에 거주하는' 조선인이라는 의미이다. 그러나 일본에서 자이니치는 중립적인 용어가 아닌 식민지였던 한반도 출신자와 그 자손을 일본인과 구분하고 법적지위와 처우에 있어서 차별하는 하나의 코드로서 오랫동안 작동해 왔다. 이 글에서 자이니치코리안은 한반도에 민족적 유래를 지닌 재일조선인·한국인의 존재론적 위치를 아우르며 또한 국적·지역의 배타

3) 山泰幸, 「離散がもたらす生の諸相」, 山泰幸 編著, 『在日コリアンの離散と生の諸相』, 明石書店, 2017, pp.17~18.

적 경계를 아우르는 개념이다. 따라서 자이니치코리안은 일본의 식민 지배를 원인으로 일본으로 이주한 코리안뿐 아니라 일본에서 그러한 배경을 가지고 성장하고 생활하다가 다시 세계 각지로 재이주하여 삶을 영위하고 있는 코리안과 그 후손을 포함하는 의미로 사용되고 있음을 밝혀둔다.

ER은 일본에서 주로 샌프란시스코로 재이주한 코리안 2세의 자녀나 3세가 주축이 되어 설립한 단체이다. 이 자이니치코리안 단체는 자신들의 정체성을 재미한국인, 재미코리안, 재미일본인이 아닌 자이니치코리안으로 규정하고 확립하며 일본 우파와 일본 정부의 기림비 건립 반대 운동을 극복하고 연대를 이루어 내는 데 있어서 중요한 역할을 하였다. 이 글은 ER이 샌프란시스코 기림비 건립 운동에서 어떻게 자이니치코리안의 정체성을 확립하고, 수행하며 어떻게 전략적으로 보편적 가치로 전환, 확장시켜나갔는지 그 정체성 정치의 일단을 분석하고자 한다.

2. 어떻게 연구하고 분석했는가

한국뿐 아니라 해외로 기림비 건립이 확산하면서 최근에 이에 대한 연구가 활발하게 이루어지고 있다. 그 대부분이 집단기억에 초점을 맞춘 것으로 집단의 기억이 어떻게 기림비를 통해 표상되고 형상화되는지, 더 나아가 기림비 건립 운동에서 운동의 응집력과 정당성 획득에 어떠한 영향을 미치는지 문화적 차원, 정치적 차원의 연구가 진행되어 왔다.

문화적 차원에서는 우선 필리핀의 기림비를 대상으로 한국의 소녀상과 비교하여 지역마다 다르게 표상되는 위안부 기억에 담긴 지역성을 논한 것이 있다.[4] 또한 소녀상을 집단 커뮤니케이션의 결과물로 분석하며 사회적 기억의 매개체, 문화적 매개체로서의 그 역할을 강조한 연구도 이루어졌다.[5] 정치적 차원에서는 먼저 미국의 기림비를 사례로 기억의 초국적 이동과 기억의 이식이라는 관점에서 미국 사회에서 민족을 넘어서 위안부 기억이 어떻게 집단의 기억으로 형성되는지와 그 과정에서 한인 이민자 집단이 어떠한 역할과 개입을 했는지 분석한 것이 있다.[6] 한편 소녀상을 통해 위안부 기억이 경관으로 재현될 때 저항의 응집력과 도덕적 공감대가 형성되는 과정을 설명한 연구도 볼 수 있다.[7] 호주 소녀상을 사례로 검토한 연구에서는 도덕성과 공감에 기반한 '코스모폴리탄' 기억의 정치와 호주 한인들의 초국적 민족주의의 다면성과 복합성이 분석되었다.[8]

이 밖에도 기림비에 관한 다양한 연구가 진행되었는데 소녀상과 소녀 이미지를 둘러싸고 전개된 한국과 일본의 여성 연구자와 한일 사회의 정치를 내셔널리즘과 식민주의를 바탕으로 고찰한 것이 있다.[9] 한

4) 김동엽, 「기억의 표상에 담긴 지역성 연구: 필리핀 위안부 동상을 중심으로」, 『동남아시아연구』 28(3), 한국동남아학회, 2018, pp.75~110.

5) 송진원·안병학, 「평화의 소녀상을 통해 나타난 시각 문화의 상징성과 사회적 기억의 확산」, 『기초조형학연구』 25(5), 한국기초조형학회, 2019, pp.239~250.

6) 윤지환, 「기억의 초국적 이동과 이민자 집단의 정치: 미국 위안부 소녀상을 사례로」, 『한국경제지리학회』 21(4), 한국경제지리학회, 2018, pp.393~408.

7) 윤지환, 「평화의 소녀상을 통해 형성된 위안부 기억의 경관과 상징성에 관한 연구」, 『대한지리학회지』 53(1), 대한지리학회, 2019, pp.51~69.

8) 문경희, 「호주 한인들의 '소녀상' 건립과 일본군 '위안부'운동 – '코스모폴리탄' 기억형성과 한인의 초국적 민족주의 발현」, 『페미니즘연구』 18(1), 한국여성연구소, 2018, pp.47~92.

9) 김부자, 「한국의 〈평화의 소녀상〉과 탈진실(post-truth)의 정치학: 일본의 식민주의/남성중심적인 내셔널리즘과 젠더를 검토한다」, 『한국여성학』 33(3), 한국여성학회, 2017,

편 다른 연구에서는 미국 내 기림비 건립에 대해 일본 정부의 위안부 문제 인식과 재미한인사회의 공공성을 대비시켜 설명하고 있다.[10) 최근의 연구로는 글렌데일시의 소녀상을 대상으로 그 건립을 둘러싼 추진 운동뿐 아니라 일본 우파의 주장과 반대 운동을 역사전쟁 차원에서 면밀히 분석한 것이 있다.[11)]

이 글은 이러한 선행연구를 바탕으로 샌프란시스코시의 기림비 건립 운동에 대해 자이니치코리안의 정체성 정치를 중심으로 분석함으로써 위안부와 기림비 관련 연구의 저변을 확대하고자 한다. 기존의 연구에서는 한국의 시민사회와 해외 한인사회, 한인 커뮤니티 그리고 그에 대응하는 일본 정부와 우파 단체에 대한 분석은 이루어져 왔지만 그 외 다양한 행위자에 대한 분석은 거의 없다. 특히 위안부 문제와 마찬가로 일본의 식민지배에 의해 그 존재가 만들어진 자이니치코리안에 천착한 연구는 많지 않다. 샌프란시스코 기림비 건립 운동에서도 ER은 재미한인단체나 재미일본인단체로 언급되어 ER이 일본의 식민지배에 역사적 뿌리를 둔 자이니치코리안 단체임은 거의 알려진 바가 없다. 이 글은 자이니치코리안의 정체성에 주목하여 샌프란시스코 기림비 건립 운동을 검토하는 최초의 분석으로서 정체성이 어떻게 운동에서 구현되고 운동에 영향을 미치는지에 대한 지견과 위안부 문제에 대한 이해를 넓히는데 기여할 수 있기를 기대한다.

이 글은 문헌연구와 심층면접을 바탕으로 논술되었다. 심층면접은

pp.279~332.

10) 허성태·임영언, 「일본정부의 위안부문제 인식과 동포사회의 공공외교적 대응 고찰: 위안부 기림비 건립을 중심으로」, 『동북아 문화연구』 47, 동북아시아문화학회, 2016, pp.159~176.

11) 이지영, 「일본군'위안부' 문제를 둘러싼 '역사전'과 글렌데일시 '평화의 소녀상'」, pp.61~83.

2019년 7월 2일부터 11일까지 진행되었으며 면접 대상자는 다음 〈표1〉과 같다.

〈표1〉 심층면접 대상자

대상자	면접일시	면접장소
에릭 마(Eric Mar)	2019년 7월 3일 오후 1시	샌프란시스코 차이나타운
줄리 수(Julie Soo)	2019년 7월 3일 오후 4시	샌프란시스코 손성숙 자택
손성숙	2019년 7월 2일 오후 2시	샌프란시스코 손성숙 자택
러스 로(Russ Lowe)	2019년 7월 3일 오후 5시	샌프란시스코 손성숙 자택
김현정	2019년 7월 11일 오전 11시	로스앤젤레스 리틀 도쿄 (Los Angeles Little Tokyo)
스티븐 화이트 (Steven Whyte)	2019년 7월 6일 오후 1시	카멜(Carmel)의 작가 스튜디오
김미호	2019년 7월 5일 오전 11시	엘세리토(El Cerrito)의 엘세리토 플라자(El Cerrito Plaza)
오카 대선	2019년 8월 14일 오후 5시	서울역

출처: 필자작성

샌프란시스코 기림비 건립 결의안 초안을 작성하고 제출한 에릭 마 전 샌프란시스코 의원, 줄리 수 샌프란시스코 여성위원회 위원, 손성숙 사회정의교육재단(ESJF: Education For Social Justice Foundation) 대표, 러스 로(Russ Lowe) ESJF 사무국장, 김미호 ER 대표, 김현정 미국위안부행동(CARE: Comfort Women Action for Redress & Education)대표이다. 이들은 모두 샌프란시스코 기림비 건립 운동을 주도한 17개 정상단체의 연합체인 〈위안부정의연대(CWJC: Comfort Women Justice Coalition)〉의 공동대표 또는 회원으로 활동하였다. 이 밖에 스티븐 화이트 '여성 강인함의 기둥' 작가, 오카대선 ER 회원과도 심층면접을 실시했다. 오카대선은 현지 조사 당시 한국어 공부를 위해 유학 중이어서 서울에서 별도로 면접을 진행했음을 일러둔다.

면접조사는 반구조화로 진행되어 면접자들이 기림비 건립 운동에 참여하게 된 이유, 운동 전략, 운동 자원의 동원 방법, 운동을 추진하는 데 있어서의 어려움, 기림비 건립 반대에 대한 대처와 난제 극복, 기림비의 공적·사적인 의의에 초점을 두었다. 샌프란시스코 기림비 건립 운동의 전 과정을 체계적으로 밝힐 뿐 아니라 운동 과정에서 다양한 행위자의 인식과 실천이 어떻게 정체성을 구현하고, 그 결과 기림비 건립에 성공했는지 그 역동성을 분석하기 위한 중요한 방법론적 기법이 면접, 구술사, 생애사와 같은 질적 연구방법이다. 방법론의 핵심은 당사자의 입장에서 문제를 재구성한다는 것이다. 특히 분석의 핵심 대상인 ER의 대표 김미호와 오카대선의 경우는 그들의 구술을 통해 그들의 자이니치로서의 일본에서의 성장과 생활, 그리고 샌프란시스코로의 재이주 이후의 삶의 과정과 ER에서의 활동과 선택이 어떻게 기림비 건립 운동에 투영되고 영향을 미치며 자이니치코리안 정체성을 구현해나갔는지 생생하게 파악하고자 한다.

3. 정체성 정치와 자이니치코리안, 개념과 전략

정체성에 대한 연구는 1950년대에서 1960년대에 걸쳐 제2차 세계대전 귀환병을 대상으로 귀환병의 자아의 상실, 약화를 '정체성 위기'로 분석한 심리사회적 연구에서 출발한다. 이후 정치심리학자들에 의해 정체성은 행위자의 선택과 동기에 영향을 미치는 '나는 누구이다'라는 주관적 인식으로서 발견된다. 정체성 문제에 대해 심리학과 분리된 정치적 분석이 시작된 것은 신사회운동의 맥락에서였다. 1960년대와 1970년대 후기산업사회의 변화 속에서 계급이 약화되면서 계급이 아닌 다른 사회적 속성, 즉 젠더, 인종, 성적지향성 등에 근거한 신사회운동과 함께 정체성에 대한 정치적 분석이 전개되었다. 한 사회 내에서 정치적, 경제적 자원과 평등을 둘러싼 갈등과 위기, 인정 획득, 그에 수반하는 귀속과 배제의 문제들은 정체성에 관한 요구를 전제로 하기 때문이다. '우리는 누구인가'라는 물음은 가시적이고 명확한 이익이나 선호 이전에 우리가 삶을 영위하는 세계와 우리의 주체성을 형성하고 그 주체성은 타자와의 복잡한 관계성 속에서 권력과 자원의 배분, 인정 획득에 까지 영향을 미친다.[12)]

한편 국가를 의인화하여 분석의 기본 단위로 다루는 국제정치에서는 국가의 권력과 이익이 국가의 선택과 행위, 그 결과 전개되는 국가 간 다양한 정치적 현상의 설명변수로 중시되어왔고, 국가의 정체성은 소여로 간주되어 정체성에 대해서는 제한적인 시각이 주류였다. 그러나 세계화와 신자유주의가 심화되고 전 지구적 차원으로 확산되는 가운데 대규모 국제이주의 증가로 다양한 인종, 민족, 문화적 집단들이 구성하는 하부 국가적 정체성이 등장했고, 이 하부 국가적 정체성은 한 국가 내에서 정치, 사회, 경제적 자원과 인정 획득을 위해 정체성 정치를 펼치기 시작했다. 그와 동시에 이익과 가치 추구에 있어서 탈국가주의가 고조되어 세계적인 수준에서 환경, 인권, 군축, 평화 등 보편적 가치와 인류 전체의 이익을 촉구하는 초국가적 연대의 구성 능력이 증가하면서 국경, 인종, 민족, 문화적 집단 간 차이를 초월한 범세계적 정체성이 계발되고 있다.[13)] 그러나 이러한 급진적 변화는 상실된 동질

12) Christine Agius and Dean Keep eds, *The politics of identity: Place, space, discourse*, Manchester: Manchester University Press, 2018, pp.1~2.

13) 새뮤얼 헌팅턴, 형선호 옮김, 『미국, 우리는 누구인가』, 김영사, 2017, pp.30~31.

성으로 회귀하려는 욕망을 야기하기도 한다. 이러한 동질성에 대한 욕망은 2008년 미국 발 경제위기 이후 좀처럼 출구가 보이지 않는 장기 침체와 양극화, 가중되는 경제적 난민의 유입 속에서 유럽과 북미의 새로운 인종주의, 우파, 포퓰리즘의 등장을 가져왔다. 2016년의 영국의 EU탈퇴 국민투표의 성립과 트럼프의 미 대통령 당선은 다양한 하부 국가적 정체성에 대해 '우리는 누구여야 하는가'의 물음을 국가 차원에서 제기한 것이었다. 영국의 EU탈퇴와 트럼프의 당선은 세계화의 심화 속에 내용과 정도에 차이는 있지만 각국의 정책 기조였던 이민과 경제적 난민의 수용, 포용적인 다문화주의에 대항하는 '백인 정체성 정치'의 상징이라고 할 수 있다.[14)]

정치 분야에 있어서 이제 정체성은 주요 변수로 다루어지기 시작했고, 사회적 구성주의 이론이 정체성 정치의 분석에 있어서 유효한 기반이 되었다. 사회적 구성주의에서 다루는 정체성의 개념과 전제는 현실주의 이론가들에게도 수용되어 분석 수단으로 이용되고 있는데 이 글에서는 새뮤얼 헌팅턴(Samuel Huntington)의 연구에 따른다. 즉, 정체성은 우리가 우리라고 생각하는 것, 우리가 되고자 하는 것으로 만들어지는 자기 인식이다. 개인은 자신의 정체성을 집단 속에서 찾고 재규정하는데, 이 정체성이 개인과 집단의 선택과 행위를 규정하기 때문에 중요하다. 정체성은 자기 인식이지만 타자와의 상호교류와 커뮤니케이션의 산물이다. 타자가 나를 어떻게 보는가는 개인과 집단의 정체성에 영향을 끼친다.[15)]

그리고 개인과 집단의 정체성은 하나이거나 고정불변의 것이 아니

14) Christine Agius and Dean Keep eds, op. cit., p.3.

15) 새뮤얼 헌팅턴, 형선호 옮김, 『미국, 우리는 누구인가』, pp.39~54.

다. 정체성은 인종, 민족, 종교, 계급, 능력, 젠더, 성적지향성이 교차하는 가운데 형성되는 것이며 타자와의 상호작용, 사회적 관계망 안에서 만들어지기 때문이다. 다중의 정체성은 상호 경합하는데 다중의 정체성 중 수행되고 구사되는 정체성이 비로소 현실로서 소여가 된다. 따라서 정체성에는 권력과 배제가 수반되며 정체성 정치가 가능하게 되는 이유이다.[16)]

정체성의 다중성, 교차성으로 인해 정체성 정치에 있어서 중요하게 부각되는 것이 뿌리내리기(rooting)와 전환(shifting)이라는 전략이다. 앞에서도 언급했듯이 정체성은 행위자가 인식하고 수행할 때 비로소 발현되고 타자에게 인지되며 소여가 된다. 따라서 다중의 정체성 중 어느 정체성에 뿌리를 내릴 것인가, 그 뿌리 내린 정체성이 인정받고 소여가 될 수 있도록 사회적 관계망, 권력 관계, 보편적 가치와 규범 속으로 어떻게 전환시켜 갈 것인가는 매우 중요하다고 하겠다.[17)] 본 글에서도 뿌리내리기와 전환에 주목하여 ER이 어떻게 자이니치코리안 정체성을 확립하고 어떻게 전략적으로 수행하며 샌프란시스코 기림비 건립 운동에 영향을 미쳤는지 검토할 것이다.

자이니치코리안의 정체성에 대해서는 최근 연구가 진행되고 있다. 그러나 자이니치코리안의 정체성 자체를 분석하기보다 소여로 다루거나, 일본 사회에서의 자이니치코리안에 대한 차별 철폐와 자이니치코리안의 권리 획득 등 운동 차원의 연구(청암대학교 재일코리안연구소 2016)와, 국적과 민족을 주요 변수로 다룬 내셔널리즘 차원의 연구[18)]가

16) Christine Agius and Dean Keep eds, op. cit., p.5.

17) 니라유발 - 데이비스, 박혜란 옮김, 『정체성 정치에서 횡단의 정치로: 젠더와 민족』, 그린비출판사, 2012, pp.232~234.

18) 이지영, 「트랜스보더 민족주의와 재일한인 여성의 국적문제」, 『아시아여성연구』 57(1),

주를 이룬다.

민족, 국적, 저항 등 내셔널리즘에 기반하여 소여로 다루어지던 자이니치코리안의 정체성 문제가 첨예화된 것은 전후 일본에서 출생한 자이니치코리안 2세가 일제히 성인이 되기 시작한 1970년대에 들어서면서이다. 그 배경에는 언어능력이나 문화적 전통 등 국가에 동화되기 위한 자원이 상실되었다는 것, 한반도의 2개의 정부와의 왕래가 증가하면서 오히려 조국과의 차이, 위화감을 강하게 인식하게 된 것, 일본 국내의 정치상황이 고도성장과 더불어 기성의 가치관에 대한 이의제기를 허용하는 시대로 돌입한 것 등이 있다. 자이니치코리안의 다양화와 자이니치코리안을 둘러싼 조건의 변화가 진행되는 가운데 단순히 내셔널리즘에 포섭되지 않으면서 자이니치코리안으로서 어떻게 삶을 영위할 것인가라는 정체성 문제가 논의되기 시작하였다. 그러한 논의를 이끌어간 것이 『계간 마당(季刊まだん)』(1973년~), 『계간 삼천리(季刊三千里)』(1975년~), 『창소리(ちゃんそり)』(1979년~) 등 자이니치코리안 잡지이다. 일본 사회에 형성된 이와 같은 자이니치코리안 논단을 통해서 자이니치코리안의 정체성 담론, 이른바 '자이니치론(在日論)'이 전개되었다.

자이니치론의 특징은 '이상적인 코리안'과 '실제의 자신들' 사이의 괴리를 어떻게 이해해야 할까라는 문제설정을 기본으로 하고 있다는 점이다. 한 번도 가보지 못한 조국, 구사할 줄 모르는 모국어, 일본 학교에서의 교육, 일본인과의 결혼 증가 등 자이니치코리안의 변화를 전제로 하는 주장은 일본 사회로의 동화를 추인하는 예속성의 표현에 지나지 않는다는 비판과 함께 '이상적인 코리안'을 선험적으로 개념화

숙명여자대학교 아시아여성연구원, 2018, pp.129~160.

하여 그 설정된 개념에 어떻게 다다를 수 있을까가 자이니치코리안 정체성 담론의 과제였다.[19] 일본 사회에서 삶을 영위해 나가야만 하지만 우리는 '이상적인 코리안'이어야 한다는 『자이니치론』은 반드시 '실제의 자신들'에 대한 분석을 중요시 하지 않았다. 자이니치코리안의 정체성에 대한 연구가 실제의 자이니치의 정체성을 분석하기보다 소여로 취급하거나 내셔널리즘에 기반한 당위성 차원의 논의가 많은 이유도 여기서 찾을 수 있을 것이다. 따라서 분석의 주요 대상도 식민지 시기 일본으로 건너간 1세와 일본에서 출생하고 성장한 2세에 집중되어 있다.

그러나 21세기 현재 자이니치코리안 5세가 등장하고 그들의 생활권이 일본, 한반도뿐 아니라 전 세계로 확장되고 있는 가운데 자이니치코리안 1세, 2세의 '이상적인 코리안' 담론을 넘어 실제의 정체성에 대한 실증적 분석과 3세 이하 새로운 세대들의 정체성 연구가 진행되고 있다. 일본 최초로 1993년과 2013년에 전국 규모의 '재일한국인 청년 의식조사' 경년 연구가 이루어져 그 조사 자료를 바탕으로 재일한국인 청년의 민족적 정체성의 현황과 추세가 규명되었다.[20] 한편 자이니치코리안 3세, 4세를 대상으로 심층면접 조사를 실시하고, 그 정체성에 관해 고찰한 연구도 있다. 이 연구에서는 세계화와 냉전구조의 변질로 일본과 한국의 국가 이미지가 변하고 동시대감각이 증폭되고 있는 가운데 자이니치코리안이 자신들의 정체성을 형성하고 변화시켜 나가는 것이 밝혀졌다.[21] 자이니치코리안의 정체성과 관련해 전후부터 현재에

19) 金明秀, 「在日コリアン青年の民族的アイデンティティ－1993~2013年のデータを用いて」, 山泰幸 編著, 『在日コリアンの離散と生の諸相』, 明石書店, 2017, pp.22~23.

20) 金明秀, 위의 책, pp.21~40.

21) 川端浩平, 「ルーツと越境の現在－グローバル都市ソウルで生活する在日コリアンの語り

이르기까지 그 형성과 변화를 통시적으로 고찰한 연구 또한 추진되었다. 이 연구는 자이니치코리안의 정체성은 귀국 열망과 귀국 불가능성, 조국 지향성을 특징으로 1세의 '유배자 정체성'에서 일본에서의 삶이 현실이 되면서 남북한, 일본의 이분법에서 벗어나 귀국과 동화를 넘어서는 대안을 찾아 자이니치문화를 창조하고 장려하고 보호하는 2세의 '자이니치 이데올로기'를 거쳐, 이제는 혼종의 정체성·다중의 정체성을 인정하는 3세의 '탈식민'·'탈자이니치'의 정체성으로 변화해왔다고 주장한다.[22)]

이 글은 이러한 선행연구의 연장선상에서 샌프란시스코의 자이니치코리안 3세가 중심인 ER을 대상으로 ER이 어떠한 방식으로 다중의 정체성 가운데 자이니치코리안 정체성을 형성하고 국적, 인종, 지역의 경계를 넘어 탈경계적인 실천을 통해 정체성을 수행하며 기림비 건립 운동을 추진해 나갔는지 고찰할 것이다.

4. 샌프란시스코 일본군'위안부'기림비 건립

1) 난징대학살추도비에서 일본군'위안부'기림비 건립으로

샌프란시스코 기림비는 처음부터 기림비의 형태로 추진된 것은 아니었다. 최초의 안은 난징대학살추도비(이하 추도비)였다. 이 추도비 건립안을 제기한 것은 중국계 미국인이 중심이 되어 1990년대 중반에

から」, 山泰幸 編著, 『在日コリアンの離散と生の諸相』, 明石書店, 2017, pp.41~64.

22) 존 리, 김혜진 옮김, 『자이니치 디아스포라 민족주의와 탈식민 정체성』, 소명출판, 2019.

발족한 〈난징대학살보상요구연맹(RNRC: The Rape of Nanking Redress Coalition)〉이다. RNRC가 발족된 데에는 난징대학살과 위안부 문제를 부정하며 전면에 등장한 일본의 역사수정주의와 난징대학살로부터 60년이 되는 해인 1997년에 중국계 미국인 아이리스 장(Iris Chang)에 의해 출간되어 베스트셀러가 된 〈The Rape of Nanking〉이 지대한 영향을 미쳤다.[23] 특히 한국에서도 『역사는 누구의 편에 서는가 – 난징대학살 그 야만적 진실의 기록』이라는 제목으로 번역된[24] 〈The Rape of Nanking〉은 자신들의 역사와 제2차 세계대전에 대해 잘 모르는 전후 세대 중국계 미국인들에게 아시아·태평양전쟁의 역사와 일본 제국주의에 관심을 갖게 했고 역사 바로 세우기 운동에 참여하게 하는 계기가 되었다.[25] 약 20년 간 역사 바로 세우기 운동을 전개하며 일본 정부에 대해 사죄와 보상을 요구해온 RNRC가 샌프란시스코시의 공공장소에 추도비 건립을 추진하게 된 것이다.

그런데 이 추도비 건립안이 기림비의 그것으로 전환되게 된다. 2012년 6월 4일에 RNRC의 줄리 탕(Julie Tang) 대표가 난징대학살만을 추도하기 보다는 이슈를 확장해 범아시아 기념비를 제안한 것이다. 줄리 탕이 이러한 제안을 하게 된 데에는 샌프란시스코시의 까다로운 조형물 설치 기준이 작용했다. 샌프란시스코에는 이미 홀로코스트기념관을 비롯해 각종 추도비, 기념비가 건립되어 있어 샌프란시스코시가 공공장소에 조형물의 난립을 막기 위해 새로 설치되는 조형물에는 공

23) 에릭 마, 손성숙 면접 내용.

24) 아이리스 장, 윤지환 옮김, 『역사는 누구의 편에 서는가 – 난징대학살, 그 야만적 진실의 기록』, 미다스북스, 2014.

25) 能川元一, 「"歴史戦"の誕生と展開」, 山口智美 他, 『海を渡る「慰安婦」問題』, 岩波書店, 2016, pp.4~5.

공예술(public art)로서의 기준을 적용했다. 따라서 추도비도 시민들이 보고 싶어 하고 공유하고 싶어 하는 가치와 내러티브를 표상하고 시각적으로 구현해야 했다.[26)]

RNRC 내에서 난징대학살의 중국인 희생자뿐 아니라 모두가 기억하고 추모할 수 있도록 추도비의 대상을 확대시키는 안이 논의되기 시작했는데 그 논의의 중심에는 위안부 이슈가 있었다. 전시하 일본군 성폭력 희생자는 중국, 한국, 대만을 비롯하여 필리핀, 인도네시아 등 아시아 국가들과 호주, 뉴질랜드와 같은 태평양 국가에 이르기까지 광범위하게 존재하기 때문이었다.[27)] 물론 처음부터 RNRC나 중국계 미국인, 샌프란시스코 시민들이 위안부 이슈에 대해 잘 알고 있었던 것은 아니다. 2007년 미 하원의 위안부결의안 통과, 미국 내의 기림비 확산 등으로 위안부 문제가 언론에 보도되면서 인지하고 있는 정도였다. 면접대상자들이 공통적으로 위안부 문제를 구체적으로 알게 된 계기 중의 하나로 거론한 것이 2011년 1000차 수요시위와 그에 관한 언론 보도였다.[28)] 한국의 수요시위는 정의구현을 위한 로컬(local)의 실천이지만 전 세계적으로 위안부 문제를 발신하고 이슈화하고 공유하는 이른바 글로컬리티(glocality)의 표상이라 할 수 있을 것이다. 그리고 마침 2013년에 미국 서부지역에서는 최초로 글렌데일시(The city of Glendale)에서 소녀상 건립을 추진하고 있던 영향도 컸다.[29)]

그러나 추도비가 기림비로 전환하는데 결정적 역할을 한 것은 바로 일본의 위안부 문제에 대한 인식과 대응이었다. 미국에서 연이어 기림

26) 스티븐 화이트, 김현정 면접 내용.
27) ESJF, "Comfort Women" History & Issues, San Francisco: ESJF, 2018, p.47.
28) 에릭 마, 줄리 수, 러스 로 면접 내용.
29) 손성숙 면접 내용.

비 설립 논의가 추진되는 가운데 2013년 5월 23일에 하시모토(橋本) 오사카(大阪) 시장이 "위안부제도는 군인에게 위안을 제공하기 위해 필요했다"고 발언한 것이다. 에릭 마 의원, 줄리 수 위원, RNRC는 즉각 하시모토 시장의 발언을 비판하는 기자회견을 열었다. 샌프란시스코와 오사카는 1957년에 자매도시 결연으로 양 시에 자매도시위원회가 설치되었는데 이 자매도시위원회가 시장의 상호방문과 각종 교류행사를 추진해왔다. 당시 자매도시를 방문한 하시모토 시장이 샌프란시스코 시청에서 회합을 갖자고 에드 리(Ed Lee) 시장에게 촉구했으나 에릭 마 의원 등과 RNRC의 반대 표명으로 에드 리 시장은 이를 받아들이지 않았다.[30] 하시모토 시장의 문제 발언으로 RNRC 내에서 논의되고 있던 기림비안으로 의견이 수렴되었다. 추도비 추진에 적극적이었던 에릭 마 의원이 샌프란시스코 시내의 인종, 민족, 문화, 지향하는 가치와 추구하는 목적이 다양한 150개 단체를 일일이 접촉해 기림비 건립에 이해를 구하고 기림비 건립을 이슈화했다. 2015년 2월, 드디어 150개 모든 단체가 기림비 건립에 찬성을 표명하자 에릭 마 의원은 다양한 의견을 수렴하며 기림비 건립을 위한 결의안 원안 작성에 들어갔고 RNRC는 이를 지원하며 기림비 모금운동을 시작했다.[31]

2) 일본 우파의 반대 연합

2015년 7월에 결의안이 시의회에 상정되고 7월 22일 전체공청회가 개최되기 전까지 에릭 마 의원과 RNRC는 결의안 통과를 낙관하고 있었다. 그러나 공청회 개최가 결정되고 일시가 공지되면서 일본 우파의

30) 에릭 마, 줄리 수 면접 내용.
31) 에릭 마, 손성숙 면접 내용.

반대 운동이 본격적으로 전개되고, 이를 일본 정부가 전면적으로 지지하면서 공청회의 상황은 기림비를 찬성하고 건립 운동을 전개해온 당사자들에게 위기의식을 갖게 할 만큼 변화했다.[32)]

샌프란시스코 기림비 반대 운동을 주도한 것은 일본 국내의 우파였다. 역사교과서 위안부 기술 삭제, 위안부 반대 집회, 소녀상 철거 요구, 모금 등 다양한 운동을 벌여온 일본 우파는 국경을 넘어 바다를 건너와 재미일본인 '신 1세'와 연계했다. 재미일본인은 이주시기에 따라 1800년대 말부터 제2차 세계대전 이전에 미국으로 도항한 이주민을 재미일본인 1세, 그 자녀를 2세라고 하는데 현재 4세까지 미국에서의 삶을 이어오고 있다. 한편 1945년 일본이 패전한 이후 미국으로 이주해 영주권이나 국적을 취득한 이주민을 '신 1세'라고 칭한다. 일본 우파가 '신 1세'와 연대한 이유는 대다수의 재미일본인 2세와 3세는 기림비 건립을 지지하거나 이에 적극적으로 동참하고 있었기 때문이다. 샌프란시스코 기림비 반대 운동에 나선 일본의 우파 단체로는 〈논파프로젝트(論破プロジェクト)〉, 〈'위안부의 진실' 국민운동('慰安婦の真実'国民運動)〉, 〈나데시코[33)]액션〉이 있으며 '신 1세' 단체로는 〈일본재생연구회(日本再生研究会)〉와 〈역사의 진실을 요구하는 세계연합회(GAHT)〉가 있다. 일본 우파와 '신 1세'의 국경을 초월한 기림비 반대 운동을 샌프란시스코 일본총영사와 종교단체 〈행복의 과학〉의 샌프란시스코지부 그리고 오사카시와 일본 정부까지 나서서 지원했다. 초국적 일본 우파의 연합을 기반으로 기림비 반대 운동은 결의안이 상정되고 공청회가 개

32) 에릭 마, 줄리 수, 김미호 면접 내용.

33) 패랭이꽃이라는 뜻의 일본어이며 전통적인 일본 여성의 미칭(美稱)으로 사용되고 있으나 여기서는 번역하지 않고 나데시코로 기술한다.

최되면서 본격화되었다.

일본 우파는 〈행복의 과학〉 샌프란시스코지부가 제공하는 회장에서 위안부 부정론을 주장하는 집회를 개최하고 왜 기림비를 건립하면 안 되는 지 주장하기 위해 치밀하게 반대 프레임을 구축해나갔다. "일본 정부와 시민사회는 1995년 아시아여성기금을 발족해 위안부에게 보상하고 사죄했다", "위안소는 일본만 운영했던 것이 아니라 전쟁의 역사와 더불어 보편적으로 존재해왔다", "위안부상은 일본계 미국인에 대한 차별과 인종범죄를 유발한다", "일본 내에서는 모두 위안부상 건립에 반대한다", "위안부상 건립은 미일관계, 동맹관계를 저해한다"[34]는 반대 프레임은 조금씩 '신 1세'들의 인식에 영향을 미치기 시작했고 이들을 조직화해 나갔다. 일본 우파의 집회는 거의 일본어로 개최되고 집회에 관한 공지도 일본어 밖에 사용되지 않아 재미일본인 2세나 3세, 그리고 일반 샌프란시스코 시민들은 이 집회에 대해 주지하지도 못했다.[35]

한편 일본 정부와 샌프란시스코 총영사관은 기림비 건립을 지지하는 재미일본인 단체들에 지속적으로 접촉하며 "조국을 배신하는가", "기림비는 일본의 명예를 훼손하기 위해 중국과 한국이 연계한 프로파간다이다" 등 애국심에 호소하거나 일본 기업으로부터의 기부금 증액 등 경제적 보상을 거론하며 압력을 가하기도 했다. 또한 일본 정부와 총영사관은 샌프란시스코시의 각종 위원회 위원장과 주요 위원, 그리고 시의원들을 회유하기 위해 로비 활동을 펼쳤다. 특히 샌프란시스코시의 자매도시 오사카시의 기림비 건립 반대는 강력했다. 하시모토

34) 山口智美, 「官民一体の"歴史戦のゆく"」, 山口智美 他, 『海を渡る「慰安婦」問題』, 岩波書店, 2016, pp.98~136; 러스 로, 김미호 면접내용.

35) 小山エミ, 「アメリカ"慰安婦"碑設置への攻撃」, 山口智美 他, 『海を渡る「慰安婦」問題』, 岩波書店, 2016, pp.51~52.

시장은 공식적으로 반대서한을 보내고, 비공식 채널을 통해 일본계 미국인 여성 리더로서 자매도시 교류 프로그램에도 관여해온 샌프란시스코시 여성위원회 위원장에게 지지를 호소했다.[36)]

또한 일본총영사관은 유대인, 팔레스티나인, 흑인 단체 등 각각에 대해서도 "홀로코스트 메모리얼 박물관과 추모비가 있으면 되지 다른 조형물이 더 세워지면 홀로코스트가 획득한 공공성이 약화된다", "팔레스티나인도 핍박받았는데 팔레스티나인 추도비는 없다. 그런데 왜 위안부상이 세워져야 하는가", "흑인노예 기림비도 없는데 왜 성노예라며 위안부상만 설립되어야 하는가" 등을 설파하며 인종단체 간 균열을 조장하는 등 기림비 건립 운동의 연대를 해체하기 위해 힘을 기울였다. 150개 단체가 찬성한 기림비 건립 결의안을 어떻게 해서든 저지하겠다는 일본 우파의 프레임 전략에 이와 같이 일본 정부가 적극 나서면서 변화는 일기 시작했다.[37)]

기림비 건립을 지지했던 〈시민권과 명예회복을 요구하는 일본계 미국인연합(NCRR: National Coalition of Redress/Reparations,)〉과 〈일본계 미국인 시민협회(JACL: Japanese American Citizens League)〉, 〈전미 일본계 미국인 역사협회(NJAHS: National Japanese American Historical Society)〉, 〈일본계 미국인 종교연맹(JARF: Japanese American Religious Federation)〉 등의 대표와 회원 가운데 기림비 건립에 회의적인 반응이 보이고 반대하는 움직임이 나타났던 것이다.

2015년 7월 22일 전체공청회가 개최되자 "기림비는 일본인에 대한 차별이다", "기림비 때문에 일본계 아이들이 괴롭힘을 당하고 있다",

36) 小山エミ, 「アメリカ"慰安婦"碑設置への攻撃」, p.59.
37) 에릭 마, 김미호 면접내용.

"위안부는 성노예가 아니라 매춘부였다" 등 일본 우파의 반대 의견이 개진되었고 결의안에 지지를 표명했던 일본계 미국인 단체들의 대표와 시의원들이 공식적인 지지 선언을 명확히 하지 않는 등의 변화가 현저하게 드러났다. 이러한 변화에 RNRC는 기림비 건립 운동의 흐름이 바뀌고 있음을 느꼈다. 무엇보다 우려되었던 것은 인종, 민족, 젠더, 계급을 초월하여 형성한 연대의 약화였다. 결의안 통과가 쉽지 않을 것이라는 위기의식을 갖게 된 RNRC는 기림비 건립 운동을 재정비하기 위해 범아시아 여성연대를 강화하기로 결정했다. 한국계, 일본계, 필리핀계 여성들과 단체들을 기림비 건립 운동의 구심력으로 동원하기 위해 ER의 김미호 대표와 일본계 여성 리더 시미즈 그레이스(Shimizu Grace), 필리핀계 여성 리더 주디스 미킨슨(Judith Mirkinson)이 주축이 되어 새로운 연대 형성이 시작되었다.[38]

3) Eclipse Rising의 정체성 정치[39]

(1) 자이니치코리안에 뿌리내리기

김미호 대표는 이 새로운 연대를 CWJC로 명명했다. CWJC는 전체 공청회 이후 2015년 9월 3일에 발족되었는데 발족 당시 단체명에 '성노예'라는 용어를 사용해야 한다는 의견이 적지 않았다. CWJC의 공동 발기인 김미호 대표는 성노예가 적확한 표현이지만, 위안부는 여성에 대한 조직적 폭력을 철저하게 국가와 남성의 시각에서 '위안'이라고 표현하며 여성을 전쟁의 수단, 성적 도구로 밖에 여기지 않았던 일본

---

38) ESJF 2018, p.49.

39) 이 절은 김미호 대표와의 심층면접 내용을 중심으로 기술되었다.

제국주의의 젠더의식을 담지한 역사적인 용어로서 그대로 사용해야 한다고 제언했다. 김미호 대표는 일본에 귀화하지 않고 한국적과 본명을 유지한 자이니치코리안 2세인 아버지의 교육 아래 성장한 3세이다. 그러나 일본 사회에서 한국적과 본명은 김미호 대표를 괴롭힘의 표적이 되게 했고, 김미호 대표는 중학생 시절부터 심한 차별과 폭행을 당했다. 아버지의 권유로 피신하듯 미국으로 조기 유학을 오게 된 김미호 대표는 단기 유학을 마치고 일본 학교로 돌아가려 했으나 일본인이 아니라는 이유로 '귀국 자녀'의 신분을 취득하지 못하게 되어 정규 학교 교육을 받을 수 없는 상황에 처하게 되었다. 결국 미국으로 돌아온 김미호 대표는 샌프란시스코에 정주했고 현재 미국 시민권자이며 미국과 일본, 한국의 국경을 넘나들며 초국적 인권활동가로서 경력을 쌓아가고 있다.

김미호 대표는 그러한 자신을 자이니치코리안으로 규정한다. 미국 사회로 이주한 이주민으로서 인권활동가로 생활하면서 때로는 한국계 미국인, 때로는 일본계 미국인으로 자신을 규정했던 시기도 있었다. 자이니치의 역사적 형성에 대해 일일이 설명하기도 번거로웠고, 일본 제국주의와 식민지배에 대해 잘 모르는 다인종, 디아스포라의 국가 미국인들에게 자이니치코리안의 특수성을 이해시키기 어려웠기 때문이다. 그러나 김미호 대표는 인권활동가로 왕성하게 활동하면 할수록 '나는 누구인가', '나는 무엇을 위해 행동하는가'라는 정체성 문제에 늘 부딪혔다. 김미호 대표는 미국 사회에서 평화, 인권, 마이너리티의 권리 획득 운동을 지속해 나가기 위해서는 자신의 정체성이 명확해야 한다는 것을 인식하게 되었다. 그래야 운동하는 가운데 정치세력화가 가능하고 '누구를 향해 목소리를 내는가' 운동의 방향성을 잃지 않기 때문이다. 그런데 자신의 정체성은 국가를 기본 단위로 하는 국제 사회에서 일본도, 분단된 한반도의 어느 쪽에도 귀속되지 않는 애매한 경계선상에 전개되어왔다. 그 때문에 자이니치는 국가로는 수렴될 수 없는 취약한 존재로서 기본적인 인권조차 보장받지 못하는 경우가 많다. 그나마 안정된 시민권을 인정받을 수 있는 미국에 정주한 것뿐이지, 자신이 원해서 자발적으로 미국 이주를 선택한 것은 아니다. 그러나 김미호 대표는 자신의 정체성을 재미한국인, 재일한국인, 일본계 미국인도 아닌 자이니치코리안에 뿌리내린다.

이러한 자기 인식과 뿌리내리기는 ER의 오카대선 회원에게서도 유사하게 관찰된다. 오카 대선의 아버지는 자이니치코리안 2세 연구자로 미국의 장학금을 수여받아 유학하게 되었고 미국 유학 중에 오카대선이 출생했다. 그러나 공부를 마칠 즈음에 아버지는 일본에서의 자신의 성장 과정과 삶을 돌이켜보며 돌아가면 오카대선을 차별당하지 않고 키울 수 없다는 판단에 미국에 남기로 결정했다. 미국적자로 자이니치가 무엇인지 몰랐던 오카대선은 성인이 되어서 아버지의 경험과 삶에 대해 듣게 되었고, 일본에서 태어나 성장했지만 돌아갈 공동체는 없는 존재가 자이니치라고, 자신을 그러한 자이니치코리안이라고 인식한다. 2세인 아버지와는 달리 미국에서 출생해서 교육을 받고 성장 과정에서 차별의 경험이 없는, 아버지의 말하기와 그에 접하기 전에는 자신이 자이니치라고 자각하지 못했던 오카대선도 자신의 정체성을 재미한국인, 한국계 미국인, 일본계 미국인이 아닌 자이니치코리안으로 규정한다.[40]

김미호 대표도 오카대선도 한국에서의 삶이 없다. 경험으로서의 조국은 존재하지 않는 것이다. 그럼에도 이들이 자이니치코리안에 정체

40) 오카대선의 면접내용.

성의 뿌리를 내릴 수 있는 것은 무엇 때문인가. 다인종, 다양한 디아스포라의 미국 사회에서 귀화나 동화는 꼭 자이니치코리안의 종말을 의미하지 않는다. 실체로서의 민족, 경험으로서의 국가가 개인의 선택과 행위를 결정하는 구조적 특징이 아닌 상황에서 오히려 민족은 정체성 형성에 상징적 중심지로 떠오를 수 있으며 상상되어질 수 있게 된다.[41] 그렇다고 이들이 말하는 자이니치코리안의 정체성이 앞선 세대들에서 보이는 것처럼 단일하지도 않고 '이상적인 코리안'을 지향하지도 않는다. 김미호 대표나 오카대선의 자이니치코리안 정체성은 유연하고 변화에 열려있다. 그렇기 때문에 이들의 정체성은 역동적이고 생생하다.

김미호 대표는 인권활동가로 활동하면서 흑인 활동가로부터 "그래도 미호는 피부색이나 외모가 일본인과 구별이 안 되니까 공격의 대상이 되지 않으니 좋지 않아?", 또 어느 때는 티벳의 활동가로부터 "한국은 해방되었고, 한국의 영토는 일본으로부터 독립했잖아? 우리보다는 그래도 나은 걸", 이런 말을 들을 때마다 상처 입었고 운동에서 함께할 자이니치코리안을 필요로 하게 되었다. 같은 자이니치를 만나고 싶었다. 그래서 2008년에 캘리포니아에 거주하고 있는 몇몇 자이니치코리안 3세가 모여 자이니치로서의 비전을 함께 하고자 ER을 발족했다. Eclipse Rising에는 자이니치코리안인 자신들의 활동을 통해 구 일본 제국의 잔재를 조금씩 소멸시켜 가겠다는 뜻이 담겨있다. 김미호 대표는 ER이 출신, 국적, 언어, 성적지향성에 구애 받지 않고 자신을 자이니치코리안으로 인식하고 규정하는 사람들이 활동할 수 있는 장이 되기를 희망했다. 자이니치코리안 1세는 일본어를 못 한다고 차별받았고, 2세와 3세는 한국어를 못한다고 차별받는다. 자신이 얼마나 언어,

41) 존 리, 『자이니치 디아스포라 민족주의와 탈식민 정체성』, p.277.

국적, 민족적으로 자이니치인지를 증명하지 않아도 되는 단체를 만들고 싶었다고 김미호 대표는 말한다. ER의 자이니치 인정은 한민족에만 집중하기 보다는, 앞 세대가 겪었던 그 어려운 위치에 사람들을 다시 세우고 벽을 쌓고 부인하는 시선을 던져서는 안 된다는 윤리적 도전을 제기하고 있다.[42]

그러한 ER의 목표는 모든 차별에 대한 사회정의 실현, 자이니치코리안 커뮤니티의 발전, 남북한 통일의 3가지이다. 샌프란시스코 기림비 건립 운동에 참여하게 된 ER에게 있어 위안부의 부정은 역사의 부정이다. 위안부 피해의 원인이 일본 제국주의와 식민지배에 기인하므로 위안부의 부정은 일본 제국주의와 식민지배의 역사를 부정하는 것이기 때문이다. 자이니치코리안의 형성 역시 위안부 피해와 마찬가지로 일본 제국주의와 식민지배에 원인이 있다는 것에서 동일하다. 따라서 일본 우파의 위안부 부정론은 자이니치 부정론으로 자이니치의 정체성은 역사적 정체성이다. 이러한 ER의 역사적 정체성이야말로 국가, 인종, 계급, 젠더의 차이로 분단되고 분열되기 쉬운 기림비 건립 운동에서 다시 차이를 넘어 연대를 재구성하고 활동을 구조화하는 기반이다.

(2) 자이니치코리안 정체성에서 전 지구적 가치로의 전환

ER은 이러한 자이니치코리안 정체성에 뿌리를 내리면서도 자이니치코리안의 정체성을 구성하는 식민지배의 피해자성을 넘어 범세계적이고 동시대적 규범과 가치인 사회정의로 전환시켜 갔다. 이것이 가능했던 이유는 샌프란시스코가 다양한 이주민의 도시이고 진보 정치의 지역이며 인권, 환경, 평화 등 보편적 가치를 추구하는 초국가적 연대

42) 존 리, 『자이니치 디아스포라 민족주의와 탈식민 정체성』, p.286.

의 구성 능력이 높은 공간이기 때문이다. 지방에서 도시로, 도시에서 도시로, 그리고 국경을 넘어 대규모로 이동하는 이주의 시대에 국가를 초월하여 전 지구적 규범을 통해 시민권은 재구성될 수 있는가 하는 시민권과 장소성에 관한 연구가 최근에 진행되고 있다. 지금까지 시민권은 국가 내에서 자국민에게 부여되는 완전한 성원권의 개념이었다. 그러나 21세기 현재 시민권, 귀속, 정체성, 권리는 지역화된 맥락에서 작동하고 정의된다.[43)]

FBI의 보고서에서 샌프란시스코가 인신매매가 이루어지고 있는 13개 도시 가운데 하나로 언급되면서 성매매와 인신매매 근절이 샌프란시스코 시정의 목표가 되었다. 2013년 에드 리 시장은 인신매매 테스크포스를 설치하여 정책적으로 대응하고 있었다. ER과 CWJC는 유대인단체, 팔레스타인단체, 흑인여성단체 등에 "기림비 설치는 일본을 비난하기 위해서나 아시아의 위안부 피해자만을 위해서가 아니라 샌프란시스코의 현재의 인권 문제를 해결하기 위해 필요하다"고 호소했다. 기림비는 인권 문제에 관한 차세대 교육을 위해, 그리고 인권 문제의 상징으로서 그 역할이 크다는 것을 강조했다.[44)]

한편 ER은 〈탈식민지화를 지향하는 미일 페미니스트네트워크(FeND: Japan-U.S. Feminist Network for Decolonization)〉와 함께 분열의 조짐이 보였던 일본계 미국인 단체들과 샌프란시스코 시청에서 모임을 갖고 위안부 문제와 일본의 식민지배 역사에 대한 학습회를 개최했다. NCRR, JACL, NJAHS, JARF 등은 인권과 소수자의 권리, 미국 사회의

43) Lyon, Cherstin, "Introduction," In C. M. Lyon and A. F. Goebel(eds.), *Citizenship and Place: Case Studies on the Borders of Citizenship*, London·New York: Rowman & Littlefield, 2018, xviii.

44) 러스 로, 줄리 수, 손성숙, 김미호 면접내용.

정의구현을 위해 활동해왔지만 위안부 문제와 일본의 식민지배의 역사에 관해서는 잘 모르기 때문이다. 그리고 ER과 FeND는 일본 우파 단체의 반대 운동의 구조를 규명해 발표회를 가졌다. 공청회에서 반대 의견을 개진했던 사람들이 기림비 건립에 반대하는 자발적인 샌프란시스코 거주 일본인 개인 또는 단체가 아니라 일본 우파가 미국으로 건너와서 직접 반대 의견을 피력한 것이고 일부는 GAHT를 거점으로 활동하며 일본 우파에 연계된 '신 1세'라는 것이 밝혀졌다.

논파프로젝트는 2014년 프랑스 앙굴렘 국제 만화페스티벌에 한국이 위안부 기획전 '지지 않는 꽃'에 50점의 작품을 출품하게 된 것을 계기로 이에 대항하기 위해 후지이 미쓰히코(藤井実彦)가 2013년에 발족한 것이다. 논파프로젝트는 앙굴렘에서 위안부를 부정하는 내용의 전시를 했으나 결국 철거되었고 이후 논파프로젝트는 기림비 건립 등 위안부 문제에 대응하기 위해 해외 활동에 더욱 힘을 기울이고 있다. 위안부진실국민운동 역시 2013년에 위안부 문제에 대응하는 운동단체로 출발했는데 해외에서 기림비가 확산하는 것을 저지하는 것이 주요 목적이며, 〈새로운 역사교과서를 만드는 모임〉의 고문이자 전국적으로 조직화되어있는 일본 최대 우파단체인 〈일본회의(日本会議)〉의 대표를 맡고 있는 가세 히데아키(加瀬英明)가 주도하고 있다. 나데시코액션은 2011년에 발족되었는데, 야마모토 유미코(山本優美子) 대표는 외국인 참정권 반대 운동을 기획했으며 〈재일의 특권을 용인하지 않는 모임(在日特権を許さない市民の会)〉의 회원으로 활동했었다. GAHT는 글렌데일시를 상대로 소녀상 철거 소송을 제기하고 운동을 추진한 '신 1세' 메라 고이치(目良浩一)가 설립했다. 〈일본재생연구회〉도 메라 고이치가 만든 단체로 '신 1세'들을 대상으로 일본의 올바른 역사를 학습한다는 취지에서 난징대학살 부정론, 위안부 부정론을 확산시키고 있다.[45] ER

과 FeND의 이러한 내용의 발표회는 기림비 건립 반대로 돌아선 일부 일본계 단체들에게 기림비 건립 반대 운동이 실상은 일본 우파에 의해 조직된 것이라는 것을 알리는 계기가 되었다.

2015년 9월 15일에 결의안에 대한 최종 투표가 진행되기 전 다시 전체공청회가 개최되었다. 하시모토 시장에 이어 새로 취임한 요시무라(吉村) 오사카 시장은 에드 리 시장에게 결의안을 채택하지 않도록 요청하며, 이 요청이 받아들여지지 않을 시에는 샌프란시스코시와의 60년에 걸친 자매도시 결연을 해소하겠다는 서한을 보냈다. 일본계 언론이 이를 전하며 일본에서는 국민 모두가 기림비 건립에 반대하고 있다고 보도하자 ER은 일본의 간사이(関西)네트워크, 평화단체, 여성단체, 인권단체들에게 일본계 언론의 보도가 사실이 아님을 보여줄 것을 호소했다. 이들 단체들은 ER의 호소에 호응하여 기림비를 지지하는 성명과 서한을 보내왔다. ER은 일본 내 기림비 찬성을 표명하는 102명의 시민과 37개 단체의 진정서를 전부 번역하여 공청회에 제출했다. 언론 보도와는 달리 많은 일본인이 기림비 건립을 지지하고 있다는 사실이 공청회에서 결의안이 채택되는 데에 큰 역할을 하였다.[46)]

지금까지 서술한 바와 같은 ER의 운동 전략은 자이니치 코리안으로서의 정체성 수행과 다언어 능력 때문에 가능했다. 영어, 일본어, 한국어 능력은 CWJC의 연대와 일본계 미국인 단체뿐 아니라 일본 국내 단체들과 초국적 연대를 형성하고 기림비 건립 운동에 지지를 동원하는 데 유효했던 것이다.

45) 이지영, 「일본군'위안부' 문제를 둘러싼 '역사전'과 글렌데일시 '평화의 소녀상'」, pp.67~70.

46) 김미호, 손성숙 면접내용.

ER은 또한 기림비 건립 반대에 대항하고 기림비 건립의 정당성을 확보하기 위한 프레임 구축에 나섰다. CWJC 내에는 일본의 가해자성과 일본 비판, 위안부의 피해자성을 보다 강조해야 한다는 주장도 있었다. “우리는 일본을 미워하지 않는다. 일본을 처벌하려는 것도 아니다. 기림비는 정확한 역사를 교육하기 위해 필요하며 아무리 막으려 해도 역사의 진실은 밝혀진다”, “위안부 문제는 일본만의 잘못이 아니라 우리 모두의 잘못이다”, “피해자는 거짓말쟁이가 아니라 역사의 산 증인이다”, “모든 일본인이 기림비 건립에 반대하지 않으며 이러한 주장은 정의 연대를 해체시키는 것이 목적이다’. ER의 이러한 프레이밍(framing)이야말로 정체성의 전환을 잘 보여준다고 하겠다. 자이니치 코리안의 차별, 피해자성을 넘어 인권과 사회정의의 범세계적 가치로 전환시키는 ER의 정체성 정치는 결의안 채택에 지대한 영향을 미쳤다고 평가할 수 있다.

4) ‘여성 강인함의 기둥’을 세우다

2015년 9월 15일 공청회를 앞두고 김현정 대표는 위안부 피해자 이용수를 초청하기 위해 노력했고 한국계 미국인 단체들은 기림비 건립과 이용수의 도미를 지원하기 위해 모금 운동을 벌여나갔다. 샌프란시스코시의 조형물 신설에 대한 까다로운 조건 중 또 하나는 바로 재정 문제였다. 샌프란시스코시는 공공장소에 조형물이 신설되면 설치 후 향후 30년간의 유지, 관리비를 적립해 놓을 것을 요구했다. 샌프란시스코의 한국계 미국인은 전체 주민의 약 1% 정도이지만 CWJC가 모금한 총액의 50% 가까이 충당했다. 특히 2012년 10월에 캘리포니아주에서 발족된 〈김진덕·정경식 재단〉이 기여한 바가 크다.[47]

이용수는 전체공청회에서 증언했다. CWJC는 이 공청회를 위안부 이슈에 대한 공공의 인식 제고와 결의안 통과의 기회구조로 이용하고자 했다. 이용수의 증언에 대해 일본 우파들이 "위안부는 성노예가 아니라 매춘부였다", "증언은 거짓말이다"라는 반대 의견을 연이어 개진하자 데이비드 캠포스(David Campos) 의원은 세 번이나 "부끄러움을 알라"고 강하게 비판했다. 공청회는 이용수의 증언을 진지하게 수용했고 투표권을 갖고 있는 11명의 시의원은 에릭 마를 비롯하여 모두 결의안에 찬성했다. 9월 22일에 기림비 건립 결의안은 만장일치로 통과되었다.

결의안이 통과되자 샌프란시스코시의 공공예술을 담당하는 시각예술위원회는 2016년 6월 21일 기림비의 디자인을 공모했고 11월 5일 영국 출신의 스티븐 화이트 작가로 최종 선정했다. 스티븐 화이트 작가는 중국, 한국, 필리핀 소녀 3명이 서로 손을 잡고 원을 그리고 서 있는 것을 김학순이 올려다보는 디자인을 고안했다. 물론 이 디자인은 작가 혼자서 창작한 것이 아니라 시각예술위원회의 선정 위원들과 CWJC와의 상호 커뮤니케이션 과정을 통해 완성되어갔다.[48] 3명의 소녀가 손을 잡고 원을 그리며 서있는 디자인은 자매애와 전시하 성폭력의 문제가 인류 보편의 문제임을 상징한다. 소녀의 표정은 가급적 드러나지 않게 함으로써 위안부 문제에 대한 책임이 특정 국가에게만 있는 것이 아니라 우리 모두의 책임임을 나타내고 싶었다고 작가는 말한다. CWJC에서는 앞에서 언급한 바와 같이 소녀의 피해자성을 강조하자는 의견도 있어 소녀의 표정이 고통에 찬 것이면 어떻겠냐는 제안도 있었다. 그러나 작가는 피해자의 고통이나 어리고 취약한 소녀성이 강조되기보다는

47) 김미호, 손성숙 면접내용.
48) 김미호, 김현정 면접내용.

〈사진 2〉 스티븐 화이트 작가
자료: 필자 촬영 (2019/07/05)

전후 남성 중심의 성규범으로 인해 조국에서조차 버려지고 외상 후 스트레스 속에서도 삶을 이어온 강인함을 표현하고 싶었다. 그래서 이 3명은 '평화의 소녀상'보다는 좀 더 연령이 높은 소녀상의 언니 정도로 보이기를 바랐다. 김학순이 3명의 소녀를 바라보는 것은 자신의 과거를 찾아가는 것을 의미한다. 그녀는 최초로 위안부 피해를 증언했기 때문에 과거를 찾아갈 수 있다. 김학순의 모습은 사람들에게 과거와 다시 마주할 수 있고 극복할 수 있다는 희망을 준다. 그래서 작가는 기림비를 '여성 강인함의 기둥'으로 명명했다. 증언 이후 20년 이상의 세월이 지났다. 그 시간의 흐름만큼 투명성과 소통, 지지를 통해 김학순이 처음 증언했을 때보다 이 세상이 보다 더 정의롭고 나아졌기를 바란다며 작가는 그것이 이 기림비가 표상하는 예술로서의 공공성이라고 전한다.[49)]

2017년 9월 22일에 샌프란시스코시의 기림비 "여성 강인함의 기둥" 제막식이 열렸고 11월 22일 에드 리 시장이 기림비를 공공장소의 조형물로 받아들이는 결의안에 서명했다. 이것은 고인이 된 에드 리 시장의 마지막 서명이 되었다. 그러자 2018년 10월 2일 요시무라 시장은 61년간 지속되어온 샌프란시스코와 오사카의 자매도시 결연을 해소하는 서류를 공식적으로 발송했다.

49) 스티븐 화이트 면접내용.

5. 마치며

지금까지 샌프란시스코시 기림비 건립 운동을 자이니치코리안 단체 ER의 정체성 정치를 중심으로 분석했다. 샌프란시스코 기림비는 150개 단체의 합의와 지지, 17개 정상단체가 발족한 CWJC의 인종, 민족, 국가, 젠더, 계급을 넘어선 초국적이고 범세계적인 연대를 통해 건립되었다. 그러한 연대를 약화시키려는 일본 우파의 조직적인 반대 운동을 극복하고 연대를 재조직하며 기림비 건립에 성공한 데는 ER의 역할이 컸다. ER은 자이니치코리안 3세들로 조직된 단체로 자신들의 다중적 정체성 가운데 자이니치코리안 정체성에 뿌리를 내리며 샌프란시스코시의 지역성과 진보성, 보편적 가치와 다양한 단체와의 네트워크 속에 자이니치 정체성을 차별과 피해자성을 넘어 사회정의로 전환시켜갔다. ER은 정체성 정치에 있어 다언어 능력을 구사하며 기림비 건립 운동의 정당성을 확보하기 위한 프레임을 구축하고 유연하게 일본계 미국인 단체뿐 아니라 일본 국내 단체들과 연대하며 기림비 건립 운동에 지지를 동원했다.

이러한 ER의 정체성 정치는 일본 사회로의 귀환과 동화, 전 세계로의 재이주가 자이니치코리안의 소멸을 의미하는 것이 아니라 디아스포라 정체성으로 확장되는 것이며 자이니치코리안의 경험과 정체성은 결코 단일하거나 한민족에 수렴되는 것도 아니라는 것을 제시한다. 자이니치코리안 정체성의 복합성과 변화 가능성이야말로 한민족 담론에서 벗어나면서도 민족을 다시 상상하게 하며 21세기 탈경계의 시대, 글로벌화와 로컬화가 동시에 진행하는 글로컬화의 시대에 자이니치코리안의 역동적이고 생생한 삶이 영위되는 전제이다.

ER의 정체성 정치를 분석하는 데 있어 이 글은 심층면접 방법을 사용했으나 면접대상이 김미호 대표와 오카대선 회원만으로 적다. 깊이 있는 분석과 글의 완성도를 높이기 위해 향후 ER의 다른 회원과 ER 이외의 자이니치코리안 단체로 대상을 확대해 보다 정치한 후속 연구를 이어나가며 이 글의 부족함을 보완하고자 한다.

이 글은 한국민주주의연구소의 『기억과 전망』 제42집에 실린 논문 「샌프란시스코 일본군'위안부' 기림비 건립 운동과 자이니치코리안의 정체성 정치」를 수정·보완한 것임.

참고문헌

김동엽, 「기억의 표상에 담긴 지역성 연구: 필리핀 위안부 동상을 중심으로」, 『동남아시아연구』 28(3), 한국동남아학회, 2018.

김부자, 「한국의 〈평화의 소녀상〉과 탈진실(post-truth)의 정치학: 일본의 식민주의/남성중심적인 내셔널리즘과 젠더를 검토한다」, 『한국여성학』 33(3), 한국여성학회, 2017.

니라유발-데이비스, 박혜란 옮김, 『정체성 정치에서 횡단의 정치로: 젠더와 민족』, 그린비출판사, 2012.

문경희, 「호주 한인들의 '소녀상' 건립과 일본군 '위안부'운동 – '코스모폴리탄' 기억형성과 한인의 초국적 민족주의 발현」, 『페미니즘연구』 18(1), 한국여성연구소, 2018.

새뮤얼 헌팅턴, 형선호 옮김, 『미국, 우리는 누구인가』, 김영사, 2017.

송진원·안병학, 「평화의 소녀상을 통해 나타난 시각 문화의 상징성과 사회적 기억의 확산」, 『기초조형학연구』 25(5), 한국기초조형학회, 2019.

아이리스 장, 윤지환 옮김, 『역사는 누구의 편에 서는가 – 난징대학살, 그 야만적 진실의 기록』, 미다스북스, 2014.

윤지환, 「기억의 초국적 이동과 이민자 집단의 정치: 미국 위안부 소녀상을 사례로」, 『한국경제지리학회』 21(4), 한국경제지리학회, 2018.

_____, 「평화의 소녀상을 통해 형성된 위안부 기억의 경관과 상징성에 관한 연구」, 『대한지리학회지』 53(1), 대한지리학회, 2019.

이지영, 「일본군'위안부' 문제를 둘러싼 한일 갈등의 해결 모색: 여성인권과 글로벌거버넌스」, 『일본학』 44, 동국대학교 일본학연구소, 2017.

______, 「트랜스보더 민족주의와 재일한인 여성의 국적문제」, 『아시아여성연구』 57(1), 숙명여자대학교 아시아여성연구원, 2018.

______, 「일본군 '위안부'문제를 둘러싼 '역사전'과 글렌데일시 '평화의 소녀상'」, 『일본연구』 81, 한국외국어대학교 일본연구소, 2019.

존 리, 김혜진 옮김, 『자이니치 디아스포라 민족주의와 탈식민 정체성』, 소명출판, 2019.

청암대학교 재일코리안연구소 편, 『재일코리안운동과 저항적 정체성』, 선인, 2016.

허성태·임영언, 「일본정부의 위안부문제 인식과 동포사회의 공공외교적 대응 고찰: 위안부 기림비 건립을 중심으로」, 『동북아 문화연구』 47, 동북아시아문화학회, 2016.

金明秀, 「在日コリアン青年の民族的アイデンティティ-1993~2013年のデータを用いて」, 山泰幸 編著, 『在日コリアンの離散と生の諸相』, 明石書店, 2017.

能川元一, 「"歴史戦"の誕生と展開」, 山口智美 他, 『海を渡る「慰安婦」問題』, 岩波書店, 2016.

山口智美, 「官民一体の"歴史戦のゆく"」, 山口智美 他, 『海を渡る「慰安婦」問題』, 岩波書店, 2016.

山泰幸, 「離散がもたらす生の諸相」, 山泰幸 編著, 『在日コリアンの離散と生の諸相』, 明石書店, 2017.

小山エミ, 「アメリカ"慰安婦"碑設置への攻撃」, 山口智美 他, 『海を渡る「慰安婦」問題』, 岩波書店, 2016.

川端浩平, 「ルーツと越境の現在-グローバル都市ソウルで生活する在日コリアンの語りから」, 山泰幸 編著, 『在日コリアンの離散と生の諸相』, 明石書店, 2017.

Christine Agius and Dean Keep eds., *The politics of identity: Place, space, discourse,* Manchester: Manchester University Press, 2018.

ESJF, *"Comfort Women" History & Issues,* San Francisco: ESJF, 2018.

Lyon, Cherstin, "Introduction," In C. M. Lyon and A. F. Goebel(eds.), *Citizenship and Place: Case Studies on the Borders of Citizenship,* London·New York: Rowman & Littlefield, 2018.

제2장

재일디아스포라를 둘러싼 정치적 동학

재일디아스포라의 탄생

국적과 제도의 길항

신승모

1. '재일디아스포라'의 개념과 범위

주지하듯이 디아스포라(Diaspora)라는 말은 본래 '이산(離散)'을 의미하는 그리스어이자 팔레스타인 땅을 떠나 세계 각지에 거주하는 이산 유대인과 공동체를 가리킨다. 하지만 오늘날 '디아스포라'라는 말은 유대인뿐 아니라 아르메니아인, 팔레스타인인 등 근대의 식민지배, 지역 분쟁 및 세계 전쟁, 시장경제 글로벌리즘 등 외적인 이유에 의해 자기가 속해 있던 공동체로부터 이산을 강요당한 사람들 및 그들의 후손을 가리키는 용어로 적용 범위가 확장되었고, 좀 더 일반적으로 지칭하는 보통명사로 사용하는 경우가 많아졌다.[1] 한국의 학계에서는 윤인진이 이른 시기에 '코리안 디아스포라'라는 용어를 제시하면서, 외국으로 이주하여 정착한 한인들의 삶을 사회학적으로 고찰한 바 있다. 윤인진은 중동정치학 연구자 사프란(Safran, 1991)의 디아스포라 개념을 살피면서, 이를 "한 민족집단 성원들이 세계 여러 지역으로 흩

1) 서경식 지음, 김혜신 옮김, 『디아스포라 기행 추방당한 자의 시선』, 돌베개, 2006. pp.12~13 참조.

어지는 과정뿐만 아니라 분산한 동족들과 그들이 거주하는 장소와 공동체" 또는 "유대인의 경험뿐만 아니라 다른 민족의 국제이주, 망명, 난민, 이주노동자, 민족공동체, 문화적 차이, 정체성 등을 아우르는 포괄적인 개념"으로 확장해서 사용한다.[2)] 이어서 저서에서는 중국의 조선족, 러시아, 중앙아시아의 고려인, 재일한인, 재미한인, 캐나다의 한인 등 세계 각지에 이산해 있는 '코리안 디아스포라'의 역사와 특성을 통합적으로 개관했다.[3)]

그중에서도 재일한인에 대해서는 지금까지 재일동포, 재일한국인, 재일조선인, 재일한국·조선인, 재일코리안, 재일한인 등 여러 명칭이 사용되어 왔다. 남북한으로 분단되어 있는 역사적 상황에서 그 각각의 명칭은 나름의 맥락과 이유를 가진다.[4)] 재일조선인 사회를 역사학적으로 연구한 도노무라 마사루(外村大)는 '재일조선인'의 개념을 다음과 같이 정리한 바 있다. 즉, 1945년 8월 15일 이전에 대해서는 ① 일본의 정치력이 대한제국의 주권을 좌우하게 되었던 시기와 1910년 8월부터 1945년 8월까지 조선이 일본의 식민지였던 시기에 생계를 해결하기 위해 일본열도에 와서 어느 정도 장기적으로 거주했던(혹은 그럴 수밖에

2) 윤인진, 「코리안 디아스포라 재외한인의 이주, 적응, 정체성」, 『한국사회학』 37(4), 한국사회학회, 2003, p.102.

3) 윤인진, 『코리안 디아스포라 재외한인의 이주, 적응, 정체성』, 고려대학교출판부, 2004.

4) 남북한으로 분리된 상황에서 '재일한국인', '재일조선인'이라는 명칭에 대해서는 각각 반대가 많다. 이러한 고민에서 만들어진 '재일한국·조선인'에 대해서는 남북한의 분단을 인정한다는 의미를 담고 있기에 받아들이지 않겠다는 정서가 존재한다. '재일코리안'에 대해서는 우리나라를 영어로 표기한다는 거부감이 있다. '재일동포'는 다소 민족주의적 감정이 포함되어 있는 듯하며 나라 이름이 나타나지 않는 문제점이 있다. 재일한인의 명칭에 대해서는 정진성, 「'재일동포' 호칭의 역사성과 현재성」, 『일본비평』 7, 서울대학교 일본연구소, 2012; 조관자, 「'민족주체'를 호출하는 '재일조선인'」, 『日本學』 32, 동국대학교 일본학연구소, 2011 등이 참조가 된다.

없었다고도 할 수 있는) 조선인, ②꼭 생활이 궁핍했던 것이 이유는 아니지만 유학 등의 적극적인 의지를 가지고 일본열도로 건너와서 결과적으로 생활기반을 일본열도에 두게 되었던 조선인, ③1939년 9월부터 1945년 8월까지 국가총동원법에 의거한 대일본제국의 전시동원정책과 대일본제국의 군인·군속이 되어 일본열도에 배치된 조선인, ④앞의 세 가지 경우에 속하는 사람들의 가족과 자손으로 계속해서 일본열도에 거주했거나 거주하고 있는 조선인(이른바 '혼혈'인 사람들 중에서 조선인으로서의 정체성을 가진 사람들도 포함)이다. 그리고 1945년 8월 15일 이후에는 ⑤앞의 사람들 중 그 후에도 거의 계속해서 일본에 살았던 사람들과 그 자손, ⑥1945년 8월 이후 한국전쟁의 전란을 피하기 위해 헤어져 있었던 가족과 재회하거나 살기 위해서 일본으로 건너온 조선인 중 일본 생활이 길어져서 다른 재일조선인과 비슷한 의식과 생활 형태를 갖게 된 조선인을 재일조선인으로 규정하고 있다.[5)]

이 글은 이 도노무라의 개념 규정을 대체로 받아들이면서도 민족적 이산에 초점을 맞추어 '재일디아스포라'라는 명칭을 사용하고자 한다. 이는 한반도에 민족적 유래(ethnicity nationality)를 지닌 재일한인의 존재론적 위치를 아우르는 개념이자, 국적·지역의 배타적 경계를 넘어 실존하는 '재일'의 입장과 정체성을 함의해서 표현하고자 함이다.[6)] 구

5) 外村大,『在日朝鮮人社会の歴史学的研究－形成·構造·変容』, 緑蔭書房, 2004, 도노무라 마사루 지음, 신유원·김인덕 옮김,『재일조선인 사회의 역사학적 연구』, 논형, 2010, p.15.

6) 근래 국내외 학계에서는 재일조선인을 디아스포라의 관점에서 파악하는 연구가 발표되고 있다. 이들 연구는 주로 재일조선인을 디아스포라로 상정하는 담론을 개진한 경우가 많다. 대표적인 글로 徐京植,『ディアスポラ紀行』, 岩波書店, 2005; ソニア·リャン, 中西恭子 訳,『コリアン·ディアスポラ 在日朝鮮人とアイデンティティ』, 明石書店, 2005; 현무암,「동아시아와 코리안 디아스포라」,『창작과비평』131, 창작과비평사, 2006; 金友子,「'同胞'という磁場」,『現代思想』35巻7号, 青土社, 2007; 金性済,

체적으로 이 글은 패전/해방 후 재일디아스포라가 탄생하게 되는 역사적 배경과 과정을 조선인의 국적(nationality)을 둘러싼 제국/포스트제국 일본의 법적 해석을 비판적으로 검토하면서 논의하고자 한다. 지금까지 재일조선인에 관한 역사학적 연구에서는 일제강점기 조선인의 일본 이주 양상과 재일조선인 공동체의 형성에 관해서 상당 부분 실증적 연구가 진행되었다. 하지만 사실상 재일조선인이 디아스포라가 되는 맥락에는 국적을 비롯한 법적 지위의 부여와, 귀환/재일을 둘러싼 개인의 고뇌와 선택도 중요한 의미를 지닌다. 이에 이 글은 강제병합 이후 조선인에게 부여된 국적을 둘러싼 법적 해석과 제도의 적용 과정, 그리고 일본 이주 양상을 함께 검토하면서 재일디아스포라가 존재하게 된 제도적 연원을 밝히고자 한다. 이 작업은 최근 국내외 학계에서 개진되고 있는 재일디아스포라 담론을 참조하면서도, 제도사적 관점에서 기존연구를 보완한다는 의의가 있다.

2. 조선인에 대한 국적 부여와 도일 조선인의 증가

1) 제국 일본의 아시아관이 만들어 낸 이중 기준

근대 일본의 식민정책학을 (에드워드 사이드가 말하는) 오리엔탈리즘의 일본적 재생산의 관점에서 논의한 바 있는 강상중은 근대 일본의

「ディアスポラとしてのザイニチから見た社会」, 『解放教育』 37巻11号, 解放教育研究所, 2007; 지은숙, 「디아스포라 관점에서 본 재일조선인 여성의 결혼문제」, 『在外韓人研究』 25, 2011; 이한정, 「재일조선인과 디아스포라 담론」, 『사이間SAI』 12, 국제한국문학문화학회, 2012 등을 들 수 있다.

대외관에 대해 다음과 같이 지적했다.

> 근대 일본의 국민적 체험에서 창출된 대외관의 큰 특징은 '오랜 모욕적·양이(攘夷)적인 서양관'의 극복과 함께, '구태의연한 근린 아시아 여러 나라로부터 일본을 구별하려고 하는 자의식'이 강화되어 두 개의 대외관이 양극으로 분해해간 것이다. 이 점에서 근대 일본의 오리엔탈리즘은 그 시작부터 이율배반적인 지향을 껴안고 있었다.[7]

19세기 초반부터 이미 에도막부의 쇄국정책이 한계에 다다를 정도로 구미 제국의 개국 압력은 강해졌다. 에도막부 말기에 구미 열강의 압력에 강요되어 체결한 이른바 '안세이5개국조약'(安政五カ国条約)[8] 이후, 메이지(明治) 정부는 단순한 개국의 압력뿐만 아니라 피식민지화의 위기의식까지 품게 되었다. 이 같은 위기의식 속에서 1897년 외무대신에 취임한 이노우에 가오루(井上馨)는 「조약개정문제의견서(条約改正問題意見書)」에서 "우리 제국 및 우리 인민을 마치 구주(歐洲) 제국과 같이, 마치 구주 인민과 같이 변화시키는 일만"[9]이 식민지화를 피하는 방책이라고 역설하고 있다. 즉, 구미 여러 나라와 같이 제국주의적 국가가 되는 것이 일본의 독립을 유지하는 길이라는 의견이다. 이에 대해 우쓰미 아이코(内海愛子)는 "이 같은 위기의식이 '열아(劣亞)의 자각'과, 내정·외교에서의 '탈아입구(脫亞入歐)에 대한 강렬한 의욕'을 낳아 문명개화를 추진하는 원동력이 되었던 것이다. 그것이 한편으

7) 姜尚中, 『オリエンタリズムの彼方へ』, 岩波書店, 1996, p.93.

8) 1858년에 에도막부가 미국, 네덜란드, 러시아, 영국, 프랑스 5개국과 맺은 수호통상조약의 총칭. 외교사절을 받아들이고 자유무역의 허가 등이 결정되었다.

9) 内海愛子, 「アジアの日本観·日本のアジア観」, 『岩波講座 日本通史』 第19巻近代4, 岩波書店, 1995, p.257에서 재인용.

로 개화에 무관심하고 완미고루(頑迷固陋)하게 보이는 조선이나 중국에 대한 '멸아(蔑亞)'의 심정을 한층 더 갖게 했다고 할 수 있겠다."[10]고 지적한다.

이 같은 체험에서 생성된 근대 일본의 대외관이 내포하는 "이율배반적인 지향"이란, "'우리들' 유럽인을 '그들' 비유럽인 모두와 대치되는 것으로 상정하는"[11] 유럽의 오리엔트관이 갖는 지정학적 헤게모니에 반발하면서도, 그 "비서구세계, 특히 오리엔트를 하나의 폐쇄된 무대로 바라보는 '보는 측'=서구에 스스로의 스탠스를 접근시키려고"[12] 한 '반발과 모방의 구조'에서 창출되었다고 할 수 있다. 문명화, 근대화해야 할 정체된 아시아로부터 스스로를 소외시킴으로써 힘과 아이덴티티를 획득하려고 한 근대 일본의 아시아관은, 하지만 그 '완미고루'하다고 표상한 아시아, 가장 소외해야 할 타자성으로서의 아시아가 실은 "숨겨진 자신"이기도 했던 것에서 "이율배반적인 지향"을 품지 않을 수 없었다. 이 같은 '일본적 오리엔탈리즘'=근대 일본의 아시아관이 내포하는 이율배반적인 지향은 제국 일본이 구한국(대한제국)을 강제병합한 후 시행하는 국적부여에 이중의 기준으로서 그 구체적인 모습을 드러낸다. 다시 말해 일본 정부가 조선인에게 시행한 국적부여를 둘러싼 법해석과 제도의 적용과정에 이 제국 일본의 아시아관이 품고 있는 이율배반적인 지향이 이중의 기준으로서 구체적으로 체현되었다는 것이다.

1909년 7월, 한일강제병합의 방침이 결정되었을 때, 강제병합 후의

10) 内海愛子, 「アジアの日本観·日本のアジア観」, p.257.
11) エドワード·W·サイード, 『オリエンタリズム』 上, 平凡社, 1993, p.30.
12) 姜尚中, 『オリエンタリズムの彼方へ』, p.94.

구한국민의 국적을 어떻게 할 것인가라는 문제가 일본 정부 내에서 제기되어 그 문제의 자문에 법학자인 야마다 사부로(山田三良: 1869~1965, 도쿄제국대학 교수, 후에 경성제국대학 총장)는 다음과 같이 회답하고 있다.

> 종래 한국 신민이었던 자는 병합에 의해 당연 일본 국적을 취득한다고 하지만 이 때문에 한국인이 완전히 일본인과 동일하다고 하는 것은 아니며 단지 외국에 대해서 일본 국적을 취득한 것에 지나지 않음을 주의해야 한다. 만약 그 내국에 있어서의 일본인과 한국에 있어서의 일본인(한국인이었던 일본인과 일본인이었던 일본인)을 공법상 어떠한 차별을 두어야 하는가는 국법상의 문제로 한다.[13)]

즉, 이것은 "한국인이었던 일본인"은 "외국에 대해서"는 '일본인'이지만, "내국"에 있어서 "일본인이었던 일본인"과 대등하게 다룰 것인가 아닌가는 별개의 문제라는 것으로, 구한국민은 대외적으로는 '일본인'이지만 일본 국내에 있어서는 '일본인'이 아니라는 설명을 하고 있다. 식민지 조선의 초대 총독이었던 데라우치 마사타케(寺内正毅: 1852~1919, 육군대장, 후에 일본국 수상)의 소장문서에 남아 있는 이 야마다 의견서의 방침은 그 후 구체적인 법제도로서 조선인에게 일본 국적을 부여해서 대외적으로는 '일본인'에 편입시키면서, 호적에 의해 국내적으로는 '일본인'에서 배제해가는 기제(mechanism)의 기본적인 구도로서 반영되어 간다. '내선일체'나 '일시동인'(一視同仁)과 같은 슬로건이

13) 山田三良, 「併合後ニ於ケル韓国人ノ国籍問題」(国立国会図書館憲政資料室所蔵, 「寺内正毅文書」, 明治42年7月15日付) ; 小熊英二, 「『日本人』という牢獄—大日本帝国における朝鮮人の戸籍と国籍」, 『情況』, 1997年4月号, p.68 인용.

나, 식민지기 '국어'=일본어 교육, '창씨개명'과 같은 정책이 표방했듯이, 일본은 '조선인'을 동화하려고 했다 한다. 하지만 사카모토 신이치(坂元真一)가 지적한 바와 같이, "만약 당시의 일본이 새로 획득한 대한국의 사람들을 완전한 '동화'의 원칙으로 대우했다고 한다면 그 후의 일본에 '조선인'은 존재할 수 없"었던 셈으로, "당시의 일본에 있어서 '조선인'의 존재야말로 '동화'에 대한 결정적인 부정에 다름 아니었던 것이다."[14] 아시아면서 정체된 아시아로부터 스스로를 소외해서 "동양에서의 유럽적 신제국"(井上馨, 「条約改正問題意見書」)을 꿈꾼 일본 정부가 대만과 한국을 합병했다 하더라도, 그 안에서 지배하는 자와 피지배자 간의 종속관계는 유지되어야만 하는 문제였던 것이고, 제국 일본의 대(對)아시아관이 내포하는 이율배반적인 지향은 필연적으로 병합한 국민("한국인이었던 일본인")과 순수한 국민("일본인이었던 일본인")을 구별해두는 이중 기준을 처음부터 가져오지 않을 수 없었을 것이다. 일본 정부가 조선인에게 시행해 가는 국적부여와 호적구분의 과정은 이 같은 '국민'의 경계를 명확하게 해두기 위한 제도상의 기제였으며 정책상의 기술이었다.

2) 강제병합 후의 국적부여와 재일조선인

일본 정부는 강제병합 후, 조선인을 일본 국민으로 취급하면서도 대만과는 달리 국적법은 시행하지 않았다. 일본 정부는 1895년에 대만을 영유할 때, 영유 후 2년간의 유예기간을 두고 주민들로 하여금 그 사이에 청나라 등으로 퇴거를 하든지, 대만에 남을지의 선택을 하도록

14) 坂元真一, 「敗戦前日本国における朝鮮戸籍研究」, 『青丘学術論集』 10, 1997, pp.233~234.

했다. 그 후 대만에 일본제국의 국적법이 시행되어 대만에 잔류해 있는 자에게 일본 국적이 부여되었던 것이다.[15] 그것은 대만의 경우는 청나라의 일부를 영유한 것에 지나지 않지만 구한국의 경우는 국가 전체가 병합된 것이니까 구한국적의 자는 구한국의 거취에 따라 자동적으로 일본 국적에 편입된다는 해석이었다.[16]

그리고 이 방침에는 또 하나의 이유가 있었다. 데라우치 마사타케가 1910년 7월에 각의에 제출한 「병합방침안」 중 '조선인의 국법상의 지위' 항에는 "외국에 귀화해 실제로 이중국적을 갖는 자에 대해서는 추후에 국적법이 조선에 실시될 때까지 우리나라의 이해관계에 있어서는 일본신민으로 간주한다."[17]고 규정하고 있다. 여기서 말하는 '이해관계'란 청나라와 구한국의 국경지대인 간도지방을 둘러싼 문제, 망명조선인에 대한 단속 문제를 의미한다. 이들 조선인이 청나라나 러시아로 귀화해 버리면 단속할 수가 없게 되기 때문에, 일본 정부로서는 그들의 일본 국적 이탈을 저지해야만 했다. 하지만, 당시 근대 국가 일반이, 또 일본국 스스로도 인정하고 있던 개인의 국적 이탈권을 조선인에게만 금지할 경우 민족차별을 법조문상에 명기하게 되고, 그것은 국제적 비난을 받을 위험성이 있었다. 그래서 일본 정부는 이씨조선왕조의 관습법에 일단 귀복(歸服)한 신민은 그 자손에 이르기까지 영구히 왕조의 지배에서 이탈하는 규정이 없었던 것[18]을 이용해서, 조선의 관습법

15) 1895년 4월 17일에 조인된 청일강화조약(시모노세키조약)은 그 제5조 제1항에서 대만 주민에게 2년을 기한으로 하는 퇴거를 조건으로 해서 국적 선택을 인정했다. 遠藤正敬, 「植民地支配のなかの国籍と戸籍」, 『早稲田政治公法研究』 第68号, 早稲田大学大学院政治学研究科, 2001, pp.282~283 참조.

16) 立作太郎, 「韓国併合国際法観」, 『法学協会雑誌』 第28巻第11号, 1910, pp.1~2 ; 小熊英二, 「『日本人』という牢獄一大日本帝国における朝鮮人の戸籍と国籍」, p.68도 참조.

17) 市川正明 編, 『日韓外交史科』 第8巻, 原書房, 1980, p.325.

을 '존중'한다는 명목 하에 일본의 국적법을 조선에 시행하지 않기로 하고, 조선에서는 조선의 관습법을 그대로 유지했다. 즉, 조선의 관습법을 그대로 유지하면서 일본의 국적법을 조선에 시행하지 않으면, 조선인은 타국으로의 귀화, 즉 일본 국적을 이탈할 수가 없게 되는 것이다. 이 방침은 바로 정책에 반영되었다.

하지만 국가 전체가 병합되었으니까 자동적으로 구한국적의 자는 모두 일본 국적에 편입된다고 하면서 왜 일본 정부는 일부러 '내지'와는 다른 '외지' 호적을 두었던 것일까?[19] '내지 연장주의'라고 하는 강제병합 후 초기의 일본의 식민지 정책은 지배하는 권력에 의한 통제에 의거해 있고, 피식민자에게는 어디까지나 열위의 주변적인 위치만 할당하는 비대칭적인 이항대립의 관계 위에서 구상되어 있었기 때문에, 제국 일본의 '동화주의'는 일본에 구한국민이 소속돼서 동일한 '일본인'이 되는 것을 의미하는 것이 아니라, 어디까지나 '일본인이었던 일본인'과 '한국인이었던 일본인' 사이에는 인종적, 또는 민족적인 위계(Hierarchie)가 그 전제로서 뿌리 깊게 박혀 있었던 것이다. 대외적으로는 같은 일본인이어도 내부적으로 '국민'의 경계는 명확하게 해두지 않으면 안 되었고, 그를 위한 제도적 장치로서 '법'이 필요했다. '외지' 조선에는 '내지' 일본의 호적법(1899년 제정)과는 별도의 호적법이 시행되어서 조선인은 구한국시대부터의 '민적법'(1909)에 기초한 민적으로 편입되고 그 민적이 자동적으로 국적등록의 대용이 되었다. 그 후 제

18) 小熊英二, 「『日本人』という牢獄—大日本帝国における朝鮮人の戸籍と国籍」, p.71 참조.

19) 동아시아의 지정학적 판도를 장악해가던 일본제국은 종주국의 침략성을 함의하는 '식민지'라는 언표를 피하고자, 그 대신 '외지'(外地)라는 용어를 사용했다. 조선은 일본 '내지'(内地)에 대한 '외지'의 의미로 전락한 것이며, 그 의미에서 내지와 외지라는 표현은 지리적인 의미뿐만 아니라 정치적인 의미이기도 하다.

정된 '조선호적령'(1922)도 조선에만 시행된 총독부의 제령이어서 마찬가지로 내지의 호적법과는 별도의 체계였다.[20] 이 같은 체계 아래서 조선인이 일본 내지에 본적을 이전하는 행위는 원칙적으로 금지되어 있었다. 단 동화정책의 일환으로 제창되고 있던 이른바 '내선결혼'과 같이 내지인과 결혼을 하거나 내지인의 양자가 된 경우만은 예외적으로 인정되고 있었다.

이 같은 상황에서 식민지 조선에서 많은 조선인이 일본으로 건너가 거주하게 된 이유에 대해서는 이제까지 여러 연구자들이 논의해 왔다. 도일 조선인이 증가하게 된 요인을 정리해보면, ① 식민지기 조선 농촌에서의 만성적인 경작지 부족, ② 토지조사사업과 산미증식계획, 기타 소작인의 권리 불안정화 등의 식민지 통치 권력에 의한 시책의 영향으로 많은 조선 농민이 몰락해 가고 있었지만 조선 내의 노동시장에서는 이농자(離農者)를 흡수하지 못했던 점,[21] ③ 그런 몰락해 가는 농민을 다수 떠안고 있는 조선 남부와 일본 내지는 거리적으로도 가깝고, 일본 내지 노동시장의 임금이 조선에서의 임금보다 높았던 점, ④ 일반적으로 사람들이 싫어하는 위험한 작업, 비위생적이며 장시간에 걸친 노동 등의 직종에 저임금으로 조선인이 종사하는 것을 환영하는 일본 내지의 자본가가 존재했던 점,[22] ⑤ 조선인들 사이에서 일본에 대한 동경이

---

20) 隆熙3년(1909) 3월 4일, 법률 제8호로서 '민적법'이 반포되어 다음해 4월 1일부터 시행되었다. 이 시행과 동시에 그때까지 실시되고 있던 '호구조사규칙'(1896년 9월 1일 포고)은 폐지되고, 이후 조선인에 대한 호적편제는 '민적법'이 주요한 근거가 되었다. 이 법령은 1922년 12월 18일에 '조선호적령'(조선총독부령 제15호)이 공포될 때까지 계속되었는데, '조선호적령'의 시행에 의해서 '민적'이라고 칭해지던 등록문서의 편제는 종료되고 새로 '호적'이라고 칭해지는 등록문서의 편제가 개시되었다. 坂元真一, 「敗戦前日本国における朝鮮戸籍研究」, pp.246~249 참조.

21) ①과 ②에 관해서는 김광열, 『한인의 일본이주사 연구 1910~1940년대』, 논형, 2010, pp.11~48; 윤인진, 『코리안 디아스포라 재외한인의 이주, 적응, 정체성』, pp.152~157 참조.

존재했던 점과 일본 도항이 경제적 성공을 가져오는 것처럼 전해졌던 점[23] 등이 지적되어 왔다. 1910년대까지의 조선인 도일은 기업에 의한 모집에 응모하는 것이 주류였던 것에 비해, 1920년대에는 어느 정도 장기체재한 조선인이 기업의 뜻에 따라 모집을 행하거나 혹은 자주적으로 같은 고향 사람이나 친척들을 불러들이게 되었다. 일본에 있는 조선인이 친척과 지인을 불러들이거나 거꾸로 일본에 있는 친척과 지인을 연줄로 조선에 있던 사람들이 일본으로 가는 것이 가능해졌는데, 이 같은 연쇄형(連鎖型)이민이라는 현상으로 인해 이후의 도일 조선인 수는 급속하게 증가했다. 도노무라 마사루는 일본 전국 경찰이 실시한 호구조사, 즉 내무성 경보국의 조사와 국세조사를 바탕으로 재일조선인 인구의 추이를 표로 정리한 바 있는데, 우선 1910년부터 1936년까지의 수치는 다음과 같다.[24]

〈표1〉 재일조선인 인구의 추이(1910~1936년)

(단위: 명)

연도	인구			
	국세조사	국세조사로부터의 추계	내무성 조사	내무성조사로부터의 추계
1910		2,600	2,246	
1911		5,728	2,527	
1912		7,796	3,171	
1913		10,394	3,635	
1914		12,961	3,542	

22) 朴慶植 編, 『在日朝鮮人関係資料集成』 第1巻, 三一書房, 1975 참조.

23) 도노무라 마사루 지음, 신유원·김인덕 옮김, 『재일조선인 사회의 역사학적 연구』, pp.34~39 참조.

24) 도노무라 마사루 지음, 신유원·김인덕 옮김, 위의 책, p.61. 도노무라가 전거로 삼은 1차 자료는 田村紀之, 「内務省警保局調査による朝鮮人人口」, 『経済と経済学』, 46~50(1981.2.~1982.7.); 内閣統計局, 『国勢調査報告』이다.

1915		15,106	3,992	
1916		17,972	5,637	
1917		22,218	14,501	
1918		34,092	22,262	
1919		37,732	28,273	
1920	40,755	40,755	30,149	
1921		62,404	38,651	37,271
1922		90,741	59,744	
1923		136,557	80,015	
1924		172,130	118,192	
1925		214,657	129,870	
1926		247,358	143,798	
1927		308,685	171,275	
1928		358,121	238,104	
1929		398,920	275,206	
1930	418,989	419,009	298,091	
1931		427,275	311,247	
1932		433,692	390,543	
1933		500,637	456,217	
1934		559,080	537,695	
1935		615,867	625,678	
1936		657,497	690,501	

이 표에 보이는 것처럼 재일조선인 인구는 거의 일관되게 계속 증가했고, 1910년대 전반의 인구 증가는 다른 시기에 비해 완만하지만 그 이후 1920년대 후반까지 급격하게 증가했다는 점, 1930년 전후에 인구 증가가 정체했다, 1930년대 중반부터 다시 인구 증가가 현저해진다는 점 등을 확인할 수 있다. 표에서는 드러나지 않지만 재일조선인의 남녀

비 및 연령층별 인구 구성은 당초 10대 후반에서 30대 전반까지의 남자를 중심으로 했다가, 시기가 내려가면서 여성, 유아 비율이 높아지는 경향이 많다. 이것은 처음에는 젊은 남자가 단신으로 도항했다가 나중에 여성이 따라가서 가족을 형성하는 경우가 많기 때문이다. 또한 가족을 형성함에 따라 일본 내지에서 출생한 이른바 재일조선인 2세의 증가도 시기가 내려가면서 비율이 높아졌다.

여기서 확인해야 할 사실은 다양한 이주 요인과 직업을 지니고 일본에서 생활하는 재일조선인도, 앞서 설명한 바와 같이 어디까지나 내지의 호적과는 구별되는 '외지호적'에 등록되어 있음에는 변함이 없었다. 당시 재일조선인과 일본인을 분별할 수 있는 판단의 정확한 기준은 외모도, 인종도, 민족도, 출생지도 아니고, 바로 '籍'이 어디에 등록되어 있는가라는 호적의 구분에 있었다. 재일조선인과 일본인은 신체적 특징이 크게 다르지 않은 데다 일상적으로는 일본어를 사용하고 이름도 통명을 쓰면서 생활하는 경우가 많았기 때문이다. 대외적으로 조선인의 '일본인' 이탈을 저지하는 방법이 국적법을 시행하지 않는 일이었다면, '일본인'이 된 조선인을 국내적으로 '일본인'에게서 구별하는 방책이 '외지'호적에 의한, '내지'와 '외지'의 호적구분이었다. 이 호적의 구분이 진학이나 취직을 포함한 일상생활 전반에서 재일조선인을 차별하는 근거가 되었다. 하지만 일본 정부의 이 같은 민족적 '경계짓기'는 조선인에 대한 징병제 시행에 즈음하여 커다란 문제에 봉착하게 된다. 그것은 말하자면 병역과 귀속의 연속성을 어떻게 처리할 것인가라는 문제였다.

3. 조선인에 대한 병역법 개정과 호적법의 적용

1937년 7월의 중일전쟁 개시와 뒤이은 아시아·태평양전쟁의 전시하에서 일본 정부는 조선인, 대만인 등 외지인까지 일본군 병사로 동원해야만 하는 국면을 맞이했다. 전시총동원체제 하에서 1938년 2월 26일에 조선인 남자까지 지원병으로 모집하는 제도로서 「육군특별지원병령」(칙령 제95호)이 공포되고, 그 후 더욱 긴박해진 전시상황에 의해 결국 1942년 5월 8일에 "조선동포에 대해 징병제를 시행하여 쇼와 19년도(1944)부터 이를 징집할 수 있도록 준비를 진행할 것"[25]이 각의에서 결정되어 다음날인 9일에 내각정보국에서 발표되었다. 또한 중일전쟁 이후 일본인 남자 노동자가 징집당하는 가운데 계속되는 군수물자의 증산은 노동력 부족을 가져왔고, 이에 일본 정부는 1920년대 중반부터 계속되어 온 조선인 도일억제정책[26]을 완화하면서 대량의 조선인 노동자를 일본 내지에 도입하기로 결정했다. 이에 수반하여 조선인 도일자수는 대폭 증가하게 된다.

---

25) 朝鮮軍事普及協会 編纂, 『朝鮮徵兵準備読本』, 朝鮮図書出版株式会社, 1942, p.31 ; 金英達 편·해설, 『十五年戦争重要文献シリーズ11』, 不二出版, 1993에 복각판으로 수록.

26) 간토(関東)대지진 이후 가중된 불황과 일본 내의 실업 문제를 해소하고자 하는 정책의 일환으로 일본 내무성 경보국과 조선총독부 경무국은 구직 목적의 조선일 도일자를 규제하는 제한 조건을 1925년 10월부터 실시하였다. 그 내용은 "① 무허가 노동자 모집에 응하여 도항하는 자, ② 일본에서 취직이 불확실한 자, ③ 일본어를 모르는 자, ④ 필요한 여비 외에 소지금 10엔 이하인 자, ⑤ 모르핀 환자" 등은 도항을 허가하지 않는다는 것이었다. 内務省警保局, 『社会運動の状況』, 1930, p.1203; 김광열, 『한인의 일본이주사 연구 1910~1940년대』, pp.85~86 참조.

〈표2〉 재일조선인 인구의 추이(1937~1945년)[27]

(단위: 명)

연도	인구			
	국세조사	국세조사로부터의 추계	내무성 조사	내무성조사로부터의 추계
1937		693,138	735,689	
1938		796,927	799,878	
1939		980,700	961,591	
1940	1,241,178	1,241,315	1,190,444	
1941		1,484,025	1,469,230	
1942		1,778,480	1,625,054	
1943		1,946,047	1,805,438	
1944		2,139,143	1,901,409	
1945		2,206,541		1,968,807

즉, 전시동원체제로 일본 정부는 여러 가지 방면에서 조선인을 동원하지 않으면 안 되게 되었고, 이에 수반하여 재일조선인 인구도 증가 일변도를 보인 것이다. 그런데 여기서 한 가지 확인해야 할 사실은 당초 일본 정부는 조선인의 징병에 소극적이었다는 점이다. 1889년부터 시행해 온 일본의 「징병령」(법률 제1호)은 일본이 식민지를 영유한 후에도 '내지호적'에 등록되어 있는 자만을 징병의 대상으로 규정하고 있었고, '외지호적'에 등록되어 있는 자는 징병대상에서 제외시켜 두고 있었다. 그리고 이 규정은 「징병령」이 1927년 3월 31일에 「병역법」(법률 제47호)으로 개정된 후에도 변함이 없었다.[28] 이 사실을 두고 다나카

27) 도노무라 마사루 지음, 신유원·김인덕 옮김, 『재일조선인 사회의 역사학적 연구』, p.61.

28) 병역법 제9조 제2항은 "내지호적법의 적용을 받는 자로 상비병역, 후비병역, 보충병역 및 제1국민병역이 아닌 연령 17세부터 40세까지의 자는 이것에 복무한다"고 해서 병역의 대상을 내지호적법의 적용을 받는 자, 즉 '내지인'으로 한정하고 있다. 遠藤正敬, 「植民地支配のなかの国籍と戸籍」, p.298 인용.

히로시(田中宏)는 "병역에 관해서는 무기를 손에 드는 것도 있고 해서 고도의 충성심이 요구되는 것이고, 더욱이 대만을 영유한 후, 그리고 한국을 지배하는 과정에서 일어난 격렬한 항일무장투쟁을 생각하면 그렇게 하는 것이 현실적으로도 필요했을 것"[29]이라고 지적하고 있는데, 실제로 징병대상자에 관한 일본 정부의 당시 정책논의기록을 살펴봐도 일본 정부는 조선인을 일본에 적대할 위험성이 높은 자로 간주하고, 그들이 무기를 지니고 군대를 지휘하고 군사기밀을 알 수 있는 입장에 서는 것을 두려워하고 있었음을 알 수 있다.[30]

이같이 일본 정부는 조선인의 징병에 대해 깊은 경계심을 지니면서도 한편으로는 조선인에 대한 징병제 실시를 "내선일체의 구현"이라고 대대적으로 칭송하고 있었다. 조선인 징병제 시행에 맞추어 조선총독부의 여론지도방침을 명시한 문서인 『조선동포에 대한 징병제 시행 준비결정에 따른 조치상황 및 그 반향』에는 "본 제도의 실시는 내선일체의 구현에 새 시대를 구획하는 것으로서 반도신민은 가장 영광된 황국신민임을 실천할 수 있는 길이 열려 그 전도가 실로 양양함"을 조선인에게 "명심시킬" 것이 "지도의 방침"으로서 명기되어 있다.[31] 이처럼 조선인에 대한 징병제 시행은 내선일체화를 구현하는 시책으로 의미지어지면서 일본 정부 측의 정책문서나 여론지도방침을 명기한 공문서뿐만 아니라, 당시 정책의 홍보, 선전의 역할을 맡고 있던 거의

29) 田中宏, 「日本の植民地支配下における国籍関係の経緯—台湾·朝鮮に関する参政権と兵役義務をめぐって—」, 『紀要』 第9巻, 愛知県立大学外国語学部, 1974, p.82.

30) 坂元真一, 「敗戦前日本国における朝鮮戸籍研究」, pp.264~268 참조.; 樋口雄一, 『皇軍兵士にされた朝鮮人』, 社会評論社, 1991, pp.160~168도 참조.

31) 朝鮮総督府極秘文書, 『朝鮮同胞ニ対スル徴兵制施行準備決定ニ伴フ措置状況並其ノ反響』(国会図書館憲政資料室所蔵, 「大野緑一郎関係文書」, 文書番号一二六二), 1942.5; 金英達 편·해설, 『十五年戦争重要文献シリーズ11』, p.6에서 인용.

모든 신문, 잡지 등의 미디어를 통해 내지, 외지의 사람들에게 대대적으로 보도되고 있었다.[32] 이때 반복해서 강조된 내용이 징병의 의무는 제국신민에게만 부과되는 신성 숭고한 의무이며, 국민 최대의 명예이자 영광이라는 식의 논조였다.

> 황국의 국방은 황국 신민의 당연한 임무이며 특히 남자로서 우리 병역에 복무해 천황친솔의 일원으로서 직접 국방의 제일선에 몸 바쳐 호국의 꽃으로 산화할 수 있는 것은 황국남아의 최상의 영광이다. 같은 황국신민이면서도 이런 당연하고 영예로운 임무에 종사할 수 없었던 조선동포에 대해서도 징병제도의 실시에 의해 이 영광을 받을 수 있는 날이 가까워 온 것을 생각하면 일시동인의 성은에 무한한 감격을 느낀다.[33]

인용은 조선인에 대한 징병제 시행에 맞추어 일본군 스스로가 조선인에게 "일본의 군대란 무엇인가"를 '지도'하기 위해 간행 반포된 『조선징병준비독본』의 서문에서 발췌한 것으로 병역에 의미를 부여하는 황민화정책 언설의 전형적인 예를 보여주고 있다. 이러한 논조는 가령 "징병의 의무는 제국신민에게만 부과되는 숭고한 의무인 것",[34] "세계에 유래없는 빛나는 존엄 그 자체인 국체와 숭고한 전통 하에 징병되어 만세일계(萬世一系)의 천황을 받들어 섬기는 황국의 일원으로서 국방의

32) 『朝日新聞』의 예를 하나 들자면, 조선인에 대한 징병제 시행이 각의에서 결정된 직후인 1942년 5월 10일 자 사설에서 「내선일여의 징병실시」라는 제목으로 내선일체화를 구현하는 시책으로서 이를 받아들이고 있다. 또 미나미 지로(南次郎) 조선총독의 「반도동포 징병제 시행에 환희」라는 제목의 담화를 삼단에 걸쳐 소개하고 칼럼에서도 이 같은 논조로 징병제 실시를 예찬하고 있다. 『朝日新聞』, 1942년 5월 10일 자.

33) 朝鮮軍事普及協会 編纂, 『朝鮮徴兵準備読本』, p.21.

34) 朝鮮総督府極秘文書, 『朝鮮徴兵準備読本』, p.6.

중대 책임을 분담한다는 것은 그 어떤 것에도 비할 바 없는 일대 명예이자 최상의 영광"[35] 등과 같이 비슷한 수사로 반복되고 있는데, 여기서 주목하고 싶은 내용은 다음과 같은 부분이다.

> 우리 황국에 있어서는 국민이 병역에 복무하는 것을 최대의 명예와 영광으로 여기며 또 그것에 반(反)해 특히 남자라는 것이 그 뽑힘에서 누락되는 것을 최대의 치욕으로 여기고 있습니다만 이건 실로 당연한 일입니다.[36]

위의 인용이 반조적으로 비춰내고 있는 사실은 즉, 그때까지 일본군으로 병역에 복무할 수 없었던 조선인은 국민으로서 "최대의 치욕"을 받아온 셈이 되며 "영광을 받을 수" 없는 존재였다는 것에 다름 아닐 것이다. 앞서 확인한 바와 같이 대일본제국의 첨병으로서 목숨을 걸고 전장으로 향한 '일본군'의 징병대상자는 일본의 병역법상 본래 "내지호적법의 적용을 받는 자"였다. 그렇기 때문에 내지와는 별도의 호적법이 시행되고 있던 조선인을 징병대상 '외'에서 새로이 대상 '내'로 편입시키기 위해서는 '국민'의 경계를 명확하게 하기 위해 두었던 '호적법'을 고치지 않으면 안 되었다. 즉, 내지의 호적법을 조선인에게도 적용하도록 고쳐야 했던 것이다.

당시 '호적법'의 개정문제를 둘러싼 정책논의 중에는 일본의 호적법을 조선인에게도 적용해야 한다는, 즉 내지인과 외지인의 호적구분을 없애고 하나로 해야 한다는 주장도 제기되었다. 하지만, 최종적으로 일본 정부는 그 대신에 기존의 병역법을 「병역법중개정법률」[37]로 부분

35) 朝鮮軍事普及協会 編纂, 『朝鮮徵兵準備読本』, p.41.

36) 朝鮮軍事普及協会 編纂, 『朝鮮徵兵準備読本』, p.41.

개정해서, 내지호적법의 적용을 받는 자로 한정되어 있던 것을 "또는 조선민사령 중 호적에 관한 규정"이라는 문언을 추가해 이것의 적용을 받는 자까지로 확대했다. 이것은 내지호적의 피등록자에 더해서 조선호적의 피등록자까지 징병의 대상으로 늘인 것이다.[38)]

가령 이 징병제 실시에 맞춰 조선인에 대한 처우개선정책의 일환으로 1944년 12월에 극히 한정된 범위 내에서 재일조선인의 일부에게 내지호적으로의 이적(移籍)을 허가하는 각의 결정이 내려졌다 하더라도,[39)] 결국 일본 정부에게 있어 일본인과 조선인은 위계구도에 정위(定位)되어 있어야 하기에 그 구별은 무슨 일이 있어도 소실되어서는 안 되는 정책상의 기준이었던 것이다.

4. 패전 후의 국적법 적용과 재일디아스포라의 탄생

제국 – 식민지 시기 일본 정부가 마지막까지 견지한 '국민' 경계의 구분은 일본의 패전 후, 재일조선인을 '외국인'으로 배제해가는 근거로 작용한다. 일본 정부는 1945년 12월의 중의원의원 선거법 개정 때에 「부칙」으로서 "호적법의 적용을 받지 않는 자의 선거권 및 피선거권은 당분간 이것을 정지한다"[40)]고 규정했다. 이 규정에 의해 1925년 보통선

37) 「兵役法中改正法律」은 일본국 법률 제4호로서 1943년 3월 1일 공포, 같은 해 8월 1일부터 시행되었다.

38) 坂元真一, 「敗戦前日本国における朝鮮戸籍研究」, pp.271~272 참조.

39) 1944년 12월 22일의 각의 결정 「조선 및 대만 동포에 대한 처우개선에 관한 건」(内閣官房, 『内閣制度九十年資料集』, 1976, pp.1004~1005 ; 小熊英二, 「『日本人』という牢獄—大日本帝国における朝鮮人の戸籍と国籍」, p.84 참조.) 이 결정은 다음 해 일본의 패전으로 결국 시행되지 못했다.

거법이 실시된 이래 참정권을 갖고 있던 재일조선인은 내지호적법과는 다른 외지적의 적용을 받고 있었기 때문에 선거권, 피선거권이 정지된다.

당시 내무대신이었던 호리기리 젠지로(堀切善次郎)는 "포츠담 선언의 수락에 의해 조선인, 대만인은 원칙으로서 일본의 국적을 상실하게 되기 때문에, 선거에 참여하는 것은 적당치 않다. 단, 강화조약의 체결까지는 여전히 일본의 국적을 보유하고 있기 때문에 바로 그것을 금지하는 것이 아니라 당분간 이것을 정지하는 취급으로 했다"[41]고 설명하고 있는데, 이 "원칙으로서 일본의 국적을 상실"해도 "강화조약의 체결까지는 여전히 일본의 국적을 보유하고 있다"는 애매한 이중 기준은, 재일조선인은 외국인이니까 참정권을 정지시켜도 당연하다고 하면서 한편으로 1948년 당시의 문부성은 재일조선인도 일본의 학교에 취학할 '의무'가 있다고 해서 민족학교의 존재를 부인하는 방침을 통고했다. 재일조선인을 일본 국적 보유자로 간주하고 일본인과 동일한 취학의무를 부여한 것이다. 이에 학부형들이 격렬하게 반발했지만, 1948년 4월 한신(阪神)지역의 조선학교를 강제적으로 폐쇄하기 위해 연합군 점령 하에서 유일무이한 '비상사태선언'마저 내려졌다.

이 사실을, 그 전년도에 일본 정부가 「외국인등록령」(칙령 207)을 공포, 시행해서 "대만인 및 조선인은 이 칙령의 적용에 대해서는 당분간 이것을 외국인으로 간주한다"[42]고 규정하고, '외국인등록증명서'의 휴대와 제시를 의무화한 것과 비추어보면 더욱 일본 정부의 기준이란

40) 田中宏, 『在日外国人』, 岩波書店, 1995, p.63 인용.
41) 『議会制度七十年史資料編』, 大蔵省印刷局, 1960 ; 田中宏, 위의 책, pp.63~64 인용.
42) 田中宏, 위의 책, p.64 인용.

무엇이었는가 재고하게 된다. 그로부터 샌프란시스코 강화조약이 발표된 1952년 4월 28일 이후에 일본 정부는 자의적인 판단에 의해 재일조선인의 일본 국적을 완전히 박탈한다. 강화조약에는 국적이 바뀌는 것을 직접적으로 정한 규정이 없었음에도 일본 정부는 내지적과 외지적의 차이를 이용해 호적조항을 그대로 국적조항으로 삼은 것이다. 이것은 제2차 대전 후 영국이 구식민지 출신자에게 이중국적을 보장했던 것이나, 구서독이 국내에 거주하는 오스트리아인에게 국적 선택권을 인정한 것과는 명백히 다른 처리방식이었다.

이 같은 패전 후 = 해방기의 상황 속에서 재일조선인은 조국으로 귀환할 것인지, 일본에 남아 생활을 영위할 것인지 선택의 기로에 서게 된다. 1945년 8월 15일의 일본 패전 당시 얼마만큼의 재일조선인이 있었는지에 대해서는 자료에 따라 수치에 차이를 보이지만 200만 명을 전후해서 크게 벗어나지는 않는다.[43] 해방을 맞이한 재일조선인들은 본국으로 귀국하기를 원했고, 실제로 1946년 3월 시점에는 64만 명으로 감소했다. 하지만 이후 한반도의 정세가 불안정해진 데다 본국으로 가져갈 수 있는 재산과 수화물에 대한 제한 때문에 귀국을 포기하고 일본에 정주하는 사람들도 늘어났다. 이들 해방 민족으로서 재일조선인은 '소속할 권리'를 자유롭게 행사할 수 있어야 마땅했음에도 동아시아 전역을 끌어넣는 냉전구조 속에서 그 권리는 좌절된다. 조국의 분단과 군정, 제주4.3사건과 한국전쟁의 발발 등 한반도에서 연이어 일어난 불안정하고 복잡한 정국은 재일조선인으로 하여금 '귀환'이라는 선택지를 좁혀갔다.[44] 해방 후, 스스로의 '본래적인 것'을 재건하려고 했

43) 이 글이 참조한 자료에서는 210만 명으로 추계하고 있다. 朴在一, 『在日朝鮮人に関する綜合調査研究』, 新紀元社出版部, 1957, p.32.

던 한민족의 '단일 아이덴티티'는 일본에 대항적이면서도, 냉전이 격화됨에 따라 분단되어 갔다. 해방에서 신탁통치를 거쳐 1948년에 한반도 전역을 스스로 자신들의 영토라고 선언하는 두 개의 국가가 출현했다. 양자는 제각각 유일한 정통성을 주장하면서, 서로 상대를 괴뢰정권이라 간주했다. 패전/해방 당시 미·소 양국의 한반도 분할점령 군사분계선이었던 38도선은 원래 일본의 관동군과 조선군을 양국이 분담해서 접수하기 위해 관할을 나눈 분계선에 불과했으나, 이후 동아시아 전역을 끌어넣는 냉전구조 속에서 고착화되면서 한국전쟁은 발발했다. 일본의 36년간에 걸친 식민지 지배는 패전/해방이라는 결절점을 사이에 두고 한반도에 분단과 전쟁을 가져온 빌미를 제공한 셈이다.

한편 해방 후 재일조선인 사회는 한반도의 정치정세에 민감하게 반응했고, 그 영향을 강하게 받았다. 1945년 10월 15일에 결성된 「재일본조선인연맹」(조련)은 당초 해방된 재일조선인의 권익을 보호하는 일종의 사회복지단체로 출발했지만, 조련 내부의 주도권 다툼을 거쳐 공산화되어 갔다. 더욱이 조련 내에 보안대 또는 자치대라 칭하는 「민주청년동맹」(민청)을 결성해서 조직의 행동 및 공격력을 강화했는데, 그 폭력행위가 사회적 문제가 되었다. 조련은 일본 국내 치안유지 및 점령정책상, 연합국군총사령부(GHQ)로부터 폭력주의단체로 지적받아, 1949년 9월 「단체등규정령」에 의해 해산을 명령받게 된다. 조련이 사상적으로도 정치적으로도 공산화되고, 조직 내외의 숙청, 추방이 진행되는 가운데, 민족주의계열의 사람들은 그에 강하게 반발했다. 그래서 그 반대세력이 분열해 자유민주주의를 주창하는 청년층이 중심이 되어

44) 해방 후 일단 한반도로 귀환한 사람들 중에는 제주4.3사건이나 한국전쟁의 참화를 피해 다시 일본으로 재입국/역밀항하는 경우도 있었다.

1945년 11월 16일, 새로이 「재일조선건국촉진청년동맹」(건청)을 결성했다. 또한 무정부주의 운동가로 유명했던 박열이 아키타(秋田)형무소에서 석방된 후, 1946년 2월 10일, 박열을 중심으로 모여들어 결성된 것이 「신조선건설동맹」이고, 1946년 10월 3일 「재일조선거류민단」(민단)으로 개칭한다. 건청은 민단의 산하 단체로 들어가게 된다.[45] 민단이 자치단체로서 세력을 넓혀가는 것은 이미 전국조직을 완성한 「조련」에게 있어서 이데올로기상의 적대성뿐만 아니라 조련 세력의 침식을 의미하는 것으로 받아들여져서, 힘을 다해 이를 방해하고 분쇄하고자 실력행사에 나서게 되었다. 이렇게 해서 이 두 단체는 유혈참사를 불러온 「시오가마(塩釜)사건」(1949년 7월), 「시모노세키(下関)사건」(1949년 8월) 등 여러 충돌사건을 일으켰고, 그 대립 항쟁도 한국전쟁 시기에 정점에 달했다.

이 같은 혼돈의 시기와 정국 속에서 여러 가지 사정으로 일본에 잔류하게 된 재일조선인은 언젠가 돌아갈 조국에 충성을 맹세하는 형태로 민족운동을 전개했다. 따라서 자연스럽게 조국의 분단 상황은 재일조선인 사회에도 비화해서 초기의 좌익과 우익의 대립은 여러 유혈사건을 일으킬 정도로 과격한 형태를 띠게 된 것이다. 다만 이 지점에서 이 글이 주목하고자 하는 사실은, 해방 후 조국으로 귀환하지 않고 '在日'을 선택한 조선인 중에는 오랜 시간을 거쳐 불완전하나마 일본에서 생활의 기반을 마련한 사람들도 다수 있었고, 특히 자녀인 2세와 가족들을 생각하면 언어적으로도 생활환경면에서도 우선은 일본에 그대로 남아 지내는 것이 현실적으로 더 낫다는 전략적 혹은 유보적 판단

45) 李瑜煥, 『日本の中の三十八度線―民団·朝総連の歴史と現実―』, 洋々社, 1980, pp.1~36 참조.

을 내렸던 것으로 보인다. 즉, 생활의 기반도 없고 불안정한 정국이 계속되는 한반도에 무리하게 귀환하기보다는 일본에 남아 사태의 추이를 살피면서 훗날을 도모하고자 한 사람들도 다수 있었다는 것이다. 그리고 이 같은 선택에는 해방 후 '기민'정책이라고 밖에 말할 수 없는 이승만 정부의 재일조선인에 대한 일관된 무관심도 영향을 끼쳤다고 볼 수 있다. 이렇게 해서 재일조선인 중에는 일본 사회에 남아 생활하면서 언젠가 도래할 귀국을 전제로 조선어와 민족문화를 교육하는 민족학교를 설립하는 사람들도 있었고, 한편으론 일시적인 체재가 아니라 점차 일본에서의 정주를 지향하는 사람들도 늘게 된다. 이후 주지하듯이 1955년 5월 「재일본조선인총연합회」(총련)가 발족하고, 1959년부터는 '귀국운동'=북송사업이 시작되었고, 1965년에는 한일협정이 조인되는 등 재일조선인의 활동과 처우는 여러 가지 형태로 분기(分岐)해 간다. 그 과정에서 일본이라는 국가적 틀 속에 존재하는 '소수민족'으로서 '在日하는' 상태는 조국에서 이산한 자신의 정체성을 확립하고 생존권을 확보하기 위한 존재론적 영위였다. 역사적으로 재일디아스포라의 탄생인 것이다.

이 글은 한국일본학회의 『일본학보』 제115집에 수록된 논문
「재일디아스포라의 탄생 - 국적을 둘러싼 법적 해석과
제도의 적용 과정을 중심으로 -」를 수정·보완한 것임.

참고문헌

김광열, 『한인의 일본이주사 연구 1910~1940년대』, 논형, 2010.
도노무라 마사루 지음, 신유원·김인덕 옮김, 『재일조선인 사회의 역사학적 연구』, 논

형, 2010.
서경식 지음, 김혜신 옮김, 『디아스포라 기행 추방당한 자의 시선』, 돌베개, 2006.
윤인진, 「코리안 디아스포라 재외한인의 이주, 적응, 정체성」, 『한국사회학』 37(4), 한국사회학회, 2003.
윤인진, 『코리안 디아스포라 재외한인의 이주, 적응, 정체성』, 고려대학교출판부, 2004.
정진성, 「'재일동포' 호칭의 역사성과 현재성」, 『일본비평』, 서울대학교 일본연구소, 2012.
조관자, 「'민족주체'를 호출하는 '재일조선인'」, 『日本學』 32, 동국대학교 일본학연구소, 2011.
エドワード·W·サイード, 『オリエンタリズム』 上, 平凡社, 1993.
姜尚中, 『オリエンタリズムの彼方へ』, 岩波書店, 1996.
金英達 편·해설, 『十五年戦争重要文献シリーズ11』, 不二出版, 1993.
内海愛子, 「アジアの日本観·日本のアジア観」, 『岩波講座 日本通史』, 第19巻近代4, 岩波書店, 1995.
李瑜煥, 『日本の中の三十八度線－民団·朝総連の歴史と現実－』, 洋々社, 1980.
朴慶植 編, 『在日朝鮮人関係資料集成』 1, 三一書房, 1975.
朴在一, 『在日朝鮮人に関する綜合調査研究』, 新紀元社出版部, 1957.
小熊英二, 「『日本人』という牢獄－大日本帝国における朝鮮人の戸籍と国籍」, 『情況』 1997年4月号, 1997.
市川正明 編, 『日韓外交史科』 8, 原書房, 1980.
外村大, 『在日朝鮮人社会の歴史学的研究－形成·構造·変容』, 緑蔭書房, 2004.
遠藤正敬, 「植民地支配のなかの国籍と戸籍」, 『早稲田政治公法研究』 68, 早稲田大学大学院政治学研究科, 2001.
田中宏, 「日本の植民地支配下における国籍関係の経緯－台湾·朝鮮に関する参政権と兵役義務をめぐって－」, 『紀要』 9, 愛知県立大学外国語学部, 1974.
______, 『在日外国人』, 岩波書店, 1995.
朝鮮軍事普及協会 編纂, 『朝鮮徴兵準備読本』, 朝鮮図書出版株式会社, 1942.
樋口雄一, 『皇軍兵士にされた朝鮮人』, 社会評論社, 1991.
坂元真一, 「敗戦前日本国における朝鮮戸籍研究」, 『青丘学術論集』 10, 1997.

냉전의 역학 속 '해방민족'

점령기 일본의 재일조선인에 대한 치안정책

이승희

1. 들어가며: 찾아오지 않은 '해방'

이 글에서는 해방직후 재일조선인에 대한 GHQ/SCAP(General Headquarters/Supreme Commander of the Allied Powers: 연합군최고사령부)와 일본 정부의 치안정책에 나타난 흐름을 정리함으로써 양자의 치안정책이 갖는 관계성과 특징을 재확인하고자 한다.

전시기 약 200만 명에 달한 재일조선인에 대해 일본 정부는 특별고등경찰(특고)을 앞세워 일거수일투족을 철저히 감시하고 단속하였다. 일본의 패전으로 '해방민족(liberated peoples)'이 된 재일조선인은 미국과 일본이 추진하는 귀환정책에 따라 약 140만 명이 조국으로 돌아갈 수 있었다. 하지만 일본에 남은 사람도 약 50~60만 명이나 되었고, 이들은 GHQ/SCAP에게 점령통치의 부담이 되는 존재로 인식되어 점차 치안단속의 대상이 되었다.

주지하는 바와 같이 일본 정부는 전시기부터 일관되게 재일조선인을 일본에서 배제해야 할 외국인이자 동화시켜 일본인으로 만들어야 할 이중적인 대상으로 인식하고 있었다. 또한 재일조선인의 문제를 항상 '치안문제'로 인식하여 조선인 및 그 단체를 치안단속의 대상으로 삼아 왔다.[1] GHQ/SCAP의 전후개혁에 의해 경찰의 민주화가 추진되었지만, 과거의 특고는 공안경찰로 이름을 바꾸고 여전히 재일조선인을 감시하고 단속하였다. 샌프란시스코에서 대일강화조약이 체결되어 일본은 '독립'했지만, 재일조선인에게 진정한 '해방'과 '독립'은 찾아오지 않았다. 이러한 상황은 일본의 패전으로부터 70년 이상 경과한 현재에도 크게 달라지지 않았다. 이 글의 문제의식은 여기서부터 출발한다.

해방 직후 이른바 점령기 일본의 재일조선인 정책에 관한 기존의 연구는 주로 미국 정부와 GHQ/SCAP의 재일조선인 정책 입안과정을 포함한 전체상을 분석하고,[2] 한편으로 GHQ/SCAP의 재일조선인 귀환 정책의 실체를 밝히는 데 중점을 두어왔다.[3] 이 글의 내용과 직접적인 관련이 있는 전자에 관해서는 김태기의 연구가 대표적으로, 미 국무성 및 GHQ/SCAP 관련 자료를 활용해 미국 정부와 GHQ/SCAP의 재일조선인 정책을 전후 일본정치의 틀 안에서 체계적으로 분석하였다.[4] 최

1) 古波倉正偉, 「在日外国人に対する迫害と弾圧」, 『労動経済旬報』 22(716)(5月上旬号), 1968, p.41. 경찰의 치안자료에서도 "종전 이래 재일조선인은 우리나라의 치안대책상 매우 중요한 존재가 되어있다는 사실은 실로 유감"이라고 기술하였다(国警本部 警備部 豊田邦彦, 「在日朝鮮人と治安問題について」, 『警察時報』 8(6), 1953, p.32).

2) 宮崎章, 「占領初期における米国の在日朝鮮人政策 -日本政府の対応とともに」, 『思想』 734, 1985; 小林和子, 「GHQの在日朝鮮人認識に関する一考察 -G2民間諜報局定期報告書を中心に」, 『朝鮮史研究会論文集』 32, 1994; 洪仁淑, 「第2次 世界大戰 直後, GHQ의 在日朝鮮人政策」, 『韓日民族問題研究』 1, 2001 등.

3) Edward. W. Wagner, *The Korean Minority in Japan*, 1951(エドワード・W・ワグナー, 『日本における朝鮮少数民族: 1904年~1950年』, 龍溪書舍, 1989, 復刻板); 황선익, 「연합군총사령부(GHQ/SCAP)의 재일한인 귀환 정책」, 『한국근현대사연구』 64, 한국근현대사학회, 2013.

4) 金太基, 『戦後日本政治と在日朝鮮人問題 -SCAPの対在日朝鮮人政策』, 勁草書房, 1997; 「GHQ/SCAP의 對 재일한국인정책」, 『國際政治論叢』 38(3), 한국국제정치학회, 1998; 「미국무성의 대일점령정책안과 재일조선인 정책: 일본통의 재일조선인에 대한 인식과

근에는 점령기 일본이 수립한 재일조선인 정책의 현재적 의미를 '재일성(在日性)'에 착안해 고찰한 박창건의 연구도 나와 주목할 만하다.[5] 하지만 이들 연구는 대부분 초점이 GHQ/SCAP에 맞춰져 있고 일본 정부의 재일조선인 정책, 특히 치안과 관련된 정책에 대해서는 부수적으로 검토하는데 그쳤다는 아쉬움이 남는다.[6]

따라서 이 글에서는 기존 선행연구의 성과를 토대로 1945년 8월 일본의 패전부터 1952년 8월 대일강화조약 체결까지의 시기를 대상으로 GHQ/SCAP과 일본 정부의 재일조선인 정책을 치안과 관련된 것을 중심으로 재검토함으로써 그 특징 및 차이점을 도출해내고자 한다. 특히 당시 일본 경찰의 치안 담당자들이 남긴 자료에 대한 분석을 통해 재일조선인에 대한 치안정책의 실상을 밝힐 것이다.

2. GHQ/SCAP의 재일조선인 정책 변화

1944년 6월 유럽에서는 연합군의 노르망디 상륙작전이 성공하여 제2전선이 형성되고, 태평양에서는 일본이 절대국방권으로 설정한 사이판에 미군이 상륙하여 제2차 세계대전에서의 연합군 측 우세가 결정적이 되었다. 이 시기 전후를 내다보고 일본 점령정책을 구상하고 있던 미국 국무부 내에서는 이미 "재일조선인은 일본 재정과 경제에 부담이 되는 동시에 사회 혼란의 불씨가 되므로 가능한 빨리 본국으로

정책결정 과정을 중심으로」, 『한국동북아논총』 33, 한국동북아학회, 2004.

5) 박창건, 「GHQ 점령기 일본의 재일조선인 정책」, 『韓國政治外交史論叢』 39(2), 한국정치외교사학회, 2018.

6) GHQ/SCAP의 일반적인 치안정책을 다룬 연구로는 김창윤, 「일본의 연합군총사령부 점령기 치안정책 연구」, 『한국경찰학회보』 11(3), 한국경찰학보, 2009를 들 수 있다.

귀환시켜야 한다"는 의견이 나왔다.[7] 미군이 오키나와(沖縄)에 상륙한 1945년 4월에 나온 미 국무부 산하 극동지역분과조정위원회의 보고서에서도 종전 후 재일조선인들은 경제적, 정치적 압력으로 일본인에게 위협을 받을 수 있으며, 한편으로 전후 일본의 식량부족과 실업위기로 인해 재일조선인의 노동력은 불필요하게 되고 경제문제를 악화시킬 존재가 될 것이라고 경고하였다.[8] 즉 GHQ/SCAP가 설치되어 미군에 의한 일본 점령이 시작되기 이전 단계부터 재일조선인에 대한 미국 정부의 인식은 우호적인 것이 아니었다고 할 수 있다. 이러한 인식하에 12월 8일 미국 정부는 재일조선인을 대만계 중국인과 함께 '해방민족'으로 취급해야 하며, 이들이 본국으로 귀환할 때까지 적의를 가지고 있는 일본인으로부터 보호해야 한다고 GHQ/SCAP에게 지시하였다.[9] 미국 정부와 GHQ/SCAP은 대일 점령 통치에 장애가 될 가능성이 있다고 생각하고 있는 재일조선인을 일단 신속히 본국으로 귀환시킴으로써 앞으로 다가올 문제를 해결하고자 했던 것이다.

하지만 미국 정부와 GHQ/SCAP의 의도와는 달리 귀환하는 재일조선인의 수는 1946년부터 급격히 줄기 시작했다. 그 이유로는 먼저 GHQ/ SCAP의 경제과학국(ESS)이 일본 경제 상황을 우선하여 귀환자의 지참금과 지참물에 엄격한 제한을 두었다는 점을 들 수 있다.[10] 이

7) 박창건, 「GHQ 점령기 일본의 재일조선인 정책」, p.146.

8) K-7 Preliminary, "Korea: Repatriation of Koreans in Japan", 25 Apr 1945, RG 59, Records Relating to Miscellaneous Policy Committees, 1940-45, Box. No.108.

9) Incoming Message from Washington(from the Joint Chiefs of Staff) to MacArthur, dated 8 Dec. 1945, KK/ESS-00643.

10) 『終戰連絡各省委員會會議錄』 1945年10月10日 · 1945年10月23日(荒敬 編·解題, 『日本占領·外交關係資料集: 終戰連絡中央事務局·連絡調整中央事務局資料 第1卷』, 柏書房, 1991).

조치로 인해 재일조선인들이 조국으로 귀환하기 위해서는 일본에서 어렵게 마련한 재산의 상당 부분을 포기해야 했고, 이를 감내하고 귀환하더라도 허용된 지참금으로는 조국에서 생활이 어려운 실정이었다. 결국 귀환 자체를 포기하는 경우가 필연적으로 늘어나게 되었다.[11] 또 하나의 이유로는 당시 한반도의 불안정한 정세를 들 수 있다. 이로 인해 귀환을 미루거나 포기하고 일본에 잔류한 재일조선인 약 50~60만 명의 생활은 점점 악화되어 갔지만, GHQ/SCAP은 이에 대해서는 무관심했다. 귀환을 촉진시키기 위해서는 지참금 제한을 완화시켜야 한다는 의견이 GHQ/SCAP 내부에서도 제기되었지만, 관련 부서의 무관심 속에 실현되지 못하고 지참금 제한은 1949년 가을까지 유지되었다.[12] 재일조선인은 '해방민족'으로서 생계와 처우를 보호받지도 못했고, 이들에게도 연합국민과 같은 특별배급을 지급하는 등의 대책이 필요하다고 주장하는 GHQ/SCAP의 부서도 없었다.[13]

결국 재일조선인은 생계를 유지하기 위해 암시장에서 장사를 하는 한편 1945년 10월 재일본조선인연맹(조련)을 결성하여 조직적으로 일본 정부에 처우개선을 요구하는 행동에 나섰고, 그 과정에서 일본 경찰과 빈번히 충돌하였다. 또한 재일조선인 민족단체는 이념에 따라 좌우로 분열하여 서로 간에 폭력을 행사하며 치열하게 대립하였다.

11) 최영호, 『재일한국인과 조국광복 – 해방직후의 본국귀환과 민족단체활동』, 글모인, 1995, p.134.

12) 김태기, 「GHQ/SCAP의 對 재일한국인정책」, p.251.

13) 終戰管理局, 「執務報告 第1号 1946年 5月」, 荒敬 編·解題, 『日本占領·外交關係資: 終戰連絡中央事務局·連絡調整中央事務局資料 第4卷』, 柏書房, 1991, p.299, SCAPIN 1094(21 July 1946)PH, Subj.: Ration for United Nations's Nationals, Neutral Nations and Stateless Persons(김태기, 「GHQ/SCAP의 對 재일한국인정책」, p.252에서 재인용).

이러한 상황을 목격한 GHQ/SCAP은 '통치자'의 입장에서 재일조선인을 무질서한 존재, 점령정책의 방해자로 인식하고, 이에 입각하여 재일조선인 문제를 처리하기 시작했다.[14] GHQ/SCAP은 1945년 12월부터 재일조선인에 대한 일본 정부의 규제권을 인정하여, 먼저 귀환사무소가 있는 지방당국자에게 귀환자 단속에 대한 모든 법적 수단을 쓸 수 있도록 권한을 위임하였다.[15] 그리고 치안유지를 위해 일본 정부에게 상당한 재량권을 인정하기 시작하여 1946년 2월 19일에는 재일조선인을 비롯해 당시 일본의 지배 아래 있는 다른 나라 국민에 대한 일본 정부의 수사권 및 형사재판권을 용인하였다.[16]

1946년 5월 GHQ/SCAP은 본국으로 귀환하지 않는 재일조선인은 한국에 정부가 수립될 때까지 일본국민으로 취급한다는 공식입장을 내놓았다.[17] 만약 재일조선인을 연합국민과 동등하게 취급하면 재일조선인에 대한 일본 정부의 사법경찰권과 형사재판권이 제한을 받아 결국 일본 정부는 재일조선인의 '무질서'를 관리할 수 없을 것으로 판단한 것이다. GHQ/SCAP은 한국에 대한 정치적 배려로써 재일조선인을 연합국민과 같이 취급하기보다 이들을 일본국민으로 취급하여 일본 정부의 관리하에 둠으로써 일본 사회의 질서유지를 꾀하는 정책으로 입장이 선회하게 되었음을 의미한다.[18]

14) 김태기, 「GHQ/SCAP의 對 재일한국인정책」, p.253.
15) SCAPIN 383(1945.12.3, GC), "Control of Non-Japanese Being Repatriated from Japan".
16) SCAPIN 757(1946.2.19, LS), "Review of Sentence Imposed upon Koreans and Certain Other Nationals".
17) Check Sheet from DS to G-4(through G-1, G-2, G-3), 1 May 1946, Subj.: Treatment of Koreans and Formosans, KK/G3-00044.
18) 김태기, 「GHQ/SCAP의 對 재일한국인정책」, p.253.

GHQ/SCAP은 1946년 11월 "순번이 왔을 때 귀환을 거부하는 조선인은 정식으로 설립된 한국 정부가 자국민으로 승인할 때까지의 기간 동안 일본 국적을 보유한다"는 성명을 발표하였다.[19] 이어 12월 20일에는 "귀환을 거절하고 이 나라[일본]에 머무를 것을 선택한 조선인은 일본에 계속 거주할 경우 모든 국내법 및 규칙을 준수해야 한다"고 발표하였다.[20] 이들 성명은 재일조선인의 민족적 정체성을 부정하고 일본법에 대한 전면적 복종을 정당화시키기 위한 근거가 되는 것이었다.

1947년 2월에는 귀환자의 지참금에 대한 엄격한 제한을 고집하며 재일조선인의 귀환에 지장을 초래했던 GHQ/SCAP의 경제과학국(ESS)에서 일본의 경제안정과 부흥을 위해 재일조선인에게도 재산세를 부과해야 한다는 의견도 나왔다. 여기서는 60만의 조선인이 일본 재류를 선택한 것은 일본과 재일조선인의 '경제적 동화(同化)'가 심화되었기 때문으로, 전쟁 중에는 많은 재일조선인들이 일본이름을 사용하며 군벌과 재벌의 침략전쟁에 협력했었다고 지적하였다. 또한 전후에는 '해방민족'임을 내세우며 대규모로 불법적인 암시장을 운영하는 한편 많은 운동단체를 조직하여 일본 정부와 경찰당국을 공격했다고도 지적하였다.[21] 이는 당시 GHQ/SCAP의 부정적인 재일조선인 인식을 극명

19) 岡崎勝彦, 「補償人権法(案)の意義と課題」, 『青鶴(一般社団法人在日コリアン·マイノリティー人権研究センター紀要)』 2, 1989, p.15.

20) Press Release, 20 Nov. 1946, Title: SCAP Spokesman Clarifies and Treatment od Koreans in Japan, KK/CIE-04145.

21) Henry Shavell, Memorandum for file, Subj.: Taxation of Koreans, Formosans and Chinese in Japan, 20 Feb. 1947, [701.9 Koreans], *(Tokyo)Office of the United States Political Advisor for Japan 1945-1952*, Classified General Records 1947, RG 84, Box 19, WNRC(Washington National Records Center), Suitland(김태기, 「GHQ/SCAP의 對 재일한국인정책」, p.256에서 재인용).

하게 드러내주는 자료라고 할 수 있으며, 전전과 전후를 통틀어 사실상 재일조선인을 '적'으로 간주하고 있는 내용이었다. 이러한 재일조선인에게도 일본인과 마찬가지로 재산세를 부담시켜 재정에 도움이 되도록 할 필요가 있다는 논리였다.

GHQ/SCAP의 재일조선인에 대한 경계심은 나날이 고조되어 1947년 5월 2일에는 GHQ/SCAP의 지시로 일본 정부에 의해 외국인 등록과 출입국 관리의 두 측면을 갖는 '외국인등록령'이 공포되었다. 그 내용은 등록증명서의 상시휴대를 의무화하고, 위반자에 대해서는 6개월 이하의 징역 또는 금고, 1,000엔 이하의 벌금이라는 형사죄로 처벌하며, 내무대신 및 지방장관에 의한 강제퇴거를 인정하는 등 치안적 기능으로서의 측면이 강하였다.[22] 사실상 재일조선인의 단속을 강화하기 위해 출입국 관리라는 이름을 빌린 전후 초기의 유일한 치안입법이라고 할 수 있는 것이었다.[23]

1948년 4월에는 재일조선인에 대한 GHQ/SCAP의 인식을 결정적으로 악화시키는 사건이 발생하였다. 재일조선인도 일본의 의무교육을 받아야 한다는 방침을 세운 GHQ/SCAP의 지령에 따라 내려진 일본 문부성의 지시 '조선인설립학교의 취급에 대하여'[24]에 항거하여 오사카(大阪), 고베(神戸) 지역에서 대규모 반대운동이 맹렬하게 전개되었던 것이다. 이른바 '한신(阪神) 교육사건'으로 일본의 경찰은 이에 적절히 대응하지 못하고 결국 미 점령군이 동원되어 진압이 이루어졌다.[25] 이 사건으로 쌍방에 다수의 사상자가 나왔고 많은 재일조선인이 체포되었

22) 梁永厚, 『戦後·大阪の朝鮮人運動』, 未來社, 1994, p.71.
23) 岡崎勝彦, 「補償人権法(案)の意義と課題」, p.16.
24) 外務省政務局特別資料課, 『在日朝鮮人管理重要文書集』, 湖北社, 1978, 復刻板, pp.123~124.
25) 朴慶植, 『解放後 在日朝鮮人運動史』, 三一書房, 1989, pp.186~200.

다. GHQ/SCAP에게 있어 '한신 교육사건'을 포함해 1948년의 봄까지 재일조선인 문제는 전전의 일본 정부가 그랬던 것과 마찬가지로 '치안 문제'가 되어 있었다.[26)]

이와 같이 일본 사회의 질서유지를 재일조선인 정책의 중심으로 삼고 있던 GHQ/SCAP의 방침은 1948년 8월을 기점으로 반공정책 중심으로 변화해나간다. 8월과 9월에 각각 남한과 북한이라고 하는 두 개의 분단국가가 한반도에 성립하자 재일조선인 좌파세력인 조련에 대한 GHQ/SCAP의 경계심이 더욱 강해졌던 것이다. 실제로 조련은 북한을 지지하는 활동을 전개하고 있었고, 이를 반공정책을 주도하고 있던 GHQ/SCAP의 참모제2부(G-2)는 예의주시하고 있었다. 북한 정부 수립을 축하하는 조련 측의 모든 행사에서 북한의 국기를 게양하는 것을 금지시킬 정도였다.[27)]

1948년 8월 GHQ/SCAP 외교국(DS)이 작성한 「재일조선인에 대한 국원(局員) 연구」에서도 재일조선인을 기존의 치안문제와 함께 반공문제의 대상으로 바라보고 있음을 알 수 있다. 여기서는 점령당국이 재일조선인의 귀환을 억제하여 일본에 잔류시켰던 것의 문제점을 지적하면서, 재일조선인들을 점령당국과 일본 정부 사이에서 많은 문제를 야기한 갈등적 존재로 지목하였다. 그 이유로는 재일조선인들이 정치적으로 자치권 확립을 위해 활동하였고, 공산당 활동에 참여하면서 아시아 대륙과 일본의 공산주의 연대 강화를 조장했으며, 경제적으로는 '일본 정부의 권한과 징세가 미치지 않는' 암시장에서 위법거래를 했다는 것이다. 그리고 재일조선인들은 사회적으로 일본에 쉽게 동화하지 않는

26) リチャード･H･ミッチェル 著, 金容權 訳,『在日朝鮮人の歴史』, 彩流社, 1981, p.137.
27) 金太基,『戦後日本政治と在日朝鮮人問題 SCAPの対在日朝鮮人政策』, pp.483~486.

집단의 원형이라는 결론을 내렸다.[28)]

재일조선인의 조련을 중심으로 한 공산주의 운동에 대한 우려는 1949년 3월 GHQ/SCAP 참모제2부(G-2)에 의한 「민간첩보국(CIS) 정기요약」에도 잘 나타나 있다. 여기서는 "혼란과 무질서"가 "재일조선인의 변함없는 생활 패턴"이라고 단정하고, 일본공산당과 북한, 중국, 소련 등 공산주의자가 이러한 패턴을 그들의 정치적 목적을 달성하기 위해서 교묘하게 이용하고 있다고 분석하였다. 재일조선인이 "전후 일본의 법과 질서를 어지럽힌 많은 행위"도 "공산주의자가 고의로 선동"한 것이며, "어떠한 성격의 재일조선인 문제도 극동의 공산주의자와 별개로 생각할 수 없다"는 결론을 내렸다.[29)] 즉 이제 GHQ/SCAP은 재일조선인 문제를 경제나 치안 등 일본 사회의 문제라기보다 대 공산주의 정책의 일환으로 인식하게 되었던 것이다.[30)] 결국 1949년 8월 22일 GHQ/SCAP 민정국(GS)은 일본 법무부에 조련 해산을 지시하였다.[31)] 이에 따라 일본 법무부는 9월 8일 조련의 모든 조직을 해산시킨다고 발표하고 강제집행하였으며, GHQ/SCAP에 의한 탄압 강화를 우려한 일본공산당의 지시로 조련 측은 무력대항을 자제하였다.[32)]

28) マーク·カプリオ, 「旧植民地出身者の処遇」, マーク·カプリオ/杉田米行 編著, 『アメリカの対日占領政策とその影響』, 明石書店, 2004, p.247; DS, "Staff Study Concerning Koreans in Japan", August 16, 1948, Enclosure No.1 to Despatch No. 580, Tokyo, Sept. 3, 1948 from POLAD for Japan, State Department Decimal File 894.4016/9-348, NA, Washington D.C.

29) Civil Intelligence Section Periodical Report No. 38, 15 March 1949, p.SPA-13, KK/G2-03046.

30) 김태기, 「GHQ/SCAP의 對 재일한국인정책」, p.263.

31) GS, Report of Conference, 22 August, 1949, Subj.; The Proposal of Dissolution, KK/GS-04270.

32) 김태기, 「GHQ/SCAP의 對 재일한국인정책」, p.264.

1949년 10월 중국에서 중화인민공화국이 수립되어 공산화하는 등 냉전이 심화되어 가는 양상을 보이자 GHQ/SCAP의 반공정책은 조련 해산 이후에도 계속 강화되었다. 공산주의자의 스파이와 파괴활동가가 일본으로 밀입국하는 것을 우려한 GHQ/SCAP의 지시에 따라 1949년 12월 3일 일본 정부는 개정된 '외국인등록령'을 공포하고 1950년 1월부터 시행하게 되었다. 1947년 5월에 시행된 '외국인등록령'과 다른 점은 첫째, 불법입국 및 등록위반에 대한 처벌이 대폭 강화되었고, 둘째, 외국인등록증의 유효기간을 3년으로 하고, 등록증의 번호가 종래의 지역 일련번호에서 전국 일련번호의 형태로 바뀌었다.[33] 1950년 6월 25일 한국전쟁 발발 이후 격화되고 있던 재일조선인 운동이 공산주의자에 의해 주도되고 있다고 판단한 GHQ/SCAP 내에서는 1951년 7월에 '바람직하지 않은' 외국인 즉, 주로 재일조선인 공산주의자를 일본으로부터 추방하는 강제조치마저 검토되었다.[34] 여기서 그치지 않고 GHQ/SCAP은 점령 종결 후를 내다보고 1951년 2월부터 민정국(GS)과 참모제1부(G-1)가 중심이 되어 외국인 공산주의자와 파괴활동가의 일본에서의 활동 저지와 추방을 효과적으로 수행하기 위한 '출입국관리령'과 '외국인등록령'의 정비를 일본 정부와의 협의 하에 진행시켰다. GHQ/SCAP은 1951년 10월 4일 공포된 '출입국관리령'을 재일조선인에게는 적용시키지 않았지만, 1952년 4월 28일 공포된 '외국인등록법'은 재일조선인을 주된 대상으로 삼았다. 기존의 '외국인등록령'에 지문날인규정이 새롭게 추가된 내용이었는데, 재일조선인의 밀입국, 부정배급, 탈세, 범죄 등을 방지하기 위한 수단으로 1949년부터

33) 김태기, 「GHQ/SCAP의 對 재일한국인정책」, pp.265~266.

34) ロバート·リケットと「裁判の会」, 「指紋捺印制度の背景」, 『思想の科学』 437, 1988, p.69.

GHQ/ SCAP 내에서 검토되어 왔던 것이었다.[35] 이와 같이 '재일조선인 대부분이 공산주의자'라는 인식을 공유하고 있던 GHQ/SCAP과 일본 정부는 재일조선인 문제를 반공치안 문제로 취급하며 '추방과 동화에 의한 관리체제'를 추진하는 입법정책을 채용해 나갔던 것이다.[36]

3. 특고(特高) 체제를 계승한 일본 정부의 재일조선인 치안정책

GHQ/SCAP 이상으로 일본 정부는 일본 치안유지에 가장 커다란 위협과 과제는 재일조선인 문제라고 일관되게 인식하고 있었다. 1945년 8월 15일 일본은 연합국과의 전쟁에서 패배했지만 이날을 경계로 재일조선인에 대한 경찰지배가 붕괴한 것은 아니었다. 패전을 전후하여 각지의 탄광에서는 미지불 임금의 지급이나 본국으로의 귀환을 요구하는 조선인 노동자의 쟁의가 빈발하지만, 경찰을 중심으로 하는 치안기구는 오히려 이에 대해 가능한 한 전시의 통제를 유지하려고 했다. 당시 일본 정부의 치안당국자나 정치가는 연합군에 의한 점령을 앞두고 재일조선인이 어디까지나 '대일본제국' 측에 속한다는 것을 거듭 주장하고 있었다.[37] 일본 정부는 초기 점령업무로 GHQ/SCAP이 혼란스러운 상태였던 9월 말부터 10월 초까지의 시기를 이용하여 특고와 치안유지법으로 대표되는 기존의 치안체제를 존속시키는데 역량을 집

35) 김태기, 「GHQ/SCAP의 對 재일한국인정책」, p.267.

36) 岡崎勝彦, 「補償人権法(案)の意義と課題」, p.18. 실제로 사소한 외국인등록법 위반을 구실로 취조 체포, 가택수사, 나아가 징역, 금고, 벌금형 등을 받은 재일조선인은 총계하면 1947년에 제정된 구외국인등록령 이래 1967년까지 20년간 약 30만 명에 이른다(藤島宇内, 「在日朝鮮人をめぐる軍国主義的治安政策」, 『法律時報』 42(8), 1970, p.92).

37) 鄭榮桓, 「日本敗戦後における「警察権独立」と在日朝鮮人団体」, 『歴史学研究』 860, 2009, pp.60~61.

중하였다. 하지만 곧 GHQ/SCAP은 전전의 일본을 '경찰국가'로 보고, 치안유지법 폐지와 특고 해체, 정치범 석방 등 일련의 전후개혁에 나서 '사상경찰 폐지' 정책 등과 '경찰민주화 치안정책'에 착수하였다.[38] 앞서 언급했듯이 재일조선인은 그 의미는 명확하지 않았지만 '해방민족'으로 취급하도록 규정되었다. 일본 정부로서는 재일조선인에 대한 이 '해방민족' 규정을 어떻게 무력화할지가 이후의 구체적인 과제가 되었다.[39]

1945년 10월에 결성된 조련의 운동에 대해 일본 정부는 재일조선인의 입장을 전혀 고려하지 않고, 식민지통치시대와 같이 일본경찰에 의한 강압적인 수단으로 해결하려고 하였다. 그러나 '해방민족'임을 내세우며 재일조선인은 '패전국' 일본경찰의 권한을 인정하지 않고 격렬하게 반항하였기에 양자 간에는 빈번히 분쟁이 발생하였다. 또한 당시 재일조선인 사회는 자신들의 권익을 옹호해야 할 민족단체가 이른바 좌(조련)와 우(조선건국청년동맹, 신조선건설동맹)로 분열하여 상대세력의 확장을 저지하기 위해 서로 대립하고 있었다. 이들 대립은 보통 흉기까지 사용하며 폭력적으로 과격하게 이루어지고 있었지만, '해방민족'끼리의 분쟁에 일본경찰은 관여할 수가 없었다.

재일조선인에 관한 경찰 측의 치안자료에 의하면 "이 기간(패전~1946년 2월 19일까지)은 패전으로 인해 국내민심이 불안정하고, 정치적, 경제적 불안으로 동요하고 있던 가장 혼란한 시기로, 재일조선인은 해방민족이라는 이름하에 제3국인이라는 특수한 지위를 이용하여 가장 심한 횡포를 부렸다"고 정리하고 있다. 구체적으로는 "암시장을 배

38) 김창윤, 「일본의 연합군총사령부 점령기 치안정책 연구」, pp.225~226.

39) 鄭榮桓, 「日本敗戦後における「警察権独立」と在日朝鮮人団体」, p.61.

경으로 한 주식(主食), 기타 경제적 범죄나, 구 군수공장 등으로부터 물자 절취, 혹은 일본인에 대한 각종의 범죄 등이 사상적 배경도 없이 각지에서 빈발하여 이에 대한 경찰의 단속도 합당하게 이루어지지 못하는, 지금에 와서 보면 완전히 무경찰 상태"였다고 분석하였다.[40]

재일조선인에 대한 GHQ/SCAP의 방침이 불명확하다고 인식한 일본 정부는 재일조선인을 통제할 목적으로 1946년 2월경부터 대일강화조약 발효시까지 재일조선인은 일본국민이라고 주장하기 시작하며, 재일조선인에 대한 사법경찰권과 형사재판권을 GHQ/SCAP 측에 적극적으로 요구하였다.[41] 당시 일본 내 노동운동과 대중운동의 고양을 배경으로 일본 정부는 일본경찰의 민주화보다 치안확보를 우선시하는 GHQ/SCAP 참모제2부(G-2)의 지지를 얻어 공안경찰의 정비와 기능 강화를 추진하고 있었다.[42] 그 과정에서 1946년 5월 20일 일본 내무성은 폭력적 행위를 통해 국가치안을 위협하는 요인들을 단속하겠다고 발표하고, 6월 13일에는 「사회질서 보호와 유지에 관한 정부의 천명」이 공포되었다. 각종 사회주의 운동이 공공의 안녕질서를 방해한다며 이를 저지해야 한다는 의지를 천명한 것으로, 이러한 일본 정부의 방침을 바탕으로 조련에 대한 일본 경찰의 견제가 강화되었다.[43]

또한 일본 내무성은 치안유지권을 확보하고자 자체적인 치안정보 수집활동의 승인을 계속해서 GHQ/SCAP에 요청하였고, 마침내 1946년 7월 11일에는 승인을 얻어낼 수 있었다. 이에 따라 내무성 경보국은

40) 増田正度(国警本部 警備課), 「国内治安維持に極めて重要な在日朝鮮人問題について」, 『警察時報』 7(4), 1952, p.35.
41) 김태기, 「GHQ/SCAP의 對 재일한국인정책」, p.252~253.
42) 萩野富士夫, 『特高警察』, 岩波書店, 2012, p.224.
43) 황선익, 「연합군총사령부(GHQ/SCAP)의 재일한인 귀환 정책」, p.179.

민심의 동향을 파악한다는 명목으로 전시 특고경찰이 행한 것과 마찬가지로 경찰조직의 말단까지 정보 수집 업무를 담당하도록 제도를 정비해 나갔으며, 이 과정에서 각 경찰서 내에 공안계(公安係)가 신설되었다.[44] 치안정보 수집활동의 주요한 대상의 하나가 재일조선인이라는 것은 효고현(兵庫県) 경찰부에서 각 경찰서에 공안계를 설치하기 직전에 가졌던 서장회의에서 "노동쟁의·소작쟁의 기타 대중운동 등이 발생하고 있고, 조선인·대만인 등에 의한 각종 문제가 발생하고 있는 현 상황을 가장 효율적으로 타파하기 위해서는 그와 관련되는 각종 정보를 수집하는 것이 최우선이다"라는 지시를 내린 사실을 통해서도 잘 알 수 있다.[45] 아울러 1946년 내무성 경보국 공안 제1과 제2계의 사무분장을 살펴보면 단체결사 등의 단속, 극단적인 국가주의 운동 등의 단속 등과 함께 조선인 등 외국인의 불법행위 단속을 주요 업무로 규정하고 있었다.[46]

이를 뒷받침하기 위해 일본 국회에서는 계속해서 재일조선인이 치안을 어지럽히고 암시장을 통해 이익을 취하고 있다는 사실을 문제시하는 발언이 나오며 재일조선인에 대한 일본 사회의 불안감을 조성하였다.[47] 또한 당시 일본 외무성도 내무문서 「일본 거주 조선인 문제(동북지방 현상을 보고)」를 통해 "일본에서의 조선인은 원칙적으로 속히 귀환되어야 하고, 또한 잔류한다면 모두가 일본인과 마찬가지로 일본

44) 전시의 특고경찰과 전후의 공안경찰의 연속성에 대해서는 荻野富士夫, 『特高警察體制史 -社会運動抑圧取締の構造と実態』, せきた書房, 1984, pp.435~453 참조.

45) 김창윤, 「일본의 연합군총사령부 점령기 치안정책 연구」, p.228.

46) 「増員後の公安第1課事務分掌及配置表」(「内務部内臨時職員設置制の一部を改正する等の勅令を定める」, 『公文類聚』 第70編·昭和22年·第15巻·官職6·官制6·内務省2, 일본 국립공문서관 소장.

47) 丹野実発言, 衆議院豫算委員会, 『帝国議会議事録』, 1946年8月8日 등.

정부의 명령과 법률에 절대 복종해야만 할 것임에도 불구하고 현재 일본 내지에 거주하면서 일본 정부의 명령이나 일본의 법에 복종하지 않고, 심지어 미국, 영국인 이상의 우월감을 갖고 있으며 일본인에 대한 태도는 실로 표현하기 힘들 정도이다. 그들의 행동을 일본 관헌과 경찰 당국도 함부로 단속하지 못하는 상태라고 하며, 그들에 한해서는 경찰이 없는 상태라고 불릴 지경에 이르렀다"고 경고하였다. 그리고 일본의 치안을 어지럽히는 주요 요인으로 재일조선인을 지목하며 이에 대한 방비책을 조속히 마련할 필요성이 있다고 강조하였다.[48] 일본 사회와 정부는 전후 치안악화의 책임을 재일조선인에게 돌리며 경찰력 강화의 명분으로 삼았던 것이다.

재일조선인에 관한 경찰 측의 치안자료에 의하면 "이 시기는(1946년 2월 19일~1949년 9월 8일)는 조련의 전성시대라고도 할 수 있는 기간"으로, 조련이 "점차 그 세력을 확장하고, 재일조선인의 대부분을 그 조직 안으로 끌어들여 일본공산당의 전위로서의 태세를 갖추어 나갔다"고 정리하고 있다. 또한 "이 기간에서 특필할 사항은 일본공산당의 활발한 움직임과 연동되어 조련, 민청(재일조선민주청년동맹) 내의 첨예분자에 의한 대 관헌, 대 민단(재일본조선인거류민단) 투쟁 사안이 각지에서 계속해서 발생하고, 더욱이 점차 이들 투쟁은 집단화, 조직화해 갔다"고 분석하였다. 그러면서 이 시기 조련의 주요한 활동으로 ①'수상관저 데모사건'(1946년 12월), ②'한신 교육사건'(1948년 4월), ③'마스다초(益田町) 사건'(1949년 4월), ④'후카가와에다가와초(深川枝川町) 사건'(1949년 4월), ⑤'다이라(平) 사건'(1949년 6월), ⑥'시모노세키(下関) 사건'(1949년

48) 『太平洋戦争終結による旧日本国籍人の保護引揚関係雑件 朝鮮人関係』(第16回 外交記録公開一般案件; K' 7.2.0) 1巻, pp.5~9.

8월)을 들며, "종전 후 조선인의 해방민족으로서의 자주성이 조련에 의해 교묘하게 이용되고, 또한 그것이 관헌에 대한 강한 반항이 되어 각종 투쟁으로 나타났다"고 평가하였다.[49)]

1949년 7월에는 일본 정부의 법무부 특별심사국이 조련의 활동을 위험시하는 보고서를 GHQ/SCAP에 제출하였다. 여기서는 "일본 국내에 있는 한국인 중 특히 조련의 활동을 보면, 재류동포의 자치성을 훨씬 이탈하여 일본에 있는 극좌정당과 비밀리에 관계를 유지해 국내, 국제적으로도 민족을 파멸의 늪으로 밀어 넣으면서, 한편으로는 일본 국민까지도 선동하여 폭력행위를 저지르려고 일본국내의 치안혼란을 꾀하고 각종 파괴활동을 기도하고 있다"[50)]며 이에 대한 대책마련을 촉구하였다. GHQ/SCAP도 이에 동조해 앞장에서 다룬 바와 같이 약 2달 뒤 조련 해산의 지시를 일본 정부에 하달하였다. 조련의 해산부터 1950년 6월 25일 한국전쟁이 발발하는 시기까지는 "조련, 민청의 해산과 이에 따른 재산 접수는 전국적으로 거의 분쟁 없이 진행되어, 종전 후 육성되어 사실상 일본공산당의 실력행동대인 조선인연맹, 민청의 조직은 일단 해산되어 집단적인 일련의 대 관헌 불법행위 사안도 이 해산을 계기로 거의 찾아볼 수 없게 되었다"고 경찰 측 치안자료는 정리하고 있다. 그러면서도 조련 측은 "당연히 이를 대신할 단체의 결성이 꼭 필요해져, 우선 종래 조련의 산하단체였던 '해방(해방구원회)', '여동(여성동맹)', '학동(학생동맹)' 등으로 하여금 이를 담당시키고, 해

49) 増田正度(国警本部 警備課), 「国内治安維持に極めて重要な在日朝鮮人問題について」, pp.36~37.

50) Letter from Director Mitusada Yoshikawa to Major J. P. Napier, July 8, 1949, Subj.: On the Activities of the Zai-nichi Chosenjin Remmei, pp.7~9, KK/GS-04270(김태기, 「GHQ/SCAP의 對 재일한국인정책」, p.263에서 재인용).

산조치에 대해 신중히 경계하면서 조직의 정비 재편에 힘썼다"고 분석하였다.[51)]

1950년 6월 한국전쟁이 발발하자 GHQ/SCAP 및 일본의 치안당국은 재일조선인을 이전보다 더 '반공치안문제'의 대상으로 바라보게 되었다. 이는 미·소를 중심으로 하는 국제 냉전구조가 일본 국내에서는 체제(보수세력)·반체제(공산당)에 의한 국내 냉전으로서 정치화하였고, 한편으로는 재일조선인의 내부에서도 '민족 내 냉전'으로서 정치화하였기 때문이다. 따라서 당시 일본공산당원의 지도를 받는 대중운동이 수많은 '소요 사건'으로서 치안권력에 의해 적발을 받게 되었고, 경찰도 모든 재일조선인의 감시를 명령받았다.[52)]

이 시기 구 조련 측은 경찰 측의 치안자료에 의하면 일본공산당과 함께 '비합법 지하활동'에 들어가 북한을 조국으로 하면서 "반제반미투쟁을 개시하여 한신, 도쿄(東京), 가나가와(神奈川) 등 군수지역에서 활발한 투쟁을 전개"하였다. 그리고 이러한 투쟁의 선두에는 "구 민청의 조직을 더욱 강화하여 조직된 '청년행동대'"가 앞장섰는데, 이들은 "조선동란 직후 각지에서 결성되어 일본공산당의 군사위원회에게 지도받으며 극비리에 훈련을 해왔다"고 분석하였다. 구체적으로 청년행동대의 임무는 ① 미군의 행동 조사, ② 군수물자의 수송 방해, ③ 군수물자 생산공장의 사보타주, 스트라이크 등의 선동, 파괴행위, ④ 스파이 활동, ⑤ 점령군, 일본 정부 요인의 암살, ⑥ 반동분자, 민단 간부의 암살, ⑦ 게릴라 활동의 준비훈련 ⑧ 무기의 비밀 수집 등이라고 보고

51) 增田正度(国警本部 警備課), 「国内治安維持に極めて重要な在日朝鮮人問題について」, p.37.

52) 岡崎勝彦, 「補償人権法(案)の意義と課題」, p.17.

있었다. 구 조련 측은 이를 극비리에 진행하여 한국전쟁 발발 이래 "조선인에 의한 반(反) 점령군 사건이 현재까지 500건을 돌파하고 있는 것만을 보더라도, 얼마만큼 그 활약이 활발한지 엿볼 수 있다"며 "관계 당국은 단호한 결의로써 철저히 단속을 행하여 우리나라 치안의 만전을 기해야만 한다"고 경고하였다.[53]

그렇다면 일본 정부와 사회의 인식대로 실제로 전후 재일조선인이 일본 사회의 치안악화의 주범이었을까. 주지하는 바와 같이 전시 강압적인 사회통제로 유지되던 일본 사회는 패전과 함께 극심한 사회적 혼란을 겪으며 일본 내 범죄 발생률은 계속 상승하여 1946년에는 발생한 형사범죄가 150만 건(인지 건수)을 넘을 정도였다.[54] 이 중 재일조선인의 범죄도 증가하여 경찰 측은 "조선인의 범죄율이 일본인과 비교해 매우 높으며(7배 이상), 그 수단방법 또한 흉폭하고 교묘하다"고 인식하고 있었다.[55]

〈표1〉은 발생한 범죄 중 실제로 치안당국에 의해 검거되어 유죄판결을 받은 건수를 일본인과 재일조선인으로 나누어 정리한 것이다. 이에 따르면 1945년부터 1951년까지 재일조선인의 범죄율은 일본인에 비해 평균 약 9배 정도 높은 수치를 기록하고 있다. 전후 재일조선인 '형법범'의 특징은 ① 절도범의 비율이 증가, ② 장물죄의 증가, ③ 재일조선

53) 増田正度(国警本部 警備課), 「国内治安維持に極めて重要な在日朝鮮人問題について」, p.38.

54) GHQ/SCAP는 범죄 증가의 원인을 크게 ① 군부 통제에서 문관통제로 전환한 전후질서의 변화, ② 항복 후 계속되는 극도의 경제곤란, ③ 시민 개인생활에 대한 경찰통제권의 제거, ④ 개혁과 재편에 의한 경찰업무의 붕괴 등으로 분석했다(天川晃 外 編, 『GHQ日本占領史 第15巻: 警察改革と治安政策』, 日本図書センター, 2000, p.71).

55) 篠崎平治(国警本部 警備部), 「最近における在日朝鮮人の不法行為の発生状況について」, 『警察時報』 7(10), 1952, p.91.

〈표1〉 일본 패전 직후 재일조선인의 범죄율

연대	일본인				조선인				조선인 / 일본인
	인원		범죄율*		인원		범죄율*		
	형법범	특별 법범	형법범	특별 법범	형법범	특별 법범	형법범	특별 법범	
1945년	25,732	3,597	35.7	5.0	2,709	1,520	129	72	3.6
1946년	56,609	4,920	78.2	6.8	3,237	612	501	95	6.4
1947년	52,486	1,799	67.6	2.3	4,095	492	805	97	11.9
1948년	61,317	1,936	77.0	2.4	4,156	893	700	150	9.1
1949년	51,463	1,375	63.3	1.7	3,742	623	623	104	9.8
1950년	51,478	1,442	62.3	1.7	4,640	1,262	867	236	13.9
1951년	47,800	1,420	56.9	1.7	3,294	943	598	171	10.5

*범죄율은 인구 10만 명에 대한 수치
(朴在一, 『在日朝鮮人に関する綜合調査研究』, 新紀元社, 1957, p.120에서 인용)

인에 대한 정치적 탄압을 위해 만들어진 '범죄'가 증가했다는 점이다.[56] 일본인의 경우와 비교하면 전체적으로는 약 10배이며, 특히 공무집행방해죄는 69배, 장물죄는 23배, 상해는 22배에 이른다. '특별법범'은 밀주제조로 인한 주세법위반자가 특별법범 전체의 약 30%를 차지할 정도로 압도적으로 많으며(일본의 384배), 그 뒤를 이어 식량 관리법 위반, 물가통제령 위반, 담배전매법 위반, 칙령311호 위반, 관세법 위반 순이다. '특별법범'은 정치관련 범죄를 제외하면, 모두 전후 암시장과 관련된 것으로 재일조선인 대부분의 생업과 관련이 있는 것이었다. 빈곤에 의한 범죄와 경제범을 합치면 '형법범'과 '특별법범'의 약 80%에 이르며, 일본 정부가 문제시하는 정치범죄, 흉악범죄, 조폭(粗暴)범죄의 비율은 약 13%에 지나지 않는다. 전후 모든 직장에서 쫓겨난 재일조선인들은 자본도 경험도 신용도 점포도 없었기 때문에 암시장

56) 朴在一, 『在日朝鮮人に関する綜合調査研究』, 新紀元社, 1957, p.121.

거래를 생업으로 할 수밖에 없었다. 암시장 거래조차 못해 소득이 없는 사람들은 빈곤범죄를 저지르게 된다. 따라서 취업문제가 타개되지 않은 채 암시장을 억압하는 일본 정부의 정책은 자연적으로 빈곤범죄를 유발시킬 수밖에 없는 관계였다고 볼 수 있다.[57] 즉 재일조선인의 범죄율이 일본인에 비해 지속적으로 높았던 것은 사실이지만, 이는 일본 정부가 재일조선인과 공존을 모색하기보다 생계와 처우에 대한 배려 없이 오로지 재일조선인을 배제와 관리의 대상으로 여기며 경찰력으로 압박했기 때문에 나타난 현상이라고 할 수 있을 것이다.

4. 나가며: 냉전과 재일조선인 문제

이상으로 해방 직후 1945년 8월 일본의 패전부터 1952년 8월 대일강화조약 체결까지의 시기를 대상으로 재일조선인에 대한 GHQ/SCAP과 일본 정부의 치안정책의 흐름을 정리함으로써 양자의 치안정책이 갖는 특징을 재확인하였다.

GHQ/SCAP의 설치 이전부터 미국 정부 내에서는 이미 재일조선인의 존재가 전후 일본의 재정과 경제에 부담이 되며 치안에 저해가 될 것이라는 부정적인 인식이 존재하고 있었다. 미국 정부는 재일조선인을 '해방민족'으로 규정하여 일본의 위협으로부터 보호할 것을 지시하면서도 점령통치에 장애가 될 가능성이 있는 재일조선인을 배제하기 위해 신속히 본국으로 귀환시키고자 하였다. 하지만 미국 정부와 GHQ/SCAP의 의도와는 달리 귀환자의 지참금 및 지참물을 엄격히 제

57) 朴在一, 『在日朝鮮人に関する綜合調査研究』, pp.122~124.

한한 것과, 한반도의 불안정한 정세로 인해 귀환하는 재일조선인의 수는 1946년부터 급격히 감소하였다. GHQ/SCAP이 재일조선인이 형성된 역사적 배경이나 민족적 권리에 대한 충분한 고려 없이 점령정책의 편의상 일방적으로 귀환을 추진한 결과라고 할 수 있다. GHQ/SCAP은 재일조선인의 귀환을 촉진시키기 위한 지참금 제한을 완화시켜야 한다는 의견에 대해서는 귀를 기울이지 않았으며, '해방민족'으로서의 생계유지와 처우에 대해서는 무관심했다.

재일조선인은 스스로 생계를 유지하기 위해 암시장에 나갈 수밖에 없었고, 처우를 개선하기 위해 민족단체를 결성하여 조직적으로 운동을 펼쳐나갈 수밖에 없었다. 그 과정에서 이를 단속하려고 하는 일본의 경찰과, 그리고 이념이 다른 민족단체 간에 충돌이 벌어지게 되었다. 이를 통해 GHQ/SCAP은 본격적으로 재일조선인을 무질서한 존재, 점령정책의 방해자로 인식하고 재일조선인을 치안문제의 시점에서 처리하기 시작했다. 치안유지를 위해 1946년 2월 19일 일본 정부에게 재일조선인의 수사권 및 형사재판권을 용인해준 것이 대표적인 사례이다. 나아가 GHQ/SCAP은 귀환하지 않는 재일조선인들은 한반도에 정부가 성립될 때까지 일본국민으로 취급하며, 일본의 모든 국내법과 규칙을 준수해야 한다는 성명 발표를 통해 재일조선인의 관리를 일본 정부에게 맡기고자 했다. 또한 1947년 5월 2일에는 GHQ/SCAP의 지시로 재일조선인의 단속을 강화하기 위한 전후 최초의 치안입법인 '외국인등록령'이 공포되었다. 1948년 4월 미 점령군까지 동원되어 진압했던 대규모 민족교육운동인 '한신 교육사건'은 재일조선인에 대한 GHQ/SCAP의 인식을 결정적으로 악화시켰다.

이와 같이 GHQ/SCAP는 일본의 치안유지를 재일조선인 정책의 중심으로 삼고 있었지만 이는 1948년 8월을 기점으로 반공정책 중심으로 변화해나간다. 한반도에 두 개의 분단국가가 성립하자 동아시아의 공산주의 국가들과 연계하여 활동을 전개하고 있었던 조련에 대한 GHQ/SCAP의 우려와 경계심은 더욱 강해졌던 것이다. 이는 1948년 8월 GHQ/SCAP 외교국(DS)의 「재일조선인에 대한 국원 연구」 및 1949년 3월 참모제2부(G-2)의 「민간첩보국(CIS) 정기요약」에도 잘 나타나 있다. GHQ/SCAP은 재일조선인을 기존의 치안문제와 함께 반공문제의 대상으로 바라보고 있었다. 결국 8월 22일 GHQ/SCAP 민정국(GS)은 일본 정부에 조련 해산을 지시하였고, 동서 냉전의 심화와 함께 GHQ/SCAP의 반공정책도 강화되어 나갔다. 1949년 12월 GHQ/SCAP의 지시로 처벌규정이 대폭 강화하는 형태로 '외국인등록령'을 개정·공포하였고, 이어 재일조선인을 비롯한 외국인 공산주의자와 파괴활동가의 일본 내 활동 저지와 추방을 효과적으로 수행하기 위해 1951년 10월에는 '출입국관리령', 1952년 4월에는 '외국인등록법'이 공포되었다. 곧 다가올 대일강화조약 체결을 시야에 넣은 조치였다.

재일조선인에 대한 GHQ/SCAP의 정책이 시기별로 변화하는 양상을 보였지만, 일본 정부는 치안유지에 가장 커다란 위협과 과제는 재일조선인이라고 일관되게 인식하고 치안정책을 추진해 나갔다. 1945년 8월 패전 이후에도 경찰을 중심으로 하는 일본의 치안기구는 재일조선인에 대해 가능한 한 '해방민족'이 아닌 '일본인'으로 간주하며 전시의 특고를 계승한 통제를 유지하려고 했다. 하지만 경찰의 민주화를 내세우는 GHQ/SCAP의 전후개혁에 가로막혀 초기에는 '해방민족'인 재일조선인과 조련 등 민족단체에 대한 단속을 본격적으로 실시하지 못하는 상황이 지속되었다.

하지만 1946년경부터 일본 내 노동운동과 대중운동의 고양을 배경으로 일본 정부는 일본경찰의 민주화보다 치안확보를 우선시하는 GHQ/

SCAP 참모제2부(G-2)의 지지를 얻어 공안경찰의 정비와 기능 강화를 추진할 수 있게 되었다. 일본 정부는 계속된 요구를 통해 1946년 2월에는 재일조선인에 대한 사법경찰권과 형사재판권을 GHQ/SCAP로부터 용인 받았으며, 이어 두 차례에 걸친 재일조선인의 법적지위에 관한 GHQ/SCAP 성명에 의해 재일조선인을 일본의 법률과 규칙에 따라 단속할 수 있게 되었다. 일본 정부도 국가치안과 사회질서를 위협하는 폭력적 행위와 사회주의 운동을 단속한다는 성명을 발표하며 조련에 대한 일본 경찰의 견제를 강화하였다.

또한 일본 정부는 경찰력을 강화하고자 자체적인 치안정보 수집활동의 승인을 계속해서 GHQ/SCAP에 요청한 끝에 1946년 7월 11일에는 승인을 받았다. 이에 따라 내무성 경보국은 민심의 동향을 파악한다는 명목으로 전시 특고경찰이 행한 것과 마찬가지로 경찰조직의 말단까지 정보 수집 업무를 담당하도록 제도도 정비해 나갔다. 치안정보 수집활동의 주요한 대상의 하나는 재일조선인이었다. 일본 정부는 전후 치안악화의 책임을 일관되게 재일조선인에게 돌리며 경찰력 강화의 명분으로 삼았다. 조련 측이 일본공산당과 연계하며 전국 각지에서 세력을 확장하면서 대규모 운동을 전개하자 이에 맞서 경찰력을 강화한 일본 치안당국과의 충돌도 격화되어 갔다. 결국 조련은 GHQ/SCAP의 지시에 의해 1949년 9월 강제해산되었다.

1950년 6월 한국전쟁이 발발하자 구 조련 측은 일본공산당과 함께 지하활동에 들어가 활발한 '반제반미 투쟁'을 전개하였고, GHQ/SCAP 및 일본 정부는 재일조선인을 이전보다 더 '반공치안문제'의 대상으로 바라보게 되었다. 미·소를 중심으로 하는 동서 냉전 구조가 일본 국내에서는 체제(보수세력)·반체제(공산당)에 의한 국내 냉전으로서 정치화하였고, 한편으로는 재일조선인의 내부에서도 '민족 내 냉전'으로 정치화되었다. 따라서 당시 일본공산당원의 지도를 받는 대중운동들이 '소요 사건'으로서 치안당국에 의해 적발을 받게 되었고, 모든 재일조선인도 경찰의 감시를 받게 되었다. 이와 같이 일본 정부는 패전 직후부터 일관되게 재일조선인을 적시하는 치안정책을 유지하며, GHQ/SCAP의 재일조선인 정책이 변경되는 시기를 기회로 삼아 단계적으로 재일조선인에 대한 단속 권한을 강화해 나갔던 것이다.

이글은 동국대학교 일본학연구소의 『일본학』 제46집에 실린 논문 「해방직후 재일조선인에 대한 일본의 치안정책」을 수정·보완한 것임.

참고문헌

김창윤, 「일본의 연합군총사령부 점령기 치안정책 연구」, 『한국경찰학회보』 11(3), 한국경찰학회, 2009. UCI: http://uci.or.kr/G704-002121.2009.11.3.008

김태기, 「GHQ/SCAP의 對 재일한국인정책」, 『國際政治論叢』 38(3), 한국국제정치학회, 1998. UCI: http://uci.or.kr/I410-ECN-0102-2008-340-001649048

______, 「미국무성의 대일점령정책안과 재일조선인 정책: 일본통의 재일조선인에 대한 인식과 정책결정 과정을 중심으로」, 『한국동북아논총』 33, 한국동북아학회, 2004. UCI: http:// uci.or.kr/I410-ECN-0102-2009-910-001699460

박창건, 「GHQ 점령기 일본의 재일조선인 정책」, 『韓國政治外交史論叢』 39(2), 한국정치외교사학회, 2018. DOI: http://doi.org/10.18206/kapdh.39.2.201802.137

최영호, 『재일한국인과 조국광복 - 해방직후의 본국귀환과 민족단체활동』, 글모인, 1995.

황선익, 「연합군총사령부(GHQ/SCAP)의 재일한인 귀환 정책」, 『한국근현대사연구』 64, 한국근현대사학회, 2013. UCI: http://uci.or.kr/G704-001258.2013..64.007

マーク·カプリオ, 「旧植民地出身者の処遇」, マーク·カプリオ/杉田米行 編著, 『アメリカの対日占領政策とその影響』, 明石書店, 2004.

リチャード·H·ミッチェル 著, 金容權 訳, 『在日朝鮮人の歴史』, 彩流社, 1981.

岡崎勝彦,「補償人権法(案)の意義と課題」,『青鶴(一般社団法人在日コリアン·マイノリティー人権研究センター紀要)』2, 1989.

古波倉正偉,「在日外国人に対する迫害と弾圧」,『労動経済旬報』22(716)(5月上旬号), 1968.

宮崎章,「占領初期における米国の在日朝鮮人政策 -日本政府の対応とともに」,『思想』734, 1985.

金太基,『戦後日本政治と在日朝鮮人問題 -SCAPの対在日朝鮮人政策』, 勁草書房, 1997.

藤島宇内,「在日朝鮮人をめぐる軍国主義的治安政策」,『法律時報』42(8), 1970.

梁永厚,『戦後·大阪の朝鮮人運動』, 未來社, 1994.

朴慶植,『解放後 在日朝鮮人運動史』, 三一書房, 1989.

朴在一,『在日朝鮮人に関する綜合調査研究』, 新紀元社, 1957.

篠崎平治(国警本部 警備部),「最近における在日朝鮮人の不法行為の発生状況について」,『警察時報』7(10), 1952.

小林和子,「GHQの在日朝鮮人認識に関する一考察 -G2民間諜報局定期報告書を中心に」,『朝鮮史研究会論文集』32, 1994.

鄭榮桓, 「日本敗戦後における「警察権独立」と在日朝鮮人団体」, 『歴史学研究』 860, 2009.

増田正度(国警本部 警備課),「国内治安維持に極めて重要な在日朝鮮人問題について」,『警察時報』7(4), 1952.

萩野富士夫,『特高警察体制史 -社会運動抑圧取締の構造と実態』, せきた書房, 1984.

__________,『特高警察』, 岩波書店, 2012.

豊田邦彦(国警本部 警備部),「在日朝鮮人と治安問題について」,『警察時報』8(6), 1953.

洪仁淑,「第2次 世界大戰 直後, GHQ의 在日朝鮮人政策」,『韓日民族問題研究』1, 2001. UCI: http://uci.or.kr/I410-ECN-0102-2009-910-005090561

Edward. W. Wagner, *The Korean Minority in Japan*, 1951(エドワード·W.ワグナー,『日本における朝鮮少数民族: 1904年~1950年』, 龍溪書舍, 1989(復刻板).

일본 헤이트스피치 해소법

이진원

1. 머리말

일본의 헤이트스피치 해소법에 해당하는 법률안 및 법률은 2015년 당시 국회 참의원 야당의원들에[1] 의해 제출된 "인종 등을 이유로 하는 차별의 철폐를 위한 시책 추진에 관한 법률안"과[2] 2016년 국회 참의원 여당의원들에[3] 의해 제출된 "본국 외 출신자에 대한 부당하고 차별적 언동 해소를 위한 조치 추진에 관한 법률"이다.[4] 이 법률은 본문에서 상술하는 바와 같이 야당의원들에 의해 제출된 법률안은 폐기되고 여당의원들이 제출한 법률안이 제정되어 일본의 헤이트스피치 해소법으로 확정되는 과정을 거치게 된다. 일본의 헤이트스피치 해소법 제정은 세계적인 흐름으로 보면 매우 뒤쳐졌다. 1965년 유엔총회는 "모든 형태의 인종차별 철폐에 관한 국제협약"을[5] 채택하였다. 이 협약 제1조에서는 인종차별에 대해 '인종 피부색 가문 또는 민족이나 종족의 기원을

1) 입헌민주당(立憲民主党) 오가와 도시오(小川敏男) 외 6인.

2) 人種等を理由とする差別の撤廃のための施策の推進に関する法律案.

3) 자유민주당(自由民主党) 아이치 지로(愛知治郎) 외 2인.

4) 本邦外出身者に対する不当な差別的言動の解消に向けた取組の推進に関する法律.

5) International Convention on the Elimination of All Form of Racial Discrimination)

둔 어떠한 구별, 배척, 제한 또는 우선권을 말하며, 이는 정치 경제 사회 문화 또는 기타 어떠한 공공생활의 분야에서든 평등하게 인권과 기본적 자유의 인정, 향유 또는 행사를 무효화시키거나 침해하는 목적 또는 효과를 가지고 있는 경우'라고 정의하고 있다.[6)] 일본이 이 조약을 체결한 것은 유엔에서 조약이 채택되고 30년 이후의 1995년이다. 더구나 일본 정부는 조약을 체결하면서 제4조(a) 및 (b)에 대해 유보조항을 달았다. "일본은 모든 형태의 인종차별의 철폐에 관한 국제조약 제4조 (a) 및 (b)의 규정을 적용함에 있어서 '세계인권선언에서 구현된 원칙 및 다음 중에 명시적으로 규정된 권리를 충분히 고려하여'라고 규정한 것에 유의하여 일본국 헌법 하에서 집회, 결사 및 표현의 자유 기타 권리 보장과 저촉되지 않는 한에서 이들 규정에 기초한 의무를 이행한다."는[7)] 것이다. 그 이유에 대해서도 일본 정부는 이 조항은 "여러 가지 경우에 여러 가지 형태의 행위를 포함하는 매우 광범위한 개념으로 모든 것을 형벌법규로 규제하는 것에 대해서는 헌법이 보장하는 집회, 결사, 표현의 자유 등을 부당하게 규제하는 것이 아닌가, 혹은 문명평론, 정치평론 등의 정당한 언론을 부당하게 위축시키는 것이 아닌가 하여 매우 신중하게 검토할 필요"가 있다고 하였다.[8)] 그 이후 일본에서 본격적으로 인종차별 철폐와 관련 있는 헤이트스피치 해소법을 규정하려는 움직임이 일어난 것은 2015년이다. 그것도 일본 정부가 아닌 야당 의원들에 의해 의원 입법으로 국회 참의원에 제출되었다. 일본 정부가 적극적으로 인종차별 철폐에 관한 법률 제정에 나서지 않은 이유에

6) 川西晶大, 「日本におけるヘイトスピーチ規制－ヘイトスピーチ解消法をめぐって－」(https://dl.ndl.go.jp/(검색일: 2021.05.17.)).

7) 川西晶大, 위의 글.

8) 川西晶大, 위의 글.

대해 참의원 회의에서 일본 정부는 인종차별 철폐조약의 제2조에는 "각 체결국은 모든 적당한 방법(상황에 따라 필요하다고 생각할 때 입법을 포함)으로 어떤 개인 집단 또는 단체에 의한 인종차별도 금지하고 종료시킨다."라고[9] 하여 일본의 국내 사정을 고려한 결과라고 답변하고 있다. 즉 일본 정부는 2015년 당시 야당의원들이 법률안을 제출하기까지 헤이트스피치 해소법 제정의 필요성을 크게 인식하지 않고 있었다. 자유민주당 중의원 의원인 법무대신 가와카미 요코(上川陽子)는 "법무성으로서는 끈기를 갖고 성실한 계발활동을 통하여 사회전체의 인권의식을 높이고 소위 헤이트스피치를 포함한 차별적 언동이 허용되지 않게 하였습니다."라고[10] 하여 현재의 계몽, 계발 활동으로 헤이트스피를 해소할 수 있다는 인식을 갖고 있었다.

그렇지만 일본 사회에서 재일코리안에 대한 헤이트스피치 사건이 빈발하여 인권침해 등의 문제가 발생하고 사법부에서는 이 사건을 일으킨 자들에 대해 민·형사상의 유죄를 판결하는 상황이 전개되어 더 이상은 계몽 계발 활동을 하는 것만으로 국제사회에서 규제하고 사회의 균열을 초래하는 헤이트스피치를 방지할 수 없었다. 재일코리안이 다수 거주하여 헤이트스피치 사건이 자주 발생하는 오사카시와 같은 지방자치단체에서는 조례를 제정하여 헤이트스피치에 대한 규제를 하는 움직임을 보이고 있었다. 이러한 상황을 고려하여 야당의원들이 중심이 되어 헤이트스피치 해소법을 제정하고자 하였던 것이다. 즉 일본의 헤이트스피치 해소법 제정 움직임의 계기가 된 것은 일본 사회

9) 시모카와 마키타(下川真樹太, 정부참고인: 외무성), 第189回国会参議院法務委員会(https://hourei.ndl.go.jp/#/detail?billId=118903007&searchDiv=2&current=1(검색일: 2021.06.01.)).

10) 第189回国会参議院法務委員会, 위의 글.

와 재일코리안과의 건전한 공생 관계 형성이라고 할 수 있다. 즉 헤이트스피치 해소법을 둘러싼 각종 논쟁을 분석한다면 일본 사회의 인종차별철폐를 위한 정책뿐만 아니라 재일코리안에 대한 생각도 파악할 수 있을 것이다.

이 글은 일본의 헤이트스피치 해소법을 제정하는 과정에서 어떠한 내용의 논쟁이 있었으며 그 논쟁은 어떤 의미를 갖고 있는가를 파악하고자 하는 것이다.[11] 헤이트스피치 해소법을 제정하는 과정은 야당이 제출한 법률안이 폐기되고 여당이 제출한 법률이 제정되는 과정을 거치고 있다. 어떤 이유에서 야당이 제출한 법률안이 폐기되고 여당이 새로운 법률안을 제출하였는지, 법률안 심의 과정에서 문제가 된 내용의 의미는 무엇인지를 파악하고자 하는 것이다. 이러한 작업은 일본의 인종차별에 대한 특히 이 법률안의 결정적 계기가 된 재일코리안에 대한 정책에 어떠한 영향을 미칠 가능성이 있는지 등의 의미를 파악할 수 있을 것이다.

이 글은 기존의 연구를 바탕으로 헤이트스피치 해소법의 제정 계기와 과정, 2015년 제189회 국회 참의원 회의록과 2016년 190회국회 참의원, 중의원 회의록을 중심으로 헤이트스피치의 제정 과정과 논쟁의 쟁점 등을 분석하고자 한다.

11) 이 글에서는 일본의 헤이트스피치 해소법의 한계, 문제점을 제기하는 것보다는 헤이트스피치 해소법의 성격 자체를 파악하고자 한다.

2. 헤이트스피치 해소법의 제정 계기 및 과정

1) 법률의 제정 배경 및 계기

일본의 헤이트스피치 해소법 제정의 결정적인 계기는 재일코리안에 대한 차별 행위였다. '인종 등을 이유로 하는 차별의 철폐를 위한 시책 추진에 관한 법률안'을 제출한 입헌민주당의 오가와 도시오는 제안 설명에서 "최근 현저하게 많아지고 있는 것으로 일본인과 민족적으로 상이한 주민, 특히 재일조선인이나 재일한국인을 대상으로 하여 주로 이들이 모여 살고, 상업을 하는 지역 또는 이들이 통학하는 학교 주변에서 데모를 하면서 커다란 소리로 이들 민족을 욕하는 형태…"의[12] 헤이트스피치가 증가하고 있다는 것을 제안 배경으로 설명하고 있다. 국회 참의원에 참고인으로 출석한 류코쿠(龍谷) 대학 김상균 교수는 "인종차별을 규제하는 법률이 없기 때문에 일본에서는 2000년경부터 외국인 특히 재일 한국, 조선인을 표적으로 하는 중상비방과 인터넷상의 투고 그리고 공공장소에서의 데모와 선전활동이라는 것이 눈에 띄게 늘어났습니다…. 상징적인 사건으로 교토 제1초급학교 습격사건…"[13]이라고 하여 헤이트스피치 해소법이 가장 필요한 이유를 재일코리안에 대한 인종차별 행위 방지라고 하였다.

'본국 외 출신자에 대한 부당하고 차별적 언동 해소를 위한 조치 추진에 관한 법률'의 제정 과정에서도 입법 사실이 재일코리안에 대한 헤이트스피치라고 말하고 있다. 자유민주당의 니시다 쇼지(西田昌司)는 "법률을 만든 것은 입법사실로서 소위 재일한국 조선인들 이들에 대한

12) 第189回国会参議院法務委員会, 위의 글.

13) 第189回国会参議院法務委員会, 위의 글.

부당하고 차별적인 언동이 있었기에…"라고[14] 하면서 재일코리안에 대한 헤이트스피치가 법률을 만드는 계기라고 설명하고 있다.

법안을 심의하는 과정에서 의원들이 대표적으로 언급한 재일코리안 관계 헤이트스피치 사건은 교토조선제일초급학교(京都朝鮮第1初級学校) 사건이다. 2009년 12월부터 2010년 3월까지 일본의 대표적인 극우단체 '재일특권을 허락하지 않는 시민의 회(在日特権を許さない市民の会, 이하 재특회)'와 '주권회복을 지향하는 회(主権回復を目指す会)'는 교토조선제일초급학교 주변에서 '이 학교가 인접한 공원을 운동장으로 위법적으로 점거하고 있다'고 주장하면서 시위를 하였다. 시위에서는 스피커를 사용하여 재일조선인 및 이 학교를 모욕하는 발언을 하고 선전차를 이용하여 주변을 행진하였으며 재일조선인을 배척하는 행동을 하였다. 또한 시위활동을 촬영한 영상을 인터넷에 유포하며 참가를 권유하기도 하였다. 이에 학교법인은 교토지방법원에 시위활동을 금지하는 가처분신청을 하여 학교주변 200미터 이내의 시위 금지 판결을 받았다. 그렇지만 이를 무시한 시위대는 200미터 내에서 시위활동을 지속하였을 뿐만 아니라 교토 시내 중심부에서 시위데모를 진행하였다. 이에 대해 이 학교에서는 교토부 경찰본부에 위력업무방해 등의 이유로 고소하였고 시위주동자가 체포되어 기소되었다. 교토지방법원은 시위주동자에 대해 위력업무방해죄와 모욕죄 및 기물파손죄를 적용하여 유죄를 판결하였다. 아울러 학교 측은 민사소송을 제기하여 불법적인 시위활동과 시위활동 영상의 공개에 대한 손해배상 및 법인의 인격권 보호를 위한 활동 금지 신청을 하였고 교토지방법원은 이를 용인하

14) 第190回国会参議院法務委員会, ttps://kokkai.ndl.go.jp/#/detail?minId=119015206X00820160419&spkNum=0(검색일: 2021.03.25.).

는 판결을 하였다. 이 판결의 근거로 교토지방법원은 인종차별철폐조약 체결국으로 '일본은 인종차별철폐조약 상 법률을 동 조약의 규정에 적합하게 해석해야 할 책무가 있다.' 하였다. 이러한 판결에 대해 많은 사람들은 헤이트스피치 대한 위법성을 지적한 판결이라는 의미를 부여하고 있다.[15)]

위 사건과 같이 심리가 진행된 사건은 도쿠시마교직원조합(徳島教職員組合)사건이다. 도쿠시마교직원조합은 가두모금을 한 자금의 일부를 일본노동조합총연합을 통해서 시코쿠조선초중급학교(四国朝鮮初中級学校)에 기부하였고 이에 대해 재특회는 조합의 사무소 안과 주변에서 시위활동을 하였다. 조합은 시위주동자를 고소하였고 법원은 건조물 침입죄 및 위력업무방해죄를 적용하여 유죄를 판결하였다. 아울러 조합은 업무를 방해하고 사무소에서 욕설을 하면서 조합원의 평온한 사생활과 인격권을 침해하였고 명예를 훼손하였다고 손해배상을 청구하였다. 조합이 이 시위활동이 인종차별적 사상을 갖고 증오에 가득찬 악질적인 행위라고 주장한 것에 대해 다카마쓰(高松)고등법원은 이 시위행위는 인종차별철폐조약에서 정의하는 인종차별에 해당하며 강력하게 비난해야 마땅하다고 인정하여 위법성이 있다고 인정하였다.[16)]

두 가지 사건에 대한 판결은 재일코리안과 그들을 지원하는 단체를 비방하는 행위를 헤이트스피치라고 하여 형사상 민사상 위법성을 인정하는 것이었다. 사법부는 일본 사회에서 빈발하고 있는 헤이트스피치는 형사상 민사상 위법이라는 것을 일관되게 인정하였다. 국회에서도 사법에서 위법으로 인정한 헤이트스피치를 해소하는 법률 제정의 긴급

15) 川西晶大, 위의 글.
16) 川西晶大, 위의 글.

성을 주장하는 배경으로 이 두 가지 사건을 언급하고 있다. 실제로 법률안을 심의하면서 국회에서는 재일코리안 학자와 활동가를 참고인으로 불러 그 의견을 들었다. 재일코리안을 표적으로 한 헤이트스피치 데모는 경찰관계자가 2013년에는 12건이었고 그 이후 감소하는 추세이며 2015년 중반기까지 30건이라고 파악한 것에 비해 야당의원은[17] 실질적으로 2013년에는 360건이고 감소하고 있지 않고 있다고 하였다. 또한 경찰이 파악하지 못한 게릴라식 데모도 다수 존재한다고 하였다. 이러한 상황을 파악하기 위해 위원회 의원들은 법률안 제출에 앞서 재일코리안을 표적으로 한 헤이트스피치 데모 현장과 지역을 방문하기도 하였다. 한편 국회 참의원 참고인으로 나온 최강이자(崔江以子) 씨는 빈발하는 재일코리안을 표적으로 한 헤이트스피치에 대해 행정기관에 대처를 요구했으나 행정기관은 근거법이 없다는 것을 이유로 구체적인 대책을 강구하지 않는다고 하였다.[18] 현실적으로 횡횡하고 있는 헤이트스피치에 대한 법률적 대책이 필요한 상황을 주장하였다.

유엔의 인종차별철폐위원회가 일본 정부에 권고한 내용도 헤이트스피치 해소법 제정이 필요한 계기가 되었다. 유엔 인종차별철폐위원회는 2001년, 2010년, 2014년에 일본 정부의 보고서를 검토하여 '민족적 또는 종족적 출신자에 대한 권리 보장, 소수자에 대한 차별적 취급 철폐, 아이누 민족의 권리 촉진, 공무원 등에 대한 인권차별 대처 훈련' 등과 '아이누 정책, 헤이트스피치 대책, 국내 인권 기구 창설, 인신매매

17) 입헌민주당(立憲民主党) 아리타 요시후(有田芳生) (第189回国会参議院法務委員会, 위의 글).

18) 최강이자(崔江以子, 社会福祉法人青丘社川崎市ふれあい館職員), (第190回国会参議院法務委員会, https://hourei.ndl.go.jp/#/detail?billId=118903007&earchDiv=2&urrent=1(검색일: 2021.03.25.)).

대책 등'에 대해 권고하고 있다.[19] 이에 대해 일본공산당의 니히 소헤이(仁比聡平)는 "우리나라(일본)에 심각한 헤이트스피치 만연이 유엔 인권 기준에 비추어 간과할 수 없는 상황이라는 것을 표명"한 것이며 "특히 재일 조선인 한국인을 욕하고 폭력을 선동하여 배척 … 이러한 언동은 절대 근절하지 않으면 안 됩니다."라고[20] 주장을 하고 있다.

이상과 같은 일본 국내외 상황을 배경으로 일본 국회는 헤이트스피치 해소법의 제정을 서두르게 되었고 특히 야당의원들이 앞장을 섰다.

2) 법률의 제정 과정

앞 에서 언급한 바와 같이 헤이트스피치 해소를 위한 첫 번째 법률안은 '인종 등을 이유로 하는 차별의 철폐를 위한 시책 추진에 관한 법률안'이다. 이 법률안은 2015년 5월 22일, 제189회 국회 참의원 법무위원회에 당시 야당인 입헌민주당의 오가와 도시오(小川敏夫) 외 아리타 요시후(有田芳生, 입헌민주당). 마에가와 기요시게(前川清成, 일본유신의 회), 하쿠 신쿤(白真勲,입헌민주당), 오쓰카 고헤이(大塚耕平,국민민주당), 후쿠시마 미즈호(福島みずほ, 사회민주당), 이토카즈 게이코(糸数慶子, 오키니와의 바람, 오키나와사회대중당) 등 야당의원들의 이름으로 제출되었다. 그 이후 8월 4일 제189회 참의원 법무위원회에서 취지 설명을 시작으로 8월 6일의 심의를 거쳐 2016년 3월 22일, 4월 5일, 5월 12일 제190회 참의원 법무위원회에서 논의 된 이후 5월 13일 참의원 본회의 논의를 거쳤으나 결국은 부결되었다.

여당은 야당이 제출한 법률안을 심의하는 도중에 새로운 법률인 '본

19) 시모카와 마키타(下川真樹太, 정부참고인:외무성), 위의 글.
20) 第189回国会参議院法務委員会, 위의 글.

국외 출신자에 대한 부당하고 차별적 언동 해소를 위한 조치 추진에 관한 법률'을 2016년 4월 8일 제190회 국회 참의원에 자유민주당 아이치 지로 외 자유민주당 니시다 쇼지(西田昌司)와 공명당 야쿠라 가쓰오(矢倉克夫)의 이름으로 제출하였다. 그 이후 4월 14일, 4월 19일, 4월 26일 참의원 법무위원회의 논의를 거쳐 5월 12일 야당이 제출한 '인종 등을 이유로 하는 차별의 철폐를 위한 시책 추진에 관한 법률안'이 부결됨과 동시에 여당이 제출한 '본국 외 출신자에 대한 부당하고 차별적 언동 해소를 위한 조치 추진에 관한 법률'의 수정안이 참의원 법무위원회에서 가결되었다. 5월 13일 참의원 본회의에서 수정안이 가결된 이후 5월 20일 중의원 법무위원회로 제출되어 논의된 이후 5월 24일 가결되었다.

2015년 5월 22일 제189회 국회 참의원 법무위원회에 제출된 '인종 등을 이유로 하는 차별의 철폐를 위한 시책 추진에 관한 법률안'은 다음과 같이 구성되어 있다. 제1장 총칙(제1조~제9조)으로 제1조 법률의 목적, 제2조 인종 및 위반행위의 정의, 제3조 인종 등을 이유로 하는 차별금지 등의 기본원칙, 제6조 국가 및 지방공공단체의 책무, 제7조 기본방침, 제8조 재정상 조치 등, 제9조 연차보고, 제2장 기본적 시책(제10조~제19조)에서는 제10조 상담체제 등의 정비, 제11조 다양한 문화 등에 관한 정보제공 등, 제12조 인종 등을 이유로 하는 차별 방지에 관한 계발활동 등, 제13조 인권교육의 충실 등, 제14조 국내외 활동에 관한 정보 수집, 정비 및 제공 등, 제15조 인터넷을 통해 행해지는 인종 등을 이유로 하는 차별 방지를 위한 자주적 활동의 지원, 제16조 지역에서의 활동 지원, 제17조 민간단체 등의 지원, 제18조 조사실시, 제19조 관계자의 의견 반영, 제3장 인종 등 차별 방지 정책심의회(제20조~제23조)에서는 제20조에서는 심의회설치와 담당사무 제21조 조직 및 운영 제22조 심의회의 협력요청 사항, 제23조 필요한 사항은 정령으로 정함 그리고 부칙으로 이루어졌다. 법률안 제출 이유에서 "일본국 헌법 및 모든 형태의 인종차별 철폐에 관한 국제조약의 이념을 바탕으로 인종 등을 이유로 하는 차별철폐를 위한 시책을 종합적이고 일체적으로 추진하기 위해 인종 등을 이유로 하는 차별 금지 등의 기본 원칙을 규정하고 인종 등을 이유로 하는 차별 방지에 관한 국가 및 지방공공단체의 책무, 기본적 시책 기타 기본이 되는 사항을 정할 필요가 있다. 이상이 이 법률안을 제출한 이유이다."라고[21] 한 것처럼 인종차별 철폐를 위한 기본원칙 등의 기본사항을 정하는 것이었다.

한편 2016년 4월 제출된 여당 안인 '본국 외 출신자에 대한 부당하고 차별적 언동 해소를 위한 조치 추진에 관한 법률'은 다음과 같이 구성되어 있다. 전문에서 이 법률 제정의 배경과 의미를 설명하고, 제1장 총칙(제1조~제4조)에 제1조 목적 제2조 정의, 제3조 기본이념, 제4조 국가 및 지방공공단체의 책무, 제2장 기본시책(제5조~제7조)에 제5조 상담체제 정비, 제6조 교육의 충실, 제7조 계발활동 등 그리고 부칙으로 되어 있다.[22]

야당 안과 여당 안의 가장 두드러지는 차이는 법률명으로부터 알 수 있는 법률의 대상과 범위이다. 야당이 제출한 법률은 '인종 등에 대한 차별'이지만 여당이 제출한 법률은 '본국 외 출신자에 대한 차별 언동' 이다. 여당이 제출한 법률은 야당이 제출한 법률에 비해 대상과

---

21) 人種等を理由とする差別の撤廃のための施策の推進に関する法律案, (https://www.sangiin.go.jp/japanese/joho1/kousei/gian/189/pdf/t071890071890.pdf(검색일: 2021.12.10.)).

22) 本邦外出身者に対する不当な差別的言動の解消に向けた取組の推進に関する法律, https://kokkai.ndl.go.jp/#/detailPDF?minId=119015206X00720160414&page=27 (검색일: 2022.01.05.).

범위가 축소된 것으로 이해할 수 있다. 내용 면에서도 야당 안이 심의회와 조사에 대한 규정이 있는 반면에 여당 안은 이러한 내용이 없고 야당 안은 차별금지의 기본 원칙에 대한 규정이 있지만 여당 안은 기본 이념만 제시하고 있다. 결국 야당 안은 부결되고 여당 안으로 심의를 진행한 결과 한 번의 수정을 거치게 되는데 수정된 내용은 야당의원들이 지적에 따른 것이다. 원안 제2조의 본국 외 출신자에 대한 부당하고 차별적 언동의 의미를 약간 구체화한 것으로 본국 외 출신자에 대한 '…명예 또는 재산권에 위해를 가하는 것을 고지하는…'을 '…명예 혹은 재산권에 위해를 가하는 것을 고지 또는 본국 외 출신자를 현저하게 모멸하는…'으로 수정하였다.(밑줄: 필자) 아울러 부칙에 부당하고 차별적 언동에 대한 조치에 대한 검토 사항으로 '부당하고 차별적 언동에 관한 조치에 대해서는 이 법률의 시행 후에 본국 외 출신자에 대한 부당하고 차별적 언동의 시태 등을 감안하여 필요에 따라 검토를 추가하는 것으로 한다.'를 추가하였다. 즉 헤이트스피치 해소를 위한 새로운 검토를 필요에 따라 진행한다는 것이다. 또한 심의 과정에서 제기된 문제를 바탕으로 다음과 같은 내용의 보완 사항을 부대결의 하였다.[23]

> 부대결의
>
> 국가 및 지방공공단체는 본국 외 출신자에 대한 부당하고 차별적 언동 해소가 긴급한 과제라는 것을 감안하여 본 법의 시행에 있어서 다음 사항에 대해 특단을 배려해야 한다.
>
> 1. 제2조가 규정하는 '본국 외 출신자에 대한 부당하고 차별적 언동' 이외의 것이라고 하여 어떠한 차별적 언동이라도 허용된다는 이해는

23) 第190回国会参議院本会議, https://kokkai.ndl.go.jp/#/detailPDF?minId=119015254X02620160513&page=36(검색일: 2022.01.05.).

잘못된 것이고 본 법의 취지 일본국헌법 및 모든 형태의 인종차별 철폐에 관한 국제조약의 정신을 감안하여 적절하게 대응한다.

2. 본국 외 출신자에 대한 부당하고 차별적 언동의 내용과 빈도는 지역에 따라 차가 있지만 이것이 지역사회에 심각한 균열을 초래하고 있는 지방공공단체에서 국가와 동일하게 그 해소를 위한 조치에 관한 시책을 착실하게 실시한다.

3. 인터넷을 통하여 행해지는 본국 외 출신자 등에 대한 부당하고 차별적 언동을 조장하고 또는 유발하는 행위의 해소를 위한 조치에 관한 시책을 실시한다.

3. 제정 과정을 통해서 본 헤이트스피치 해소법의 성격

앞에서 설명한 바와 같이 일본의 헤이트스피치 해소법은 야당이 제출한 '인종 등을 이유로 하는 차별의 철폐를 위한 시책 추진에 관한 법률안'에 대한 논의를 거쳐 부결된 후 여당이 제출한 '본국 외 출신자에 대한 부당하고 차별적 언동 해소를 위한 조치 추진에 관한 법률'의 논의 과정을 거쳤다. 이 과정을 통해 실질적으로 어떠한 내용이 논의되었고 그 의미는 무엇인가를 분석함으로써 법률의 성격을 파악할 수 있다.[24] 의원 입법인 만큼 질의와 응답은 의원과 발의자를 중심으로 이루어졌다. 논의의 과정에서 이 법률안들이 목적으로 하고 있는 것은 일본 국내에 존재하는 소수자에 대한 차별(또는 그 행위)을 철폐하는

24) 일본의 인종차별 철폐에 대한 법률이라고 할 수 있는 '본국 외 출신자에 대한 부당하고 차별적 언동 해소를 위한 조치 추진에 관한 법률'이 약칭으로 '헤이트스피치 해소법'이라고 하는 것은 최종적으로 채택된 법률이 '인종차별'이 아닌 '차별적 언동'에 초점을 맞추고 있기 때문이라고 할 수 있다.

것에는 의견의 차이가 없는 것으로 보인다. 다만 법률이 달성하고자 하는 목표는 무엇이며 그 방법은 무엇인가는 다소 차이가 있는 것으로 보인다. 여·야 의원들의 논의와 일본 정부의 생각으로부터 이 법률의 목표 지점과 그 성격을 분석해 보자.

1) 금지와 호소

먼저 두 종류의 헤이트스피치 해소법을 둘러싸고 실질적으로 전개된 논의의 내용은 법률의 내용이 인종차별 등 헤이트스피치를 금지하려는 것인가, 인종차별 등 헤이트스피치를 해소하기 위해 국민들을 교육하고 계발하는 것으로 호소하는 것인가라고 할 수 있다. '인종 등을 이유로 하는 차별의 철폐를 위한 시책 추진에 관한 법률안'을 제안한 야당 입헌민주당의 오가와 도시오는 자신들이 제안한 법률에 대해 '인종차별철폐조약의 취지를 살린 기본법이라는 성격을 가진 법안'이라고 하면서 "이 법률은 … 이념을 정한 법률 … 구체적으로 행정조치 혹은 입법 조례 등의 단계에서 이 이념을 살려서…"라고 하여 법률의 성격이 기본적인 이념을 제시한 것이라고 설명하고 있다. 그럼에도 불구하고 여당인 자유민주당의 이노구치 구니코(猪口邦子)는 "(이 법률안의)… 금지사항의 애매함이라는 것이 종종 지적됩니다. 차별적 취급 등의 표현, 이것은 해석의 폭이 넓기 때문에 그러한 염려가 생깁니다. 벌칙규정이 없다고 하지만 경우에 따라서는 언론을 위축시키는 위험성이 있지 않는가 하는 지적이 있습니다."라고[25] 주장하였다. 야당이 제출한 법률안의 '인종 등을 이유로 하는 차별금지 등의 기본원칙)'을 규정한 제3조의

25) 第189回国会参議院法務委員会, 위의 글.

차별 행위의 내용과 이를 해서는 안 된다는 금지조항을 문제시하고 있다. 그 이유로는 표현의 자유를 침해한다는 것이다. 법률안 제안자인 오가와 도시오는 "표현의 자유 때문에 모든 것이 허용된다. 타인의 권리를 침해해도 괜찮고 법익을 침해해도 괜찮다고 하는 것은 안 됩니다."라고 하면서 "이 법률에서 즉시 형벌에 처한다는 구조는 아닙니다. … 어떤 차별적 행위에 대해 행정적 조치가 취해지는 의미의 규제도 없습니다."라고 하여 이 법률에서 규제하고자 하는 것은 제한된 것으로 형벌로 이어지는 것이 아니며 더구나 "이 법률에 따라 규제를 어떻게 할 것인가, 그 규제가 표현의 자유 … 구체적인 작용에는 영향을 미치지 않습니다."라고 자신들이 제안한 법률은 내용이 기본적으로는 이념법이라고 설명하였다.[26] 또한 법률안에 규정된 심의회에 대해서도 '독립적이고 전문성을 가진 기관으로 신속하고 공평하게 적절한 조사'를 하는 곳으로 '인종차별이 허용되어서는 안 된다는 이념을 호소하고 동시에 조사를 확실하게 하는 것'을 규정하고 있다고 하였다. 현재 일본에서 발생하는 헤이트스피치 등 인종차별과 이에 대한 대책의 필요성에 대해 오가와 도시오는 "유감스럽게도 헤이트스피치라는 행위가 저질러지고 많은 국민이 이러한 것은 용서할 수 없는 행위라는 평가를 하고 있음에도 불구하고 실제로 법규제도 없고 이것이 명확하게 위법이라는 법률도 없는 가운데 좀처럼 헤이트스피치가 그치지 않는 것이 현실입니다. … 헤이트스피치를 용서하지 않는 사회를 구성하기 위한 다양한 시책 기본방침 등을 국가가 하게하고, 또는 이러한 시책을 검토하는 심의회를 설치한 등 종합적 대책을 강구하는 법률의 내용 … 유감스럽게도 정부는 이러한 대응을 하지 않았기 때문에…"라고[27] 설명하면서

26) 第189回国会参議院法務委員会, 위의 글.

이 법률의 필요성을 강조하였다.

이에 대해 여당은 "우리들도 무엇인가 헤이트스피치를 해소하는 것을 가장 큰 목적으로 하고 있지만 직접적으로 금지하면 … 헌법상의 문제가 있습니다."라고[28] 주장하면서 일본 정부의 의견을 물었고 이에 대해 법무대신은 "개인과 단체의 언동을 대상으로 한 법률을 제정하려는 경우에는 … 일본국 헌법이 보장하는 표현의 자유와 관계가 문제가 될 수 있다고 … 개인이나 단체의 언동을 새로운 법률로 규제하려는 경우에는 규제해야 하는 범위는 어떻게 할 것이며 규제해서는 안 되는 언론까지 위축시켜서는 안 되는 등 표현의 자유와 관계에서 신중한 검토 …"[29]가 필요하다고 하며 야당의 법률안이 규제의 내용을 포함하고 있기 때문에 신중한 검토가 필요하다고 하였다.

결국 야당이 제출한 법률안은 부결되고 여당이 제출한 법률에 대해 논의가 진행되었다. 제안 설명을 한 여당 공명당의 야쿠라 가쓰오(矢倉克夫)는 법률의 성격을 "기본이념으로 국민은 본국 외 출신자에 대한 부당하고 차별적 언동의 해소 필요성에 대해 이해를 하고 본국 외 출신자에 대한 부당하고 차별적인 언동이 없는 사회 실현에 기여"라는[30] 것이라고 규정하고 있다. 자유민주당의 니시다 쇼지(西田昌司)도 "이 법률은 이념법이라는 형태로 금지라는 형태를 취하고 있지 않습니다." "경찰 등의 공권력으로 규제를 하고 강제적으로 추진하는 것이 아니라 …"라고[31] 하여 헌법상의 표현의 자유를 확실하게 보장하는 것이 중요

27) 第189回国会参議院法務委員会, 위의 글.

28) 자유민주당 니시다 쇼지(西田昌司, 第190回国会参議院法務委員会, 위의 글.

29) 법무대신 이와키 미쓰히데(岩城光英), 第190回国会参議院法務委員会, 위의 글.

30) 第190回国会参議院法務委員会, https://kokkai.ndl.go.jp/#/detail?minId=119015206X00820160419&spkNum=0(검색일: 2021.03.25.).

하다고 하였다. 이에 대해 야당은 "여당의 법안과 우리들 법안의 가장 큰 차이, 결정적인 차이는 우리들은 형벌을 가하지 않지만 소위 헤이트스피치는 위법이고 따라서 금지하고 있다는 것입니다. 여당 안은 위법이라도 금지하지 않는다는 것입니다. 다만 없어지도록 노력을 한다는 것입니다."라고[32] 하여 금지에 대한 내용을 법률로 규정할 것인가 아닌가가 여당과 야당의 의견 차이라는 것을 명확하게 하였다. 여당인 자유민주당은 헤이트스피치 해소법에 "금지조항을 두지 않는 것은 어디까지나 이념법이라는 것 … 이것은 저희들이 양보할 수 없는 사항이라고 생각합니다." "이 법률로 헤이트스피치의 내용을 규제하는 것은 불가능 …"이라고[33] 하여 이 법률이 규제 법률이 아니라는 것을 명확하게 하였다.

반면에 이 법률은 국민들에 대한 계발, 계몽, 교육을 통해 국민들의 이해를 호소하는 내용이라고 할 수 있다. 야당이 제출한 법률안에도 '인권교육의 충실'이 있으며 여당의 안에도 '교육의 충실' '계발활동'의 내용이 있다. 헤이트스피치 해소를 위해 국민들에 대한 교육, 계발 계몽활동은 매우 중요하다는 것은 인정하고 있다. 그렇지만 여당은 법률의 내용에 금지보다는 교육, 계발 계몽 활동을 강조해야 한다고 주장하고 있다. 여당은 야당이 제출한 '인종 등을 이유로 하는 차별의 철폐를 위한 시책 추진에 관한 법률안'의 규제 내용에 반대를 하면서 "차별은 사람의 마음에서 시작되는 것 … 계발을 근본적으로 강화할 필요가 있

31) 第190回国会参議院法務委員会, 위의 글.

32) 입헌민주당 오가와 도시오(小川敏夫), 第190回国会参議院法務委員会, https://kokkai.ndl.go.jp/#/detail?minId=119015206X01020160426&spkNum=80(검색일: 2021.03.25.).

33) 第190回国会参議院法務委員会, 위의 글.

다고 생각하여…"[34]라고 주장하였고 법무대신도 "법무성으로서는 인내심을 갖고 성실한 계발활동을 통하여 사회전체의 인권 의식을 높이고 소위 헤이트스피치를 포함한 차별적 언동이 허용되지 않게…" "이러한 언동이 허용되지 않는다는 것에 대해 그 인식을 양성하는 것이 편견과 차별 해소에 이어진다는 … 법무성으로서는 … 안심할 수 있는 성숙한 사회를 형성하기 위해서라도 계몽 계발활동에 대해 적극적으로 활동하고 있다고 생각합니다."라고[35] 하여 헤이트스피치를 해소하는 것은 교육, 계발, 계몽 활동을 통하여 진행하는 것이 효율적이라고 설명하고 있다. 헤이트스피치를 해소하기 위해서는 직접적인 금지보다는 국민들 사이에 헤이트스피치는 용서받을 수 없는 행동이라는 인식을 널리 침투시키는 것이 중요하다고 생각하여 법률에 금지하는 내용을 포함하는 것에 소극적이라는 것을 알 수 있다.[36]

여당이 제출한 '본국 외 출신자에 대한 부당하고 차별적 언동 해소를 위한 조치 추진에 관한 법률'의 논의 과정에서는 이 법률이 규제가 아닌 국민들의 이해를 구하는 이념법이라는 것을 명확하게 하고 있다. 법률 공동발의자인 니시다 쇼지는 이 법률의 내용이 "본국 외 출신자에 대한 부당하고 차별적인 언동을 허용하지 않는 다는 것을 선언하고 나아가

34) 자유민주당 이노구치 구니코(猪口邦子), 第189回国会参議院法務委員会, 위의 글.

35) 법무대신 가와카미 요코(上川陽子), 第189回国会参議院法務委員会, 위의 글.

36) 2016년 법무대신 이와키 미쓰히데(岩城光英)는 "헤이트스피치를 진정으로 억제하기 위해서는 헤이트스피치는 결코 용서하지 않는다는 국민들 사이에 널리 깊이 침투시키는 것이 조금 돌아가는 길이지만 가장 필요한 기본적이라는 것 그러한 생각을 하고 있습니다. 사회 전체의 인권의식을 높이고 그와 같은 언동이 용서받지 않는다는 인식이 널리 퍼지는 것으로 헤이트스피치의 영향이 없어지고 그러한 언동을 하려는 사람이 새롭게 생기는 것을 봉쇄하는 것으로 연결된다고 생각합니다."라고 국회에서 답변을 하였다. (第190回国会参議院法務委員会, https://hourei.ndl.go.jp/#/detail?billId=118903007&searchDiv=2&current=1(검색일: 2021.03.25.)).

인권교육과 인권계발 등을 통하여 국민에게 주지시키고 그 이해와 협력을 얻으면서 부당하고 차별적인 언동 해소를 위한 체제를 추진하는 것"이라고[37] 설명하였다. 또한 "교육, 계발 도덕에 호소하는 것으로 헤이트스피치를 포위하고, 국민들 가운데 부끄러운 짓을 하지 말자는 기운이 높아지면 …"[38] 자연스럽게 헤이트스피치가 해소되게 하는 것이 이 법률의 성격이라고 하였다.

2) 사전규제와 사후조치

논의의 과정에서 나타난 이 법률의 또 하나의 특징은 이 법률이 사전규제를 하기에는 매우 한계가 있는 법률이고 사후조치를 위한 토대를 마련한 법률이라는 것이다. '인종 등을 이유로 하는 차별의 철폐를 위한 시책 추진에 관한 법률안'을 제출한 입헌민주당의 오가와 도시오는 이 법률의 제정 배경으로 "유감스럽게도 헤이트스피치라는 행위가 저질러지고 있으며 많은 국민들이 이러한 것은 용서할 수 없는 행위라고 생각하고 있음에도 실제로 법규제가 없고 이것이 명확하게 위법이라는 법률도 없는 가운데 좀처럼 헤이트스피치가 근절되지 않는 것이 현실입니다."라고[39] 하면서 헤이트스피치를 근절하기 위해서는 " … 형사상 민사상 헤이트스피치라는 행동에 대해 평가가 논의 되는 경우에는 이를 허용하지 않는다는 것을 명확하게 표시"라는[40] 것이 기본이라고 하였다. 즉 규제가 되는 대상을 이 법률에 포함하였다. 더불어 이 법률은

37) 第190回国会参議院法務委員会, https://kokkai.ndl.go.jp/#/detail?minId=119015206X01020160426&spkNum=80(검색일: 2021.03.25.).
38) 第190回国会参議院法務委員会, 위의 글.
39) 第190回国会参議院法務委員会, 위의 글.
40) 第190回国会参議院法務委員会, 위의 글.

이념법이지만 "이법에 기초하여 국가가 시책을 강구하고 혹은 입법조례 등을 제정할 때에 지방자치체 등에서 공공건물의 사용규제를 정하는 경우에 이러한 인종차별금지 이념이 법으로 있다는 것을 바탕으로 …"이라고[41] 하여 규제의 대상이 되는 내용을 법률에 규정함으로써 헤이트스피치를 사전에 규제할 수 있는 근거를 마련할 수 있다고 하였다. 그 필요성에 대해서 일본공산당의 니히 소헤이는 현행법으로 헤이트스피치를 사전에 방지할 수 없는 현상에 대해 "경찰청 … 현장의 헤이트스피치를 반대하는 분들로부터 … 헤이트스피치를 하는 집단을 경찰이 지키고 있다는 소리를 …"이라고 지적하고 있다. 구체적인 사건의 예로써 그는 "가와사키 상해사건 … 현행범체포를 하지 않았습니다. 그리고 신분을 알고 있음에도 결국 … 임의동행조차 요구하지 않았다는 것. 이는 경찰조직이 가두활동가들의 폭행을 용인한다고 사회가 평가할 수 있는 것이고 웃는 것은 가해자 측이라고 지적 … 참고인 최강이자의 아이 … 바퀴벌레 조선인, 때려서 내쫓자, 죽어라, 죽여라 하고 경찰에게 보호를 받으면서 외쳤습니다. 차별을 멈추라고 말하면 손가락질하면서 웃었습니다. 경찰은 그런 사람에게 주의를 주지 않았습니다. 경찰이 헤이트스피치를 하는 사람을 보호하면서 … 조선인이 한 사람도 남지 않을 때까지 목을 졸라라 하는 사람을 경찰이 지켜주고 있습니다."라고[42] 설명하였다. 이러한 상황에 대해 참고인으로 출석한 경찰관계자도 "우파계 시민그룹의 데모에 대해 문제가 생길 위법 행위를 미연에 방지한다는 관점에서 필요한 경비조치 … 엄정 공평한 입장에서 위법행위가 있을 경우에는 이에 대해 엄격하게 대처…"한다고[43] 하여 현

41) 第190回国会参議院法務委員会, 위의 글.
42) 第189回国会参議院法務委員会, 위의 글.

재 일본의 헤이트스피치 대처의 현황을 설명하였다.

헤이트스피치를 방지하기 위한 사전적 규제가 포함된 야당의 법률안이 부결되고 대신 심의를 진행한 여당 안은 사전규제를 하는 법률이 아니라는 것을 명확하게 하고 있다. 자유민주당의 니시다 쇼지는 "금지규정이 없어도 국가가 위법성을 인정하면 여러 가지에서 있어서 행정이 본인에게 여러 가지 형태로 압력이라는 것이 가해집니다."라고[44] 하여 직접적인 사전방지 조치가 아닌 간섭적인 압력을 가하고자 하는 것이 이 법률의 내용이라고 설명하고 있다. 실질적으로 이 법률로 "헤이트스피치 데모를 할 때 데모 허가를 신청 … 이에 대해 이 법률을 근거로 공안위원회에서 데모를 불허할 수 있습니까?"라고[45] 질의를 하고 있다, 또한 그는 " … 사전에 표현의 내용, 데모의 내용을 점검하여 도로 사용허가를 할 것인가, 아닌가에 대한 제도는 없습니다. 이 법률이 만들어진다고 하여 즉시 헤이트스피치를 하는 것을 금지한다는 말은 없습니다. … 행정이 이 헤이트스피치에 대해 억제력을 발휘할 수 있다고 생각합니다."라고[46] 하여 여당이 제출한 "본국 외 출신자에 대한 부당하고 차별적 언동 해소를 위한 조치 추진에 관한 법률"의 성격을 설명하였다. 그는 또한 "소위 내용을 사전에 점검하는 것으로는 표현의 자유가 있어서 불가능 … "하다고[47] 표현의 자유를 이유로 헤이트스피치에 대한 사전규제에 대해 부정적 입장을 표시하였다.

---

43) 시오카와 미키오(塩川実喜夫), (第189回国会参議院法務委員会, 위의 글)

44) 第190回国会参議院法務委員会, https://kokkai.ndl.go.jp/#/detail?minId=119015206X00820160419&spkNum=0(검색일: 2021.03.25.).

45) 第190回国会参議院法務委員会, 위의 글.

46) 第190回国会参議院法務委員会, 위의 글.

47) 第190回国会衆議院法務委員会, https://kokkai.ndl.go.jp/#/detail?minId=119005206X01920160520&spkNum=212(검색일: 2021.03.25.).

대신에 여당이 주장한 헤이트스피치 대책은 사후조치에 해당하는 것이다. 공명당의 구니시게 도루(国重徹)는 이 법안에 대해 "본 법안의 … 불특정 집단에 대해 부당하고 차별적인 언동이 허용되지 않는다는 것을 명확하게 선언"하는 것으로 " … 기타 법령 해석이나 사법 판단에서 중요한 이해 지침에 영향을 주고 … "라고[48] 하여 여당이 제출한 법률안은 선언적 의미가 강하고 이에 따라 다른 부처에서 실질적인 판단을 할 것이라고 하였다. 자유민주당의 니시다 쇼지도 "이념을 국가 최고기관이 정하였습니다. 헤이트스피치는 허용하지 않는다는 것은 국민의 의사 …"라고[49] 하여 국가 최고기관인 국회에서 헤이트스피치를 허용하지 않는다는 것을 규정하는 것 자체가 의미가 있다고 하였다. 그리고 "행정이 … 이 법률로 지침을 받아서 행정 판단을 한다고 생각합니다. … 재판에 있어서도 … 결국은 우리들이 제정한 이 법률에 따라 법원도 … 이 법률을 바탕으로 판단한다고 …"[50] 이 법률 자체는 헤이트스피치를 사전에 규제할 수 있는 것은 아니지만 이 법률은 행정부나 사법부에서 헤이트스피치에 대한 조치를 할 수 있는 근거를 마련해 주었다는 것이다.

헤이트스피치에 대해 사전에 대처하는 것이 아닌 사후에 조치를 하는 내용에 대해 야당은 법률의 실효성 문제를 제기하고 있다. 공산당의 니히 소헤이는 여당의 법률의 내용에 대해 "(헤이트스피치를)… 사회적으로 근절하는 것이 매우 중요하다고 생각합니다. 이 법안은 노력 의무를 말하고 있습니다."라고[51] 하고 입헌민주당의 오가와 도시오는 " … 3조

48) 第190回国会衆議院法務委員会, 위의 글.
49) 第190回国会衆議院法務委員会, 위의 글.
50) 第190回国会参議院法務委員会, 위의 글.
51) 第190回国会参議院法務委員会, 위의 글.

에 노력한다. 노력할 생각이 없는 사람 혹은 원래 노력에 반하는 행동을 하려는 사람들에 대해 어떤 효과가 있습니까?" "법률상 효과는 아무것도 없다는 것이 이 법률이라고 생각합니다. … 헤이트스피치 규제는 불가능 …"이라고[52] 하여 이 법률은 실질적으로 헤이트스피치를 해소할 수 있는 것에 대해 의문을 제기하고 있다. 이 법률의 내용이 구체성이 결여되어 있기 때문에 이 법률안이 제정된다고 해도 헤이트스피치 데모는 반복해서 일어날 것이라고 하였다. 실제로 헤이트스피치 데모를 사전에 통제할 수 있는가에 대한 의문도 제기되었다. 입헌민주당의 오사카 세이지(逢坂誠二)는 "이번 법안의 성립으로 경찰의 대응이 변합니까? 예를 들어 경찰의 대응이 데모를 해도 문제가 없다는 것이고 이 데모를 허가한다는 것이 됩니다만 이 법률이 만들어진다고 그 경찰의 판단 기준이 변합니까?"라고[53] 질문하였고 이에 대해 자유민주당의 니시다 쇼지는 "이 법률을 활용하는 것으로 경찰은 하고 있는 측이 가해자이고 당하는 측이 피해자라는 인식을 포함하여 행정상의 권한을 행사하는 것이 가능하지 않을까라는 것을 저희들은 기대하고 있습니다."라고[54] 답변하여 법률로 직접적으로 헤이트스피치를 통제하는 것이 아니라 헤이트스피치 해소에 효과를 기대한다고 하였다. 공명당의 야쿠라 가쓰오도 "(헤이트스피치 방지에)… 노력할 마음이 없는 사람도 … 분위기 휩쓸려 변화 …"한다고[55] 하여 이 법률은 간접적으로 헤이트스피치 해소 영향을 미칠 것이라고 인식하고 있다.

야당은 자신들이 제출한 법안이 부결되고 여당이 제출한 "본국 외

52) 第190回国会参議院法務委員会, 위의 글.
53) 第190回国会参議院法務委員会, 위의 글.
54) 第190回国会衆議院法務委員会, 위의 글.
55) 第190回国会参議院法務委員会, 위의 글.

출신자에 대한 부당하고 차별적 언동 해소를 위한 조치 추진에 관한 법률"은 실효성이 매우 의심되는 법안이라고 생각하여 실제로 헤이트스피치를 해소하기에는 한계가 있는 것으로 생각하고 있었다.

4. 맺음말

2015년부터 2016년에 걸쳐 일본 국회에 제출되어 논의된 헤이트스피치 해소법은 야당이 제출한 '인종 등을 이유로 하는 차별의 철폐를 위한 시책 추진에 관한 법률안'의 논의를 거쳐 '본국 외 출신자에 대한 부당하고 차별적 언동 해소를 위한 조치 추진에 관한 법률'을 심의하는 과정을 거쳤다. 여당은 야당이 제출한 법률안이 일본국 헌법에서 보장하는 '표현의 자유'를 제한할 가능성이 크다는 이유로 반대를 하였다. 한편 야당은 여당이 제출한 법률은 실제로 헤이트스피치를 해소하기에는 한계가 있는 법률로 생각하였다. 최종적으로는 야당도 여당의 법률안에 대해 아쉬움과 부족함을 인식하면서도[56] 찬성하여 채택하였지만

56) 일본공산당의 니히 소헤이는 여당의 원안에 찬성을 하면서 다음과 같은 수정을 요구하였다. 1. 법안의 명칭을 헤이트스피치 근절을 위한 조치 추진에 관한 법률 등으로 할 것. 2. 어느 누구도 헤이트스피치를 해서는 안 된다는 의미의 규정을 둘 것 3. 헤이트스피치 정의에 대해 '본국 외 출신자에 대한 부당하고 차별적 언동'으로 바꾸고 인종 혹은 민족에 관련된 특정 속성을 같은 개인 또는 집단 이하 민족 등이라고 합니다만 이 사회로부터 배제 권리 자유의 제한 민족 등에 대한 증오 또는 차별 의식 혹은 폭력의 선동을 목적으로 하여 불특정 다수의 사람이 이를 알 수 있는 상태로 하는 것과 같은 장소 또는 방법으로 행해지는 언동으로 그 대응이 민족 등을 현저하게 모욕 비상 중상하고 위협을 느끼게 하는 것과 같은 규정을 둘 것. 4 '적법하게 거주한'의 요건을 삭제할 것 5. 지방공공단체의 책무는 '노력하는 것으로 한다'를 바꾸어 국가와 동일하게 '책무를 갖는다.'로 할 것(第190回国会参議院法務委員会, https://kokkai.ndl.go.jp/#/detail?minId=119015206X01320160512&spkNum=4(검색일: 2021.03.25.)).

논의의 과정에서 여당이 생각하고 있는 헤이트스피치에 대한 생각을 알 수 있었다. 여당이 생각하는 헤이트스피치에 대한 대처 방법은 헤이트스피치를 금지하는 것이 아니라 국민들에게 헤이트스피치가 좋지 않다는 것을 교육하고 계몽하며 호소하는 것이었다. 이에 따라 사전에 규제를 하는 것이 아니라 자신들이 선언한 원칙에 따라 사후에 행정부의 행정조치나 사법부의 판결에 기대하는 것이었다. 이에 대해 야당의원들은 법률의 실효성에 대해 의문을 제기하였지만 여당은 행정 또는 사법적인 조치와 국민들의 의식에 기대한다는 주장을 하고 있다.

결국 일본의 헤이트스피치 해소법은 국제적인 흐름에도 뒤쳐져서 제정되었을 뿐만 아니라 그 내용에 있어서도 실질적으로 헤이트스피치 해소를 위한 대책이라기보다는 분위기 형성 등 국민들의 의식 향상을 통한 헤이트스피치 해소에 중점을 두고 있다고 할 수 있다. 일본 정부는 현행 형법 등의 법률로 헤이트스피치를 해소할 수 있다는 생각을 유지하고 있으며 그 결과 헤이트스피치를 해소를 위한 선제적인 대책보다는 사후적인 조치를 통한 헤이트스피치 해소를 기대하고 있다.

일본 국회에서 제정한 헤이트스피치 해소법의 내용 및 성격으로부터 일본 사회의 재일코리안에 대한 생각을 파악할 수 있다. 헤이트스피치 해소법의 제정 계기가 된 것이 재일코리안 들에 대해 헤이트스피치 행위에 대한 대책이었다는 것을 감안한다면 일본 사회에서 재일코리안을 집단적으로 괴롭히는 행위를 근절시키는 것에 대해 일본 정부 등은 적극적인 자세를 갖고 있다고 할 수 없다. 재일코리안에 대한 괴롭힘 등의 행위에 대해 사전에 금지를 시키는 것이 아니라 일본국민들에게 헤이트스피치는 나쁜 것이니 자제해 달라는 호소를 하는 것과 피해자들은 사건이 일어난 이후에 행정, 사법적 구제를 요구할 수 있다는 것이다. 즉 재일코리안과 관련된 정책의 의미로 본다면 일본 정부가 제정한 헤이트스피치 해소법은 재일코리안에 대한 적극적인 배려라는 의미를 생각하기 어려운 법률이라고 할 수 있다.

이 글은 동국대학교 일본학연구소의 『일본학』 제56집에 수록된 논문 「일본의 헤이트스피치 해소법의 성격」을 수정·보완한 것임.

참고문헌

榎透, 「日本におけるヘイト·スピーチ対策に関する一考察」(https://senshu-u.repo.nii.ac.jp(검색일: 2020.04.01)

小笠原 美喜, 「米英独仏におけるヘイトスピーチ規制」(https://dl.ndl.go.jp/view/(검색일: 2020.04.21.))

川西晶大, 「日本におけるヘイトスピーチ規制ーヘイトスピーチ解消法をめぐってー」(https://dl.ndl.go.jp/(검색일: 2021.05.17.))

本邦外出身者に対する不当な差別的言動の解消に向けた取組の推進に関する法律 https://kokkai.ndl.go.jp/#/detailPDF?minId=119015206X00720160414&page=27(검색일: 2022.01.05.)

人種等を理由とする差別の撤廃のための施策の推進に関する法律案, (https://www.sangiin.go.jp/japanese/joho1/kousei/gian/189/pdf/t071890071890.pdf(검색일: 2021.12.10.))

第189回国会参議院法務委員会, (https://hourei.ndl.go.jp/#/detail?billId=118903007&searchDiv=2&current=1(검색일: 2021.06.01.))

第190回国会衆議院法務委員会, (https://kokkai.ndl.go.jp/#/detail?minId=119005206X01920160520&spkNum=212(검색일: 2021.03.25.))

第190回国会参議院法務委員会, (https://hourei.ndl.go.jp/#/detail?billId=118903007&searchDiv=2&current=1(검색일: 2021.03.25.))

第190回国会参議院法務委員会, (https://kokkai.ndl.go.jp/#/detail?minId=119015206X00820160419&spkNum=0(검색일: 2021.03.25.))

第190回国会参議院法務委員会, (https://kokkai.ndl.go.jp/#/detail?minId=119015206

X01020160426&spkNum=80(검색일: 2021.03.25.))
第190回国会参議院法務委員会, (https://kokkai.ndl.go.jp/#/detail?minId=119015206X01320160512&spkNum=4(검색일: 2021.03.25.))
第190回国会参議院本会議, (https://kokkai.ndl.go.jp/#/detailPDF?minId=119015254X02620160513&page=36(검색일: 2022.01.05.))

일본 조선학교 고교무상화 배제의 정치과정

권연이

1. 시작하며

일본에서 북한 관련 국내·외 사건들의 발생은 탈냉전시대에도 여전히 재일조선인·재일코리안의 삶의 범위를 한정 짓고 제약하는 요인으로 작용한다. 북한 핵·미사일, 납치문제, 한중일 국가들 간의 역사인식문제, 영토문제는 내셔널리즘이 크게 작동하는 요인이 되어 보편적 이데올로기가 힘을 잃게 만든다.[1] 특히 국가안보와 관련된 담론이 일본 사회에 확대될수록 국제사회가 중요시 여기는 보편적 인권 담론은 위축된다.

일본의 고교무상화 정책 도입과정에서 조선학교에 대한 적용 여부를 둘러싸고 일어난 일련의 결정들은 국가안보와 인권문제 사이에서 안보논리가 강력한 영향력을 미친 사례로 볼 수 있다. 일본의 고교무상화 정책은 민주당 정권이 매니페스토에서 교육기회 균등의 원칙에서 보편주의에 입각해서 도입하려 한 정책이다. 민주당 정권은 2010년 3월 취학지원금을 지급하는 고교수업료 무상화 법안을 통과시켰다. 그러

1) 中西寛, 「戦後日本外交とナショナリズム」, 『国際政治』 170, 日本国際政治学会, 2012, pp.1~14.

나 그 대상으로서 조선학교를 포함시킬지 여부는 결정하지 않았다. 조선학교에 대한 결정이 유보된 상태에서 같은 해 11월 북한의 연평도 포격 사건이 발생하자 이를 계기로 조선학교에 대한 심사수속은 동결되었다. 다시 심사가 재개되었지만 조선학교를 대상으로 삼을 것인가에 대한 논의는 북한에 대한 여론이 악화된 가운데 대북제재와 연결되어 조선학교를 배제하려는 움직임으로 이어졌다. 이후 자민당 정권으로 교체되고 배제가 확정되었다. 이에 대해 조선학교와 조선대학교 학생들, 학부모 등은 2013년부터 도쿄의 문부과학성 앞에서 조선학교 무상화 배제 반대 '금요행동' 시위를 통해 배제 철회를 요구하고 있으며 재판 소송을 통해 무상화 배제의 부당성을 알리는 활동을 진행해왔다.

신자유주의 개혁의 부(負)의 산물로서 경제 격차 문제가 심각해진 가운데 이루어진 정권 교체를 통해 '새로운 공공'으로서 보편적 복지, 다문화공생을 주창한 민주당 정권의 정책 매니페스토에도 불구하고 고교무상화 과정에서 조선학교는 배제의 대상으로서 논의의 쟁점이 되었다. 민주당은 리버럴한 정책 지향성을 가지고 다문화공생을 주창하며, 외국적주민의 참정권을 추진하는 등 자민당에 비해 리버럴한 정책을 도입, 추진하려고 하였다. 하지만 왜 조선학교는 고교무상화 논의의 초기에는 포함되었다가 이후에는 배제되어갔을까? 민주당 정권에서 가능했을 정책에서 조선학교는 배제된 채로 진행되고 자민당 정권이 되면서 배제가 확정적이 되었다.

이 글에서는 기존 연구에서 제대로 분석되지 않은 정치과정에 초점을 맞춰 재일조선인에 대한 정책이 대외정책요인에 영향을 받은 국내 정치과정의 행위자들에 의해서 결정되어가는 과정에 대해 논한다. 정책결정과정에 영향을 미친 정치과정에 대해서 살펴보는 것은 조선학교를 무상화 대상에서 배제한 결정에 대해서 단순한 '민족 차별'이나 '조선인 혐오'의 프레임으로 규정하고 일본 정부를 비난하고 그치는 것이 이 문제를 '정치적'인 문제로서 다루지 못함으로써 해결책을 봉인해버리는 결과를 초래한다고 보기 때문이다. 정치과정에 초점을 맞춰 일본 정부의 정책기조, 정치사회세력들의 연계 여부 등을 살펴봄으로써 이 문제를 조금 더 '정치적'으로 해석하고 접근할 수 있는 논의를 제공하기 위함이다.

고교무상화라는 국제인권규약이 정하고 있는 국제적 기준에 맞는 보편적 교육제도를 도입하려 한 민주당 정권이 북한체제와의 연관성 및 안보문제로 인한 대북제재 논의로 인해 조선학교에 대한 적용을 유보하고, 자민당 정권하에서 이것이 확정되는 과정을 분석한다. 이러한 과정에서 유엔 등의 국제사회가 권고하고 있는 국제인권규약임에도 북한에 의한 납치피해자 가족 단체 및 북한귀국사업 피해자 단체에 의한 반대 운동과 이들의 인권에 대한 논의가 강조되면서 일본 사회에서 리버럴한 인권옹호단체의 영향력, 마이너리티로서 존재해온 재일조선인의 인권에 대한 논의는 약화되어 갔음을 지적할 것이다.

국제인권규범으로서 민족적 마이너리티의 교육권을 옹호하는 주장은 일본 정부의 강경한 대북기조와 더불어 정당, 언론, 시민단체들을 중심한 '反北' 연계가 강화되면서 잠식되어 갔다. 민주당 정권의 보편적 복지정책의 일환으로서 도입될 예정이었던 고교무상화 법안 논의는 대북제재 기조를 유지하기 위한 정치 논리의 지배적 여론 속에서 편향되어 되어갔다. 즉 일제 식민지배라는 역사적 경위에 의해서 일본 사회에서 특수한 존립 경위를 갖는 재일조선인의 '오래된' 인권에 대한 논의는 정부의 대북정책기조 및 납치문제담당상, 납치피해자 단체, 북한귀국자인권단체 등 '반북' 정치세력의 연합에 의한 '새롭게 부상한' 북한 피해자 인권에 의해 주목받지 못하게 되었다. 이 글에서는 조선학교 고교무상화 배제의 일련의 과정을 통해 조선학교 학생들의 '인권'에 대한 호소는 북한체제와의 관련성, 납치피해자, 북한 귀국사업 피해자들의 호소와 겹쳐 반향을 얻지 못했으며, '대북제재'라는 인식틀을 벗어나지 못하고 결정이 확정되어갔음을 논한다.

위의 논의를 전개하기 위해 2장에서는 민주당 정권기에 고교무상화 도입이 논의되다가 무엇을 계기로 논의가 중단되었는지 그 과정에 대해서 논한다. 3장에서는 자민당 정권기에 조선학교 배제를 확정한 과정에 대해서 논한다. 4장에서는 제2장과 제3장의 정책결정과정의 기저에 자리 잡고 있던 일본 정부의 대북제재기조, 주요 일간지의 논조, 그리고 인권문제 관련 일본 시민사회단체들의 대립(보수-리버럴)과 보수 인권단체들의 활동에 대한 분석을 통해 정부와 보수 여론, 보수 시민단체들이 이 문제를 중심으로 연계를 형성하고 있었음을 지적한다.

2. 민주당 정권의 고교무상화 도입과 조선학교

1) 국제인권규약과 민주당의 매니페스토 '고교무상화'

민주당은 다문화 정책, 보편적 복지제도의 도입 등 글로벌화 속에서 다양성을 포괄하는 제도적 정비를 추진할 것을 약속하고, 2009년 총선거의 정책 매니페스토의 2대 중점 정책(아동 수당, 고교무상화) 중의 하나로서 고교무상화 정책의 도입을 제시하였다.[2] 공립 고등학교의 경우 수업료를 받지 않고, 사립 고등학교의 경우 공립학교의 수업료와 동등

2) 『民主党政策集INDEX2009』 http://archive.dpj.or.jp/policy/manifesto/seisaku2009/img/INDEX2009.pdf(검색일: 2023.02.02.).

한 금액을 지급하는 것을 내용으로 하는 것이었다. 일본의 고등학교에 해당하는 외국인학교에 대해서도 '일본 사회 전체에 널리 배움을 지원한다'는 이념에서 사립학교와 동등한 금액을 지급할 예정으로 예산안도 편성해두었다.[3)]

2009년 8월 30일 총선에서 민주당이 승리한 후 정권 교체가 이루어져 하토야마(鳩山由紀夫) 내각이 성립되었다. 9월 16일 하토야마 수상은 가와바타(川端達生) 문부과학대신에게 교육정책과 관련하여 다음과 같이 지시했다. ① 고교를 실질 무상화하고 대학은 장학금을 대폭적으로 확충하여 교육과 관련한 국민 부담을 경감한다, ② 장래 일본을 짊어질 인재를 키우기 위해 교원의 자질이나 숫자를 충실히 하여 질 높은 교육을 실현한다, ③ 대학이나 연구기관의 교육력·연구력을 강화하여 과학기술로 세계를 리드한다는 내용이었다.[4)] 하토야마 수상은 2009년 10월 26일의 국회 소신표명 연설에서도 "모든 의지 있는 젊은이가 질 높은 교육을 받을 수 있는 나라를 목표로 하겠습니다. 재원을 확보하여 … 고교의 실질무상화, 장학금의 대폭적인 확충을 추진해가겠습니다." 라고 발언하여 고등교육의 보편적 적용을 위한 정책을 추진할 것을 약속한 바 있다.[5)]

특히 고교무상화 정책은 일본 정부가 채택하지 않고 유보해왔던 국제규약에 대해서 그 유보를 철회한다는 의미도 포함하고 있었다. 2010

---

3) 朝日新聞, 「朝鮮学校無償化除外へ文科省「教育内容の確認困難」」, 2010年3月12日. http://www.asahi.com/seikenkotai2009/TKY201003110535.html(검색일: 2023.02.02).

4) 「鳩山内閣閣僚記者会見」, https://nettv.gov-online.go.jp/prg/prg2760.html(검색일: 2023.02.04).

5) 「第173回国会における鳩山内閣総理大臣所信表明演説」, 2009年10月26日, www.kantei.go.jp(검색일: 2023.02.02).

년 1월 29일 하토야마 수상은 시정방침연설에서 고교의 실질 무상화를 개시할 것에 대해서 언급하며 "국제인권규약에 있어서 고등교육의 단계적 무상화 조항에 대해서도 그 유보의 철회를 구체적인 목표로 하여 교육격차를 없애기 위한 검토를 추진할 것"을 표명하였다.[6)]

일본은 국제인권 규약(A규약)에 대해서 1979년 조약을 비준하였으나, 중등교육(중학·고교외) 및 고등교육(대학 외)의 점진적 무상화를 정하고 있는 제13조 2항 (b) (c)에 대해서는 유보해왔다. 2009년 5월 시점에서 조약 가맹국 160개국 중 동 조항의 비준을 유보하고 있던 것은 일본과 마다가스카르 2개국뿐이었다.

민주당 정부는 유엔의 2001년 9월 24일 자의 「최종견해」에 대한 정부 보고서를 2009년 12월에 유엔에 제출하였다. 제13조 2항 (b) (c)에 대한 유보는 여전히 유지하고 있었지만, 2009년 9월 민주당 정권이 성립된 이후에 몇 개의 항목에서 재검토를 개시하고 있음을 알리는 내용이었다.[7)] 실제로 가와바타 문부과학대신은 2009년 11월 18일 중의원 문부과학위원회에서 제13조 2항 (b) (c)의 유보 철회를 향한 시책에 대해서 검토를 추진하겠다는 의향을 밝힌 바 있다.[8)]

민주당이 정책 매니페스토에 고교무상화 도입을 주요 정책으로 내세운 것이나 정권을 획득한 이후 고교무상화를 적극적으로 추진한 것은 일본이 국제인권 규약의 관련 조항을 비준하지 않고 있는 상황에서

6) 「第174回国会における鳩山内閣総理大臣施政方針演説」, 2010年1月29日, www.kantei.go.jp(검색일: 2023.02.02).

7) 「人権外交:国際人権規約」, https://www.mofa.go.jp/mofaj/gaiko/kiyaku/index.html (검색일:2023.02.04).

8) 「第173回国会衆議院文部科学委員会 第2号平成21年11月18日」, https://kokkai.go.jp (검색일: 2023.02.04).

국제적으로 후진적이었던 일본의 교육제도를 개선한다는 의미에서 혁신적인 것이었고, 실질적으로는 뒤늦게나마 국제적인 수준에 맞추기 위한 노력이었다고 볼 수 있다.

2) 고교무상화 법안 성립과 조선학교 결정 보류

그러나 고교무상화법의 대상에 조선학교를 포함시키는 것이 적절한가에 대한 문제 제기가 대북제재에 강경한 목소리를 내온 납치문제담당 대신으로부터 나오게 된다. 2009년 12월 나카이(中井洽) 납치문제담당 대신은 북한의 '납치문제'에 진전이 없는 상황이었기 때문에 조선학교를 무상화 대상에서 제외해야 한다고 문부성에 영향력을 행사하였다.

2010년 1월이 되어 고교무상화법안이 각의결정되었다. 1월 29일 하토야마 수상은 국회 시정방침 연설을 통해서 '고교실질무상화'를 발표하였다. 원래 민주당 정권이 출범하기 전에 야당 시절부터 민주당은 고교무상화 법안을 작성하였고, 법안의 기본 방침에 조선학교[9]도 무상화 대상으로 포함하는 것을 전제로 하고 있었다.

2010년 2월이 되어 국회에서 나카이 납치문제담당대신이 조선학교를 무상화 적용 대상에서 제외하도록 가와바타 문부과학대신에게 요청한 사실이 알려지게 되었다. 이후 민주당 내에서도 찬성론, 반대론, 신중론이 뒤섞이게 되고 하토야마 수상도 조선학교 적용에 대해서 결정을 일단 보류하고 연기하게 된다. 이러한 상황에서 하토야마 수상은

9) 조선학교 고급과정 (고교과정)은 일본 전국에 10개교가 있다. 홋카이도(北海道) 초중고급, 이바라키(茨城) 초중고급, 도쿄(東京) 중고급, 가나가와(神奈川) 중고급, 아이치(愛知) 중고급, 교토(京都) 중고급, 오사카(大阪) 고급, 히로시마(広島) 초중고급, 고베(神戸) 고급, 규슈(九州) 중고급 등이 있다. 출처: http://urihakkyo.org/?page_id=49 (검색일: 2023.02.03).

2월 말에는 "국교가 없는 나라이므로 교과 내용을 조사할 방법이 없다"며 조선학교에 대한 적용방침을 견지하지 않을 것을 시사하는 발언을 하였다.[10)]

이어서 3월 초에는 중의원의 문부과학위원회와 사민당이 조선학교를 시찰하였고 이를 토대로 중의원 문부과학위원회에서 고교수업료 무상화 법안이 본격적으로 심의되었다. 그러나 3월 11일에 납치문제대책 특별위원회(古屋圭司·拉致問題対策特別委員長)와 문부과학부회(義家弘介·文部科学部会長)가 합동회의를 개최하여, 조선학교 무상화를 적용해서는 안 된다는 취지의 결의를 전회일치로 채택하였다. 그 논의 과정에서 조선학교를 단순 교육기관이 아니라 북한체제를 뒷받침하는 대일공작기관으로 의구심을 가지고 있음을 표명했다.[11)] 같은 날 하토야마 내각은 '고교무상화'에 대해서 조선학교를 제도 대상에서 제외하는 방침을 굳히게 된다. 납치문제가 해결되지 않는 것에 대한 각내에서의 반대, 일본의 고등학교에 준하는 교육이 실시되고 있는지에 대해 확인해줄 정식 국교가 없다는 점 등에서 다른 고등학교와 동등하게 취급할 수 없다고 판단했다.[12)]

민주당이 정권을 획득하자마자 고교무상화 법안의 성립을 서둘렀던 이유는 2010년 여름의 참의원 선거에서 '고교무상화'를 유권자에게 어필할 수 있는 정권 업적으로 생각하고 있었기 때문이었다. 이를 위해서 국회심의를 서두를 필요가 있었고, 3월 중에 법안을 성립시켜서 신년

---

10) 朝日新聞, 「朝鮮学校無償化除外へ文科省, 「教育内容の確認困難」」, 2010年3月12日. http://www.asahi.com/seikenkotai2009/TKY201003110535.html(검색일: 2023.02.02).

11) 自民党, 「高校授業料無償化法案 朝鮮学校は対象とすべきではない!」, 2010年3月11日, https://www.youtube.com/watch?v=CZvToPr3Ub8(검색일: 2023.02.03).

12) 『朝日新聞』, 2010年3月12日.

도가 시작되는 4월부터 실행하려고 하는 계획을 가지고 있었다. 선거를 염두에 두고 서두르고 있던 민주당에게 조선학교 문제는 난감한 사안이었고, 그래서 조선학교는 결정을 보류한 채로 고교수업료 무상화법의 수속이 진행되었던 것이다.

3월 31일 고교수업료 무상화법이 국회 참의원 본회의에서 가결·성립되었다(찬성: 민주당, 공명당, 공산당, 반대: 자민당). 이 법의 목적은 고등학교 교육에 있어서 경제적 부담의 경감을 꾀하고 교육기회 균등에 기여하는 것에 있다.[13] 이로써 1979년 일본이 유엔 자유권 규약을 비준하면서 30년 이상 보류해온 후기 중등교육 무상화가 실현된 것이다. 이 제도에 의해서 각종학교 취급을 받았던 외국인학교에도 처음으로 국가의 지원금이 지급되었다.

4월 1일부터 고교무상화법이 시행되었고 이로서 공립고교가 무상화됨과 동시에 사립고교와 외국인학교 등을 포함한 '고교와 동등'하다고 간주되는 각종학교의 학생들에게 지원이 이루어지도록 결정되었다. 4월 30일에는 고교무상화법의 대상이 되는 외국인학교 31개교가 공표되었다. 결정이 보류된 조선학교는 전문가 검토 회의를 거쳐 그 결과를 여름까지 발표하는 것으로 결정되었다.

문부과학성은 이 제도를 적용하는데 있어서 각종학교인 외국인학교에 대해서 해당하는 학교를 3개로 분류했다. 즉 각종학교인 외국인학교 중 (가) 국교가 있는 학교는 무조건 적용, (나) 인터내셔널학교 등 국제적 기준을 충족하고 있다고 판단되면 적용, (다) (가)와 (나)에 해당하지 않는 학교로 제3자의 전문가 회의가 심사기준을 제시해서 심사

13) 衆議院, 「公立高等学校に係る授業料の不徴収及び高等学校等就学支援金の支給に関する法律」, 2010年3月31日. https://www.shugiin.go.jp/(검색일: 2023.02.03).

회의 심사 후에 문부과학대신이 인가한 학교에 적용하는 방식이다.

즉 이것은 ①본국이 일본의 고교와 동등하다는 것을 인정하고 있는 경우, ②국제적인 평가기관에서 인정받고 있는 경우를 말하나, 조선학교의 경우는 일본이 북한과 국교가 없기 때문에 두 기준에 해당되지 않았다. 따라서 (다)의 기준을 적용하여 전문가 검토회를 설치해서 이곳의 검토를 거쳐 결정하는 것이 되었다.[14)]

이에 따른 검토 회의를 5회 실시한 내용을 정리하여, 8월 30일 「고등학교의 과정에 준하는 과정을 두는 외국인학교의 지정에 관한 기준 등에 대해서」라는 보고서가 제출되었다. 이때 제시된 기준에는 교과서의 기술 등 구체적인 내용을 묻지 않고 수업시수가 교원수 등 외형적 항목이 충족되는가 여부로 판단하는 것으로 하고, 10개의 조선학교 전부를 무상화의 대상으로 포함하는 것이 가능하게 되어 있었다.

간(菅直人) 수상은 8월 26일 민주당의 견해에 입각해서 착실하게 수속을 진행시킬 것을 지시하고, 이에 따라 민주당의 문부과학·내각부문 합동회의가 열리게 되었다. 9월 7일에 열린 민주당의 문부과학부문과 내각부문의 제1회 합동회의에서는 일부 의원으로부터 조선학교에서는 "반일적인 사상 교육이 실시되고 있다"는 지적이 나왔고, 따라서 교육 내용에 주시해야 한다는 등의 부정적인 의견이 나왔다. 그러나 참석자 대부분의 중·참의원들로부터 고교무상화는 정책공약이며 학생들도 교과서만으로 역사를 판단하지 않을 것이라는 등의 찬성 발언이 이어졌다. 반대하는 의원은 참석자 중 3명 정도에 그쳤다.

민주당의 정책조사회는 10월 21일 확대 임원 회의에서 이 기준을

14) 文部科学省, 「高等学校等就学支援金の支給に関する検討会議」, 5月26日, 6月30日, 7月16日, 7月26日, 8月19日. https://www.mext.go.jp/(검색일: 2023.02.02).

수용하는 것에 합의했다. 그러나 여전히 조선학교의 교육내용에 대한 우려의 의견과 조성금이 수업료로 쓰일지 여부에 대해서 학교 경리의 투명화를 요구하는 의견이 존재했다.[15)]

간 수상은 부문 회의에서 나온 일부 반대 의견 가운데 교육내용을 체크해야 한다는 요구에 반응하여 더 검토가 필요하다고 했지만, 다카기(高木義明) 문부과학대신은 2010년 11월 5일 전국 10개의 조선고급학교에 고교무상화제도를 적용하는 판단 기준을 정식으로 공표했다. 문부과학성은 전문가 검토 회의를 통해서 조선학교의 교과서, 수업 내용, 시설 등을 직접 확인하고 이를 검증 재료로 삼아서 조선학교가 일본 고교에 준하는 교육을 하고 있다고 판단하였고, 조선학교를 고교무상화법의 적용 대상으로서 구별 없이 조성해야 한다는 입장을 굳혔다.[16)]

이날 발표된 「공립고등학교에 관련된 수업료의 불징수 및 고등학교 등 취학지원금의 지급에 관한 법률 시행규칙 제1조 제1항 제2호 '다'의 규정에 근거한 지정에 관한 규정」은 조선학교가 신청한 규정 '다'에 근거한 지정에 관한 규정이다. 이 규정에서는 ① 수업연한 3년 이상, ② 연구 수업시간 수 800시간 이상, ③ 교원수 (학생수 81~100명당) 6인이 기준으로서 제시되었다. 문부과학성의 검토 회의의 보고서의 기준을 정식 기준으로 하고, 교과서·교육내용에 대해서는 강제력이 없는 자주적 개선을 요구한다고 하였다.[17)]

15) 朝日新聞, 「朝鮮学校の無償化, 民主党が容認」, 2010年10月21日.

16) 朝日新聞, 「朝鮮学校も無償化へ調整, 文科省方針, 政権内になお異論」, 2010年8月4日.

17) 文部科学大臣決定, 「効率高等学校に係わる授業料の不徴収及び高等学校等就学支援金の支給に関する法律施行規則第1条第1項第2号ハの規定に基づく指定に関する規定」, 2010年11月5日. https://www.mext.go.jp/(검색일: 2023.02.03).

3) 연평도 포격 사건과 조선학교 심사 지연

이러한 가운데 조선학교 심사를 동결시키는 안보와 관련된 결정적인 사건이 일어났다. 2010년 11월 23일에 북한군이 한국의 연평도를 포격하여 한국군이 응전하는 사건이 발생했다. 다음 날인 11월 24일 연평도 포격 사건을 이유로 간 수상은 다카기 문부과학대신에게 심사 정지를 지시하였고 이로 인해 조선학교의 수업료 무상화 수속은 정지되었다. 11월 25일 참의원 예산위원회에서 이루어진 질의응답에서 자민당의 야마모토(山本一太) 의원의 질문에 다카기 문부과학대신은 '외교 문제로 인해' 조선학교 수업료 무상화의 수속이 정지되었음을 인정했다. 최종적으로는 교육적 관점에서 판단해야 할 문제라고 발언하였다.[18] 센고쿠(仙谷由人) 관방장관도 한반도 정세가 긴박화됨에 따라서 북한의 동향에 대한 정보수집과 불측의 사태에 대비하기 위한 조치이지, 북한에 대한 제재적 의미에서 조선학교 무상화 수속을 정지한 것은 아님을 밝혔다.[19]

정부는 2011년 2월 25일에 조선학교 수업료 무상화 수속 동결을 해제하려면 그 조건으로 한반도의 정세가 "포격 사건 이전 상황이 될 때"에야 가능하다고 발표했다. 3월 8일에는 지방자치체 중에서 처음으로 오사카부의 하시모토 지사가 오사카 조선고급학교에 대해서 보조금을 지급하지 않을 방침을 밝혔다. 그리고 4월 5일이 되자 정부도 조선학교 3학년에 대한 구제책 검토를 중단했다.

8월 29일이 되어 간 수상의 지시에 따라 조선학교에 대한 심사가

18) 第176回国会参議院予算委員会第9号, 2010年11月25日. https://kokkai.ndl.go.jp/(검색일: 2023.02.03).

19) ロイター, 「朝鮮学校の無償化手続き停止望ましい=仙谷官房長官」, 2010年11月24日.

재개되었다. 그리고 다음 날인 8월 30일에 간 수상은 사임하였다. 9월 2일 문부과학대신이 나카가와(中川正春)로 바뀌게 되었고, 이후부터 전국의 조선학교(고교)에 대한 시찰이 진행되었다. 이것은 심사에 필요한 내용으로서 교육내용을 깊게 조사하기 위한 것이었다. 심사가 진행중이었기 때문에 판단은 계속 유보되고 있었다.

게다가 간 수상의 조선학교 심사 재개 지시는 8월 9일에 자민당과 3당 합의를 통해서 약속한 합의 사항을 뒤집는 결정이었다. 민주당은 조선학교를 무상화의 대상으로 할지에 대해서 자민당과 논의할 예정이었고, 또한 심사 재개의 조건으로서 "국제적, 국내적 상황이 포격 이전으로 돌아갔다"는 상태를 확인한 후에 결정하겠다는 것이었지만, 이에 대한 구체적인 근거가 제시되지 않은 채로 간 수상 주도로 이루어진 것이었다. 때문에 정부와 민주당 내부에서도 반대 의사 표명이 이어졌다. 나카노(中野寛成) 납치문제담당대신은 "(심사를) 재개할 환경이 갖춰졌다고 생각하지 않는다. 단호히 반대한다"고 표명하였다. 민주당의 납치문제대책본부장을 맡고 있던 나카이 전 납치문제담당대신도 간 수상 앞으로 항의문을 전달했다. 나카이는 "납치문제의 진전이 보이지 않는 가운데 북한에 잘못된 시그널을 보내는 것이 될 수 있다. 납치피해자와 그 가족의 심정을 생각하면 매우 유감이다"라고 하며 재개 철회를 요구했다. 이외에도 왜 간 수상이 사임하기 직전에 심사 재개를 지시했는지에 대해서 납득할 수 없다는 비판이 이어졌다. 특히 납치피해자 가족들은 "정부는 납치피해를 해결할 마음이 없었던 증거"라며 강하게 반발했다.[20]

자민당은 8월 31일 민주당 정부의 조선학교 무상화 심사 재개를 비

20) 産経新聞, 「朝鮮学校無償化手続きの再開指示について」, 2011年9月1日.

판하며 이의 철회를 요구하는 결의문을 채택했다. 그리고 요구사항으로서 다음과 같은 내용을 제시했다. "첫째, 북한의 외교정책, 납치문제 해결에 잘못된 메시지를 보내게 되는 조선학교 무상화 수속 재개를 바로 철회할 것, 둘째, 납치문제 해결 없이 국교 정상화는 있을 수 없다는 것을 북한에 요구할 것, 셋째, 조선학교 및 조총련에 대해 교육내용의 시정이 이루어질 때까지 무상화 대상으로 하지 않을 것, 넷째, 간 총리 및 다카기 문부대신은 국회에서 이번 경위를 해명할 것, 다섯째, 3당 합의를 이행하기 위해서 고교수업료 무상화의 발본적 재고를 구체적으로 추진할 것" 등을 요구하였다.[21] 자민당의 이러한 결의문을 통해 볼 때 당시 조선학교에 대한 심사는 재개되었지만 진전이 쉽게 이루어질 수 없는 상황이었음을 알 수 있다.

노다 내각에서 2012년 1월 13일에 히라노(平野博文) 문부과학대신이 취임하고 3월 1일에 열린 제180회 국회 예산위원회에서는 히라노 문부과학대신 시모무라(下村博文) 문부과학위원 그리고 국가공안위원회 위원장이자 납치문제담당대신인 마쓰바라(松原仁) 위원장 간에 국정에 관한 질의응답이 이루어졌다. 조선학교 무상화를 둘러싼 논의는 주로 북한과 조선학교의 연관성을 중심으로 이루어지고 있었다.[22]

마쓰바라는 국가공안위원회 위원장으로서 "조총련이 북한과 매우 밀접한 관계가 있는 단체"라는 인식을 말하고, "조총련과 조선학교의 관계가 밀접하며, 학교 교육의 내용, 인사 및 재정에 영향을 미치고

21) 「朝鮮学校無償化手続き再開に強く抗議し即時撤回を求める決議」, https://www.jimin.jp/policy/policy_topics/pdf/seisaku-073.pdf 2011年8月31日.(검색일: 2023.02.03).

22) 第180回 国会予算委員会会議録 (第19号) 2012年03月01日. https://www.shugiin.go.jp/internet/itdb_kaigirokua.nsf/html/kaigirokua/001818020120301019.htm (검색일: 2023.02.03).

있는 것으로 인식하고 있다"고 말했다. 이에 대해서 시모무라 위원은 이러한 마쓰바라 위원장의 발언을 토대로 히라노 문부과학대신에게 이러한 조선학교의 상황은 교육기본법 제16조 즉 '부당한 지배'에 해당하는 상황으로서 정치적 중립성을 요구하는 기본법의 정신에 어긋나는 것이라고 주장하였다. 그러나 히라노 문부과학대신은 "아직 조사 중이기 때문에 그 관련성에 대해서 단정적으로 말할 수 없다"고 했다.

그리고 자민당의 하세(馳浩) 의원은 마쓰바라 위원장의 견해를 토대로 "북한, 조총련, 조선학교가 모두 하나의 조직이라는 인식을 공안조사청이 가지고 있다"고 발언하며, "그 관계성은 조사하지 않아도 바로 알 수 있다"고 발언했다. 그리고 조선고교가 고교무상화법에 따라서 지급금을 받을 수 있는 방법은 "첫째, 국교정상화를 통해서 본국에서 조선학교가 고교에 준하는 과정인가 여부를 확인해주면 가능하고, 둘째, 일본의 학교교육법상의 제1조교(一条校)에 입각한 학교법인이 되면 당당하게 지급금을 받을 수 있다"고 말했다.

이에 대해 히라노 문부과학대신은 "제1조교가 아닌 각종학교에 해당하는 경우라도 고교무상화의 이념 및 범위에서 볼 때 심사를 받아서 적정하다면 지급할 수 있다"고 답했다. (조선학교 문제는) 일본 고유의 문제로서 인권문제를 포함하고 있기 때문에 반드시 안 되는 것은 아니라는 견해였다.

국가공안위원회 위원장이자 납치문제담당대신과 자민당 의원, 그리고 문부과학대신이 나눈 예산위원회의 질의응답을 통해서 볼 때 문부과학대신은 조선학교가 고교무상화법의 대상으로서 반드시 해당이 안 되는 것은 아님을 설명하고 있고, 이에 대해서 자민당 측의 시모무라 의원과 하세 의원이 집요하게 조선학교를 대상에서 배제시켜야 할 이유에 대해서 설명하고 있음을 알 수 있다.

2012년 10월 1일 제3차 개조내각이 시작되고 다나카(田中真紀子)가 문부과학대신에 임명되었다. 다나카 마키코는 문부과학대신에 임명되기 전에는 문부과학성의 위원회의 위원장을 역임하였고 그때의 그의 지론은 고교무상화 문제와 일본인 납치문제는 별개로 생각해야 한다는 것이었다.[23] 그러나 다나카 마키코가 문부과학대신에 임명된 지 3개월도 채 안 된 시점에서 자민당으로 정권교체가 이루어졌고 민주당 정권하에서 야당의 입장에서 강하게 조선학교 적용 반대를 주장해온 자민당의 시모무라(下村博文)가 제2차 아베 정권하에서 문부과학대신에 임명된다.

위에서 살펴본 논의들을 통해 보면 민주당으로 정권교체된 이후 초기에 하토야마 수상은 매니페스토대로 고교무상화의 적용을 선언하지만, 고교무상화의 대상으로 조선학교를 포함시켜서는 안 된다는 납치문제담당대신의 비판 발언 이후로 입장을 번복하게 된다. 간 내각이 들어선 이후 조선학교에 대한 검토가 시작되었고, 긍정적인 방향에서 문부과학대신이 발표안을 준비하였지만, 연평도 포격 사건을 계기로 심사수속은 다시 동결된다. 그리고 다시 간 수상 개인의 정치적 판단으로서 심사수속이 재개되었지만 정부 여당과 자민당의 반대로 인해 심사는 다시 진전되지 못하였다.

조선학교 심사 재개에 대해 정부 여당과 자민당이 반대한 이유를 보면 북한체제와 관련이 있는 조총련이 조선학교의 교육내용 및 경영에 지배적인 영향을 미치고 있다는 강한 의구심과 북한에 의한 납치문제 해결과 연결하여 판단하고 있음을 알 수 있다. 조선학교에 대한

23) 「野田TPP解散を吹っ飛ばす真紀子「朝鮮学校無償化」というテポドン」, 『週刊文春』 54(44), 2012, pp.25~27.

심사수속 동결은 일본 정부의 납치문제 해결의 의지를 국내 여론에 호소하는 수단이자 납치문제에 대한 대북제재의 성격을 가지고 있음을 확인할 수 있는 부분이다. 간 수상의 지시에 따라서 심사는 재개되었지만 자민당의 반대 속에서 심사 결과에 따른 실행으로는 이어지지 못하게 된다. 문부과학성은 고교무상화의 관계성청으로서 조선학교 적용에 대한 가능성을 열어두고 있었지만 국가공안위원회, 납치문제담당대신, 자민당의 견해에 힘이 실리고 있었다.

결국 심사는 계속 지연되었고 노다 정권은 오래 버티지 못하여 12월 24일에 중의원 총선거를 치르게 되었고, 민주당은 대패하여 정권은 다시 자민당에게 넘어가게 되었다. 12월 26일부터 제2차 아베 정권이 시작되면서 조선학교 무상화 정책 논쟁에 종지부가 찍히게 된다.

3. 자민당 정권의 조선학교 배제 확정

1) 국제인권규약과 자민당의 고교무상화 제도 반대

유엔의 「경제적, 사회적 및 문화적 권리에 관한 위원회」는 일본 정부에 대해 1979년에 비준을 유보했던 국제인권규약(A규약)의 제13조 2항 (b) (c)에 대해서 유보 철회를 검토할 것을 권고한 바 있다. 동 위원회는 2001년 9월 24일 「최종견해」에서 유보 철회에 대한 검토를 권하고 이에 대한 보고서를 2006년 6월 말까지 제출할 것을 권고하였다. 이 「최종견해」에서는 재일한국·재일조선인들의 학교를 공식적으로 인정하고, 그럼으로써 이들 학교가 보조금 및 그 밖의 재정적 원조를 받을 수 있도록 하고, 이러한 학교의 졸업 자격을 대학 입학시험 수험자격으로서 인정할 것을 권고하였다.[24] 그러나 당시 고이즈미 정권에서는 이에 응하지 않았고, 이후 이어진 자민당 정권하에서는 대응하지 않았다. 민주당 정권이 되어서 동 위원회에 답을 하게 되었다.

자민당은 민주당 정권이 중요 정책으로 추진했던 아동 수당과 고교무상화 제도의 도입에 반대 의사를 표명해왔다. 이시바(石破茂) 정조회장은 고교무상화법안에 대해서 공립과 사립의 차이가 더욱 넓어질 우려가 있다는 점에서 그리고 소득 차이를 무시한 일률적 무상화에 대해서 반대 의견을 가지고 있었다. 그리고 국제조약이 그렇다고 하더라도 모든 국가에서 그대로 시행되고 있다고 볼 수 없다는 입장에서 반대 의견을 표명했다.[25] 다니가키(谷垣禎一) 자민당 총재는 고교수업료 무상화는 전후 일본 교육제도의 대개혁이라고 할 수 있는 것인데 이것을 제대로 된 논의 없이 졸속으로 법안을 작성해서 퍼주기식(ばらまき) 예산안을 편성하고 있다며 반대의견을 표명하였다. 또한 조선학교를 대상으로 포함시킬지 여부에 대해서 국적을 갖고 있지 않은 자가 수급받을 수 있게 되어 있는 제도라는 인식을 제시하고, 민주당에서 조선학교를 무상화의 대상으로 포함시킬지 여부에 대해서 충분한 논의 없이 참의원 선거를 앞두고 졸속으로 법안을 제출해서 논란을 만들고 있다

24) 「経済的, 社会的及び文化的権利に関する委員会の総括所見」, 2001年9月24日, https://www.mofa.go.jp/mofaj/gaiko/kiyaku/kenkai.html(검색일: 2023.02.03). 총괄소견에서는 일본에 대해서 긍정적으로 평가하는 부분 7가지를 언급한 후, 22개의 우려 사항 가운데 2개의 항목에서 재일한국·조선인에 대한 교육분야에서의 법률상 사실상 차별이 존속하고 있고, 이들의 민족학교 등이 공적으로 인정되지 못하고 그로 인해 중앙정부의 보조금을 받지 못하고 대학입학시험수험자격도 주어지지 않는 상황에 대해서 우려를 표명하였다. 그리고 30개의 제언 및 권고 중 1개 항목에 재일한국·조선인의 민족학교를 공식적으로 인정할 것과 이들 학교가 보조금 및 그 밖의 재정적 원조를 받을 수 있도록 하고 대학입학시험수험자격을 인정할 것을 권고하였다.

25) 「石破茂政務調査会長定例記者会見」, https://www.jimin.jp/news/press/128557.html 2010年3月10日.(검색일: 2023.02.03).

고 비판했다.[26] 자민당의 입장으로서는 고교무상화의 지급대상으로 조선학교를 포함시키는 것은 이곳이 '특수한 교육'을 하고 있는 곳이기 때문에 신중하게 논해야 한다는 입장이었다.[27]

또한 이시바 정조회장은 조선학교는 일본의 공적 지배가 미치지 않는 학교이고, 이곳을 무상화한다는 것은 법적으로 문제가 있다고 보았다. 특히 일본 국민의 세금을 사용해서 무상화한다고 하면 일본 국민으로서 해야 하는 여러 의무가 있는데 그러한 것을 가르치지 않으면서 "그러한 교육(민족교육 및 반일교육)"을 하는 곳을 일본국민의 세금으로 지원하는 것은 국가적으로 볼 때 옳다고 생각하지 않는다고 발언했다.[28] 고교무상화 제도에 대한 자민당 주요 관계자들의 입장은 국제규범을 국내제도로서 수용하는데 있어 보수적이었으며 조선학교에 대한 적용에 있어서는 납치문제담당상 등의 비판적 입장과 크게 다르지 않았다.

2) 제2차 아베 내각의 조선학교 제외 결정

2012년 12월 26일 아베 내각은 발족하자마자 민주당 정권하에서 결정이 보류되어왔던 고교무상화 제도의 조선학교에의 적용문제를 바로

26) 「谷垣禎一総裁ぶら下がり会見」 https://www.jimin.jp/news/press/128683.html 2010年3月3日.(검색일: 2023.02.03).
「谷垣禎一総裁定例記者会見」https://www.jimin.jp/news/press/128686.html 2010年3月11日.(검색일: 2023.02.03).
「谷垣禎一総裁記者会見」 https://www.jimin.jp/news/press/128687.html 2010年3月12日.(검색일: 2023.02.03).

27) 「高校授業料無償化の問題点」 https://www.jimin.jp/news/policy/130395.html 2010年3月16日.(검색일: 2023.02.03).

28) 「石破茂政務調査会長定例記者会見」 2010年10月20日. https://www.jimin.jp/news/press/128543.html(검색일: 2023.02.03).

결정지었다. 그 결정은 “조선민주주의 인민공화국 지도하에 있는 조총련과 연결되어 있다”는 것을 이유로 조선학교를 무상화 대상에서 제외한다는 방침이었다.

제2차 아베 내각에서 문부과학대신으로 임명된 시모무라는 민주당 정권 시기에는 자민당의 섀도우 캐비넷의 ‘그림자 문부과학대신’을 맡았고, 정부 문부과학위원회에 위원으로 참가하여 조선학교에 대한 무상화 지원을 반대해왔다. 조선학교에서 이루어지는 교육이 민족교육으로서 역사교육이 이루어지고, 반일적인 성격을 띠고 있는 것에 문제제기를 해왔다. 조선학교에서 이루어지는 교육내용에 대해 일본과 국교가 없는 북한을 상대로 확인이 불가능하다는 점도 반대의 이유로 제시하였다. 또한 납치문제와 관련해서 경제제재가 이루어지고 있는 상황에서 잘못된 신호를 보낼 수 있기 때문에 조선학교 무상화 문제는 단순히 문부과학성만이 판단할 문제가 아닌 정치와 외교정책을 총체적으로 고려해서 판단해야 한다고 주장해왔다.[29)]

이러한 입장을 가지고 있던 시모무라 문부과학대신은 제2차 아베 내각이 발족한 지 이틀만인 2012년 12월 28일 기자회견에서 조선고교를 고교수업료 무상화 제도 적용에서 제외하는 방침을 정식으로 발표하였다. 이와 더불어 조선학교에 적용하는 근거 성령 규정 ‘다’를 삭제하는 방침을 발표하였다. 조선학교를 제외하는 이유로서 “납치문제의 진전이 없는 것과 조총련과의 밀접한 관계가 있어 현시점에서 무상화

29) 「第174回国会文部科学委員会　第4号」 2010年3月5日. https://www.shugiin.go.jp/internet/itdb_kaigirokua.nsf/html/kaigirokua/009617420100305004.hm(검색일: 2023.02.03).
「下村博文「高校授業料無償化　朝鮮学校を対象としていいのか」対談」 2010年9月21日. https://www.youtube.com/watch?v=ABr41ihhbDY(검색일: 2023.02.03).

를 적용하는 것은 국민의 이해를 얻을 수 없다"라고 설명하였다. 그리고 "도도부현 지사의 인가를 받아 학교교육법 제1조에서 정하는 일본의 고교가 되든가, 북한과의 국교가 회복된다면 적용의 대상이 된다"고 설명했다. 고교무상화의 대상을 정한 문부과학성령 중 '다'의 「외국인 학교가 고교에 해당하는 과정을 갖는다고 문부과학대신이 인정한 경우에 적용한다」라고 한 규정은 삭제할 것임을 발표했다.[30] 다음 해 2월 20일 시모무라 문부과학대신은 조선학교에 불지정 처분 통지와 함께 '다'를 삭제하는 성령 개정을 발표하였다. 이로서 조선학교를 무상화 대상에서 완전히 배제하는 것이 확정되었다.[31]

4. 일본 정부의 대북제재 기조, 미디어 논조, 시민사회의 분열

조선학교를 무상화 대상으로 하는 것은 민주당 정권기 문부과학성의 해석으로 법적으로 가능했지만, 자민당 정권이 들어선 이후 해당 법을 개정해서 조선학교를 무상화 대상에서 배제하였다. 조선학교 무상화는 대북제재조치와 연동되어서 그 프레임에서 벗어나지 못한 채 배제가 확정되었다. 본 장에서는 조선학교 무상화 배제 결정이 대북제재조치와 연동되는 과정을 분석할 것이다. 일본 정부의 대북제재 기조, 주요 일간지 논조, 인권 관련 시민단체들(가족회·구출회 등의 납치피해자단체, 일변련 등)의 입장을 살펴보고 정부의 정책결정과정에 '반북' 시민단

30) 日本経済新聞, 「朝鮮学校は無償化の対象外に 文科相発表」, 2012年12月28日.
31) 平成25年2月20日文部科学省令第3号 https://public-comment.e-gov.go.jp/servlet/Public?CLASSNAME=PCM1040&id=185000617&Mode=2(검색일: 2023.02.03).

체들의 로빙 및 보수 여론이 영향을 미쳤음을 논하고자 한다.

1) 일본 정부의 대북제재 기조와 일본인 납치문제

고이즈미 정권 이래로 일본의 대북한정책의 기본입장은 납치문제 해결 없이 국교정상화는 있을 수 없으며, 북일관계 개선은 있을 수 없다는 것이었다. 고이즈미 정권기인 2004년 11월 '납치문제특별위원회'가 설치되어 2006년 3월까지 이 위원회를 통해서 납치문제는 북한 핵문제와 더불어 중요한 현안문제이자 안전보장문제로서 다루어지게 되었다. 납치문제와 미사일·핵 문제에 대한 대북 압력 수단으로서 경제제재가 유일한 수단으로 다루어졌다.[32]

납치문제에 대해 일본 정부가 조직 체계를 가지고 대응하기 시작한 것은 제1차 아베내각 이후부터이다. 북한에 의한 납치문제를 일본국민에게 알리는 활동을 하며, 체계적으로 대응하기 위해서 납치문제대책본부가 만들어지게 된다. 2006년 9월 29일 제1차 아베 내각은 각의에서 '납치문제대책본부'의 설치를 결정하여 전 각료를 구성원으로 하여 동 본부가 발족하였다. 납치문제는 일본 사회에서 우익 민족주의 세력이 규합하는 계기가 되었고, 제1차 아베 총리 시기에 아베는 납치문제 대책본부를 설치하는 등 납치문제에 있어서 아베의 영향력은 절대적이었다. 외무성 등의 다른 성청에 대해 우월적 위상을 가질 정도로 납치문제는 정부의 주요 현안으로 자리 잡게 되었다. 또한 납치문제는 국제사회에서 2차대선의 침략국가인 일본이 가해국가의 이미지에서 피해국가의 이미지로 전환하는 기회를 제공해주었다.[33]

---

32) 이종국, 「일본의 대 북한정책의 변화:중의원 납치문제 특별위원회의 논의를 중심으로」, 『일본연구논총』 27, 현대일본학회, 2008, pp.129~164.

민주당 정권으로 바뀐 뒤인 2009년 10월 13일 하토야마 내각은 납치문제대책본부의 정보수집 기능을 향상시키기 위해서 인원과 예산을 증가시켰고, 동 본부를 내각에 속하게 하고, 사무국을 내각관방에 속하게 하여 정부가 성청 횡단으로 납치문제에 대응할 수 있도록 조직을 체계화했다. 그리고 아베 신조는 제2차 아베 내각 발족 후인 2013년 1월에 납치문제대책본부의 첫 회의에서 "북한에 의한 납치는 미증유의 국가적 범죄 행위"라고 정의하고, 자신이 최고책임자로서 임기 중일 때 제대로 해결하고 싶다는 의지를 표명한 바 있다.

납치문제는 고이즈미 정권기에 중요현안으로서 부상한 이래로 민주당 정권으로 정권교체된 시기에도 여전히 중요하게 다루어진 정책과제였다. 2009년 민주당의 정책 매니페스토에는 문부과학 정책과 관련해서 '고등교육의 무상화' 도입을 정책과제로 제시함과 동시에 외교·방위정책과 관련해서는 북한의 핵실험·미사일 발사와 더불어 납치문제를 주권 침해이자 인권 침해문제로서 언급하고, 이를 해결하기 위해서 전력을 다할 것을 약속하였다.[34] 민주당의 마에하라 세이지 등의 소장파 의원들도 이전부터 북한 비판에 앞장서왔고 납치문제에서 크게 타격을 입지 않으면서 이 문제에서 주도권을 잃지 않았다.

또한 일본 사회의 여론도 납치문제에 대한 높은 관심도를 보여주고 있었다. 내각부가 매년 실시하는 여론조사에서 외교 분야와 관련해서 북한에 대한 관심 사항을 묻는 설문 조사에서 '일본인 납치문제'는 항상 가장 높은 관심 사항이었다. 2002년 일본인 납치문제가 처음 공식적으

33) 박성황, 「납치 일본인 문제에 나타난 일본의 민족주의 고찰」, 『국제관계연구』 23(2), 고려대학교 일민국제관계연구원, 2018, pp.67~100.

34) 『民主党政策集INDEX2009』http://archive.dpj.or.jp/policy/manifesto/(검색일: 2023.02.02).

로 알려지기 시작한 이래로 외교 분야의 북한 관련 이슈에서 일본인 납치문제는 핵 개발이나 미사일 문제보다 많은 관심을 받아왔다. 2002년 내각부 여론조사에서 '일본인 납치문제'가 83.4%를 나타낸 이래 2018년 동 여론조사에서도 81.4%를 나타내는 등 80%대의 높은 관심도를 유지해왔다.[35] 납치문제에 대한 일본 정부의 정책기조와 여론조사에서 나타난 납치문제에 대한 관심도를 통해서 볼 때, 납치문제담당상에 의한 조선학교 무상화 적용 반대는 여론의 큰 저항 없이 수용될 수 있는 상황이었다고 할 수 있다.

2) 조선학교 무상화 배제 관련 주요 일간지 논조: 분리대응론 vs 배제론

2010년 3월 5일부터 중의원 문부과학위원회에서 고교수업료 무상화 법안의 본격 심의가 시작되자 각 언론사들도 사설을 통해서 정부의 심의에 영향을 미치기 위해서 입장을 밝히기 시작했다.

기본적으로 아동의 배울 권리라는 관점에서 조선학교를 차별해서는 안 된다는 것을 주장한 것은 아사히신문, 마이니치신문, 요미우리신문이었다. 이 3개 일간지는 다른 외국인학교와 차별 없이 조선학교에도 고교무상화제도를 도입해야 한다는 입장이었다. 특히 아사히신문은 2010년 3월 8일 자 사설에서 나카이 납치문제담당대신이 제기한 북한 제재를 이유로 한 조선학교 제외에 대해서는 반대하는 입장임을 제시

35) 2017년 내각부 여론조사에서 미사일문제가 83.0%, 일본인 납치문제가 78%로 일시적으로 순위에 변동이 있었지만, 이는 2017년 11월 대륙간 탄도 미사일급의 미사일이 시험 발사된 것으로 인한 것이었다. 内閣府『世論調査』 https://survey.gov-online.go.jp(검색일: 2023.02.03).

하였다.[36] 마이니치신문도 2010년 3월 11일 자 사설에서 납치문제 등 외교문제로 교육현장에서 아동의 교육지원에 영향을 미치는 것은 부당하다고 주장하였다. 이 두 신문들은 외교상의 문제와 아동의 배울 권리는 분리해서 대응해야 함을 강조하였고, 북한 제재의 방법으로서 조선학교를 지원에서 배제해서는 안 된다는 입장에서 비슷한 논조였다.[37]

그리고 고교무상화제도의 본질을 언급한 것은 요미우리신문이었다. 2010년 3월 5일 자 사설에서 고교무상화제도의 본질이 차별없이 아동의 성장을 뒷받침하는데 있고, 궁극적으로는 격차해소에 본질이 있다는 입장을 강조하였다.[38]

조선학교를 배제해서는 안 된다는 논조의 세 신문 중에서 특히 조선학교의 역사적 경위에 대해서 논한 것은 아사히신문이었다. 조선학교가 북한과 연결성이 있는 것은 사실이나 북한의 이질적 체제에 대한 대응은 별개의 문제이고, 일본의 식민지배 이후의 역사를 배경으로 하고 있기 때문에 북한 제재를 위한 방법으로서 조선학교 지원 배제는 부당한 일이라고 주장하였다.

위의 세 신문과는 달리 고교무상화제도에 조선학교를 배제해야 한다고 강하게 주장한 것은 산케이신문이었다. 산케이신문은 조선학교와 조총련, 북한체제의 연결성을 강조하며 조선학교에 대한 부정적 인식을 강조하였다. 산케이신문은 2010년 3월 5일 자 사설에서 조선학교에 대한 시찰을 통해서 조선학교의 교실에서 독재자에의 개인숭배교육이 실시되고, 학교운영 면에서 총련을 통해 북한의 지도를 받고

36) 朝日新聞, 「除外はやはりおかしい」, 2010年3月8日.
37) 毎日新聞, 「無償化除外筋が通らぬ」, 2010年3月11日.
38) 読売新聞, 「格差解消の本質を見失うな」, 2010年3月5日.

있음을 지적하며 조선학교가 북한의 강한 정치적 영향 아래 있음을 주장하였다. 따라서 고교무상화가 조선학교에 적용되어 취학지원금이 지불되는 것에 부정적인 인식을 표명했다. 조선학교와 북한, 총련과의 관계, 조선학교의 교육실태를 엄격하게 조사하여 중앙정부의 수업료 무상화뿐만 아니라 자치체의 보조금 양상도 재검토해야 한다고 주장하였다.[39)]

아사히신문, 마이니치신문, 요미우리신문이 기본적으로 외교문제로 인해 조선학교를 고교무상화 대상에서 배제해서는 안 되고 북한체제의 문제점을 지적하는 것과 아동의 교육받을 권리는 분리해서 대응해야 한다는 관점이었던데 비해, 산케이신문은 조선학교와 총련, 북한의 연결 관계를 강조하며, 조선학교가 고교무상화 대상으로서 적합한 학교인지에 대해서는 부정적인 견해를 피력했다. 산케이신문 사설의 논조는 기본적으로 납치문제담당대신, 자민당 보수의원들의 견해와 일치하는 것이며 이러한 견해는 민주당 정부의 조선학교 적용 결정의 유보에 영향을 미쳤다.

3) 일본 시민사회의 분열 : 북한 피해자 인권단체 vs 리버럴 인권단체

조선학교 고교무상화 문제를 둘러싸고 일본시민사회는 보수계 인권단체들과 리버럴계 인권단체들 간에 견해가 대립되어갔다. 그러나 정책결정과정에 강한 영향력을 행사할 수 있었던 것은 보수계 인권단체들이라고 할 수 있다.

39) 産経新聞, 「北崇拝に税金出せるか」, 2010年3月5日.

①북한 피해자 단체들의 조선학교 무상화 반대운동

조선학교 배제를 결정하는데 있어서 특히 영향력을 행사한 것은 북한으로부터 피해를 입거나 대립적인 입장에 있던 시민단체들의 로빙에 의해서이다. 주로 납치피해자 가족과 관련이 있는 '가족회(家族会)', '구출회(救う会)'의 조선학교 반대운동이 두드러졌고, 북한 귀국사업 피해자들의 인권단체인 '북한 귀국자의 생명과 인권을 지키는 회(守る会, 이하 '지키는 회')' 그리고 '민단(재일본대한민국민단)'에 의한 반대 성명이 있었다.

'가족회'는 납치피해자 가족들이 1997년에 결성하여 납치피해의 부당함을 알리고 여론 조성, 사회적 관심의 확산을 통해서 일본 정부와 언론에 이들의 요구를 호소하기 위해서 결성되었다.[40] 그리고 이 피해자 가족모임을 돕고 납치문제 해결을 위해서 활동하는 정치가, 활동가들에 의해서 '구출회'가 1997년에 결성되었다. '구출회'의 결성을 계기로 북한에 비판적 견해를 가진 우익 인사들이 납치피해자 가족을 돕는 '구출회'에 포진하게 되었다.

'구출회'는 민주당 정권의 고교무상화 논의에서 문부과학성이 조선학교를 적용하려는 견해를 드러내자 이에 대해 반대입장을 명확히 하기 시작했다. '구출회'는 원래 '가족회'와 더불어 조선학교 무상화 논의와 관련해서 직접 관여하지 않는 편이 좋겠다는 입장에서 언급을 삼가해왔다. 정부의 전문가 위원회가 납치피해 당사자들의 입장을 고려하고 이에 대한 영향을 생각해서 조선학교 무상화 적용에 반대하는 쪽에서 논해줄 것이라고 믿었다. 그러나 문부과학성의 태도가 기대했던

40) 이수익, 「일본인 납치 사건에 관한 연구: 가족회 결성을 중심으로」, 『일본근대학연구』 60, 한국일본근대학회, 2018, pp.219~235.

것과 달라지자 납치문제 해결에 악영향을 미칠 것을 우려하여 성명을 통해서 반대입장을 명확히 하기 시작했다. 동 단체는 북한이 납치문제에 성실한 대응을 하지 않는 한 일본 정부는 제재를 강화해야 한다는 입장이었다.

2010년 8월 29일 도쿄도 내의 분쿄구민 센터에서 개최된 "조선고교에의 수업료 무상화에 반대하는 긴급 집회"는 이러한 입장을 반영한 것이었다.[41] 이 집회에는 동 단체의 회장인 니시오카(西岡力), '가족회'의 이이즈카(飯塚繁雄) 대표, 마스모토(增元照明) 사무국장, 요코타(横田早紀江), 혼마(本間勝) 등이 참석했다. 이 집회에서 '구출회'는 조선학교 무상화에 반대하는 의견을 다음과 같이 제시하였다. 만약 "조선학교에 수업료 무상화가 실현되면 일본이 납치피해자의 반환을 강하게 요구하지 않는다는 잘못된 시그널을 보낼 우려가 있다"는 것이었다. 조선학교의 운영 주체를 조총련으로 보았고, 조총련은 "북한의 지령에 의해서 데모나 집회를 실시하고 여기에 조선학교 학생이 동원되고 있다"고 주장했다.

'가족회'는 개별적으로 정치가와 접촉하여 조선학교 무상화에 반대하는 활동을 하였다. 2010년 9월 8일에는 이시하라 도쿄도지사를 면담하여, 정부가 추진하려고 하는 조선학교 무상화에 대해 반대 의사를 표명하고, 도쿄도가 실시하고 있는 조선학교에의 공금 보조의 재고를 요청하였다. 이에 대해 이시하라 도쿄도지사는 납치피해자 가족을 면담한 후 그날 바로 기자회견을 열어 도쿄도가 조선학교에 지급해온 공적 자금 보조를 재고할 방침을 발표하고 정부가 추진하고 있는 무상

41) 「朝鮮学校への授業料無償化に反対する緊急集会報告」, http://www.sukuukai.jp/mailnews/item_2263.html(검색일: 2023.02.03).

화 제도에 대해서도 부정적인 견해를 피력했다.[42)]

간 수상의 지시로 조선학교에 대한 심사가 재개된 이후 다시 노다 정권으로 교체되었고 노다 정권하에서 조선학교의 무상화 적용문제가 다시 논의되기 시작했다. '구출회'와 '가족회'는 10월 6일 다카가와 문부과학대신을 면담하여 심사 재개에 반대 의사를 표명했다. 두 단체는 조선학교의 무상화 적용이 납치문제에 미칠 악영향, 조선학교의 교과서 허위 제출 의혹, 교육내용의 인권침해 우려 등을 문제점으로 지적하였다. 그리고 2개월간 이뤄질 조선학교 조사에서 교과서 내용, 조총련의 조선학교 지배 관계 등을 제대로 조사해달라고 요청하였다.[43)]

10월 25일 '구출회'는 이번에는 민주당 의원 50명과 함께 결의문을 문부과학대신 앞으로 보냈다.[44)] 민주당 의원 50여 명과 '가족회'의 마스모토(増元照明) 사무국장, '구출회'의 니시오카 회장, 히라타(平田隆太郎) 사무국장이 '조선학교 수업료 무상화를 생각하는 모임'을 결성하고 결의문을 채택했다. 모임에는 2명의 납치문제담당대신 나카노와 나카이가 참석하여 조선학교 무상화 반대 견해를 표명했다. 나카노는 연평도 포격 사건을 '불측의 사태'라고 말하고 무상화 심사 중지를 지시했던 간 총리의 발언을 빗대어 납치문제야말로 더 큰 '불측의 사태'라고 말했다. 나카이는 "재외 자국민을 위한 학교는 본국이 원조하는 것이 당연하다. 조선학교에서 무엇을 교육하든 상관없으나, 그렇다고 한다면 자

42) 「石原都知事朝鮮学校への公金補助考え直す」, https://www.youtube.com/watch?v=spC-OBS9D-Q(검색일: 2023.02.05).

43) 「朝鮮学校無償化問題で中川正春文科大臣に面会」, http://www.sukuukai.jp/mailnews/item_2723.html(검색일: 2023.02.10).

44) 「民主党議員が朝鮮学校無償化問題で総理, 文科相宛の決議文採択」, http://www.sukuukai.jp/mailnews/item_2741.html(검색일: 2023.02.03).

신들이 운영해야 한다"며 무상화에 반대하는 견해를 피력했다. '가족회'의 마스모토 사무국장은 "일본이 납치문제로 인해서 분노하고 있다는 강한 의사를 북한에 보여주지 않으면 북한은 대응하지 않을 것"이라고 말하며, 조선학교 무상화 문제를 일본의 의사 표시 수단의 하나로 포함시켜야 한다고 주장했다.

'구출회'의 니시오카 회장은 조선학교 무상화 심사를 재개하는 기준으로 간 총리가 지시했던 '불측의 사태'는 언제 끝날 것인지 알 수 없고, 전국의 10개 조선학교의 고급학교 중 2개 학교의 경영 및 경리 상태가 문제가 있음을 지적했다. 그리고 이러한 곳에 세금을 지원하는 것은 문제가 있다고 주장했다. 조선학교의 관리 운영이 총련의 지도하에서 이루어지고 있고, 각종학교로서 이사회가 무시되고 있는 것 자체가 위법이며 조직과 운영 자체가 총련과 일체화되어 있다는 점을 문제시했다. 이외에도 조선학교 측에서 제출한 정정된 교과서가 실제로 학교 현장에서 사용되지 않고 있다고 지적하였다.

이날 채택된 결의문은 다음과 같은 내용을 포함하고 있었다. 첫째, 조선학교의 경리에 대한 엄격한 심사를 요구하고 우회 지원을 미연에 방지하고, 심사를 통해서 의구심이 남을 경우 지원금을 지급하지 않을 것, 둘째, 반일교육을 실시하는 조선학교에 국민의 혈세를 사용하는 것은 국민이 납득할 수 없고, 조선학교의 교육내용에 납치문제에 대한 기술 등 국민이 납득할 수 있는 내용으로 개선하지 않을 경우 지원금을 지급하지 않을 것, 셋째, 국민이 납득할 수 있는 명확한 기준에 근거하여 엄정하면서 신중하게 심사할 것 등의 내용을 담고 있었다.[45]

45) 「民主党議員が朝鮮学校無償化問題で総理, 文科相宛の決議文採択」, http://www.sukuukai.jp/mailnews/item_2741.html(검색일: 2023.02.04).

이외에도 '북한 귀국사업'에 의해서 일본에서 북한으로 건너갔던 사람들과 그 친족들의 인권피해 구제 활동을 하고 북한 관련 인권문제 해결을 목적으로 만들어진 '지키는 회'는 여러 차례(2010년 8월 8일, 2011년 9월 1일, 2013년 7월 20일)의 성명을 통해서 조선학교에 대한 재정적 지원을 금할 것을 주장하였다. 이 단체는 조선학교의 교과서 내용을 비판하고, 조선고교 학생들과 북한과의 연관성을 문제시하면서 자치체의 보조금 지급 문제뿐만 아니라 고교수업료 무상화 대상에서 조선학교를 배제할 것을 주장하는 내용의 성명을 게재하여 반대 여론을 강화하는데 일조했다.[46]

또한 '민단'도 조선학교를 취학지원금 지급대상에 포함시킬지 여부에 대해서 신중을 기해야 한다고 주장하며, 조선고교가 학교운영이나 교육내용 면에서 조총련을 통한 북한의 영향을 받고 있기 때문에 만약 조선학교가 지급대상이 된다면 문부과학성이 철저하게 지도해야 한다는 내용을 전달했다.[47]

위와 같이, 민주당 정권기에 고교무상화 제도에 조선학교의 적용이 보류되고, 심사수속이 지체되는 과정에는 북한체제에 의한 피해자 단체 등이 반대운동을 전개하는 등 적극적으로 개입하고 있었음을 확인할 수 있다.

② 리버럴 인권단체들의 조선학교 배제 항의성명

2010년 2월 나카이 납치문제담당대신이 조선학교에 대한 무상화 적

46) 「北朝鮮帰国者の生命と人権を守る会」, https://hrnk.net/category/column/chosengakko/(검색일: 2023.02.06).

47) 「「朝鮮高校への支援金慎重に」民団が文科相に申し入れ」, https://www.mindan.org/old/front/newsDetailcd2c-2.html?category=2(검색일: 2023.02.10).

용 대상 제외를 가와바타 문부과학대신에게 요청하는 등 조선학교를 배제하려는 움직임이 나타나자 이에 대해 일본 사회에서 리버럴 – 좌파로 알려진 인권단체들이 항의 성명을 내기 시작했다.

2010년 3월 5일 '일본변호사연합회(日弁連, 이하 '일변련')'의 미야자키(宮崎誠) 회장은 다음과 같은 성명을 냈다. "교육받을 기회는 정치·외교 문제에 좌우되지 않아야 하며 조선학교에 다니는 학생들에게도 보장되어야 한다"고 주장하며, "조선학교의 교육과정에 대한 정보는 각종학교 인가를 받을 때 제출되어 공개되어 있기 때문에 의구심의 눈으로 볼 이유가 없다." "조선학교에 다니는 학생들이 본 법안의 대상에서 제외되어 다른 학생들과 달리 불이익을 받게 된다면, 헌법 제14조 중등교육이나 민족교육을 받을 권리에 반할 우려"가 있고, "국제인권규약, 인종차별철폐조약, 어린이의 권리조약이 금지하는 차별에 해당하는 것"이라고 주장하며 고교무상화 법안의 적용에 조선학교가 부당하게 배제되면 안 된다고 항의하였다.[48]

이후 제2차 아베 정권이 수립되자마자 시모무라 하쿠분 문부과학대신이 2012년 12월 28일 기자회견을 통해서 고교수업료 무상화제도를 조선학교에 적용하지 않을 방침을 정식으로 표명하고 문부과학대신이 개별적으로 취학지원금의 대상을 지정할 수 있는 근거 조문을 삭제할 방침을 발표한 것에 대해서도 '일변련'은 이를 철회할 것을 요구하는 성명을 발표했다.[49]

48) 「高校無償化法案の対象学校に関する会長声明」, https://www.nichibenren.or.jp/document/statement/year/2010/100305.html(검색일: 2023.02.03).

49) 「朝鮮学校を高校無償化制度等の対象から除外しないことを求める会長声明」, https://www.nichibenren.or.jp/document/statement/year/2013/130201.html(검색일: 2023.02.03).

‘일변련’의 야마기시(山岸憲司) 회장은 2013년 2월 1일 다음과 같은 내용의 성명을 발표했다. “고교무상화법의 취지는 교육기회 균등에 기여하는 것이고 어린이의 권리조약 28조, 국제인권규약, 민족적 아이덴티티를 유지하면서 교육받을 권리를 보장하는 데 있다. 이를 위한 심의 과정은 외교상의 배려(국교가 없는 것과 납치문제의 진전 정도 등)에 의해서 판단할 것이 아니고 교육상의 관점에서 객관적으로 판단해야 한다”는 것이 정부의 견해임을 강조하였다. 그러면서 “조선학교를 배제하려는 의도를 갖는 성령 개정은 철회하고 민족적 소수자가 차별 없이 민족적 아이덴티티를 유지하면서 교육받을 수 있도록 현행 법령 및 심사 기준에 근거해 조속히 심사할 것”을 요구하였다.

‘앰네스티 인터내셔널’ 일본지부도 2013년 1월 10일 조선학교에도 무상화 제도를 적용해야 한다는 성명을 발표했다.[50] 2012년 12월 28일 시모무라 하쿠분 문부과학대신이 납치문제의 진전이 없고, 재일조선인 총연합회와의 관계를 이유로 한 조선학교의 고교무상화 제도의 적용 제외를 표명한 것에 대해서 “정치적 판단에 근거한 특정 마이너리티 집단의 교육권을 제한하는 행위이며, 복수의 국제인권조약을 위반하는 차별적 정책”이라고 비판하며 강한 우려를 표명했다. 특정 국가와의 외교 관계를 이유로 한 고교무상화법에 대한 조선학교의 배제는 마이너리티 집단의 어린이들의 교육권에 대한 차별적 취급이며, 국제법상의 인권보장의무에 위반하는 것이라고 주장했다.

이와 같이 일본 사회에서 리버럴 – 좌파적 입장에 있는 인권단체들의 성명은 앞에서 살펴본 아사히, 마이니치, 요리우리 등의 언론사의

50) 「日本:朝鮮学校の子どもたちに無償化制度を適用すべき」, https://www.amnesty.or.jp/news/2013/0110_3737.html(검색일: 2023.02.03).

논조와 비슷하다. 또한 민주당 정권하에서 문부과학성대신이 초기에 취했던 입장과도 비슷하다. 그러나 보편적 인권규범에 입각하여 조선학교에 대한 고교무상화제도를 적용하라는 이들의 주장은 주변화되어 갔다.

5. 마치며: 대북제재와 인권옹호 사이 '두 개'의 인권

이 글에서는 민주당 정권기에 고교수업료 무상화 정책의 도입을 둘러싸고 점차 조선학교를 배제한 채로 논의가 진행되고 이후 자민당 정권하에서 대북제재를 위해 배제가 확정되어 가는 과정을 살펴보았다. 정치과정에 대한 분석을 통해서 대북제재와 인권옹호 사이에서 '조선학교 고교무상화'와 관련된 논의가 어떻게 배제로 결착되었는지 확인하고자 하였다. 이를 위해서 민주당 정권과 자민당 정권에서의 정책결정과정에 영향력을 행사한 납치문제담당대신과 보수의원들, 북한체제에 의한 피해자 인권단체의 로빙 활동, 언론의 논조 등을 분석하였다. 정부의 정책자료, 일본국회의사록, 인터넷에 공개된 동영상, 일본 주요 일간지 기사, 각 단체들의 활동 기록 및 성명서 등을 1차 자료로서 확보하여 이들의 주장 및 인식을 분석하였다.

고교무상화 대상으로서 조선학교에 대한 민주당 정권기 문부과학성의 입장에 대해 납치문제담당대신의 반대, 자민당 보수의원의 반대 그리고 '가족회' '구출회' '지키는 회' 등 피해자 단체의 반대 성명 및 집회 등을 통해서 납치문제, 북송사업문제, 북핵·미사일 등으로 형성된 '반북' 정치 연대가 이 정책결정과정에서 중요한 영향력을 행사했음을 확인할 수 있었다. 조선학교 무상화 논의에서 민족적 마이너리티의 인권문제는 납치피해자, 북한귀국자의 인권문제에 부딪쳐 점차 주변화되어갔으며, 결국 대북제재기조와 보편적 인권규범 사이에서 대북제재로 편향되어 결론지어졌음을 확인할 수 있었다. 즉 조선학교 고교무상화를 둘러싼 논의는 일본 사회 내의 민족적 마이너리티의 인권문제라는 측면을 부각시키는 계기가 되었지만, 조선학교의 조총련, 북한체제와의 관련성, 북한체제로 인한 피해자의 인권문제에 대한 정부 및 관련 피해자 단체의 주장에 힘이 실리면서 대북제재와 연동되면서 배제가 확정되어갔다고 할 수 있다.

고교무상화 대상으로서 조선학교를 배제한 결정은 조선학교 존립의 역사적 경위에 대한 인식의 부재를 나타내며 민족적 마이너리티의 인권을 고려하지 않은 차별적인 결정이라고 할 수 있다. 일본은 고교무상화에 조선학교를 배제함으로써 국제인권규약이 채택하고 있는 고등교육의 점진적 무상화를 통한 고등교육의 보편화라는 기준에 실질적으로 도달하지 못하고 있다고 볼 수 있다. 북한관련 안보문제(핵, 미사일 발사, 인권문제), 일본인 납치자 문제, 북송 문제 등으로 강화되는 경향을 보이는 보수세력의 강한 정치적 연계로 인해 마이너리티의 인권 등 국제사회가 권고하는 보편적 인권규범에 입각한 인권옹호의 목소리는 약화되고 있다. 다문화공생 시대에 복합적 가치의 존중이 논의되고 있음에도 여전히 재일조선인들의 삶은 냉전적 프레임 속에서 삶의 바운더리가 제약되며, 재정 지원에 있어서 차별적 환경에 놓여있다.

이 글에서는 조선학교 고교무상화 배제의 정치과정에 대한 분석을 통해서 이 문제를 '민족 차별'이나 '조선인 혐오' 등의 단순 프레임으로 일본 정부의 결정을 비난하고 그치는 것이 아닌, 정치 행위자 측면에서 누가 영향력을 발휘해서 결정을 확정지었는가에 초점을 맞춰 살펴보고자 하였다. 민주당 정권 초기에는 보편적 인권규범으로서 접근하려던 시도가 납치문제담당상 등 안보문제를 중시하는 정치가와 반북·북한 피해인권단체들의 목소리가 강화되면서 후퇴하게 되었고, 보수계 미디어는 이들의 주장에 호응하는 형태로 여론 형성에 영향을 미쳤다. 즉 정부 레벨 – 미디어·여론 – 시민사회 레벨의 연계가 형성되어 일본 사회의 보수화 속에서 영향력을 행사하는 것이 가능했다고 할 수 있다.

이 글의 분석을 토대로 할 때 다음과 같은 전망을 제시할 수 있다. 2013년의 결정 이래 여전히 고교무상화 제도에서 배제되어있는 조선학교의 상황은 다시 번복하기 어려운 국내 – 국제 정치적 구조하에 놓여있는 듯이 보인다. 리버럴, 보편적 가치 규범을 지향하는 정치 액터의 연계가 강화되고, 북일관계의 개선 등이 동반될 때 이러한 결과에 변화를 가하는 것이 가능할 것이다. 현실적인 대안으로서 조선학교 학생들의 학습권, 평등권을 보장하기 위해서 일본 사회는 민족교육의 가치 및 위상 재고 등을 통한 제도 개선에 노력해야 한다. 아울러 조선학교 역시 일본 사회의 일원으로서 '인정'받기 위한 조직적인 노력의 재고가 필요해 보인다.

이 글은 한국정치사회연구소의 『한국과 국제사회』 제7권 2호에 수록된 논문 「안보와 국제규범 간 인권옹호의 이중구조: 일본 조선학교 고교무상화 배제의 정치과정」을 수정·보완한 것임.

참고문헌

박성황, 「납치 일본인 문제에 나타난 일본의 민족주의 고찰」, 『국제관계연구』 23(2), 고려대학교 일민국제관계연구원, 2018.

이기완, 「일본의 북한인권정책의 본질과 한계」, 『대한정치학회보』 19(3), 대한정치학회, 2012.
이수익, 「일본인 납치 사건에 관한 연구: 가족회 결성을 중심으로」, 『일본근대학연구』 60, 한국일본근대학회, 2018.
이종국, 「일본의 대 북한정책의 변화: 중의원 납치문제 특별위원회의 논의를 중심으로」, 『일본연구논총』 27, 현대일본학회, 2008.
임영언, 「재일코리안 조선학교 민족교육운동과 고교무상화제도 고찰」, 『로컬리티 인문학』 19, 부산대학교 한국민족문화연구소, 2018.
황익구, 「일본의 다문화공생 담론과 재일코리안의 사회운동」, 『일본문화연구』 66, 동아시아일본학회, 2018.
高津芳則, 「民主党政権と朝鮮学校無償化問題」, 『教育』 61(7), 2011.
木宮正史, 「安倍政権下の日韓関係と在日コリアン問題」, 『日本学』 38, 2014.
山本かほり, 「排外主義の中の朝鮮学校」, 『移民政策研究』 9, 2017.
呉永鎬, 『朝鮮学校の教育史』, 明石書店, 2019.
元百合子, 「国際人権から見た朝鮮学校無償化除外と公費助成削減·停止問題」, 『法と民主主義』 469, 2012.
長山靖生, 「朝鮮学校無償化の是非」, 『中央公論』 125(5), 2010.
田中宏, 「朝鮮学校の戦後史と高校無償化」, 『教育と社会』 23, 2013.
中西寛, 「戦後日本外交とナショナリズム」, 『国際政治』 170, 日本国際政治学会, 2012.
編集部, 「野田TPP解散を吹っ飛ばす真紀子「朝鮮学校無償化」というテポドン」, 『週刊文春』 54(44), 2012.
編集部, 「朝鮮総連&民団を直撃するカネの危機:民団は地方参政権獲得, 総連は朝鮮学校無償化闘争」, 『Themis』 19(4), 2010.
韓東賢, 「朝鮮学校処遇の変遷にみる「排除/同化」, 『教育社会学研究』 96, 2015.

『연합뉴스』 https://www.yna.co.kr
『경향신문』 https://khan.co.kr
『ロイター』 https://jp.reuters.com
『日経新聞』 https://www.nikkei.com
『朝日新聞』 https://www.asahi.com
『毎日新聞』 https://mainichi.jp
『読売新聞』 https://yomiuri.co.jp
『産経新聞』 https://www.sankei.com
『民主党』 http://archive.dpj.or.jp

『自民党』 http://archive.dpj.or.jp
『首相官邸』 www.kantei.go.jp
『文部科学省』 https://www.mext.go.jp/
『内閣府世論調査』 https://survey.gov-online.go.jp/index-all.html
『拉致問題対策本部』 https://www.kantei.go.jp/jp/singi/ratimondai/index.html
『北朝鮮による日本人拉致問題』 https://www.rachi.go.jp/
『在日本大韓民国民団』 https://www.mindan.org/old/front/newsDetail09dd.html
『朝鮮新報』 https://chosonsinbo.com/jp/2022/06/23-82/
『救う会』 http://www.sukuukai.jp/
『日弁連』 https://www.nichibenren.or.jp/
『大阪弁連』 https://www.osakaben.or.jp/
『アムネスティ·インターナショナル日本』 https://www.amnesty.or.jp/
『北朝鮮帰国者の生命と人権を守る会』 https://hrnk.net/
『民主党政策集INDEX2009』 http://archive.dpj.or.jp/policy/manifesto/
『重点政策2012自民党』 https://www.jimin.jp/news/press/129588.html
『国会会議録検索システム』 https://kokkai.ndl.go.jp/#/

제3장

재일디아스포라와 동아시아

재일조선인 혐오의 계보와 인권운동

고마쓰가와 사건, 김희로 사건, 히타치 투쟁을 중심으로

이영호

1. 시작하며

1923년 9월 1일 오전 11시 58분, 일본 간토(関東) 시즈오카(静岡)·야마나시(山梨) 지역에서 매그니튜드 7.9, 최대진도 7의 대지진이 발생해 약 40만 명의 사상자가 발생한다. 이런 상황에서 독약 살포, 약탈, 방화, 사회주의자들과의 폭동 기획 등 조선인을 향한 유언비어가 퍼진다. 격분한 일본인들은 자경단(自警團)을 조직해 관헌들과 함께 조선인을 학살한다. 관동대지진 조선인 학살사건으로 불리는 이 사건은 일제강점기 조선인 혐오(嫌惡)를 대표하는 사건이다. 조선인을 향한 혐오는 해방 이후에도 계속된다. GHQ점령기의 조선인 탄압, 1960~70년대 조고생 습격사건, 1980년대 치마저고리 사건, 2000년대 재특회(在特会)[1]의 등장과 배외주의(排外主義),[2] 혐한(嫌韓), 헤이트스피치(hate speech) 등 재일조선인[3] 대상의 혐오는 다양한 형태로 나타났다.

---

1) 정식 명칭은 〈재일 특권을 용납하지 않는 시민 모임(在日特権を許さない市民の会)〉이다. 2007년 1월 20일 발족한 일본의 극우 민족주의 성향의 시민단체이며 재일조선인의 특별 영주 자격과 통명 사용 철폐 등을 주장하고 있다.

2) 외국 사람이나 외국의 문화, 물건, 사상 등을 배척하는 주의 혹은 정치이념.

이와 같은 상황에서 재일조선인들은 인권운동[4]을 통해 혐오에 대한 투쟁을 가시화한다. 1958년 이진우(李珍宇)의 고마쓰가와 사건(小松川事件), 1968년 김희로(金嬉老) 사건, 1970년 박종석(朴鐘碩)의 히타치투쟁(日立闘争) 등은 일본 사회에 재일조선인의 존재를 알리는 사건이었다.[5] 이들 사건은 재일조선인의 권리획득을 위한 인권운동이자 일본의 혐오에 가시적으로 대응한다는 점에서 중요한 의미가 있다.

지금까지 재일조선인 인권운동 연구는 계보학적으로 전체상을 규명하기보다는 개별사건을 중심으로 연구되었다. 또한 주로 '차별'의 관점에서 접근하는 경향을 보였다. 차별은 제도적이나 행위로 구체화되는 것임에 반해 혐오는 '개개인이 아닌 인종, 민족, 성 등의 특정 집단을 향한 증오'[6]의 표출이자 대상을 향한 주체의 감정이다. 나아가 차별이라는 '행위'를 촉발하는 '계기'가 된다는 점에서 본질적인 차이가 있다.

이와 같은 문제의식에 의거해 본 글에서는 재일조선인 대상의 일본에서의 혐오에 초점을 맞춘다. 이를 위해 일제강점기부터 현재까지의 혐오의 계보를 확인하고 혐오의 대응이라는 관점에서 인권운동을 새롭게 바라보고자 한다. 구체적 연구대상으로는 대표적인 재일조선인 인권운동인 고마쓰가와 사건, 김희로 사건, 히타치투쟁을 설정해 혐오와

3) 본 글에서는 해방 이후 일본에서 재일동포들을 처음 지칭했던 용어인 '재일조선인(在日朝鮮人)'을 사용한다. 본 용어는 남북 구분 없이 일본에 거주하는 우리 민족 모두를 지칭하는 용어이며 어떠한 정치성도 개입되지 않았음을 밝힌다.

4) 인권운동(인권보호운동)은 사람이 개인 또는 나라의 구성원으로서 마땅히 누리고 행사하는 기본적인 자유와 권리를 보장·보호받도록 노력하는 사회운동을 의미한다.

5) 고마쓰가와 사건과 김희로 사건은 관점에 따라 범죄사건으로도 볼 수 있지만 민족, 인종 등 인간의 기본권 침해로 야기된 사건이자 기본권리 획득을 위한 투쟁이었다는 점에서 이 글에서는 인권운동으로 다룬다. 히타치투쟁 역시 노동권을 비롯한 기본권 획득을 위한 운동이었다는 점에서 인권운동의 관점에서 접근한다.

6) 량영성, 김선미 역, 『혐오표현은 왜 재일조선인을 겨냥하는가』, 산처럼, 2018, p.66.

인권운동의 상관관계를 규명하겠다. 나아가 사건 이후 일본 사회와 미디어, 국제사회의 대응 등 전체상을 확인하여 재일조선인 인권운동의 역할과 가치를 규명하고자 한다.

2. 재일조선인 혐오의 계보

혐오, 사전적으로 싫어하고 미워하는 것을 의미하는 단어이다. 마사 너스바움(Martha Nussbaum)은 혐오에 대해 "'전염'이라는 신비한 생각과 '순수성, 불멸성, 비동물성에 대한 불가능한 열망'에 기초한 감정"[7] 이라 정의하며 "사회적 관계는 혐오스러운 것과 이를 피하려는 다양한 시도로 이루어져 있다"[8]고 설명한다. 다시 말해 혐오는 "사람들 또는 집단들 간 경계(안/밖)에 기초한 감정"[9]이자 두려움과 역겨움을 낳는 집단이나 사람을 배제하는 데 활용되는 기재인 것이다. 일본에서 혐오는 사전적 정의나 개념을 넘어 광범위한 사회현상과 연결되었으며 재일조선인은 혐오로 인한 구분과 배제의 대상이 되었다.

1969년 UN의 인종차별철폐국제조약(ICERD)[10]이 발표된다. 일본은 1995년 해당 조약에 비준하며 인종차별 철폐를 위한 행보를 보인다.

7) 마사 너스바움, 조계원 역, 『혐오와 수치심』, 민음사, 2015, p.36.

8) 마사 너스바움, 위의 책, p.139.

9) 이진형, 「전후 일본인의 '업루티드'(uprooted)된 정체성과 혐한(嫌韓)의 감정적 원천 - 오에 겐자부로(大江健三郎)의 『만엔 원년의 풋볼(万延元年のフットボール)』을 중심으로」, 『일본연구』 31, 글로벌일본연구원, 2019, p.177.

10) 1969년 12월 21일 제20차 UN총회에서 채택되었다. 정식명칭은 '모든 형태의 인종차별 철폐에 관한 국제협약'이며 인종 차별 철폐에 관한 국제 조약이다. 인권과 기본적 자유의 평등을 보장하고 인종 차별에 대한 비난, 차별 정책의 비합법화 등 27개 항목의 조문으로 이루어져 있다. 한국은 1978년에 비준하였다.

이런 행보와는 별개로 일본 사회에서는 특정 인종이나 민족을 대상으로 폭력과 차별, 모욕적인 말을 하는 헤이트스피치가 사회문제로 부상한다. 일본 국회는 2016년 6월 3일 '본방 외 출신자에 대한 부당한 차별적 언동의 해소를 위한 시책추진에 관한 법률'[11] 일명 헤이트스피치해소법을 제정하지만 재일조선인을 향한 혐오는 여전히 계속되고 있다.

재일조선인 혐오는 일제강점기부터 확인할 수 있다. 특히 조선인들을 지칭했던 '불령선인(不逞鮮人)[12]'이라는 용어에서 그 흔적을 찾을 수 있다. 1919년 2월 8일 도쿄 기독교청년회관(재일본도쿄조선YMCA, 현 재일본한국YMCA)에서 조선인 유학생들은 〈조선청년독립단〉을 발족하고 '2.8독립선언'을 통해 조선의 독립을 선언한다. 일본 경찰들은 해산을 지시하고 이를 거부한 조선인 유학생 60여 명을 검거한다. 약 한 달간 일본에서 계속된 운동은 조선에서 3.1독립운동으로 이어진다. 이후 일본인들에게는 '조선 식민지 지배에 대한 저항으로서의 3.1독립운동과 이후의 민족 운동·노동운동 등에 대한 국가의 탄압에 대한 운동이 '불령선인'에 의해 이루어지고 있다는 인상이 민중 속에 심어진다.'[13] 일본인의 의식기저에 자리 잡은 조선인 혐오는 1923년 9월 1일 발생한 간토대지진 이후 제노사이드의 형태로 구체화된다. 1923년 9월 1일 오전 11시 58분 간토대지진이 발생한다. 당시 강하게 불던 바람 때문에 도쿄와 수도권 전체가 화재에 휩싸여 가옥 57만 채가 소실되고 약 14만 명이 피해를 입는다. 이런 상황에서 매스컴을 통해 조선인의 독약 살포,

---

11) '本邦外出身者に対する不当な差別的言動の解消に向けた取組の推進に関する法律'(平成 二十八年法律第六十八号).

12) 일본 제국주의자들이 일제강점기 당시 불온하고 불량한 조선인을 의미하는 단어.

13) 다나카 마사타카, 「간토(関東)대지진과 지바(千葉)에서의 조선인 학살의 추이」, 『한국독립운동사연구』 47, 한국독립운동사연구소, 2014, p.2.

폭동, 방화, 약탈 등 날조된 유언비어가 퍼진다. 분노한 일본인들은 자경단을 조직해 조선인 약 육천 명을 학살한다. 이와 같은 제노사이드의 배경에는 조선인을 향한 일본인들의 혐오감정이 있었다.

1945년 해방 이후에도 조선인을 향한 혐오는 계속된다. GHQ점령기에 가장 대표적인 사건은 사이타마현(埼玉県)에서 발생한 요리이(寄居) 사건이다. 1947년 7월 31일 사이타마현 극장에서 연극 공연 중 객석에서 싸움이 발생한다. 객석에서는 일본도를 든 남자가 "조선인을 잡아라!"고 소리치고 약 30명의 일본인이 일본도와 곤봉을 들고 뒤쫓기 시작한다. 그 과정에서 조선인 김창근이 10여 명의 칼에 찔려 머리, 몸통, 대퇴부가 잘리고 목이 7부 정도 잘려 즉사하고 김성태는 칼에 머리를 수차례 찔려 목이 잘린 채 사망한다. 범인은 일본인 재향군인이었으며 목을 자른 뒤 만세삼창을 한 것으로 알려져 있다. 사건 발생 이유는 조선인이 관람료를 내지 않고 입구 옆의 자전거를 넘어뜨렸다는 이유였다. 이 사건으로 가해자 약 30명 중 자수한 2명 외에 15명이 기소되었으며 재판 과정에서 가해자 중 상당수가 군인 출신임이 밝혀진다.[14)] 이밖에도 민족학교 탄압을 비롯한 각종 사건이 GHQ점령기에 발생하며 해방 이후에도 조선이 혐오가 계속된다.

재일조선인 정책을 분석한 사회학자 후쿠오카 야스노리(福岡安則)는 해방 이후 일본에서 재일조선인에게 적용된 정책이 "'배제·동화·인권·억압' 네 유형이었으며 그중 가장 적합한 유형은 '억압'이었으며 '배제'와 '동화'는 부수적"이었다고 설명한다.[15)] 전후 일본에서 정착된

14) 량영성, 김선미 역, 『혐오표현은 왜 재일조선인을 겨냥하는가』, pp.130~ 132 참조 및 요약.

15) 福岡安則, 『在日韓国·朝鮮人』, 中央公論社, 1993, pp.38~50.

단일민족신화 아래 "재일조선인은 가능한 관계하고 싶지 않은 귀찮은 문제"로 취급되었다.'[16] 실제 외무성 보고서 중 조선인은 "지나치게 불결한 탓에 병이 옮을 것 같아 발을 들여 놓는 것조차 주저한 적도 있었다"[17]는 기록에서도 당시 재일조선인을 향한 부정적 인식을 확인할 수 있다. 더불어 1960년대 해외여행 자유화가 시행되며 외국과의 접촉이 늘어나고 그 과정에서 "부정적 의미로 사용되던 단일민족이라는 용어가 긍정형으로 정착"[18]되며 우경화 경향이 나타난다. 다음은 1960년대 당시 재일조선인을 비롯한 마이너리티에 관한 기술 중 일부이다.

> 일본은 세계에서도 드문 단일민족 단일 언어의 나라이고 언어나 문화전통을 공유한 우리 민족은 태고로부터 정치적 통일을 이루고 있었기 때문에 우리 문화의 연속성은 민족과 국가의 비분리(非分離)와 관련되어 있다 …(중략)… 패전에 의해 지금의 영토로 제한된 일본은 국내에 있어 이민족 문제를 거의 가지지 않게 되었고 …(중략)… 일본에는 현재 심각한 이민족 문제가 없고 또 한 민족 한 문화 전통에 의한 정치적 통일을 향한 비원도 있을 수 없다. 그것은 일본 역사에 이미 성립되어 있기 때문이다.[19]

1968년 미시마 유키오(三島由紀夫)는 「문화방위론(文化防衛論)」을 통해 일본은 단일민족 국가이며, 이미 한 민족으로 통일되어 있다는 견해를 밝힌다. 나아가 직접 재일조선인 문제를 언급하며 "전후 일본에는 진정한 이민족 문제가 있을 수 없으며, 재일조선인 문제는 국제 문제이

16) 오구마 에이지, 조현설 역, 『일본 단일민족신화의 기원』, 소명출판, 2003, p.504.
17) 井上益太郎, 『在日朝鮮人の生活の実態』, 日本赤十字社, 1956.
18) 오구마 에이지, 『일본 단일민족신화의 기원』, p.457.
19) 미시마 유키오, 남상욱 역, 『미시마 유키오의 문화방위론』, 자음과모음, pp.65~66.

고 난민 문제일 순 있어도 일본 국민 내부의 문제일 수는 없다. 이를 내부의 문제인 것처럼 다루는 일부의 취급에는 명백한 정치적 의도가 있다."[20]고 말하며 재일조선인을 일본이 아닌 국제문제로 취급한다. 여기서 주목할 점은 재일조선인을 일본 내부의 구성원이 아닌 일본인은 내부 / 재일조선인은 외부라는 도식으로 규정한 부분이다. 이를 통해 해방 이후 강화되는 일본의 내셔널리즘 현상과 당시 재일조선인의 사회적 지위를 확인할 수 있다.

이러한 분위기 속에서 1960년대 발생한 아이치사건(愛知事件),[21] 호세이대학(法政大学) 부속 제2고등학교 사건,[22] 십조사건(十条事件)[23] 등 조선학교 학생 습격사건에서 재일조선인 혐오가 구체화된 것을 확인할 수 있다. 1980년대에는 치마저고리 사건[24]을 비롯해 조선학교 학생 대상의 폭력사건이 지속적으로 발생한다.[25] 2000년대 일본에서는 북한의 핵개발 의혹과 대포동 미사일 발사, 일본인 납치사건 등으로 북한에 대한 부정적 인식이 확산된다. 이러한 인식은 재일조선인 혐오사건

20) 미시마 유키오, 위의 글, p.68.

21) 1962년 6월 나고야에서 폭력단이 아이치조선중고급학교(愛知朝鮮中高級学校)에 난입한 사건.

22) 1962년 11월 호세이대학 부속 제2고등학교 문화제에서 가나가와 조선 고급 학교(神奈川朝鮮高級学校) 학생이 공기총을 거꾸로 잡은 호세이2고 학생에게 머리 및 몸통을 난타당해 두개골 골절로 사망한 사건.

23) 1963년 4월 13일, 성인남성 17~18명이 방망이와 곤봉을 들고 도쿄조선중고급학교(東京朝鮮中高級学校) 정문으로 몰려들어 맥주병·각목·돌 등을 던지고 도주한 사건.

24) 전철에서 조선학교 여학생을 대상으로 교복치마를 칼로 찢은 사건.

25) 1980년대 이후 조선학교 학생을 대상으로 한 인종주의 폭력건수는 다음과 같다. 1989년 10월 북한의 파친코 의혹 이후 20일 동안 48건, 1994년 4월 북한의 핵개발 의혹 이후 3개월간 약 160건, 1998년 8월 대포동 미사일 발사 실험 이후 반 년 간 약 70건, 2002년 9월 북한의 납치사건 공식 인정 이후 반 년 동안 1천 건 이상, 2006년 7월 미사일 발사 이후 1개월간 122건, 2006년 10월 핵실험 이후 1개월 동안 55건이 발생한다. 량영성, 김선미 역, 『혐오표현은 왜 재일조선인을 겨냥하는가』, p.189.

으로 이어진다. 2009년 재특회의 '교토 조선학교 습격 사건'[26]을 비롯해 조선학교 학생들은 일본 우익의 직접적인 공격대상이 된다.[27] 이러한 사례에서 북한에 대한 혐오감정이 재일조선인에게 투영되어 습격이라는 형태로 구체화되었음을 알 수 있다.

북한 관련 사건 외에도 한국과 재일조선인을 대상으로 한 사건도 발생한다. 2013년 6월 코리안타운이 있는 신오쿠보(新大久保)에서 일본 우익단체는 "조센진은 앞으로 영원히 우리 일본인의 천적이다", "조센진을 모두 죽이자"고 외치며 신오쿠보 거리를 행진한다. 2019년 8월에는 일본 화장품 회사 DHC가 운영하는 인터넷 방송 DHC텔레비전의 시사 프로그램인 '도라노몬 뉴스'(虎ノ門ニュース)에서 "한국은 원래 금방 뜨거워지고 금방 식는 나라", "조센진" 등의 혐오발언과 "일본인이 한글을 통일했다" 등의 역사왜곡 발언을 한다. 이에 대해 한국에서 항의가 이어지자 DHC텔레비전은 대표이사 명의의 입장문을 홈페이지에 올리며 "(방송 내용은) 사실에 근거한 정당한 비평으로 자유로운 언론 범위"라고 반박한다. 나아가 "압력에 굴하는 일 없이 자유로운 언론의 공간을 지키고 싶다"며 혐오발언을 계속하겠다는 태도를 보인다. 이밖에도 아파(APA)호텔은 위안부 피해자와 난징대학살을 부정하는 서적들을 호텔 프런트와 객실에 비치하고 판매하는 등 한국과 재일조선인

26) 2009년부터 2010년 사이 재특회는 조선학교 주변에서 헤이트스피치를 전개하고 조선학교는 2013년 10월 시위 금지 및 손해 배상을 청구한다. 교토 지방재판소는 조선학교의 주장을 인용하며 재특회의 시위는 일본이 체결한 인종차별철폐협약에서 불허하는 인종차별이며 업무방해, 명예훼손에 해당한다 판단하여 1,200만 엔의 손해배상과 학교 주변에서의 시위 금지를 인정한다. 판결은 2014년 오사카 고등재판소, 2014년 12월 일본 최고재판소 판결로 확정되었다.

27) 2010년 민주당 정권에서 고교수업료 무상화 정책(학생 1인당 연간 12~24만엔 지원)이 도입되었으나 2013년 조선학교의 지원이 중단된다.

을 향한 혐오가 계속된다.

이와 같은 혐오사건의 계보를 통해 한일관계, 북일관계 등 동시대 한반도의 상황이 재일조선인에게 연동되어 영향을 미치는 것을 확인할 수 있다. 이러한 상황에 대해 김환기는 "일본 땅에서 조국의 운명과 함께 했던 재일코리안의 역사"[28]라고 평가하며 본국과 재일조선인의 관계성에 대해 말한다. 혐오는 일본(내부) / 재일조선인(외부)을 구분하는 경계를 만들어 재일조선인을 타자화한다. 이와 같은 혐오의 작동기재는 재일조선인들이 일본으로 귀화해 통명을 사용하고 스스로의 존재를 숨기는 동화현상의 계기가 되었다. 이러한 상황에서 1958년 8월 한 재일조선인에 의해 발생한 사건은 일본 사회에 큰 충격을 준다.

3. 재일조선인 인권운동의 발생과 혐오의 전개

1) 이진우(李珍宇)의 고마쓰가와 사건(小松川事件)과 혐오의 조성

1958년 8월 도쿄 고마쓰가와고교(都立小松川高校)의 한 여학생이 행방불명된다. 동시기, 요미우리신문사(読売新聞社)에 한 남자가 여덟 번 전화를 걸어 본인이 여자를 살해했다 말하며 시체유기 장소를 알린다. 8월 21일 고마쓰가와고교 옥상에서 여학생의 시체가 발견되고 경찰은 녹음한 범인의 목소리를 라디오에 공표한다. 얼마 후 고마쓰가와고교 정시제 1학년 가네코 시즈오(金子鎮宇)가 체포되고 가네코 시즈오가 재일조선인 이진우(李珍宇)라는 사실이 알려진다. 도쿄지방법원은 1959

28) 김환기, 「멕시코 코리안 이민사회의 형성과정과 문학의식 －『신한민보』와 『깍뚜스』의 작품을 중심으로－」, 『한민족문화연구』 59, 한민족문화학회, 2017, pp.72.

년 2월 이진우에게 살인과 강간치사죄로 사형을 선고하고 1962년 11월 사형이 집행된다.[29] '이진우 사건' 혹은 '고마쓰가와 사건'으로 불린 이 사건은 일본 대중에게 큰 충격을 준다.

고마쓰가와 사건에서 주목할 부분은 사건 발생 직후부터 일본 언론이 만든 이진우와 재일조선인에 관한 표상이다. 『요미우리신문(読売新聞)』 1958년 9월 1일 석간기사 「고마쓰가와 여고생 살인범 붙잡다(小松川女高生殺し捕まる)」에서는 이진우를 다음과 같이 기술한다.

> 조선인 부락 내 막노동꾼 이인룡 씨(59)의 차남, 고마쓰가와 고등학교 정시제 1학년 가네코 시즈오, 즉 이진우(18)을 살인 용의자로 자택에서 체포해 수사본부에 신병을 넘겨 취조했다. 같은 날 일곱 시 반 피해자는 범행 일체를 자백했다.[30]

女高生殺し捕る
一年生の18少年
朝鮮人部落で、犯行自供
'来たネ'とニンマリ
録音の声、投票でわかる

【그림1】『読売新聞』 1958.09.01. 석간 기사

기사에서는 이진우의 실명을 통명과 함께 기재하며 재일조선인에 의한 사건임을 강조한다. 또한 아버지 직업과 실명도 함께 기술하며 '조선인 부락' 출신 조선인임을 강조한다. 이를 통해 조선인 부락 출신 막노동꾼 조선인 자녀에 의한 살인사건이라는 구도를 만들어 조선인에

29) 1958년 11월 첫 공판, 59년 2월 사형 판결 후 공소. 12월 공소기각, 60년 1월 상고, 8월 상고기각, 사형확정, 62년 11월 사형이 집행되었다. 조경희, 「'조선인 사형수'를 둘러싼 전유의 구도 – 고마쓰가와 사건(小松川事件)과 일본/'조선'」, 『동방학지』 158, 연세대학교 국학연구원, 2012, p.348.

30) 밑줄은 강조를 위해 저자에 의해 작성됨. 「女高生殺し捕る」, 『読売新聞』 1958.09.01., 読売新聞社.

대한 혐오감정을 조성했음을 확인할 수 있다. 이러한 상황에 대해 서경식은 "도대체 '조선인 부락'이라는 정식 지명이 있기나 한 것인가? 그것은 특정 지역에 대한 차별적 '통칭'에 불과하다"[31]고 말하며 차별적 용어를 여과 없이 사용해 조선인에 대한 부정적 인식을 조장한 언론을 비판한다. 이밖에도 신문의 중간표제 '1학년인 18세 소년 조선인 부락에서 범행 자백', 경찰에게 체포될 때 빙그레 웃으며 "역시 완전범죄는 실패했네요" 등을 기술하며 이진우의 엽기적 살인사건이라는 이미지를 조성한다. 실제로 사건 발생일인 1958년 8월 21일부터 9월 30일까지 한 달이 넘는 기간 동안 『요미우리신문』은 총 62건, 『아사히신문(朝日新聞)』은 38건의 기사를 내며 사건을 대대적으로 보도한다. 그 과정에서 '조선인에 의한 범죄'에 초점을 맞추며 부정적인 재일조선인 표상을 형성한다.[32]

언론의 태도 외에도 경찰과 법원 등 공권력의 수행 절차에도 주목할 필요가 있다. 고마쓰가와 사건은 단순살인이 아닌 '부녀폭행살인 및 부녀폭행치사'로 강간·살인죄로 판결을 받았다. 하지만 강간의 흔적은 찾을 수 없었다는 부검결과에도 불구하고 이진우의 진술만을 근거로 강간죄를 적용한다. 보다 주목할 점은 판결서(1959년 2월 29일 자)의 내용이다. 다음은 1심 판결서의 기술 중 일부이다.

31) 서경식, 임성모·이규수 역, 「괴물의 그림자 – 고마쓰가와 사건과 식민주의의 표상 –」, 『국민과 난민 사이』, 돌베개, 2006, p.86.

32) 이와 같은 언론의 조선인 혐오 이미지 구현 이유에 대해 서경식은 당시 재일조선인 사회에서 추진되었던 북송사업과 무관하지 않다 말한다. 고마쓰가와 사건이 북송사업의 실현을 위해 날조된 사건으로 보기에는 무리가 있지만 사건의 '표상'이 북송사업과 이진우 재판에 보이지 않는 영향을 주었다고 말하며 혐오언설이 재일조선인들의 북한 귀국을 촉진하는 계기가 되었다고 평가한다. 서경식, 위의 글, pp.104~108.

> 피고인이 가난한 가정에서 자라났고 부모가 조선인이라는 것을 생각할 때 사회적·민족적 편견을 가지고 있었던 게 아닌가 하는 점이 염려된다.[33)]

판결문에서는 이진우가 가난한 조선인 부모 사이에서 자라 일본인에 대한 사회적·민족적 편견을 갖게 되어 살인으로 이어졌다는 논리를 확인할 수 있다. 해당 대목에서 이진우가 재일조선인이라는 사실이 판결에 중요하게 반영되었음을 추론할 수 있다. 이밖에도 체포 당시 이진우는 18세의 미성년자였기 때문에 소년법의 보호를 받아 이름과 나이, 직업, 주소를 언론에 노출할 수 없었다. 하지만 경찰 발표를 그대로 인용한 언론에 의해 이진우의 개인정보가 공개적으로 노출되며 소년법의 보호를 받지 못한다. 이러한 상황에 대해 조경희는 "현재적 관점에서 고마쓰가와 사건에 관한 언론보도와 재판경위를 접했을 때 경찰과 언론, 법원이 발신하는 차별적 언설"이 형성되었다고 당시 상황을 평가하였다.[34)]

사건 당시 언론과 공권력의 행보를 통해 재일조선인 혐오의 형성과정과 일본 / 재일조선인의 경계구분을 확인할 수 있다. 나아가 혐오가 민족, 인종 등 기본권 차별의 형태로 구현된 것을 확인할 수 있다. 이와 같은 재일조선인 혐오표상의 구현은 약 10년 후 발생한 김희로 사건에서 보다 상세히 확인할 수 있다.

33) 서경식, 「괴물의 그림자 – 고마쓰가와 사건과 식민주의의 표상 –」, p.100.
34) 조경희, 「'조선인 사형수'를 둘러싼 전유의 구도 – 고마쓰가와 사건(小松川事件)과 일본/'조선'」, p.353.

2) 김희로 사건(金嬉老事件)과 라이플마 김희로

1968년 2월 20일, 재일조선인 2세 김희로(金嬉老, 본명 권희로(權禧老))는 자신에게 빚 독촉을 하던 야쿠자 두 명을 라이플로 사살한 뒤 사건현장에서 45km 떨어진 시즈오카(静岡)의 한 온천으로 도주한다. 김희로는 여관 종업원과 손님 13명을 인질로 잡고 경찰과 대치한다. 언론은 헬기를 동원해 사건을 생중계하였으며 일본 대중들은 텔레비전으로 인질극을 실시간으로 보게 된다. 사건 발생 나흘 후인 2월 24일 김희로는 기자로 위장한 수사관에게 체포되며 88시간에 걸친 인질극은 마무리된다. 이후 재판이 진행되고 1975년 11월 일본 최고재판소는 김희로에게 무기징역을 선고한다. 김희로는 자신이 인질극을 벌인 경위에 대해 다음과 같이 말한다.

> 그 배경에는 질 나쁜 일본인과 경찰의 민족차별 문제가 깔려 있다. …(중략)… 고이즈미 같은 인간은 니시오 주임과는 질적으로 다른 경찰이었다. 아무런 거리낌 없이 '조센징'이라는 말을 내뱉으며 민족적 차별을 일삼는 일본 경찰을 나는 수없이 보아왔으며, 그때마다 반드시 일본 사회에 그 실태를 고발해야겠다는 생각을 해왔다. 이른바 '고이즈미 사건'은 내가 사건을 저지른 또 하나의 동기가 되었다.[35]

김희로는 빚 독촉을 하던 야쿠자가 자신에게 모욕적인 발언을 한 것과 경찰이 자신을 향해 조센진이라는 용어를 사용한 것이 사건의 계기가 되었다고 말한다. 실제로 인질극 당시 김희로는 '경찰에 의한

35) 권희로, 「차별과 모멸, 그리고 분노…」, 『어머니, 미움을 넘어섰어요』, 중앙M&B, 1968, p.39.

재일한국·조선인의 멸시발언에 대한 사죄'만을 요구했는데 이와 같은 사실에서 경찰이 사용한 혐오표현이 사건의 직접적인 원인이 되었음을 알 수 있다. 김희로는 일본 사회에 널리 퍼져있는 재일조선인을 향한 부정적 인식에 대해 다음과 같이 말한다.

> 사람들은 왜 나보고 「죠오센진」 하고 멸시의 눈총으로 침을 뱉고 왜 돌을 던지며 「축구자식[36] 죽어……」 하고 미워하며 천대를 하였는지 그 내력조차 모르는 어릴 적부터 나에게는 「죠오센진」이라는 말이 죽도록 저주스러웠습니다. 그러나 그 「죠오센진」이라는 굴욕의 대명사는 어디로 가나 나로부터 떠나지 않았습니다. 일본제국이 붙여준 일본이름을 충실하게 쓰면 쓸수록 나에게는 오히려 가슴 아픈 고통을 가져올 뿐이었습니다. 언제부터인가, 아니 태어날 때부터 나에게는 인간이하의 인간으로 낙인이 찍히었고, 받은 상처 위에 새로운 상처를 받고 피를 자아내면서 내 생애가 시작되었던 것입니다. 나는 성장함에 따라 점차로, 나로하여금 스스로가 「조선인」임을 저주하도록까지 한 일본인 속의 그 사상과 근성에 대하여 굳은 반항심을 품게 되었습니다.[37]

김희로는 유소년기부터 일본인에게 '조센진'이라는 차별적 용어를 들었던 일화를 회상한다. 보다 주목할 점은 재일조선인 혐오가 자식세대에게 계승되어 일상적으로 사용된다는 것이다.

> 사실 나는 어릴 때 "간토 대지진 때 조센징들이 우물에 독을 집어넣고 폭동을 일으키려 했다"는 일본인들의 말을 그대로 믿었다. 하지만 언젠가 《중앙공론》이라는 잡지를 통해 간토 대지진 때 우리 동포가 왜 살해당했

36) 축구(畜狗): 사람답지 못한 짓을 하는 사람을 낮잡아 이르는 말.
37) 김희로, 『너는 너 나는 나: 金嬉老의 獄中手記』, 홍익출판사, 1968, pp.19~20.

으며, 얼마나 많은 무고한 사람이 죽었는지 알게 되었을 때 그 충격은 너무나 컸다. 어린 시절 나는 일본인 급우들에게 '조센징'이라고 놀림받을 때도 저항하려는 마음보다는 '조센징'임을 회피하고 싶은 마음이 더 컸다. 그렇지만 '조센징'을 멸시하는 말을 들으면 저절로 화가 솟구쳤던 까닭은 내가 영락없는 '조센징'이기 때문이었을 것이다.[38)]

김희로는 유년시절을 회상하며 간토대지진 당시 조선인이 우물에 독을 풀었다는 유언비어를 들었던 사실을 회상한다. 이 대목에서 과거 조선인에 대해 날조된 언설이 후속세대에게 계승되어 확산되고 있으며 일제강점기 조선인 이미지가 해방 이후 재일조선인에게 투영되었음을 확인할 수 있다.

사건 발생 당시 일본 언론은 김희로에게 엄청난 관심을 보였다. 인질극이 시작된 1968년 2월 21일부터 체포된 24일까지 『아사히신문』은 총 72건, 『요미우리신문』은 60건의 기사를 보도한다. 하나 주목할 점은 김희로를 다루는 당시 언론의 태도이다. 다음은 사건 당시 『요미우리신문』의 보도 중 일부이다.

【그림2】『요미우리신문』 1968.02.21. 석간

【그림3】『요미우리신문』 1968.02.23. 조간

38) 권희로, 『어머니, 미움을 넘어섰어요』, 중앙M&B, 1999, p.41. 김희로는 한국에 온 이후 어머니의 성을 따 권희로로 개명한다. 1999년 출간된 저서는 권희로로 출간되었다.

위의 기사에서는 김희로를 '라이플 마(ライフル魔)'라고 지칭하고 있음을 확인할 수 있다. 즉, 언론이 김희로를 '라이플을 든 악마' 이미지로 표상화하고 있는 것이다.[39] 동시기 더 많은 기사를 보도했던 『아사히신문』이 김희로를 '라이플 남(ライフル男)'이라고 표현했던 것과는 극명한 차이가 있다. 체포 이후에도 일본 언론은 김희로에게 자극적인 표현을 사용하며 부정적 표상을 형성한다.

【그림4】『週刊朝日』 1968.03.08. 기사

『주간 아사히(週刊朝日)』는 '공포의 88시간(恐怖の88時間)', '라이플 마와 인질(ライフル魔と人質たち)' 등의 표현을 사용해 사건을 보도한다. 이러한 사실에서 체포 이후에도 라이플마 김희로의 공포의 인질극이라는 표상을 형성했음을 확인할 수 있다. 당시 미디어의 태도에 대해

39) 하나 흥미로운 점은 『요미우리신문』의 온라인 검색사이트 〈요미다스(ヨミダス)〉에서는 기사가 '라이플마(ライフル魔)'가 아닌 '라이플범(ライフル犯)'으로 수정되어 서비스되고 있다. 하지만 1968년 당시 '라이플마'로 보도했던 사실이 신문 이미지에 여전히 남아 있다.

김희로는 "「메스컴」은 보도를 통해 경찰과 같은 자세를 취하면서 여관에서 장기 체재했던 숙박객들을 「인질」이라 불렀고, 그 인질들이 생명에 위협을 받고 있는 듯한 인상을 주기 위해 『흉악한「조센징」 살인범』이라는 「이미지」로 각사에서 모두 『「라이플」魔』, 또는 『「라이플」 사나이』라는 호칭으로 보도했다."[40]고 말하며 당시 일본 언론의 태도를 말한다.

사건 발생 약 2개월 후, 사건 원인을 제공했던 일본인 경찰 다카마쓰 게이지(高松敬治)는 일본의 문예지 『문예춘추(文芸春秋)』에 「김희로와 싸운 5일간(金嬉老と闘った五日間)」[41]을 발표한다. 다카마쓰는 다음과 같이 말한다.

> 생각해 보면 참으로 기묘한 사건이었다. 사람을 둘이나 죽인 범인이 일본을 향해 거만하게 굴고 체포해야 하는 입장인 내가 그에게 머리를 숙이고 사죄했다. 백 명 이상의 기자들은 그에게 접근할 수 있었지만 우리 경찰 측은 관여할 수 없었다. 살인자가 거만하게 굴고 체포해야 하는 자가 사죄하며 범인은 당당하게 「기자회견」까지 하고 경찰은 숨죽이고 있어야 했고, 세상이 뒤바뀐 게 아닌가 하는 생각을 몇 번이나 했다.[42]

다카마쓰는 혐오표현을 사용해 사건의 원인을 제공한 당사자임에도 불구하고 범인의 협박에 의해 사과한 피해자의 태도를 취한다. 해당

---

40) 김희로, 「일본 「메스컴」과 김희로사건」, 『너는 너 나는 나: 金嬉老의 獄中手記』, 홍익출판사, 1968, p.306.

41) 高松敬治, 「金嬉老と闘った五日間」, 『文芸春秋』 1968.05, 文芸春秋, 1968, pp.298~310.

42) 高松敬治, 위의 글, p.298.

발언에서 혐오표현에 대한 반성 없는 태도를 확인할 수 있다.

김희로 사건을 통해 당시 언론의 재일조선인에 대한 혐오 이미지 조성과 기본권 침해 사실을 확인할 수 있다. 또한 일제강점기 당시 조선인에 대한 부정적 이미지가 해방 이후 재일조선인에게 투영되어 일본인 / 재일조선인의 경계적 구분이 세대를 넘어 계승된 것을 확인할 수 있다. 이러한 사회적 분위기는 재일조선인들이 스스로의 존재를 숨기고 살아가는 동화현상의 한 원인이 되었다. 이를 증명하듯 김희로 사건 후 약 2년 반 만에 발생한 히타치투쟁은 앞의 두 사건과 다소 상이한 양상으로 전개된다.

3) 히타치투쟁의 발생과 동화, 민족

1970년 9월 중소기업에 다니던 재일조선인 2세 박종석은 이직을 위해 히타치(日立)에 지원한다. 박종석은 이름란에 통명 아라이 쇼지(新井鐘司)를, 본적란에는 출생지 아이치현(愛知県)을 기입한다. 서류심사와 면접을 거쳐 최종합격한 박종석에게 히타치는 채용통지를 발송하며 호적등본 제출을 요구한다. 박종석은 자신은 재일조선인이기 때문에 호적등본을 뗄 수 없으며 대신 외국인 등록증명서를 제출하겠다고 답한다. 이후 히타치는 일반 외국인을 고용하지 않는 것이 회사 방침이며 이력서에 재일조선인이란 사실을 숨기고 허위사실을 기입했기 때문에 채용을 취소한다고 통보한다. 박종석은 1970년 12월 8일 노동계약상의 권리가 있으니 해고 무효, 미불임금지불 및 위자료를 요구하며 히타치를 요코하마 지방법원에 제소한다. 법원은 1심에서 히타치에게 박종석에게 보상금 50만 엔과 1970년 12월 17일 이후의 지연 손해금을 지불할 것을 판결한다.[43] 히타치 측은 1심 판결에 승복하고 박종석은 1974년

8월 히타치에 입사한다.

히타치투쟁은 앞의 두 사건과 달리 취업차별을 계기로 촉발된 노동권 관련 인권운동이다. 때문에 혐오보다는 취업 혹은 민족차별로 해석할 수 있지만 보다 근본적인 차원에서의 혐오를 확인할 수 있다. 박종석은 히타치에 통명으로 지원한 이유에 대해 다음과 같이 말한다.

> '아라이 쇼지'로 소학교 생활을 시작했다. 싸움을 하면 '조센진(チョーセンジン)'이라고 불리고 다른 일을 하면 '조센진 주제에(チョーセンジンのくせに)'라고 당했다. …(중략)… '지금 생각하고 있는 것'이라는 과제를 냈다. 나는 '조선인은 손해다(朝鮮人は損だ)'라는 제목으로 고등학교와 대학을 나와도 생각하는 것처럼 취업할 수 없다. 무얼 위해 고등학교에 다니고 있는가라고 썼다.[44)]

박종석은 일본 사회에서 재일조선인이 받는 제약을 알고 있었다. 때문에 초등학교 입학 당시 본명이 아닌 일본명 아라이 쇼지를 사용했으며 학창시절을 줄곧 통명으로 보냈다. 하지만 이름을 바꾸는 것만으로 재일조선인이라는 본질적 문제를 해결할 수 없었다. 학우와 갈등이 있을 때마다 박종석은 '조센진', '조센진 주제에'라는 혐오발언을 들어야 했다. 성장과정에서 박종석은 재일조선인이라는 사실을 밝히는 것이 손해라는 것을 '학습'했으며 취업을 위해서는 이를 숨겨야 한다는

43) 被告は原告に対し, 右金五〇万円及びこれに対する不法行為発生後であることが明らかな昭和四五年一二月一七日以降支払済に至るまでの民法所定の年五分の割合による遅延損害金を支払う義務がある. 横浜地方裁判所第二民事部, 「朴鐘碩就職差別裁判判決(抜粋)」, 『朝鮮研究』 138, 日本朝鮮研究所, 1974, p.49.

44) 朴鐘碩, 「日立闘争後の「続日立闘争」」, 『在日二世の記憶』, 集英社新書, 2016, pp.370~371.

것을 깨닫는다. 이와 같은 상황에 대해 교육학자 오자와 유사쿠(小沢有作)는 "재일조선인 학생들은 일본인학교에서 인생에서 처음 차별을 접하고 차별을 알아간다"고 말한다.[45] 나아가 차별을 피하기 위해서는 재일조선인이라는 사실을 숨겨야 함을 학습한다고 말한다. 실제로 박종석은 학창시절 부모에게 왜 자신을 조선인으로 낳았느냐고 소리쳤을 정도로 조선인으로서의 고뇌가 상당했음을 스스로 밝히기도 했다.[46] 박종석의 성장과정을 통해 재일조선인을 향한 일본에서의 혐오의 흔적을 확인할 수 있으며 이와 같은 사회적 인식이 취업차별의 형태로 구체화되었음을 알 수 있다.

1970년대 재일조선인을 향한 일본 사회에 만연했던 부정적 인식의 근거는 히타치투쟁 당시 재판 기록에서도 찾을 수 있다. 다음은 판결문 중 일부이다.

> 재일조선인에 대한 민족적 편견이 예상외로 삼엄한 일임을 이제와 새삼 알게 되었으며 그리고 재일조선인에 대한 취업차별 이에 따른 경제적 빈곤, 재일조선인의 생활고를 원인으로 하는 일본인의 멸시감각은 재일조선인 다수가 성실하게 생활할 희망을 빼앗고 때로는 인격의 파괴까지 이끌고 있는 상황이라 재일조선인이 인간을 회복하기 위해서는 조선인의 이름을 갖고 조선인다운 행동, 조선의 역사를 공경하고 조선민족으로서의 긍지를 갖고 살아가는 길뿐임을 깨달았다는 취지 그 심경을 표명하고 있는 것이 인정되기 때문에 민족적 차별에 의한 원고의 정신적 고통에 대해서는 동정하고도 남는다 말해야만 한다.[47]

45) 小沢有作, 「素顔を奪還する教育(上)」, 『季刊まだん』 5, 創紀房新社, 1975, p.78.
46) 朴鐘碩, 「日立闘争後の「続日立闘争」」, p.368.
47) 横浜地方裁判所第二民事部, 「朴鐘碩就職差別裁判判決(抜粋)」, p.49.

법원의 판결문에서는 재일조선인을 향한 일본 사회의 민족적 편견을 인정하고 박종석이 통명을 사용할 수밖에 없었던 경위를 인정한다. 나아가 '일본인의 멸시 감각이 재일조선인의 생활고를 유발하고 인격의 파괴까지 초래'한다고 말하며 재일조선인 혐오가 재일조선인의 기본권은 물론 생존권까지 영향을 미친다고 설명한다. 히타치투쟁에서는 1960년대 이후 재일조선인 사회에서 광범위하게 나타났던 통명사용, 정주의식, 일본으로의 동화현상 등 동시대 사회현상의 근본 원인과 실상을 확인할 수 있다. 또한 취업차별의 근본원인을 역산하는 과정에서 일본 사회 기저에 내재된 재일조선인 혐오감정과 민족을 근거로 내/외부를 구분하는 혐오의 작동기재를 확인할 수 있다.

이진우, 김희로, 박종석의 인권운동을 통해 혐오의 계보와 일본이라는 공간에 대한 재일조선인의 인식변화를 확인할 수 있다. 나아가 본국과 일본의 국제관계로 인한 재일조선인 사회로의 영향, 일본으로의 동화현상 등 시대별 변천을 확인할 수 있다. 인권운동은 이후 일본과 국제사회가 복합적으로 대응하는 양상으로 전개된다.

4. 인권운동 이후 전개와 혐오의 극복

1) 일본에서의 사회적 연대와 전개

인권운동 발생 이후 일본에서는 재일조선인과 일본의 시민사회가 연대하는 모습이 나타난다. 고마쓰가와 사건 발생 직후 일본에서는 일본인 지식인들과 재일조선인을 중심으로 〈이 소년을 구하는 모임(李少年をたすける会)〉[48]이 조직된다. 모임은 이진우가 소년법의 보호를 받

지 못했던 사실과 사형 선고 과정의 부당함을 비판하며 이진우의 감형을 촉구한다. 일본인 작가 오오카 쇼헤이는 1960년 1월 20일 『마이니치신문』에 "범행이 흉악하였다고 할지라도 사형은 잔혹한 것은 아닌가, 소년에게 정상참작이 사료되지 않는 것은 이상하다"고 의심을 표하며 10개월여에 걸쳐 신문과 잡지에 글을 기고해 사건의 문제점을 제기한다.[49] 재일조선인 사회에서는 작가 "김달수(金達壽)와 김석범(金石範), 잡지 기자 박수남(朴壽南) 등이 문제를 제기하며 재일조선인에 관한 문제의식이 일본 사회에 확산"[50]되며 이진우 구명을 위한 행보가 나타난다.

일본 시민사회의 반응은 김희로 사건에서 보다 적극적으로 나타난다. 고마쓰가와 사건 당시 재일조선인 사회는 상대적으로 소극적 태도를 보였는데 이에 대해 서경식은 "고마쓰가와 사건 당시 재일조선인 사회에서는 이 사건을 애써 직시하지 않으려 해왔다고 말할 수 있다"고 평가했다.[51] 반면 김희로 사건에서는 재일조선인 사회의 적극적인 대응이 나타났다. 사건 발생 직후 일본과 해외 각국의 작가, 대학 교수, 평론가, 변호사 등은 〈문화인〉 그룹을 조직하고 사건을 "단순 형사사건이 아닌 일본인의 재일조선인에 대한 민족차별이 원인이 되어 발생한 사건으로 인식"[52]하며 김희로를 변호한다.[53] 가장 주목할 점은 사건의

48) 1960년 8월 도쿄도립대(東京都立大) 교수 하타다 다카시(旗田巍)를 비롯하여 전 히토쓰바시 대학 교수 우에하라 센로쿠(上原專祿), 작가 요시카와 에이지(吉川栄 治), 오오카 쇼헤이(大岡昇平), 미야케 쓰야코(三宅艶子), 기노시타 준지(木下順二) 등이 발기한 모임으로 감형을 비롯한 이진우의 구명에 주력했다.

49) 渡辺一民, 『〈他者〉としての朝鮮 文学的考察』, 岩波書店, 2003, p.190.

50) 남상현, 「오오카 쇼헤이(大岡昇平)의 『사건(事件)』론 – 고마쓰가와 사건과 1960-70년대 소년범죄를 중심으로-」, 『일본학보』 123, 한국일본학회, 2020, pp.110~111.

51) 서경식, 「괴물의 그림자 – 고마쓰가와 사건과 식민주의의 표상 –」, p.85.

진행 과정에서 김희로 스스로가 재일조선인 사회를 적극 활용한 점이다. 재일조선인 잡지에 기고한 옥중수기에서 김희로는 "스스로의 정체성을 민족에서 찾고 있으며 민족의 품에서 살아가기 위해 한글을 공부한다"[54]고 말하며 사건을 민족문제로 공론화한다. 그 결과 김희로 사건은 고마쓰가와 사건과 달리 재일조선인 사회가 적극 개입하며 일본 시민사회와 연대하는 양상으로 전개된다.

히타치투쟁에서도 이와 유사한 양상을 확인할 수 있다. 1971년 3월 29일, 재일조선인과 일본인 유식자, 학생들은 〈박군을 둘러싼 모임(朴君を囲む会)〉을 조직한다. 모임은 월 1회 정기집회를 갖고 소송을 비롯한 박종석의 각종 활동을 지원한다. 모임의 조직 사실이 알려지며 히타치 공장이 있는 대도시를 중심으로 총 8개의 〈박군을 둘러싼 모임〉 지부가 생긴다. 이밖에도 한일기독교회, 세계교회협의회(WCC) 등이 지지를 표명하고 지식인을 비롯한 일본 시민들이 지지와 후원을 보낸다. 상황이 이렇게 전개되자 처음에 침묵하던 일본의 시민단체들도 운동에 참여하며 히타치투쟁이 '민족운동으로서의 지역운동(民族運動としての地域運動)'으로 전개된다. 이와 같은 전개에서 재일조선인과 일

---

52) 임상민, 「일본문학과 재일조선인 범죄학 연구 – 미시마 유키오 『문화방위론』을 중심으로–」, 『일본문화학보』 77, 한국일본문화학회, 2018, p.6.

53) 일본에서는 1968년 4월 가지무라 히데키(梶村秀樹), 오사와 신이치로(大沢真一郎), 구보 사토루(久保覚) 등 간사 8명은 김희로 공판대책위원회(金嬉老公判対策委員会)를 설립한다. 이회성(李恢成), 김시종(金時鐘), 김달수(金達壽), 고사명(高史明)과 같은 재일조선인 문인들도 위원회에 참석했으며 1971년 12월 17일 재판에 특별변호인으로 직접 증언하기도 했다. 김희로 공판대책위원회는 1975년 해체될 때까지 김희로의 변호를 지원했고 40여 차례 대외 보고서를 발표했다. 또한 1969년부터 1973년까지 『김희로 문제 자료집(金嬉老問題資料集)』 10권을 출간했으며, 1982년에는 『김희로 문제 자료 집성(金嬉老問題資料集成)』 상, 하권을 출간하며 사건 관련 기록을 남겼다.

54) 金喜老, 「獄中から民族へ」, 『季刊まだん』 2, 創紀房新社, 1974, p.29.

본시민사회의 연대가 일시적 현상이 아닌 하나의 사회현상으로 자리잡은 것을 확인할 수 있다.

사건 이후 박종석은 재일조선인 사회를 적극 활용한다. 재판이 한창 진행 중이었던 1974년 5월, 박종석은 재일조선인 잡지 『계간 마당(季刊まだん)』[55]에 기사를 투고한다. 기사에서는 "국어강습소에서 조국의 언어를 배워 조선인이라는 민족적 자각을 할 수 있었으며 조선인의 혼을 되찾아 민족 정체성을 찾을 수 있었다"[56]고 말하며 민족을 강조하는 태도를 보인다. 이 대목에서 박종석 역시 김희로와 마찬가지로 사건을 민족문제로 공론화하여 재일조선인 사회를 활용하고 있는 양상을 확인할 수 있다.[57]

위의 세 사건을 통해 1958년 고마쓰가와 사건 당시 소극적이었던 재일조선인 사회가 1968년 김희로 사건 이후 대응이 적극적으로 변한 것을 확인할 수 있다. 그렇다면 어째서 이러한 변화가 나타난 것일까? 복합적인 이유가 있지만 그중에서도 가장 두드러진 이유는 일본이라는 공간에 대한 인식변화이다. 1960년대에 접어들며 재일조선인 사회는 일본에서 태어나고 교육받은 재일조선인 2세들이 사회의 주축을 이루기 시작한다. 분단된 한반도와 북송사업의 실질적인 실패로 조국은 더 이상 돌아가야 할 곳이 아니었다. 재일조선인들은 '일본 정주를 기정사실로 받아들였으며'[58] '정주'에 관한 실질적 문제를 고민해야 했다.

55) 1973~75년 발행된 재일조선인 종합지이며 6호까지 발행되었다.

56) 朴鐘碩, 「差別とは人を殺すことだ」, 『季刊まだん』 3, 創紀房新社, 1974, p.62.

57) 동화현상을 보였던 박종석이 취업차별 이후 민족성을 강하게 드러내는 태도에 대해 당시 『마당』은 '성장'이라 표현하며 재일조선인 사회에 교훈을 주는 표상적 인물로 활용하기도 했다.

58) 윤건차, 박진우 외 역, 『자이니치의 정신사』, 한겨레출판, 2016, p.595.

이런 상황에서 인권운동은 재일조선인을 향한 혐오의 대응이자 일본에서 정주할 수 있는 인권과 생존권을 확보하기 위한 행동이었다.

혐오는 일본과 재일조선인 사회를 경계적으로 구분한다. 나아가 차별로 인한 인권운동으로 이어진다. 인권운동 계보를 확인을 통해 각 시대별 상이한 대응과 전개방식을 확인할 수 있다. 인권운동은 민족문제로 귀결되며 재일조선인 사회와 일본 시민사회가 연대하여 혐오에 대응한다. 나아가 국제사회의 대응 형태로 전개된다.

2) 한국에서의 대응과 인권운동의 가치

1958년 고마쓰가와 사건이 발생하지만 한국에서는 별다른 관심을 보이지 않았다. 사건 발생 약 2년이 지난 시점에서야 관련 기사[59]가 보도되었지만 이진우의 구명을 촉구하거나 일본을 비판하는 기사는 크게 발견할 수 없었다. 반면 김희로의 경우 사건 직후부터 한국 언론이 큰 관심을 보였다.[60] 주목할 점은 당시 사건을 다루는 언론의 태도이다. 다음은 사건 직후인 1968년 2월 24일에 발표된 『조선일보』의 기사이다.

59) 1960년 11월 8일 『조선일보』는 「李少年救命運動」을 통해 이진우의 소식을 알렸다. 1962년 7월 14일에는 「"死刑囚" 李珍宇尹은 女學生 殺害犯이 아니다」와 같은 기사를 보도했다. 『경향신문』은 1962년 7월 22일 「李珍宇君은 無罪(上)」, 7월 23일 「李珍宇君은 無罪(下)」, 7월 31일 「市民들 앞을 다투어 署名」등의 기사로 이진우를 보도했다.

60) 『경향신문』, 『조선일보』, 『동아일보』는 인질극이 벌어지고 있던 1968년 2월 22일을 시작으로 연내 총 127건의 김희로 관련 기사를 보도했다. 상세내역을 살펴보면 『경향신문』 33건, 『동아일보』 54건, 『매일경제』 3건, 『조선일보』 37건이었다. 이후 1969년 8건, 1970년 44건 등의 보도사실에서 김희로에 대한 한국에서의 꾸준한 관심을 확인할 수 있다.

> 「조센징」으로 괄시받고 천대받으며, 모욕의 말로 던져지는 것에 대한 참을 수 없는 분노가 언제나 발작적인 뇌관작용으로 폭발되어 왔었다. …(중략)… 사건이 일단락 되고나면 일본인의 재일교포나 대 한국인관에 어떤 변화를 나타낼는지에 주목해야 된다. …(중략)… 어떤 일본인은 과거 자기네가 한국민족에 저지른 죄과가 오늘에 이런 사건으로 나타난다고 자책의 뜻을 비치는 이도 있긴 하지만, 태반의 일본인은 이런 말뜻의 깊이를 이해하지는 않고 있다.[61)]

기사에서는 '조센징'이라는 혐오발언이 사건의 계기가 되었음을 설명하며 과거사 문제에 반성 없는 일본의 태도를 비판한다. 『동아일보』는 1968년 10월 30일, 「긴끼로란 사람없다 金嬉老 五회公判」 등의 기사를 통해 김희로가 동포란 사실을 강조했으며, 12월 28일에는 「事件 밑바닥에 民族차별問題」 등으로 일본의 재일조선인 차별이 사건원인이 되었음을 강조한다.[62)] 이러한 구도를 형성함으로써 일본의 혐오에 인권운동으로 대항하는 동포 표상을 만드는 동시에 기본권을 유린하는 일본을 비판한다. 이와 같은 한국 언론의 태도는 '라이플마' 등의 표현으로 부정적 조선인 표상을 만들었던 일본 언론의 태도와 명확히 대치되는 것이었다.

〈김희로공판대책위원회〉 역시 사건을 '민족문제'로 공론화하며 한국을 적극 활용한다. 사건 이후 위원회는 세종로, 서울역, 명동 등에서

61) 신동호, 「「差別」이 빚은「恐怖」 金嬉老事件」」, 『조선일보』 1968.02.24., 조선일보사, 1968.

62) 이러한 상황에 대해 임상민은 당시 한국 언론이 '민족차별'을 강조/고발하는 언설을 재생산해 김희로를 차별에 저항한 영웅으로 만들었다고 평가했다. 임상민, 「김희로 사건과 내파하는 한일 미디어 – 츠츠이 야스타카(筒井康隆)의 「신킨타로(晋金太郎)」를 중심으로–」, 『인간과 문화 연구』 25, 동의대학교 인문사회연구소, 2014, pp.17~18.

김희로 구명을 위한 서명운동을 벌이고 옥중수기를 비롯한 관련 서적을 한국에서 출간한다.[63] 이런 상황에서 『동아일보』는 1968년 9월 5일 「金嬉老救命위해 街頭서 서명운동」 등의 기사로 한국에 김희로 사건 상황을 상세히 알린다. 이와 같은 한국 언론과 모임의 활동을 바탕으로 사건이 국제문제로 공론화된다.[64]

히타치투쟁 역시 한국을 중심으로 국제문제로 공론화되는 양상이 나타난다. 사건 발생 당시 〈박군을 둘러싼 모임〉에는 국제기독교대학(国際基督教大学)의 재학생 재일조선인 최승구(崔勝久)가 소속되어 있었다. 최승구는 1973년 서울대학교에서 유학경험이 있는데 서울대학교 학생들에게 박종석의 소식을 전한다. 이를 들은 서울대학교 학생들은 1974년 「반일구국투쟁선언(反日救国闘争宣言)」에서 '히타치가 일으킨 취업차별문제 등 일본 국내에서의 한국인 동포에 대한 차별대우를 즉각 중지하라!'고 외치며 히타치를 비판한다. 언론 역시 많은 기사를 보도하고,[65] 한국과 재일조선인 사회에서는 히타치 제품 불매 운동 등의 단체적 움직임이 나타난다.

63) 사건 당시 한국에 출간된 서적은 옥중수기 김희로(1968), 『너는 너 나는 나 金嬉老의 獄中手記』(홍익출판사), 『金喜老事件(88시간의 투쟁)』(삼진출판사)가 있으며 1971년 김희로공판대책위원회가 발간한 『분노는 폭포처럼』(章苑文化社) 등이 있다.

64) 한국을 비롯한 국내외 언론보도와 한국과 일본에서의 구명운동 결과 일본 정부는 1999년 9월 7일, 일본으로 재입국 하지 않는 조건으로 김희로를 석방한다.

65) 가장 많은 보도를 한 곳은 『조선일보』였다. 1974년 5월 11일 「[사설] 한 일본대기업의 편견. 朴鍾錫씨 채용 거부를 보고 생각한다」, 5월 12일 「〈인터뷰〉교포 朴鍾碩씨의 일인 변호인 中平健吉씨. "민족차별에 공분느껴"」, 5월 18일 「히다찌 교포 朴鍾碩군 요구 수락. 여론굴복…채용취소 철회, 「민족차별」은 안굽혀」, 5월 19일 「히다찌 「구체정정」 요구. 朴鍾碩씨 입사의사, 교포 기독교단체 불매운동 계속」, 6월 8일 「「히다찌 파문」朴鍾碩씨 모국 여성단체에 감사편지」, 「조국의 어머니들에게 드리는 글」. "교포 국적 - 본명 떳떳이 쓰자"」, 6월 19일 「오늘 결심공판 「히다찌 사건」」 등 히타치투쟁의 경과를 실시간으로 보도했다.

1974년 6월 19일 박종석의 승소 소식이 전해지며 한국 언론은 크게 고무된다. 『조선일보』는 6월 20일 「朴鍾碩군에 승소 판결」, 6월 21일 「[사설] 민족차별의 극복」, 8월 28일 「朴鍾碩군 히다찌 입사 합의」기사를 통해 박종석의 승소를 알렸다. 『중앙일보』도 1974년 6월 20일 「박종석군의 승소」, 9월 3일 「박종석씨 첫 출근」이라는 기사를 냈으며, 『동아일보』 역시 1974년 8월 28일 「히타치 入社합의 朴鍾碩씨 事件 일단락」 등의 기사로 박종석의 승소를 알린다. 일본 언론 역시 재판 결과에 큰 관심을 보였다. 『요미우리신문』은 판결당일인 1974년 6월 19일 석간신문 톱뉴스 「재일조선인 해고는 부당 요코아마지법 판결 민족차별을 허용하지 않는 히타치가 패소(在日朝鮮人解雇は不法横浜地裁判決民族差別許されぬ日立が敗訴)」로 재판결과를 알렸다.[66] 이와 같은 전개에서 인권운동 이후 일본과 국제사회의 대치되는 시선과 대응을 확인할 수 있으며 재일조선인을 매개로 일본 시민사회와 국제사회가 연결되는 것을 확인할 수 있다.

인권운동 이후 일본에서는 다양한 변화가 나타난다. 〈박군을 둘러싼 모임〉은 소송 이후에도 각 지방에 흩어진 재일조선인 단체들과 함께 권익 투쟁에 앞장섰다. 오사카에 있는 한국오사카청년회의소, 재일기독교회관, 재일관서 지방 여자전도회, 재일청년연합회, 재일한국인민주간담회 등 5개 단체는 1974년 8월 〈재 오사카 한국인의 생활을 지키는 모임〉을 결성한다. 이들은 세금을 내면서도 아동수당을 받지 못하는 상황의 개선, 공영주택 입주 자격, 아동수당 지급, 국민연금 가입,

66) 1974년 8월 15일 발행된 『조선연구(朝鮮研究)』 138호에서는 지면을 통째로 「민족차별 규탄의 기억 – 박군을 둘러싼 모임과 히타치제작소와의 투쟁 –(民族差別糾弾の記憶–朴君を囲む会と日立製作所との闘い–)」 특집으로 발간한다. 특집에서는 히타치와의 교섭 기록, 재판기록, 판결문 전문 등을 수록해 사건경위를 상세히 알렸다.

외국인 공무원 임용 운동, 공립학교 교원 채용 등을 요구한다. 이후 일본의 상당수 정책에서 국적조항이 철폐되며 공영주택입주, 주택금융공고적용(住宅金融公庫適用), 변호사, 교사, 지방공무원의 길이 열린다. 1979년에는 국제인권조약을 비준, 발효시키며 국내법을 개정해 정주외국인 차별을 없애는 조치를 취한다. 1982년에는 국제난민조약을 비준하며 〈내외인평등〉 원칙을 도입해 국민연금법이나 출입국관리법, 사회보장제도에서 외국인 차별을 완화하며 재일조선인들이 권리를 획득하기 시작한다.

재일조선인 인권운동은 일본을 일시적 거처가 아닌 정주할 삶의 터전으로 받아들이면서 일본과의 상생을 도모하는 움직임이었다. 재일조선인들은 인권운동을 통해 일본의 혐오와 배타적 내셔널리즘을 사회문제, 국제문제로 공론화한다. 그 과정에서 일본 시민사회, 국제사회와 연대하여 공존의 메시지를 발신한다. 이와 같은 사실에서 재일조선인을 중심으로 일본시민사회 – 국제사회의 연대를 통한 혐오의 대응을 확인할 수 있으며 일본 – 재일조선인 – 국제사회의 관계망이 형성된 것을 확인할 수 있다. 재일조선인 인권운동의 계보학적 확인을 통해 재일조선인 사회의 변화하는 가치관과 이에 따른 대응, 고국과의 관계, 일본과 국제사회와의 연결을 종합적으로 확인할 수 있다. 나아가 일본의 배타적 내셔널리즘과 혐오의 시대에 안티테제로서 재일조선인의 역할과 가치를 확인할 수 있다.

5. 마치며

일제강점기 관동대지진 조선인학살부터 최근 재특회와 헤이트스피치까지 재일조선인 대상 혐오는 과거부터 현재까지 이어지고 있다. 해방 이후 일본의 내셔널리즘과 사회적 우경화는 재일조선인 혐오의 직접적 원인이 되었다. 이런 상황에서 재일조선인들은 인권운동을 통해 혐오에 대한 투쟁을 가시화한다. 1958년 이진우의 고마쓰가와 사건, 1968년 김희로 사건, 1970년 박종석의 히타치투쟁 등은 일본 사회에 재일조선인의 존재를 알리는 사건이었다.

인권운동 이후 일본 언론은 자극적인 보도로 부정적 재일조선인 표상을 형성한다. 고마쓰가와 사건에서는 '조선인', '조선인 부락' 등의 용어로 부정적 재일조선인 표상을 형성했다. 경찰과 법원의 공권력 수행 과정에서도 조선인이라는 이유로 소년법의 보호를 받지 못했던 사실을 확인할 수 있다. 김희로 사건 당시 일본 언론은 '공포의 88시간', '라이플마' 등의 표현으로 부정적 재일조선인 표상을 형성한다. 이러한 표상은 재일조선인을 향한 일본대중의 혐오 감정을 조성하고 일본인 / 재일조선인의 경계를 보다 명확히 만든다. 반면 한국 언론은 차별에 맞서는 동포 이미지를 만들며 일본 언론과 상반되는 태도를 보인다. 이와 같은 전개에서 인권운동 이후 한일언론의 대치되는 표상 형성과 담론 전개를 확인할 수 있다. 히타치투쟁은 재일조선인을 향한 혐오감정이 취업차별의 형태로 구체화된 사건이다. 채용취소의 근본 원인을 추적함으로써 일본 사회에 내재된 재일조선인 혐오감정을 확인할 수 있었으며 경계를 구분하는 혐오의 작동기재와 동화현상의 관계성을 규명할 수 있다.

이와 같은 재일조선인 인권운동의 계보학적 연구를 통해 1950~70년대 재일조선인 사회의 가치관 변화와 동화, 대응 방식의 변화, 고국과의 관계 등을 종합적으로 확인할 수 있다. 나아가 재일조선인을 매개로 형성되는 일본 – 재일조선인 – 국제사회의 관계와 혐오의 안티테제로서 재일조선인의 역할과 가치를 확인할 수 있다.

이 글은 한민족문화학회의 『한민족문화연구』 제74집에 수록된 논문 「재일조선인 혐오의 계보와 인권운동 - 고마쓰가와 사건, 김희로 사건, 히타치 투쟁을 중심으로-」를 수정·보완한 것임.

참고문헌

권희로, 「차별과 모멸, 그리고 분노…」, 『어머니, 미움을 넘어섰어요』, 중앙M&B, 1968.

김환기, 「김석범, 『화산도』, 〈제주4,3〉-『화산도』의 역사적/문학사적 의미-」, 『일본학』 41, 동국대학교 일본학연구소, 2015.

______, 「멕시코 코리안 이민사회의 형성과정과 문학의식 - 『신한민보』와 『깍뚜스』의 작품을 중심으로-」, 『한민족문화연구』 59, 한민족문화학회, 2017.

김희로, 「일본「메스컴」과 김희로사건」, 『너는 너 나는 나: 金嬉老의 獄中手記』, 홍익출판사, 1968.

______, 『너는 너 나는 나: 金嬉老의 獄中手記』, 홍익출판사, 1968.

남상현, 「오오카 쇼헤이(大岡昇平)의 『사건(事件)』론 - 고마쓰가와 사건과 1960-70년대 소년범죄를 중심으로-」, 『일본학보』 123, 한국일본학회, 2020.

다나카 마사타카, 「간토(関東)대지진과 지바(千葉)에서의 조선인 학살의 추이」, 『한국독립운동사연구』 47, 한국독립운동사연구소, 2014.

량영성, 김선미 역, 『혐오표현은 왜 재일조선인을 겨냥하는가』, 산처럼, 2013.

마사 너스바움, 조계원(역), 『혐오와 수치심』, 민음사, 2015.

미시마 유키오 저, 남상욱 역, 『미시마 유키오의 문화방위론』, 자음과모음, 2013.

서경식, 임성모·이규수 역, 「괴물의 그림자 - 고마쓰가와 사건과 식민주의의 표상 -」, 『국민과 난민 사이』, 돌베개, 2006.

신동호, 「「差別」이 빚은「恐怖」 金嬉老事件」」, 『조선일보』 1968.02.24., 조선일보사, 1968.

오구마 에이지, 조현설 역, 『일본 단일민족신화의 기원』, 소명출판, 2003.

윤건차, 박진우 외 역, 『자이니치의 정신사』, 한겨레출판, 2016.

이승진, 「'혐한' 현상 앞에 선 재일문학 - 최실의 『지니의 퍼즐』과 황영치의 『전야』를 중심으로-」, 『일본학』 51, 동국대학교 일본학연구소, 2020.

이진형, 「전후 일본인의 '업루티드'(uprooted)된 정체성과 혐한(嫌韓)의 감정적 원천- 오에 겐자부로(大江健三郎)의 『만엔 원년의 풋볼』(万延元年のフットボール)을 중심으로-」, 『일본연구』 31, 글로벌일본연구원, 2019.
임상민, 「김희로 사건과 내파하는 한일 미디어 – 츠츠이 야스타카(筒井康隆)의 「신킨타로(晋金太郎)」를 중심으로-」, 『인간과 문화 연구』 25, 동의대학교 인문사회연구소, 2014.
______, 「일본문학과 재일조선인 범죄학 연구 – 미시마 유키오 『문화방위론』을 중심으로-」, 『일본문화학보』 77, 한국일본문화학회, 2018.
조경희, 「'조선인 사형수'를 둘러싼 전유의 구도 – 고마쓰가와 사건(小松川事件)과 일본/'조선'-」, 『동방학지』 158, 연세대학교 국학연구원, 2012.
高松敬治, 「金嬉老と闘った五日間」, 『文芸春秋』 1968.05., 文芸春秋, 1968.
金喜老, 「獄中から民族へ」, 『季刊まだん』 2, 創紀房新社, 1974.
渡辺一民, 『〈他者〉としての朝鮮 文学的考察』, 岩波書店, 2003.
朴鐘碩, 「日立闘争後の「続日立闘争」」, 『在日二世の記憶』, 集英社新書, 2016.
______, 「差別とは人を殺すことだ」, 『季刊まだん』 3, 創紀房新社, 1974.
福岡安則, 『在日韓国・朝鮮人』, 中央公論社, 1993.
井上益太郎, 『在日朝鮮人の生活の実態』, 日本赤十字社, 1956.

일본의 외국인 참정권 논쟁

이진원

1. 머리말

1945년 전쟁에서 패배한 이후, 일본 정부가 취한 외국인 정책은 일본 국내에 거주하는 외국인의 생활과 문화에 대해 어떻게 대응할 것인가에 초점이 맞추어져 있었다고 할 수 있다. 일본의 외국인 정책에 대해 곤도 아쓰시(近藤敦)는 차별과 동화 정책의 시기(1945~1979), 평등과 국제화 정책의 시기(1980~1989), 정주와 공생정책의 시기(1990~2005)로 구별하여 일본 사회가 외국인을 보는 시각과 이에 대응하는 정책의 성격을 규정하였다.[1] 필자도 1945년 패전 이후 일본이 국가적 차원에서 시행한 외국인 정책의 배경과 내용을 바탕으로 그 성격을 분석하여 '외문화 배제정책(外文化排除政策)' '이문화교류정책(異文化交流政策)' '다문화공생정책(多文化共生政策)'으로 구분하였다.[2]

그런데 외국인 정책의 중요한 내용의 하나는 그 나라에 거주하는 외국인의 생활과 문화를 어떻게 받아들이고 조화시키는 것뿐만 아니라

1) 近藤敦, 「外国人の権利と法的地位」, (近藤敦, 『多文化共生政策へのアプローチ』, 明石書店, 2011, pp.66~67.

2) 졸고, 「전후 일본의 외국인 정책의 흐름」, 『일본학보』 94, 한국일본학회, 2013.

그들의 권리를 보장하는 것이라고 할 수 있다. 즉 그들의 권리를 보장하기 위해 국가를 비롯한 공동체 운영에 어떻게 참여시킬 것인가도 매우 중요한 사안 중의 하나이다. 국제적으로도 인권 차원에서 참정권 인정을 요구하는 움직임이 거세지고 있었다. 1966년 제정한 '시민적 및 정치적 권리에 관한 국제규약 (B규약)'에서는 "인류사회의 모든 구성원의 고유의 존엄성 및 평등하고 양도할 수 없는 권리를 인정 … 권리는 인간의 고유한 존엄성으로부터 유래함을 인정하며, 세계인권선언에 따라 시민적, 정치적 자유 및 공포와 결핍으로부터의 자유를 향유하는 자유인간의 이상은 모든 사람이 자신의 경제적, 사회적 및 문화적 권리뿐만 아니라 시민적 및 정치적 권리를 향유할 수 있는 여건이 조성되는 경우에만 성취될 수 있음을 인정하며…"라고 하였으며 25조에서는 "모든 시민은 제2조에 규정하는 어떠한 차별이나 또는 불합리한 제한도 받지 아니하고 다음의 권리 및 기회를 가진다. (a) 직접 또는 자유로이 선출한 대표자를 통하여 정치에 참여하는 것. (b) 보통, 평등 선거권에 따라 비밀투표에 의하여 행하여지고, 선거인의 의사의 자유로운 표명을 보장하는 진정한 정기적 선거에서 투표하거나 피선되는 것. (c) 일반적인 평등 조건하에 자국의 공무에 취임하는 것."이라고 하였다.[3] 또한 1969년에 유엔에서 제정한 인종차별철폐협약에서는 "세계인권선언이 만인은 존엄과 권리에 있어 태어날 때부터 자유롭고 평등함을 선언하고 또한 인종, 피부색 또는 출생지에 대하여 어떠한 종류의 구별도 하지 않고 동 선언에 언급된 모든 권리와 자유를 누구나 향유할 수 있음을 선언하고 있음을 고려하여 … 인종, 피부색 또는 민족이나

3) 시민적 및 정치적 권리에 관한 국제규약 (B규약)(International Covenant on Civil and Political Rights) 국가법령정보센터 http://www.law.go.kr/(검색일: 2020.02.20.)

종족의 기원에 구별 없이 만인의 권리를 법 앞에 평등하게 보장하고 ….정치적 권리 특히 선거에 참가하는 권리 보통평등 선거의 기초위에서 투표하고 입후보하는 권리, 각급 공공업무의 행사는 물론 정부에 참여하는 권리 그리고 공공업무에의 평등한 접근을 할 권리"[4]라고 한 것처럼 같은 공동체에 거주하는 사람은 동등한 권리를 갖는다는 국제적 공감대가 형성되어 가고 있다. 일본도 1979년과 1995년 각각 협약을 비준하였고 공동체 운영에 관한 정책 결정에 모든 주민이 동등하게 참여해야 한다는 주장이 국내에서 확대되기 시작하였다.

이 글은 일본이 일본 국내에 거주하는 외국인이 국정을 비롯한 공동체 운영에 참여하는 참정권 인정에 대해 어떠한 태도를 취하여 왔으며, 인정과 불인정을 주장하는 논의의 배경은 무엇인가를 분석하고자 한다.

공동체의 운영에 참여하는 참정권은 대표적으로 대리인(의회 의원)을 선출하는 선거권, 정책의 가부를 묻는 투표에 참여하는 주민투표권, 자신들의 의사를 전달하는 대표자회의(외국인의 경우에는 외국인 주민대표자회의) 등이 있지만 이 글에서는 선거권(국정 지방선거권 포함)으로 범위를 한정한다. 또한 일본에 거주하는 외국인은 주로 구 식민지 출신의 주민인 재일코리안, 타이완인, 중국인이 대부분을 차지하고 있기 때문에 참정권을 둘러싼 의견의 대부분이 구 식민지 지역의 주민들에 관한 내용이 될 것이다. 특히 이글에서는 일본 사회에서 논의되고 있는 외국인 참정권에 대한 의견과 주장은 일본 사회의 기저에 존재하는 사상적 흐름과 어떠한 관계를 갖고 있는가에 대해 초점을 맞추어

4) 「모든 형태의 인종차별 철폐에 관한 국제협약」(국가 인권위원회 https://www.humanrights.go.kr/ezpdf/customLayout.jsp?encdata(검색일: 2020.02.20.)

분석해 보고자 한다. 즉 일본 사회에 존재하는 외국인 참정권의 인정과 불인정 주장은 어떠한 사상적 함의를 갖고 있는지를 살펴보고자 한다. 이를 위해 먼저 전후 고도경제성장기와 세계적인 국제화시대에 진행된 외국인 참정권 논쟁의 내용은 무엇인가를 살펴보고 그 내용은 어떠한 의미를 가지는가를 분석해 볼 것이다. 이러한 일본 사회의 외국인 참정권 논쟁은 단순히 외국인에게 참정권을 인정하는가, 아닌가를 넘어서 일본 사회의 기저에 흐르는 사상적 의미까지를 추론할 수 있을 것으로 생각한다.

2. 외국인 참정권 논쟁의 시대적 배경

1) 국제화시대 이전의 외국인 참정권 논의

일본의 외국인 참정권 문제는 1980년대의 국제화 이전과 이후로 크게 구분할 수 있다. 고도경제성장기를 거쳐 세계적인 경제선진국으로 평가를 받게 된 일본은 세계 여러 나라로부터 국제화에 대한 압박을 받기 시작하여 1980년대 국제화 정책을 실시하게 되었다. 그 후 일본 사회에 거주하는 외국인들은 출신 국이 다양하게 되었다. 그렇지만 국제화 이전에 일본 사회에 거주하던 외국인은 1945년 일본이 패전한 이후 조국으로 돌아가지 않았던(못했던) 구 식민지 출신자들이 대부분이었다. 따라서 국제화 이전의 일본의 외국인 참정권에 대한 논쟁은 구 식민지 출신자의 참정권 문제였다.

일본에 거주하는 구 식민지 출신자들은 일본제국의 신민으로 1925년 보통선거(남자보통선거) 시행 이후 참정권을 획득하였다. 1945년 일본이 패전한 이후에도 일본 정부는 이들에게 참정권을 유지하는 방침을 정했다. 1945년 10월 중의원 의원 선거제도 개정 요강에 대한 각의 결정은 '내지(일본국내: 필자) 거주 조선인, 타이완인에게 선거권과 피선거권을 부여한다.'는 것이었다. 이러한 결정에 대해 미즈노 나오키(水野直樹)는 "강화조약 체결까지 조선인, 타이완인이 일본 국적을 보유한다는 것으로 한다면 선거권 피선거권도 유지하는 것이 법 이론상 당연하다는 생각. 또 하나는 반년 전 4월에 중의원 의원 선거법이 개정되어 조선 타이완에도 적용하였고 조선반도 타이완 거주자에게도 … 선거권 피선거권이 부여되어 이를 바로 뒤집는다는 것은 법률적으로 적합하지 않다는 생각"이라고 분석하고 있다.[5] 즉 구 식민지 출신자들의 국적이 일본인 채로 있었기 때문에 이들의 선거권과 피선거권을 인정하지 않을 이유를 찾을 수 없었다. 그렇지만 이러한 각의의 결정은 의회의 반대에 부딪쳤다. 보수적인 인물로 알려진 기요세 이치로(清瀨一郎) 중의원 의원은 "9월 2일 항복문서 조인에 따라 조선 타이완에 대한 통치권은 상실된 것을 해석할 수 있다. 따라서 국민이 아니다. 따라서 이(참정권 부여; 미즈노)에 반대한다." "선거권 피선거권을 보유하는 것은 제국 신민이라는 것을 첫 번째 요건으로 한다. 이는 일본뿐만 아니라 세계에서 통용되는 것이다. 다만 9월 2일 이전에 일본의 본적으로 옮긴 조선인, 타이완인은 선거권 피선거권을 이 이후 귀화한 자는 선거권을 갖는 것은 법률에 정하고 있다."라는[6] 논리로 구 식민지 지역 출신자들에게 무조건적으로 참정권을 부여하는 각의 결정에 반대하였다. 이러

5) 水野直樹, 「在日朝鮮人台湾人参政権「停止」条項の成立 ―在日朝鮮人参政権問題の歴史的検討(1)―」, 『研究紀要』 第1号, 財団法人·世界人権問題研究センター, 1996.3. (http://www.zinbun.kyoto-u.ac.jp/~mizna/sanseiken1.html(검색일: 2020.02.03.)

6) 水野直樹, 위의 글.

한 반대에 직면한 일본 정부는 1945년 12월에 개정된 "중의원의원선거법(법률 제42호)에 부칙으로 '호적법의 적용을 받지 않는 자의 선거권 및 피선거권을 당분간 정지한다.'라는 호적법 조항을 추가하였다. 당시 일본 정부는 이전의 방침을 변경하기 위해 다음과 같은 논리를 개발하였다고 미즈노는 설명하고 있다.[7)]

(1) 조선인 및 타이완인 선거권 및 피선거권은 법률상 정당하게 존재하는 것을 원칙으로 한다.
(2) 다만 이러한 권리의 행사는 평화조약에 따라 조선인, 타이완인의 지위 확정이 될 때까지 정지하는 것으로 한다.(다만 법률에 의한 개정이 필요하다.)

즉 구 식민지 출신자들이 일본제국의 신민으로 선거권 피선거권을 유지하는 것이 타당하나 일본이 독립한 이후에는 이들은 일본 국적에서 이탈하게 되어 있기 때문에 그때까지 이들의 선거권과 피선거권 부여를 일시 유보한다는 것이다.

그렇지만 구 식민지 출신자들의 참정권을 정지한 실질적인 이유는 다른 곳에 있는 것으로 볼 수 있다. 미즈노는 이에 대해 '정치적 이유'를 언급하고 있다. 그는 자신이 발굴한 내각부 법제국참사관이 작성한 '조선인, 타이완인 등 선거권 문제'라고 제목을 붙인 문서에서 "이 권리 행사를 인정하는 것은 형식론으로, … 선거의 혼란을 불러오고 …"라고[8)] 하고 있는데 여기서 말하는 '선거의 혼란'이 정치적 이유라는 것이다. 그 정치적 이유에 대해서는 앞서 설명한 기요세 중의원 의원의

7) 水野直樹, 위의 글.
8) 水野直樹, 위의 글.

다음과 같은 주장에서 보다 명확해 진다.[9)]

> … 내지 거주의 조선인, 타이완인 200만 명에게 선거권을 주는 것이 된다. 그들은 도시 및 광산지역에 집중하여 있고 대선거구제 하에서는 이들이 힘을 합치면 최소 10명 정도의 당선자를 내는 것은 매우 용이하다. 혹은 그 이상이 될 수도 있다. 우리들은 종래 민족의 분열이 없고 민족 단위의 선거를 한 전례가 없다. … 이 조치가 사상문제와 결합되면 어떻게 될 것인가. 그 결과는 … 다음 선거에 천황제 폐지를 외치는 자는 아마 국적을 조선에 두고 내지에 주소를 둔 후보자 …

즉 구 식민지 출신자들은 민족적인 이유로 참정권 행사를 통해 일본 민족에게 타격을 입히는 정치적 행위를 할지도 모른다는 생각을 갖고 있는 것이다. 실제로 이러한 설명의 배경이 되는 발언이 없었던 것은 아니다. 1945년 일본이 패전한 이후, 강제징용 등으로 탄광에서 일하고 있던 구 식민지 출신자들의 쟁의가 신문에 대대적으로 보도되었고 공산당 재건 대회에서 한반도 출신으로 중앙위원에 선출된 김천해(金天海)는 구 식민지 출신자들에게 선거권 피선거권을 부여가 논의되고 있는 상황에 대해 “일본 정부는 … 선거권, 피선거권을 부여하였다. … 반대의 주장도 … 그 이유는 조선인이 일본공산당을 지지하고 투표하면 곤란하기 때문이다. … 우리들은 선거권 피선거권을 요구하고 이를 천황제 타도와 인민공화정부 수립을 위해 행사하지 않으면 안 된다.”라고 설명하여 천황제 타도와 공산정권 수립을 위한 수단으로 선거권과 피선거권을 획득하지 않으면 안 된다고 하였다.[10)]

9) 水野直樹, 위의 글.
10) 水野直樹, 위의 글.

호적에 의한 참정권의 박탈은 1945년 12월 19일 '중의원의원 선거법 중 개정법률 및 동 법 관계 법령 시행에 관한 고시'에서 구체화 되었다. 선거권 및 피선거권에 관한 지시 사항에서 "호적법을 적용받지 않는 자, 즉 조선인, 타이완인 및 사할린 원주민(아이누인 제외)이 선거권 및 피선거권을 갖는 것은 당분간 정지되었기 때문에 투표할 수 없다." "이 사람들이 이미 선거인 명부에 등록되었을 때에는 적절하게 정리하여 투표 하지 않게 유의하고 앞으로 만드는 선거인 명부에 등록하지 말 것"이라고[11] 하여 구 식민지 지역 출신자들은 호적이 일본 지역이 아니라는 이유로 참정권을 행사할 수 없게 되었다.

이러한 일본 정부의 조치에 대해 재일코리안 단체인 '재일한국조선인 연맹'은 '재류조선인에게 선거권 및 피선거권 부여를 요구'하는 결의를 하는 행동을 보였지만 성과는 없었다.

그 후 1952년 일본이 샌프란시스코 강화조약에 의해 독립을 한 후에 구 식민지 출신자들은 일본 국적이 박탈되어 외국인 지위로 전환된다. 그리고 그들은 이번에는 국적에 의해 참정권을 박탈당하게 된다.

2) 국제화시대 이후의 외국인 참정권 논쟁

앞에서 설명한 바와 같이 1980년대 이후 일본이 국제화 시대로 진입하면서 일본에는 구 식민지 출신 외국인 이외에 다양한 지역 출신의 외국인이 일본에 거주하게 되었으며 그 숫자도 증가하였다. 1980년대 이후 급격하게 증가한 외국인 등록자 수는 1990년에는 100만 명을 초과하였고 2005년에는 200만 명을 넘어섰다.[12] 이러한 상황하에서는

11) 水野直樹, 위의 글.

12) 자세한 내용은 졸고, 「전후 일본의 외국인 정책의 흐름」, 『일본학보』 94, 한국일본학

지금까지의 외국인등록법을 비롯한 외국인 정책의 변화가 필요하였다. 1987년 12월 도쿄(東京)도 히노(日野)시 모리다 기미오(森田喜美男) 시장은 일본 총리대신 앞으로 '외국인등록법등 근본 개정에 관한 요망'서를 제출하였고 그중에 '지방자치체에서 외국적 주민의 참정권을 실현할 것'을[13] 제안하는 내용을 포함하였다. 1988년 11월에 개최된 일본변호사연합회 제31회 인권옹호대회 심포지엄에서는 "(구 식민지 출신자) 계열자를 포함한 장기 체류자에 대해 자치체의 피선거권, 선거권 부여를 검토해야 한다."고 제언을 하였다. 대한민국 정부도 재일코리안의 지방자치체 참정권에 대해 언급하였다. 1991년 1월에 체결된 '한일외교부장관각서(재일한국인 법적 지위·대우에 관한 한일 각서)'에서는 "지방자치체 선거권에 대해서는 대한민국 정부의 요구가 표명되었다."라는[14] 내용이 명기되었다.

외국인에게 참정권을 인정해야 한다는 주장은 1970년대 말부터 제기되었다. 1976년 9월 아사히(朝日)신문에는 스웨덴에서 외국인에게 투표권을 부여한 사례를 보고 '외국인에게도 선거권'을 주어야 한다는 주장이 게재되었다.[15] 그 이후 외국인 참정권에 대해서는 재일코리안들의 끊임없는 요구가 이어졌고 1979년 10월의 아사히신문에는 재일

회, 2013.2. 참조.

13) http://www2.interbroad.or.jp/shimada/sanseiken_folder/history.denizen.htm (검색일: 2019.08.12.)

14) 1991년 한일외교부장관 각서는 1965년 체결된 한일조약에 규정에서 보장하지 못한 재일코리안 3세(협정3세)의 재류자격을 해결하기 위해 1991년 1월 당시 수상인 가이후 도시키(海部俊樹)수상이 한국을 방문하였을 때 한국과 일본이 외교부장관이 교환한 '한일법적지위협정에 따른 협의 결과에 관한 각서'를 말한다.(「공생사회의 실현을 향한 시민으로서의 권리 획득을」, MINDAN: http://www.mindan.org(검색일: 2019.08.12.)

15) 柳沢由実子, 「外国人にも選挙権を」, 朝日新聞, 1976年9月19日 朝刊, 5面.

코리안 김달수(金達壽)는 일본이 법률을 지키고 납세를 성실하게 하고 있는 재일외국인에게 투표권을 주어야 한다고 주장하는 내용이 실렸다.[16] 1983년 6월에도 정치학자 시라토리 레이(白鳥令) 교수는 '투표할 수 없는 사람에게 배려를'이라는 칼럼에서 강제로 일본에 이주하여 일본 생활에 익숙한 구식민지 출신자와 그 자손에게 정치참가의 기회를 주는 것이 필요하다고 주장하였다.[17]

이러한 분위기에서 일본에 거주하는 외국인들도 참정권에 대한 요구를 확대하였다. 1989년 영국국적의 영주자인 힉스 아란(Higgs Alan)은 재일 외국인이 선거에 참가하지 못하는 것은 일본 헌법에 위반한다는 내용과 1991년 4월 선거에 투표를 하지 못하는 것에 대해서 오사카지방재판소에 제소하였다. 1990년 11월에는 재일코리안 김정규(金正圭) 등 11명이 선거인 명부에 자신들의 이름이 게재되지 않은 것에 대해 오사카(大阪)지방재판소에 제소를 하였으며 1990년에는 이진철(李鎭哲) 등도 외국인의 참정권을 요구하는 소송을 후쿠이(福井)지방재판소에 제소하였다. 이영화(李英和)는 조금 더 적극적으로 외국인의 참정권을 요구하는 행동을 취하였다. 1992년 이영화를 대표로 하는 '재일외국인참정권92'(재일당 在日党)을 설립하여 참의원 선거에 입후보자 명단을 제출하였으나 거절당했고 이에 오사카지방재판소에 거절의 부당성을 주장하는 소송을 제기하였다.

재일코리안 단체인 재일본대한민국거류민단(재일대한민국민단; 이하 민단이라 함)은 1986년 선거권획득운동을 시작으로 1992년 3월부터 지방참정권 운동을 전개하였다. 히구치(樋口直人)교수는 민단의 활동에

16) 金達壽, 「在日外国人にも投票権を」, 朝日新聞, 1979年10月2日 夕刊, 10面.
17) 白鳥令, 「投票できぬ人への配慮を」, 朝日新聞, 1983年6月19日 朝刊, 5面.

대해 눈이 보이지 않는 로비활동을 통해 참정권 운동을 전개하였다고 하면서 " … 조직이 취한 최선의 전략은 한국 정부에 이해를 구하고 (일본의: 필자)외무성 아시아국, 외무대신, 정상의 수준에서 한일 접촉이 있을 때 한국 정부에서 의제를 제안하게 … " 하였다고 설명하고 있다.[18)]

이상의 활동에 대해 나름대로의 성과를 거둔 것이 1993년 오사카부 기시와다(岸和田)시의 의회가 '정주 외국인에게 지방선거의 참정권 등 인권 보호 확립에 관한 요망 결의'를 가결한 것이다. 이를 계기로 민단은 지방자치체에 더욱더 활발한 활동을 벌이게 되었다. 1994년 가와사키(川崎)시에서 '정주외국인의 지방참정권 확립에 관한 의견서'를 결의한 것을 비롯하여 2008년 10월까지 963개의 지방자치체에서 외국인의 지방선거권 부여를 요구하였다.[19)] 또 다른 하나는 1995년의 최고재판소의 판결이다. 1990년 재일코리안들이 선거인 명부에 자신들의 이름이 게재되지 않은 것에 대한 제소에 대해 1995년 최고재판소는 최종판결을 내렸다. 최종적으로 원고의 상고를 기각하였지만 '방론(傍論)' 부분에서 "헌법 93조 2항은 우리나라(일본: 필자)에 재류하는 외국인에 대해서 지방공공단체의 선거 권리를 보장한다고는 말할 수 없지만 헌법8장 지방자치에 관한 규정은 민주주의 사회에서 지방자치의 중요성을 고려하고 주민의 일상생활에 밀접한 관련을 갖는 공공적 사무는 그 지방의 주민의 의사에 기초하여 그 구역의 지방공공단체가 처리하는 정치행태를 헌법상의 제도로 보장하려는 취지라고 해석할 수 있다. 따라서 우리나라(일본: 필자)에 재류하는 외국인 중에서 영주자 등 거주

18) 樋口直人, 樋口　直人, 「外国人参政権の未来」, 『エトランデュテ』 創刊号, p.123, https://researchmap.jp/?action=cv_download_main&upload_id=142212(검색일:2020,7,7)

19) 地方参政権獲得運動. http://www.mindan-osaka.org/suisin/sanseiken.html(검색일: 2019.08.14.)

하는 구역의 지방공공단체와 특별하게 긴밀한 관계를 갖는다고 인정할 수 있는 자에 대해서는 그 의사를 일상생활에 밀접한 관계를 갖는 지방공공단체의 공공적 사무 처리에 반영해야 하고 법률로 지방공공단체의 장, 의회의 의원 등에 대해 선거권을 부여하는 조치를 강구하는 여부는 전적으로 국가의 입법정책에 관련되는 사안이다."라고[20] 하였다. 즉 외국인 영주자들의 지방참정권은 입법적 조치로 가능하다는 판결의 내용이다.

이를 토대로 당시 수상인 무라야마 도미이치(村山富市)는 최고재판소의 판결을 전향적으로 검토하고 논의할 필요가 있다는 인식을 표명하였다. 몇몇 정당에서는 1994년부터 외국인의 지방참정권을 요구하는 움직임을 보이기 시작했다. 1994년 6월에 일본신당 오카야마(日本新党岡山)는 외국인의 입당과 지방참정권을 요구했고 신당사키가케 시마네(新党さきがけ島根)도 1994년 11월에 5년 이상 거주하는 외국인에게 지방참정권을 개방을 제언하는 '외국인지방참정권법안요강'을 발표하였다. 신진당(新進党)은 1995년 1월에 '정주외국인의 지방참정권 추진위원회'를 설치하기도 하였다.[21]

이러한 움직임을 더욱 활발하게 한 것이 1998년 김대중 대통령이 일본을 방문하여 정상회담과 일본국회에서 행한 연설이다. 김대중 대통령은 상당한 시간을 할애하여 일본의 외국인 참정권법안에 대해 언급하였으며 이를 받아서 1998년 10월에 민주(民主)·평화개혁(平和改革)은 공동으로 '정주외국인에 대한 지방공공단체의 의회 및 장의 선거권

20) 外国人参政権裁判, 『ウィキペディア(Wikipedia)』. https://ja.wikipedia.org/wiki/(검색일: 2019.08.14.)

21) http://www2.interbroad.or.jp/shimada/sanseiken_folder/history.denizen.htm (검색일: 2019.08.12.)

부여에 관한 법률(안)'을 제출하였다. 공산당은 더 나아가 피선거권까지 부여하는 법률안을 제출하였다. 1999년 3월에는 중의원 정치윤리·공직선거법개정특별위원회에서 민주(民主)·평화개혁(平和改革)은 외국인지방참정권법안을 검토할 것에 합의하였다. 그렇지만 1999년 6월부터의 국회에 제출된 외국인 지방참정권 법안은 당시 주요 관심사였던 중의원 비례구 정원 축소 안과 맞물려 심의에 들어가지 못하였다. 1999년 9월 자유민주당, 자유당, 공명당의 연립정권 합의안에는 외국인선거법을 3당이 공동수정하여 제안할 것을 포함하고 있었지만 자민당 내의 반대의견 등으로 국회에서의 심의가 진행되지 않았다. 결국 연립3당은 영주외국인선거법안 제출을 연기하게 되고 한국의 김대중 대통령의 요구에 대해 당시 오부치 게이조(小渕恵三) 수상은 당내의 의견 조정을 이유로 법안 통과를 미루었다. 2000년 7월에 공명당 등과 민주당이 영주외국인지방선거권부여 법안을 중의원에 제출하였지만 심의를 완료하지 못한 채로 국회를 마무리하였다. 그 이후에는 자민당 의원들이 '외국인 참정권의 신중한 처리를 요구하는 국회의원 모임'을 발족하고 2001년에도 민주당 내에 외국인 참정권을 반대하는 의원들이 '외국인 지방참정권을 생각하는 모임'을 결성하면서 외국인 선거권 인정에 대한 반대 목소리가 커졌고 지방의회에서도 선거권 부여에 반대하는 의견서 채택이 이어졌다. 자민당 지도부도 외국인 지방참정권 인정에 회의적이었다. 수상으로 선출된 고이즈미 준이치로(小泉純一郎)와 아소 다로(麻生太郎)는 자민당 총재선거 과정에서 '적극적으로 찬성할 마음이 없다.' '(외국인의)지방참정권을 부여하는 것에 반대'한다고 하였다.

외국인 참정권에 대신해 국회에서 추진한 것은 특별영주자의 국적취득요건의 완화였다. 1991년 재일한국·조선인에게 특별영주자라는 재류자격을 소지한 자에 대해서는 일본 국적 취득을 용이하게 하고 호적명에도 한국의 성씨인 최(崔), 정(鄭), 강(姜), 조(趙), 윤(尹) 등을 사용할 수 있게 한다고 하였다. 이에 대해 당시 민단의 단장은 "국적법 개정과 지방참정권 부여는 별개의 문제이고 지방선거권 부여를 국적법개정으로 대체해서는 안 된다."[22]라고 한 것처럼 외국인의 지방참정권 문제는 국적 문제로 대체되면서 실질적인 성과를 거두지 못하는 결과가 되었다.

3. 외국인 참정권 논쟁의 의미

앞서 보았듯이 일본은 구 식민지 출신자들의 참정권을 호적에 따라 박탈하였고 그 후 국제화시대의 흐름에 따라서 외국인 참정권이 관심사항이 되면서 논의를 진행하였다. 시대의 흐름에 따라 참정권을 인정하자는 움직임이 대세를 이루는 듯했으나 결국, 인정해서는 안 된다는 주장을 하는 세력이 정치적 힘을 가지면서 일본의 외국인 참정권 인정은 결실을 거두지 못했다. 그렇다면 정책논의 과정에서 보이는 주장들은 어떠한 함의를 갖고 있는 것일까? 즉 일본의 외국인 참정권을 인정하자는 주장과 인정하지 말자는 주장의 근거와 기준은 무엇인가를 살펴보도록 하자.

22) http://www2.interbroad.or.jp/shimada/sanseiken_folder/history.denizen.htm (검색일: 2019.08.12.)

1) 민족과 참정권

패전 이후 일본이 취한 외국인 참정권 정책은 호적을 근거로 인정과 불인정을 구분하는 것이었다. 구 식민지 출신자들의 국적이 확정되지 않았다고 판단한 상태에서 이들을 배제하기 위해 호적이 일본열도 내에 있는지를 기준으로 설정하였다. '호적법의 적용을 받지 않는 자의 선거권 및 피선거권을 당분간 정지한다.'라는 호적법 조항을 중의원 의원 선거법 부칙으로 추가하면서 기존에 존재하고 있던 호적이 일본열도가 아닌 자의 참정권을 박탈하였다. 이로써 구 식민지 출신자의 참정권은 인정되지 않았다.

그런데 이러한 조치는 국적과는 별개의 문제였다. 1946년 11월 GHQ의 섭외국이 발표한 '조선인의 지위 및 취급에 관한 사항'에 따르면 "정식으로 설립된 조선 정부가 그들을 조선국민으로 인정할 때까지 그들은 일본 국적을 유지하는 것을 본다."라고 하였다. 또한 1949년 4월 최고재판소 사무총장이 참의원법제국에 회신한 내용에 따르면 "종전 때부터 계속해서 일본에 거주하는 조선인은 전과 같이 일본 국적을 보유한 자로 취급할 수밖에 없다."고[23] 하였다. 이러한 내용을 종합해 보면 구 식민지 출신자들은 국적은 일본이라고 할 수 있지만, 민족이 다르기 때문에 참정권을 부여할 수 없다고 해석할 수 있다. 구 식민지 출신자들에게 선거권과 피선거권을 부여하는 것에 대해 강력하게 반대를 했던 기요세 이치로 중의원가 말한 '조선인과 타이완인이 집단으로 거주하는 탄광 지역 같은 곳에서 민족 단위로 선거를 하고 이들 민족이나 지지자가 당선될 가능성이 있다. 국회에 진출한 이들은 천황제 폐지

23) http://www2.interbroad.or.jp/shimada/sanseiken_folder/history.denizen.htm (검색일: 2019.08.12.)

같은 일본의 정체성을 흔들 수 있다.'는[24] 논리에서 알 수 있듯이 참정권의 기준으로 호적을 조건으로 내세운 것은 일본민족인가 아닌가가 참정권 인정의 기준이라고 할 수 있다.

참정권은 일본 민족에게만 부여해야 한다는 논리는 최근의 외국인 지방참정권 인정에 반대하는 주장에도 나타난다. 외국인 참정권에 반대하는 일본회의의 주장에 따르면 "우리나라(일본: 필자) 고유영토인 쓰시마, 다케시마(독도: 필자), 센카구제도(조어도: 필자) 등에 대해 한국, 중국 등이 영유권을 주장하고 있다. 이렇게 국경을 접한 섬이나 영토문제를 안고 있는 지방자치체에 근린 제 국민이 다수 이주하여 참정권을 행사하여 우리나라(일본: 필자)의 영유권이 부정될 우려가 있다."[25]라고 하여 외국인들에게 (지방)참정권을 부여하면 일본에 거주하는 한국과 중국인들이 민족 단위로 집단행동을 하여 영토문제에 영향을 미칠지도 모른다는 생각을 갖고 있다. 또한 "민단의 사람들은 자국의 역사기술과 맞지 않는다고 하여 우리나라(일본: 필자)의 교과서 채택에 번번이 압력을 가하여 왔다. 참정권이 부여되면 이러한 내정간섭이 당당하게 이루어지고 … 교육내용이 강제된다거나 교과서 채택에 외압이 가해지고 입학식 졸업식에서 국기게양이나 국가제창이 거부되는 사태가 상정된다."[26]라고 하여 일본 민족의식과 관련되어 있는 역사문제에 공공연하게 영향력을 가할 수 있음을 지적했다. 자민당도 같은 논리에서 외국인의 (지방)참정권 행사에 반대하였다. "우리나라(일본: 필자)에는 이웃 나라와 접하고 있는 섬에 작은 정촌(町村)이 있습니다. 그 곳에 외국인이

24) 주 15) 참조.

25) [外国人参政権] 外国人地方参政権付与法案に反対する基本考え(日本会議). https://www.nipponkaigi.org/opinion/archives/1159(검색일: 2019.08.14.)

26) 위의 글.

다수 이주하여 산다면 합법적으로 행정에 대해 다수의 영향력을 갖게 됩니다. 그러한 의미에서 외국인 참정권 문제는 지방자치 나아가 국가의 존재에 영향을 미칩니다."[27]라고 하여 외국인들이 민족적 의식에 일본의 지방행정과 국정에 합법적으로 영향력을 행사할 우려가 있기 때문에 외국인의 (지방)참정권 인정을 반대하였다.

아사히신문도 일본의 참정권인정 여부가 민족을 기준으로 하고 있다고 해석하고 있다. 2008년 3월 10일 사설에서 영주외국인에게 참정권을 부여해야 한다고 주장하면서 '단일민족신화'를 극복하여 영주외국인과 공평하게 사회를 유지하기 위해 지방참정권을 인정해야 한다고 하였다.[28] 일본이 단일민족 신화에 얽매여 외국인 참정권인정을 거부해서는 안 된다는 것이다.

한편, 일본 거주 외국인으로 일본의 참정권인정 움직임을 거부하는 재일본조선인총연합회(이하 조총련)의 주장도 근거는 민족이 다르다는 것이다. "지방참정권을 획득하게 되면 동화나 귀화가 용이하게 되어 민단이 주장하는 '민족권 확립'은 결코 이룰 수가 없을 것으로 본다."[29] 라고 하여 참정권을 부여받으면 오히려 민족적 정체성이 희박해지기 때문에 민족적 정체성을 명확하게 하기 위해 외국인 참정권 부여에 반대한다고 하였다. 조총련 교토본부 유구채(柳球采)는 아사히신문에 게재한 주장에서 "선거권을 부여하여 동포가 의원이 되고 일본 동화에

27) 自民党の主張「ここが論点」/ Jimin NEWS〉外国人参政権付与法案 断固, 反対します!. https://www.jimin.jp/news/policy/recapture/130379.html(검색일: 2019.08.14.)

28) 社説,「希望社会への提言：20「単一民族神話」を乗り越える」, 朝日新聞, 2008年3月10日 朝刊.

29) 김성호,「재일코리안 지방참정권 문제의 현상과 전망」,『평화연구』8, 고려대학교 평화와민주주의 연구소, 1999, p.38.

이용되는 … 일본 당국의 정책은 일관되게 억압, 동포 간의 분열, 동화 추구에 있다고 강조하고 싶다. … 국제사회의 급속한 교류발전이 진전되는 요즈음 정치, 경제, 문화 등은 국가 단위, 민족 단위에서 추진되고 상호평등, 상호존중, 상호불가침, 내정불간섭이 확인된 규범이다."라고[30] 하였다. 일본 정부가 외국인에게 (지방)참정권을 부여하려는 의도는 일본 내 소수민족을 일본 민족으로 동화시키려는 의도가 있다는 것이다.[31]

2) 국민과 참정권

또 하나의 일본의 참정권인정의 기준을 일본국민인가 아닌가로 해야 한다는 주장이다. 일본의 국민이란 일본 국적을 갖고 있는가, 아닌가이다. 이러한 주장은 현재 일본의 외국인 참정권 인정을 반대하는 입장의 주장의 주요 내용이다.

일본 국적을 가진 국민이라면 누구에게나 참정권을 인정해야 한다는 주장은 1945년 10월 일본 각의에서 의결한 중의원 의원 선거제도 개정 요강에서 보인다. 일본 내 거주하는 조선인과 타이완인은 일본이 강화조약을 체결할 때까지 이들은 일본 국적을 보유하고 있는 상태라서 이들에게 선거권과 피선거권을 부여하지 않을 수 없다는 것이다.[32] 이러한 주장은 결국 호적법 조항의 추가로 실효성이 사라지게 되었지만 국적이 참정권인정의 기준이라는 것을 말하고 있다고 할 수 있다.

30) 柳球采, 「在日朝鮮人に参政権は慎重に」, 朝日新聞, 1986年7月3日 朝刊, 5面.
31) 이와 같은 조총련의 외국인 참정권부여 반대 의견은 일본 국회에서 외국인 참정권 반대의 근거로 활용되었다.
32) 水野直樹, 「在日朝鮮人台湾人参政権「停止」条項の成立 −在日朝鮮人参政権問題の歴史的検討(1)−」.

국제화 시대 이후 일본 내에 외국인 참정권 논쟁이 진행되고 있을 때 일본 국적이 아닌 외국인에게 참정권을 인정해서는 안 된다는 주장의 근거는 일본 국적이 없다는 것이다. 앞서 언급한 1990년 재일코리안 김정규 씨 등이 지방참정권을 요구하며 오사카지방재판소에 제소한 것에 대해 오사카지방재판소는 1993년 6월 "일본국민, 즉 일본 국적을 지니는 자에 한해서는 헌법에 따라 지방공공단체의 선거권이 보장되어 있다고 할 수 있으나, 일본 국적을 지니지 않은 영주외국인에 대해서는 이러한 권리를 헌법이 보장하고 있다고 할 수 없다."고 판결하였다.[33] 1994년 이영화 등이 외국인이 참의원 선거에 참여할 수 없는 것이 부당하다고 주장하며 제기한 소송에 대해서도 오사카지방재판소는 '국회의원의 선거권 피선거권은 국민에게만 보장된다.'고[34] 하여 참정권의 기준이 일본국민이라고 제시하였다. 1995년 2월, 외국인의 지방참정권은 입법적 조치로 가능하다는 취지의 '방론'을 첨부한 최고재판소의 판결에서도 "헌법 제15조 제1항에서 말하는 공무원을 선정, 파면하는 권리 보장은 우리나라(일본: 필자)에 거주하는 외국인에게 적용이 되는가, 아닌가를 생각해 보면 헌법의 이러한 규정은 국민주권의 원리에 입각하여 공무원의 최종적인 임명, 파면권은 국민에게 있다는 것을 표명한 것이다. 주권이 일본국민에게 있다고 하는 헌법 전문 및 제1조의 규정을 비춰보면 헌법의 국민주권의 원리에서 말하는 국민이라는 것은 일본국민 즉 우리나라(일본: 필자) 국적을 가진 자를 의미하는 것이 명확하다."라고[35] 하였다. 공무원을 임명, 파면하는 권리 즉 선거권을

33) 김성호, 「재일코리안 지방참정권 문제의 현상과 전망」, p.38.

34) 木幡洋子, 「日本の国際化と外国人の参政権」, p.21. https://search.yahoo.co.jp/(검색일: 2020.02.23.)

35) 外国人参政権裁判, 『ウィキペディア(Wikipedia)』. https://ja.wikipedia.org/wiki/(검색일:

비롯한 참정권은 일본 국적을 가진 일본국민에게 주어진다고 하여 참정권인정의 기준이 국적이라고 하였다.

외국인의 참정권인정을 반대하는 정치권과 언론 등도 참정권인정의 기준은 국적(일본국민)이기 때문에 일본 국적을 취득하지 않은 외국인에게 참정권을 인정해서는 안 된다는 주장을 하고 있다. 1998년 이후, 외국인의 지방참정권이 사회적 관심사가 되면서 외국인 참정권 부여에 반대하는 근거를 보면 다음과 같다. 1998년 제142회 중의원에서 하시모토 류타로(橋本竜太郎) 수상은 "이 문제(외국인 지방참정권: 필자)는 우선 국민주권의 문제로 생각할 수 있습니다."[36]라고 말하고 있고, 1998년 11월에도 오부치 게이조 수상은 "국민주권, 지방자치의 원칙, 중앙정부와 지방공공단체와의 관계 등 기본적인 사안에 관계되는 문제"라고 하였다.[37] 외국인 참정권인정에 반대하는 정당이 내세운 기준도 국적이었다. 외국인 참정권인정에 대해 찬성과 반대의 의견이 나뉘어져 있을 때 결정적으로 반대 분위기로 전환시킨 자민당의 요사노 가오루(与謝野馨)는 외국인 참정권 부여를 반대하는 견해를 표명하면서 그 근거로 "헌법 제15조가 참정권을 국민 고유의 권리로 하고 있다는 점에서 이 규정에 대해 어떻게 해석하더라도 외국인에게 참정권을 부여한다고 할 수 없다. 일본 국적을 보유하는 사람에 한해서 참정권을 고유의 권리로 규정하고 있다고 규정하고 있다고 해석하는 것이 자연스럽다."라고[38] 설명하였다. 가메이 시즈카(亀井静香) 국민신당(国民新

2019.08.14.)

36) 당시 新党平和(현재 公明党) 후유시바 데쓰조(冬柴鐵三) 의원의 질문에 대한 답변.(김성호, 「재일코리안 지방참정권 문제의 현상과 전망」, p.43.)

37) 공명당 간자키 다케노리(神崎武則) 의원의 질문에 대한 답변.(김성호, 「재일코리안 지방참정권 문제의 현상과 전망」)

党) 대표도 “참정권은 헌법상 국민 고유의 권리라고 규정하고 있다.” 고[39] 하여 외국인에게 지방참정권을 부여하는 것에 신중해야 한다고 주장하였다.

외국인 참정권 부여에 반대하는 언론 등의 의견도 그 근거는 동일하다. 산케이(産経)신문은 2000년 1월 17일 ‘주장’ 란에 “각 당이 정말로 영주 외국인의 입장에서 참정권 문제를 생각하고 있는지에 대해 심히 의심스럽다. 참정권 문제를 당세 확장이나 이미지 향상에 이용하려는 의도가 엿보이는 듯하다. 영주 외국인의 권리확대로 ‘국가 – 국민’ 개념을 붕괴시키려는 특정 이데올로기를 배경으로 한 것으로 밖에 생각되지 않는다는 움직임도 있다.”라고[40] 하여 영주 외국인에게 참정권을 부여하는 것은 일본의 ‘국가 : 국민’의 개념을 붕괴시키려는 의도와 관련되어 있을 것이라는 뉘앙스의 주장을 펴고 있다. 보수단체인 일본회의(日本会議)도 외국인 지방참정권은 명확한 헌법위반이라고 하면서 “최고재판소는 1995년 다음과 같은 판결 … 이 판결에서는 외국인에게 참정권을 부여하는 것은 참정권은 ‘국민 고유의 권리’라고 규정한 헌법에 명확하게 위반한다고 하고 있다.”라고[41] 하여 앞서 언급한 1995년 최고재판소의 원고 상소 기각 이유를 강조하였다.

따라서 이러한 주장은 ‘참정권을 행사하고 싶으면 일본으로 귀화여 일본 국적을 취득하고 일본국민이 되면 된다.’로 이어졌다. 1999년 자

38) 日本における外国人参政権, ウィキペディア. https://ja.wikipedia.org/wiki(검색일: 2019.08.02.)

39) 日本における外国人参政権, ウィキペディア. https://ja.wikipedia.org/wiki(검색일: 2019.08.02.)

40) 김성호, 「재일코리안 지방참정권 문제의 현상과 전망」, p.43.

41) 外国人地方参政権付与法案に反対する基本考え(日本会議). https://www.nipponkaigi.org/opinion/archives/1159(검색일: 2019.08.02.)

민당의 외국인 참정권 부여 반대파인 에토 다카미(江藤隆美)는 "선거권을 갖고 싶으면 귀화하면 된다. 귀화조건을 완화하면 된다." 하고[42] 하였고 2001년 자민당 총재선거 과정에서 고이즈미 준이치로도 외국인 참정권 부여 법안에 대한 견해에서 "귀화하고 싶지 않으면서 참정권을 원한다는 것은 이상하다."[43]라고 하였다. 자민당은 야당 시절, 여당이던 민주당이 외국인 참정권 부여 법안을 성립시키려는 것에 대해 "참정권은 국민 고유의 권리 … 라며 일본 국적을 취득하면 참정권을 얻을 수 있는 길이 공식적으로 열려 있다."고 주장하고 있다.[44] 즉 일본의 참정권은 일본인에게 주어진 고유의 권리이기 때문에 참정권을 부여 받고자 한다면 일본인이 되라는 주장이다. 2014년 민나의 당(みんなの党)은 외국인에게 지방참정권을 부여하는 것에 반대하는 의견에서 "참정권을 행사하고 싶다면 일본인이 되기를 바란다."라고[45] 분명하게 말을 하고 있다.

3) 주민과 참정권

일본의 국적을 취득하는 것이 참정권의 조건이라는 주장에 대한 반대 의견은 참정권의 기준을 일본에 거주하는 주민으로 해야 한다는 것이다. 외국적 주민이라도 지역사회의 일원으로 공동체 운영에 참가

42) 김성호, 「재일코리안 지방참정권 문제의 현상과 전망」, p.43.

43) 日本における外国人参政権, ウィキペディア. https://ja.wikipedia.org/wiki(검색일: 2019.08.02.)

44) 自民党の主張「ここが論点」/ Jimin NEWS〉外国人参政権付与法案 断固, 反対します!. https://www.jimin.jp/news/policy/recapture/130379.html(검색일: 2019.08.14.)

45) 日本における外国人参政権, ウィキペディア. https://ja.wikipedia.org/wiki(검색일: 2019.08.02.)

하게 해야 한다는 내용이다. 주장의 근거로 재일코리안 서용달(徐龍達)은 아사히신문의 시평에 일본의 정주 외국인은 "일본인과 같이 일본의 지역사회에 살면서 지역사회를 잘 되게 하고 일본인과 같이 공생 사회를 만들려고 노력하는 사람들"이라고[46] 하였다. 민단도 지방참정권을 요구하는 요망서를 제출하면서 그 근거로 "일본 국민과 동일하게 납세의무를 이행하고 지역사회의 일원으로 역할을 담당하고 있다."[47]고 하였다. 일본변호사연합회는 영주외국인의 참정권 부여에 대한 의견서에서 "영주외국인으로 일본에 생활 본거지를 두고 일본 사회의 구성원으로 일본에서 배우고 일본에서 일하고 일본의 각종 납세의무를 이행하면 일본 사회와 지역에 공헌하는 사람들에게 지방참정권을 인정하는 것은 바람직한 법안이다."라고[48] 주장하고 있다. 자치로(自治労: 全日本自治団体労働組合) 오사카본부의 의견은 좀 더 구체적이다. "외국적 주민은 같은 지역에 살고, 일하고, 배우고, 아이를 키우고, 물건을 사며 생활하고 있다. 지역에 공통의 이해를 갖는 주민이다."라고[49] 하면서 영주외국인의 지방선거권을 요구하였다. 영주외국인의 지방참정권 확립에 관한 의견서를 최초로 의결한 오사카부 기시와다 시의회의 의결문에도 같은 의미의 내용이 담겨있다. "태어나면서 이미 지역사회의 구성원이 되고 납세의무를 이행하고 있음에도 사회보장제도나 선거권 등에 대해서는 일본인과 동등하지 않는 것이 현실이다." "지방선거에

46) 徐龍達, 「外国人に参政権を」, 朝日新聞, 1991年01月13日 朝刊, 時評.

47) 朝日新聞, 1993年12月9日 朝刊.

48) 日本辯護士連合会, 「意見書」. https://www.nichibenren.or.jp/activity/document/opinion/year/2001/011112.html(검색일: 2019.08.02.)

49) 自治労 大阪府本部 / 大阪府本部·政治部長 池田高正, 「代表レポート:幸せになる権利の獲得をめざして」. http://www.jichiro.gr.jp/jichiken_kako/report/rep_tokushima29/jichiken/4/4_2_04.htm(검색일: 2019.08.14.)

참정권 등 인권 보장의 확립을 강력하게 요망한다."라고[50] 하였다. 가와사키(川崎)시의회도 정주 외국인의 지방참정권 확립에 관한 의견서에 "우리나라에 정주하는 외국인은 지역사회의 일원으로 사회 경제 문화 등 모든 분야에서 지역사회의 발전에 기여하고 있다. 그러나 우리나라의 현상에서 정주 외국인은 납세 의무를 비롯하여 지역사회의 구성원으로서 그 역할을 담당하고 있음에도 불구하고 지역주민의 기본적 권리인 참정권이 인정되지 않는다. … 지방참정권의 확립에 대해 인식을 향상하고 적극적으로 대처할 것을 강력하게 요구한다."라고[51] 하여 주민으로서의 정주 외국인의 참정권 인정을 건의하고 있다.

일본 재판부도 외국인의 주민으로서의 역할에 대해 인정을 하면서 참정권을 부여한다고 해서 헌법에 위배되는 것은 아니라는 판결을 내리고 있다. 앞서 설명한 이진철 등의 외국인 참정권 요구에 대한 제소에 대해 후쿠이지방재판소는 "지역의 산업경제와 주민복지 등 주민의 일상생활에 밀착한 행정 … 시정촌 차원에 대해 영주외국인 등 일정한 외국인의 선거권을 인정하는 것은 헌법이 금지한 사항이 아니며…"라고 판결하였다. 1995년 2월의 최고재판소의 판결 내용도 "주민의 일상생활에 밀접한 관련을 지니는 공공사무는 그 지방의 주민 의사에 기초하여 … 영주자 등 거주하는 구역의 지방공공단체와 특별히 긴밀한 관계를 가진 자로 인정되는 자 … 선거권을 부여하는 조치를 강구하는 것은 헌법상 금지된 것이 아니며 …"라고[52] 하여 외국인에게 지방 선거

50) https://detail.chiebukuro.yahoo.co.jp/qa/question_detail/q1254323317(검색일: 2020.02.22.)

51) 「川崎市議会 第4回住民投票制度検討委員会 資料」. www.city.kawasaki.jp/250/cmsfiles/contents/0000015/15296/j04_01ronten.pdf(검색일: 2020.02.22.)

52) 김성호, 「재일코리안 지방참정권 문제의 현상과 전망」, p.38.

권을 부여하는 것이 헌법상 금지된 것이 아니라는 근거로 이때 외국인은 지역 생활에 뿌리를 두고 생활하는 주민이기 때문이라고 하였다.

이에 따라 민단 오사카는 주민으로서의 정당한 권리로 지방참정권을 요구한다고 하였다. 일본변호사연합회는 1995년 2월 최고재판소의 판결 중 '방론'의 내용에 대해 "영주외국인 … 그 의사를 일상생활에 밀접한 관계를 가진 지방공공단체의 공공적 사무 처리에 반영하는 것이 인정된다면 피선거권을 포함한 지방참정권을 포함한다는 것으로 생각된다."라고[53] 하여 영주외국인은 지역의 생활인 즉 주민으로 참정권을 부여받아야 한다고 주장하였다. 외국인의 참정권 인정을 찬성하는 정당의 목소리도 지역의 일을 주민이 결정하는 것은 민주주의의 원칙이라는 입장이다. 나아가 일본은 (일본인만이 아닌) 그 지역에 살고 있는 사람에 의해 운영되어야 한다며 일본열도가 일본인 혹은 일본민족 만의 것이 아니라고 하였다. 2007년 신당일본(新党日本: 2015년 해산)의 대표는 "지역의 일은 주민이 결정해야 하는 것이 민주주의 철칙"이라고 하였고 민주당의 하토야마 유키오(鳩山由起夫)는 정주 외국인의 국정참여 인정을 진지하게 생각할 것을 요구하며 '행정과 정치는 그 곳에 사는 모든 사람에 의해 운영되어야 한다.'고 하고 '일본열도는 일본인 소유라고 생각하지 말라는 생각은 일본인의 의식을 열리게 해 주는 것이고 …'라고[54] 하였다.

이상과 같이 참정권의 기준을 주민으로 해야 하는 근거로 일본에 거주하는 외국인은 지역사회의 구성원으로 일본인과 함께 지역사회의

53) 日本辯護士連合会, 위의 글.

54) 日本における外国人参政権, ウィキペディア. https://ja.wikipedia.org/wiki(검색일: 2019.08.02.)

발전에 기여하고 있기 때문에 일본인들과 동등한 권리를 부여해야 한다는 것이다. 즉 일본민족 혹은 일본 국적을 가진 사람뿐만이 아니라 일본에 사는 주민에게 일본인과 동등한 권리를 부여하여 그들과 함께 일본 혹은 지역사회를 운영하는 것이 국제화시대 공생사회를 건설하기 위해 필요하다는 것이다.

4. 맺음말

일본의 외국인 참정권문제에 대해 패전 직후에는 구식민지출신자들에게 참정권을 부여할 것인가에 대한 내용이 주요 논의의 중심에 있었다. 구식민지출신자들의 국적이 확정되지 않은 상태에서 그들에게 참정권을 부여하지 않을 수 없는 것에 대한 거부의식이 있었고 결국 호적을 기준으로 한 참정권 인정 여부 결정이라는 파행적인 정책을 도출했다. 구식민지출신자들은 일본 국적을 보유한 상태에서 호적이 일본 국내가 아니라는 이유로 참정권을 박탈당했다. 즉 일본은 참정권을 일본민족인가 아닌가를 기준으로 인정여부를 판단했다고 할 수 있다. 일본은 참정권을 민족의 권리로 인식하고 있었다.

1980년대 이후 일본을 둘러싼 세계와 시대의 흐름은 국제화시대였다. 고도경제성장을 통해 세계의 경제선진국으로 자리매김을 한 일본은 시대와 세계의 흐름에 발을 맞추지 않으면 안 되었다. 국제화는 일본에 다양한 국적의 외국인이 거주하는 계기가 되었고 과거 일본사회에 거주하는 구식민지출신자들 이외에 다양한 국적의 외국인이 일본에서 생활을 하게 되었다.

한편 세계 여러 나라는 국제화시대 이후 다양한 국적의 외국인들과 함께 생활하게 되면서 그들의 권리에 대해 생각을 하지 않을 수 없고 유엔도 이에 맞추어 그들의 권리를 보장하는 정책을 시행하게 되었다. 일본도 이러한 흐름에 따라 일본에 거주하는 외국인에 대한 권리를 보장해야 한다는 국내외 압박을 받았고 일본에 거주하는 외국인들도 (특히 구식민지출신자) 일본 사회에서의 자신들의 권리를 주장하였다.

일본의 외국인 참정권에 대한 본격적인 논의는 이러한 국제화를 계기로 시작되었다. 그 논의의 쟁점은 참정권을 어떠한 기준으로 외국인에게 부여할 것인가였다. 특히 지방자치단체의 장과 의회의 의원 등의 선거권에 대한 논의가 일본 정부 차원에서 제기되었다. 논의의 내용은 결국 참정권 부여의 기준을 국적으로 할 것인가, 지역에 사는 주민으로 할 것인가였다.

이러한 논의는 결과, 한때는 외국인의 지방참정권을 인정하는 법률을 제정하는 분위기가 형성되었지만 결국은 일본 국적을 취득해야만 참정권을 인정한다고 하면서 일본 국적 취득 방법을 간편화하는 방향으로 전환했다. 참정권의 기준이 주민이 되어야 한다는 주장은 관철되지 않고 국적이 기준이 되어야 한다는 주장이 정책의 주도권을 쥐었다.

이렇게 일본이 참정권을 일본민족, 일본 국적에 한하고 일본 사회에서 생활하는 주민에게는 부여하지 않는다는 것은 참정권을 민족권, 국민권으로 한정하고 주민권이 아니라는 것을 함의하고 있다. 일본의 시대 흐름이 민족주의 국민주의에서 벗어나지 못하고 있다는 것을 말해 주는 것이라고 할 수 있다. 2010년 2월 12일 일본의 건국기념일 행사에서 외국인 참정권에 반대하는 단체의 대표자는 "지금 일본은 국민주의 시대…"라고[55] 발언한 것에서 알 수 있는 것처럼 외국인 참정

55) 龍谷大学 森英樹教授(憲法学), 日本における外国人参政権, ウィキペディア. https://

권 부여 여부를 통해서 본 일본은 민족국가의 관념에서는 다소 벗어났다고 할 수 있으나 국민국가의 테두리에서 자유스럽지 못하다고 할 수 있다. 즉 참정권이 민족권, 국민권이 아닌 주민권이라는 생각은 힘을 얻지 못하고 있다.

이 글은 동국대학교 일본학연구소의 『日本學』 제50집에 수록된 논문 「일본의 외국인 참정권 논쟁의 성격」을 수정·보완한 것임.

참고문헌

김성호, 「재일코리안 지방참정권 문제의 현상과 전망」, 『평화연구』 8, 고려대학교 평화와민주주의 연구소, 1999.

이진원, 「전후 일본의 외국인 정책의 흐름」, 『일본학보』 94, 한국일본학회, 2013.

近藤敦, 「外国人の権利 永住外国人の地方参政権を中心に」. http://law.meijo-u.ac.jp/staff/contents/60-sp/60bessatsu28_kondo.pdf(검색일: 2019.08.14.)

______, 「外国人の権利と法的地位」, (近藤敦, 『多文化共生政策へのアプローチ』, 明石書店, 2011.

李英和, 『在日韓国·朝鮮人と参政権』, 明石書店, 1993.

水野直樹, 「在日朝鮮人台湾人参政権「停止」条項の成立 −在日朝鮮人参政権問題の歴史的検討(1)−」, 『研究紀要』 第1号, 財団法人·世界人権問題研究センター, 1996.3. (http://www.zinbun.kyoto-u.ac.jp/~mizna/sanseiken1.html(검색일: 2020.02.03.)

長尾一紘, 「外国人の選挙権導入は憲法に違反する」, https://yab.yomiuri.co.jp/adv/chuo/opinion/20100215.html(검색일: 2019.08.14.)

______, 「外国人の人権−選挙権を中心として」, 『憲法の基本問題』 別冊法学教室別冊, 有斐閣, 1988.

樋口直人, 「外国人参政権の未来」, https://researchmap.jp/(검색일: 2019.08.14.)

ja.wikipedia.org/wiki(검색일: 2019.08.02.)

[外国人参政権] 外国人地方参政権付与法案に反対する基本考え(日本会議). https://www.nipponkaigi.org/opinion/archives/1159(검색일: 2019.08.14.)
「모든 형태의 인종차별 철폐에 관한 국제협약」(국가 인권위원회 공생사회의 실현을 향한 시민으로서의 권리 획득을」. MINDAN:http://www.mindan.org(검색일: 2019.08.12.)
金達壽, 「在日外国人にも投票権を」, 朝日新聞, 1979年10月2日 夕刊, 10面.
柳球采, 「在日朝鮮人に参政権は慎重に」, 朝日新聞, 1986年7月3日 朝刊, 5面.
柳沢由実子, 「外国人にも選挙権を」, 朝日新聞, 1976年9月19日 朝刊, 5面.
木幡洋子, 「日本の国際化と外国人の参政権」. https://search.yahoo.co.jp/(검색일: 2020.02.23.)
白鳥令, 「投票できぬ人への配慮を」, 朝日新聞, 1983年6月19日 朝刊, 5面.
社説, 「希望社会への提言 : 20「単一民族神話」を乗り越える」, 朝日新聞 2008年3月10日 朝刊.
徐龍達, 「外国人に参政権を」, 朝日新聞, 1991年01月13日 朝刊, 時評.
시민적 및 정치적 권리에 관한 국제규약 (B규약) (International Covenant on Civil and Political Rights) 국가법령정보센터. http://www.law.go.kr/(검색일: 2020.02.20.)
外国人地方参政権付与法案に反対する基本考え(日本会議). https://www.nipponkaigi.org/opinion/archives/1159(검색일: 2019.08.02.)
外国人参政権裁判, 『ウィキペディア(Wikipedia)』. https://ja.wikipedia.org/wiki/(검색일: 2019.08.14.)
日本における外国人参政権, ウィキペディア. https://ja.wikipedia.org/wiki(검색일: 2019.08.02.)
日本辯護士連合会, 「意見書」. https://www.nichibenren.or.jp/activity/document/opinion/year/2001/011112.html(검색일: 2019.08.02.)
自民党の主張「ここが論点」 / Jimin NEWS 〉外国人参政権付与法案 断固, 反対します!. https://www.jimin.jp/news/policy/recapture/130379.html(검색일: 2019.08.14.)
自治労 大阪府本部 / 大阪府本部·政治部長 池田高正, 「代表レポート:幸せになる権利の獲得をめざして」. http://www.jichiro.gr.jp/jichiken_kako/report/rep_tokushima29/jichiken/4/4_2_04.htm(검색일: 2019.08.14.)
朝日新聞, 1993年12月9日 朝刊.
地方参政権獲得運動. http://www.mindan-osaka.org/suisin/sanseiken.html(검색일: 2019.08.14.)

川崎市議会 第4回住民投票制度検討委員会 資料」. www.city.kawasaki.jp/250/cmsfiles/contents/0000015/15296/j04_01ronten.pdf(검색일: 2020.02.22.)

http://www2.interbroad.or.jp/shimada/sanseiken_folder/history.denizen.htm (검색일: 2019.08.12.)

https://detail.chiebukuro.yahoo.co.jp/qa/question_detail/q1254323317(검색일: 2020.02.22.)

https://www.humanrights.go.kr/ezpdf/customLayout.jsp?encdata(검색일: 2020.02.20.)

5.18 광주민주화운동과 재일동포사회

임영언

1. 머리말

한국에서 1979년 10월 26일 박정희 대통령의 암살 이후 꾸준히 진행되어온 한국 민중의 반독재·민주화운동은 4.19학생 혁명 20주년을 맞이하여 긴장이 한층 고조되어 가고 있었다. 이러한 분위기에서 당시 민주화운동 분위기는 학생, 지식인, 노동자, 언론인들이 가세하여 슬로건은 '학원 민주화'에서 '노동조건의 개선'이라는 보다 넓은 영역으로 확대되었다. 하지만 민주화운동 속에 공통으로 존재하고 있었던 외침은 민주화와 통일에 대한 열망이었다. 그리고 점차 민주화운동의 최대 슬로건으로서 '계엄령의 해제', '유신 잔재의 추방'이라는 정치 슬로건이 전면에 등장하였다. 1979년 당시 한국 전역의 반독재·민주화운동의 기세는 그로부터 약 20년 전인 4.19학생운동 전야를 방불케 할 정도로 타오르고 있었다.

그러나 당시 한국 정부는 이러한 민중의 요구에 귀를 기울이기보다는 진압이라는 강경책을 고수했다. 당시 정부는 전두환 국군보안사령관이 중앙정보부부장대리에 취임하는 등 노골적인 강경 진압을 보여 당국과 민중이 점차 전면 대결로 치닫고 있었다. 이러한 과정에서 당시 광주가 역사적인 민주화운동의 중심에 서게 되었다.

이 글은 기존의 5.18민주화운동의 역사적 과정이나, 정신, 증언 등도 매우 중요하지만, 이러한 것들을 참고하면서 당시 일본에서의 광주민주화운동의 언론 보도와 반향에 대하여 현지 신문이나 잡지 등 각종 미디어를 통해 살펴보고자 한다. 여기에서는 구체적으로 당시 5.18광주민주화운동에 대하여 다음 세 가지 측면에서 접근할 것이다. 첫째, 일본 신문과 언론에서 광주민주화운동에 대한 보도 행태를 분석할 것이다. 둘째, 재일동포 관련 단체의 광주민주화운동 보도와 반향을 분석할 것이다. 셋째, 재외동포 단체의 광주민주화운동에 대한 반향을 살펴볼 것이다. 연구 방법은 5.18광주민주화운동 당시 언론단체의 대표적인 논조들을 분석할 것이다.

따라서 이 장의 목적은 1980년 5.18광주민주화운동 전후, 시기적으로는 1980년 4월부터 7월 사이에 해외, 특히 일본 거주 재일동포와 전 세계 거주 재외동포들이 5.18광주민주화운동을 어떤 관점에서 바라보고 어떤 방식으로 상호 정보를 전파했는지 중요한 근거가 되는 광주민주화운동 관련 기록문화자원을 수집 분석하여 후속 연구의 단초를 제공하는 데 있다.

2. 5.18광주민주화운동 전개와 재일동포사회로의 확산

먼저 1980년 5.18을 전후한 광주민주화운동 전개 과정에 대하여 재일동포들이 어떻게 이 사건을 수용하고 상호 전파하였는지 그 경위에 대하여 간략히 개괄하고자 한다. 1980년 5.18광주민주화운동 이전인 4월 14일에는 1979년 10.26사태 이후 약 4개월간 공석으로 남아있던 중앙정보부 부장 대리에 전두환 국군보안사령관이 취임했다. 이것은 그때까지 배후에서 계엄당국의 행정을 장악하고 있었던 전두환이 전면에 등장하는 계기가 되었다. 이를 계기로 전두환은 청와대의 주요 회의에 참석하게 되었고 대통령의 중요정책 결정 과정에 현직군인으로서 참여하여 국군보안사령부에 이어 중앙정보부를 장악하고 강력한 권한을 행사할 수 있게 되었다. 당시 최규하 대통령권한대행은 특별성명을 발표하여 '시국의 중대성을 고려하지 않고 국민적 단결을 저해하는 언동이 난무하고 있는 것은 유감이다.'라고 발표함으로써 학생들의 광주민주화운동에 대한 자제를 촉구했다. 이에 대하여 서울대 학생회관에 약 2,000명의 학생들이 모여 당시 학생회장이었던 심재철이 '최규하 대통령권한대행은 민주화의 추진, 빠른 시일 내 정권 이양 등 과도정권의 본분을 잊어서는 안 된다.'라는 성명서를 발표했다.

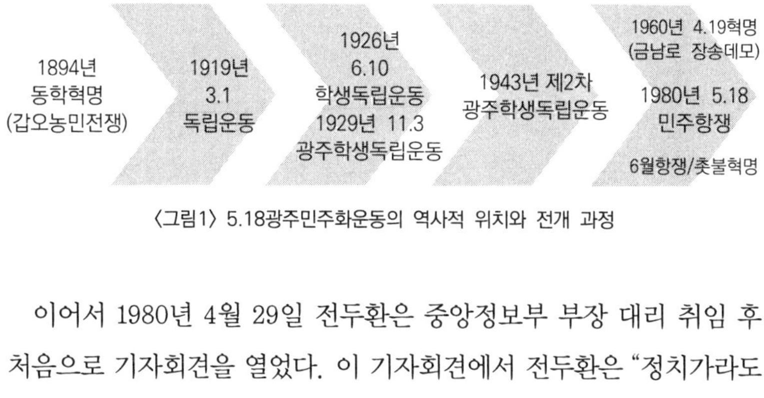

〈그림1〉 5.18광주민주화운동의 역사적 위치와 전개 과정

이어서 1980년 4월 29일 전두환은 중앙정보부 부장 대리 취임 후 처음으로 기자회견을 열었다. 이 기자회견에서 전두환은 "정치가라도 법과 포고령을 위반하는 자는 처벌한다. 사회를 혼란에 빠트리거나 국민을 선동하는 것은 정치가로서 옳지 않다. 김재규의 구명운동은 불법이다. 학원의 민주화, 자유화도 법의 테두리에서 진행 되어야 한다. 계엄령을 언제 해제할 것인가는 즉답할 수 없다."라는 등을 명확히 전달했다. 5월 2일에는 서울대에서 대규모 반정부집회가 열렸는데 이

집회에서는 계엄령 즉시 해제, 정부 주도의 개헌 저지, 정권 유지를 위한 기만적인 안보 논의 분쇄, 유신잔당 추방 등을 결의한 후 전두환의 짚신 인형을 불태우면서 더욱 기세를 올렸다. 5월 7일에는 윤보선, 김대중, 함석헌 등 5명이 공동의장으로 있는 '민주주의와 민족통일을 위한 국민연합' 중앙위원회가 전두환과 신현확 국무총리의 퇴진 등을 요구하였다. 퇴진의 이유는 "중앙정보부부장대리를 불법으로 겸직했다. 노골적인 정치개입을 하고 있다. 국군 전체의 명예와 권위를 실추시켰다." 등이었다. 5월 13일 서울대학생회는 성명을 발표하여 "14일까지 계엄령을 해제하지 않으면 15일 학내에서 대형집회를 열겠다. 대학에 휴교령이 내려져 학내집회가 불가능할 경우 가두데모를 진행하겠다."라고 밝혔다.

이러한 상황에서 한국 정부는 1980년 5월 17일 저녁 임시각료회의를 소집하여 18일 오전 0시를 기해 제주도를 제외한 전국에 내려져 있던 '비상계엄령'을 전국비상계엄령으로 확대하였다. 비상계엄사령부는 이날 오후 11시 15분에 김대중, 11시 43분에 김종필을 연행했다. 김대중은 계엄령포고위반, 김종필은 부정축재 혐의였다. 그 밖에도 민주인사, 학생 지도자 등 수십 명이 연행되었다.

1980년 5월 18일 오전 0시를 기해 '전국비상계엄령'이 발효되자 계엄사령관 이희성의 명의로 새로운 포고령이 내려졌다. 이 포고령은 모든 정치활동을 목적으로 하는 옥내집회, 비정치적 집회에서의 정치적 발언, 직장이탈행위, 전직 현직 국가원수를 비방하는 행위, 유언비어 등이 새로운 금지 조치로 추가되었다. 그리고 전국 대학과 전문대학은 휴교상태였다. 이 계엄령은 전국으로 확대되어 당시 문민이었던 국방부 장관의 지휘하에 있었던 계엄령 관계 업무는 최규하의 직접 지휘하에 이행하게 함으로써 대통령 직속 중앙정보부와 군부 권한이 대폭 강화되었다. 계엄사령부는 '전국비상계엄령'을 발령하고 중앙청을 비롯하여 각지에 군대를 배치하였으며 전국이 사실상 군정에 돌입하게 되었다. 이러한 가운데 광주 전남대학생 약 5,000명이 금남로에 집결하여 '전두환, 신현확 공동퇴진'의 플래카드를 내걸고 구호를 외치면서 가두데모를 진행했다. 이 데모에 시민들까지 가세하였기 때문에 계엄군사령부는 오후 4시경 무리하게 공수부대를 투입하여 진압 작전을 개시했다. 공수부대의 잔혹한 진압작전으로 이날 시민과 학생 등 수백 명의 사상자가 발생했다. 계엄군은 5월 18일 오후 광주시 일원의 야간 통행금지시간을 종래의 오전 0시에서 오후 9시로 규정한다는 공고 4호를 발표하였다. 계엄군 확대에 대하여 미국 국방성은 '미국 정부는 한국의 계엄령 확대, 대학 폐쇄 및 정치가, 학생운동가의 체포에 강한 우려를 표명한다.'라는 성명을 발표하여 한국 정부와 군부의 움직임을 경고하였다.

한편, 한국대법원은 5월 20일 박정희를 암살한 전 중앙정보부장 김재규의 사형을 확정하였다. 광주에서는 반정부데모가 약 10만 명 정도로 증가하여 전남도청, 광주역, 은행 등을 점거하였다. 데모대열에 버스, 택시 등 수십 대가 합류하여 야간통행금지령(오후 9시~오전 4시)을 무시하고 저녁 늦게까지 투쟁을 이어갔다. 이날 광주 KBS 한국방송국이 불탔고 시내는 마비되었으며 외부와의 접촉은 완전히 차단되었다. 이에 따라 신현확 내각이 총사퇴하고 새로 임명된 미국 국무장관 머스키는 취임 후 기자회견에서 한국정세에 대하여 '한국 정부가 정치 민주화로부터 멀어지는 것에 대해 중대한 관심을 가지고 있다. 한국 정부가 본래의 민주화 노선으로 돌아가기를 기대한다.'라고 강한 우려를 표명했다.

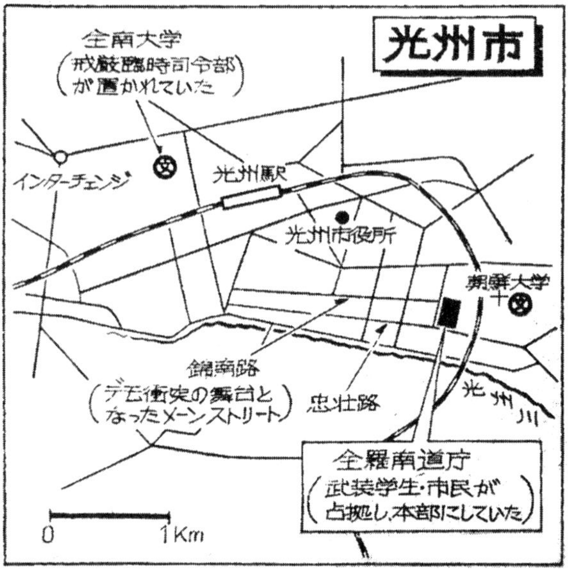

〈그림2〉 5.18광주민주화운동 당시 광주시가지 상황[1)]

5월 21일 광주데모는 시가전의 양상으로 바뀌어 군대와의 총력전으로 치달았다. 저녁 무렵 군대는 고립된 일부 병사를 제외하고 시내로부터 철수하여 시민군이 광주 시내를 장악하게 되었다. 22일에는 유혈을 피하기 위해 시민군과 계엄당국 간의 교섭이 시작되었다. 또한, 이날은 5월 17일에 연행된 김대중에 대한 중간조사보고를 발표하여 '일련의 학생데모를 선동하고 민중의 일제 봉기를 계획하여 정부 전복을 기도했다.'라고 발표했다. 계엄군과 시민군은 교섭을 계속 벌이는 한편 정부는 저녁에 특수부대를 투입하였다. 24일에는 계엄군이 중화기를 동원하여 광주의 포위망을 좁혀오면서 시민군과 대치하여 산발적인 총격

1) 統一評論社編集部 編, 『光州市民蜂起の記録 : この民生かす統一よ来たれ』 統一評論社, 1980, p.33.

전이 발생했다. 이날 박정희의 암살을 주도했던 김재규와 4명의 중앙정보부 요원의 사형이 집행되었다. 미국에서는 미국 항공모함 코랄루시호가 한반도 해역으로 향했다.

5월 24일 최규하 대통령권한대행은 오후에 헬리콥터로 광주를 시찰하였고 외무부는 일본을 비롯한 각국 대사관에 광주와 목포에 체류하는 자국민들에게 귀국하도록 통고했다. 계엄사령부는 저녁 무렵 강력한 경고문을 발표하고 무력 진압에 돌입할 기세를 보였으며 약 1만 명의 공수부대가 증파되었다. 오후 10시에는 최규하 대통령권한대행이 전국 라디오와 TV 연설을 통해 군대가 광주를 돌입할 것이라는 '최후통첩'을 알렸다. 5월 26일 광주시를 포위하고 있던 계엄군들은 점점 포위망을 좁혀왔으며 서울에서는 윤보선 전 대통령, 함석헌, 김대중과 부인 이휘호 여사 등 3명이 '민주주의와 민족통일을 위한 국민연합'의 이름으로 시국성명을 발표하여 전두환이 모든 공직에서 사임할 것을 요구했다.

5월 27일 오전 3시 30분 계엄군은 공군과 육군의 양면작전으로 광주에 대한 무력 진압에 나섰다. 특수부대는 무장헬기로 육군은 육로로 약 25,000명의 군인들이 광주 중심부로 향했다. 시민군과의 전투는 오전 4시에 시작되었지만, 계엄군이 도청 앞 중앙광장에 돌입한 이후 1시간 40분간 격렬한 전투가 계속되었다. 오전 7시 비상계엄군은 광주시를 완전히 봉쇄했다. 그리고 '광주시를 탈출하려는 시민은 모두 사살한다.'라고 발표하였다. 학생들이 점거하고 있던 도청을 점령한 계엄군의 무차별 학살과 폭행으로 많은 시민들이 희생되었고 부상자와 체포자가 속출했다.

5월 31일에는 5.16군사혁명 당시 '국가재건최고회의'와 유사한 국가보위비상대책위원회의 설치가 공표되어 전두환을 위원장으로 하는 상임위원회가 구성되었다. 6월 20일에는 최규하 대통령권한대행이 TV와 라디오 연설을 통해 전국 특별담화를 발표하였다. 특별담화는 "사회가 안정되면 학원 정상화와 정치활동의 재개, 정부가 개헌안을 준비하여 10월 말까지 국민투표를 시행하고, 이듬해 상반기에는 선거를 실시하여 6월 말까지 신정부에 정권을 이양한다."라는 내용이었다.

3. 5.18광주민주화운동의 재일동포사회에서 재외동포사회로의 확산

〈표1〉 5.18 전후 국내외 언론 보도 및 성명서·호소문 현황[2)]

보도지역 국가	보도기관 단체
일본 현지 언론 보도	현지 언론 보도, 요미우리신문: '총구 두려워하지 않는 광주시민', '포위 하의 광주·일본인 탈출 르포', 아사히신문: 전차 선두에 일제 돌입, 숨죽이는 '군부' 광주, 한국일보: '피의 결기를 보았다.' 현지호소문(어필): 통일혁명당(살육만행백서), 전국민주주민족통일을 위한 국민연합회·민주청년구국학생연맹 성명, 조선대학교 민주투쟁위원회 삐라, 민주주의화 민족통일을 위한 국민연합의 성명, 민주항쟁광주결사대 선언문, 각각 관계자료(성명, 결의, 논조 기타)
일본 각계인사, 정당, 사회단체	일본 각 대학 교수·평론가 유지의 호소, 김대중사건 고발인단의 성명, 일본 아시아·아프리카작가회의, 일본 공산당중앙위원회상임간부회 성명, 일본 기독교단체의 성명, 아시아에 평화와 민주주의를 희망하는 일본 여성 협의회, 홋카이도 각계 단체의 성명, 한국정세에 대응하는 일본 긴급 각계대표회의 호소, 일본 각 대학 교수협의회 성명, 일본가톨릭 정의와 평화협의회 성명 등
북한의 보도	조선노동당 등 19의 정당과 단체연합성명, 조선중앙통신사 성명, 노동신문, 공화국 16 대중 단체연합성명, 조국통일민주주의전선중앙위원회 조국평화통일위원장 성명
재일동포 단체	재일본조선인총연합회 중앙상임위원 성명, 통일혁명당 일본대표

2) 이 표는 본문의 내용을 바탕으로 연구자가 작성하였음.

	부 대변인 담화, 한국민주화기독교 동지회 성명, 광주대학살만행 규탄·군정타도결기집회 결의, 민단자주수호위원회·재일한국청년동맹, 범해외동포학자민족통일심포지엄 등
재외동포 단체	재미구국향군총사령부 격문, 캐나다민주민족통일연구회·코리안연대위원회 성명, 미주민주국민연합 성명, 한국민주회복통일촉진국민회의미국본부의장 공동성명, 해외한국인언론출판사 공동성명, 재미한국문학인유지 등

1) 일본 사회에서의 보도 및 확산

그러면 여기에서는 일본에서 대표적인 3대 신문인 아사히신문(朝日新聞), 요미우리신문(読売新聞), 마이니치신문(毎日新聞)의 논설을 중심으로 5.18민주화운동에 대한 보도 및 논조를 살펴보고자 한다.

먼저 마이니치 신문은 1980년 5월 22일 자에 '악화일로의 한국정세를 걱정한다.'라는 사설을 게재하였다.[3] 마이니치신문은 사설에서 "격동 가운데 한국 내각이 총사퇴하여 신 수상에 박충훈 씨가 임명되었다. 광주시에서는 18일 실질적인 군정 강화에 반대하여 연일 데모가 전개되어 군경과 시민 쌍방에 상당수의 사상자가 발생했다. 야당 신민당은 정치활동의 금지에 반발하여 전 국회의원이 사표 제출을 결정했다. 사태는 악화일로로 치닫고 있다. 내각 총사퇴는 대통령의 해외 방문 중에 국내 치안을 유지하지 못하고 전례 없는 소동을 일으킨 책임을 묻는 것이었다. 그 이유는 이해할 수 있다. 신 내각은 전 내각 사퇴의 원인을 반성하여 민중의 요구를 듣고 사태를 수습하기 바란다. 조각에 앞서 전달된 것처럼 신 내각에 군 수뇌의 의향이 강하게 반영된 것은 민주화에 역행하는 것밖에 안 된다. 한국군 수뇌는 진압의 이유로 북한의 움직임을 들고 있다. 남북한은 동질 민족이지만 과거 전쟁을 통해

3) 『毎日新聞』, 「悪化一途の韓国政情を憂う」, 1980年5月22日.

상호 증오와 불신감은 외국인이 상상하는 것 이상이다. 또한, 최근 북한으로부터 게릴라 남하가 몇 건 보도되어 20일에는 연합군이 비무장지대에서의 발포사건을 이유로 북한에 경고했다. 그러나 국제정세 전체를 감안하여 생각해 볼 경우 현재 한반도는 결코 긴장 상태는 아니다. 주변국은 이 지역의 평화와 안정을 희망하고 있으며 중국 수뇌는 '북한이 남침의 의도가 없다.'라고 밝혔다. 남북한이 올해 봄부터 판문점에서 합의를 계속하는 것도 조국의 자주적 평화통일을 지향하기 때문이다. 군부는 또한 **기업도산, 노동쟁의의 지속적인 발생** 등으로 나타나는 경제 악화를 우려하여 이것이 학생데모와 연계되는 것을 미연에 방지하고 경제발전을 도모하기 위해 사회질서 유지를 무엇보다도 우선한다고 했다. 이러한 입장은 **박정희의 유신체제와 공통**적인 것이라고 할 수 있다. 강권에 의한 억압이 어떤 문제의 해결이 될 수 없고 언제 붕괴할지도 모르는 위험을 내포하고 있다는 것은 말할 필요도 없다."라고 주장하면서 한국 군부가 진압의 이유로 주장하고 있는 북한의 동향보다는 기업도산과 노동쟁의의 지속적 발생, 학생데모 미연방지, **경제발전을 위한 사회질서 유지 우선** 등 유신체제와 공통적인 것으로 강권에 의한 억압은 문제 해결이 될 수 없고 붕괴 위험도 크다고 주장하였다.

다음은 일본 아사히신문의 논조에 대하여 살펴보고자 한다. 아사히신문은 1980년 5월 28일 자 '광주는 무력으로 제압할 수 있었는가?'라는 사설에서 다음과 같이 주장하였다.[4] "한국의 계엄군은 27일, 학생과 시민데모대가 점령한 광주시에 돌입하여 총격전 끝에 시를 탈환했다. 군의 실력행사로 소란은 일단 진압되었지만 엄청난 피를 흘렸다.

4) 『朝日新聞』, 「光州は武力で制圧できたのか」, 1980年5月28日.

매우 불행한 사태라고 말하지 않을 수 없다. 광주시는 이미 계엄군의 엄중한 포위 속에 있었다. 강경파 학생이 끝까지 총을 놓지 않고 군에 대항하는 자세를 흩트리지 않았다고 해도 시민대표로 구성된 수습대책위원회와 계엄당국과의 합의도 계속되고 있었다. **당국 측이 성의를 가지고 계속해서 설득했더라면 학생들도 무장해제에 응하고 유혈 사태를 피하지 않았을까?** 평화적 해결을 방기한 것이 국민 사이에 큰 상처로 남았다. 광주시의 소란은 계엄령의 전국 확대에 반대하는 학생들의 항의에서 시작되었다. 전라남도 출신의 유력정치가, 김대중의 연행도 광주시의 학생과 시민의 큰 저항을 불러일으켰다. 계엄사령부는 광주 소란을 '외부에서 온 불순분자와 지방 스파이의 선동에 의한 것'이라는 논리로 관철시켰다. 거기에는 민심의 동향을 올바로 이해하려는 자세가 보이지 않는다. 학생들의 요구에 귀를 기울이고 들어야 할 것은 듣고 해결의 길을 모색하려는 노력이 있었다면 이렇게까지 사태를 악화시키지는 않았을 것이다. 박정희 대통령 사후 한국에서는 김대중이 민주 회복에 가장 열성적인 사람이었다는 것을 민중은 잘 알고 있다. 김대중이 가장 두려워한 것은 군의 실권을 잡은 장군들이 '국가안보'를 이유로 민주화의 움직임에 브레이크를 거는 것이었다. 걱정은 마침내 현실이 되었다. 국군보안사령관인 전두환은 4월 현직에서 중앙정보부 부장대리를 겸임하게 되어 직접 자신의 의견을 국정에 반영하였다. 전두환에 대표되는 군부는 전부터 김대중을 위험한 인물로 간주하여 '국정을 맡겨서는 안 된다.'라는 의견을 가지고 있었다. 김대중의 생각은 민주화가 '국가안보'에 우선하는 것으로 한국의 현상에 비추어볼 때 용인할 수 없다는 것이었다. 군인의 직선적 사고의 전형적인 것이었다. 이에 대해 김대중 등은 정치발전(민주화)이 있어야 국가의 안전보장도 경제발전도 가능하다고 주장하였다. 그 선택은 시간을 두고 해결해

나가지 않으면 안 되는 데 군부는 일방적인 강권으로 김대중 등을 배제했다. 전두환이 한국의 미래상에 대하여 어떠한 비전을 가지고 있었는지는 불명확하다. 국민은 명실공히 군정으로 돌아가 그것이 장기화되는 것을 걱정하였다. 민주화를 바라는 민의를 무력으로 제압하려고 해도 혼란을 초래할 뿐이다. 그것은 역사의 톱니바퀴를 되돌리려는 시도이며 한국민의 지금까지의 노력을 물거품으로 만드는 것이다. 한국 정부는 사실상 내각보다 강력한 '국가보위비상대책위원회'를 설치한다고 한다. 이것은 본격적인 '군정'의 추진기관이라고 할 수 있지 않을까? 정치 혼란, 학생과 시민의 소란은 권력의 강압과 정책의 부침에 반발하여 확대되어왔다. 고약을 부치는 것과 같은 대증요법으로는 근본적인 해결을 기대할 수 없다. 군정 강화는 보다 광범위한 민중의 저항에 직면하지 않을까? 국민에 총부리를 겨누어도 결코 사람의 마음까지 제압할 수는 없다. 군부가 전면에서 후퇴하여 본래의 임무에 전념하고 민의를 듣는 것이 안정의 지름길이다. 하루빨리 비상계엄령의 해제, 김대중 등의 자유회복을 거듭 한국에 기대한다."라고 주장했다. 이상과 같이 "정치 혼란, 학생과 시민의 소란은 권력의 강압과 정책의 부침에 반발하여 확대되어왔고 임시방편의 대증요법으로는 근본적인 해결을 할 수 없다. 군정 강화는 광범위한 민중의 저항에 직면할 것이며 국민에 총부리를 겨누어도 결코 사람의 마음까지 제압할 수는 없다. 군부가 전면에서 후퇴하여 본래의 임무에 전념하고 민의를 듣는 것이 안정의 지름길이다. 하루빨리 비상계엄령의 해제, 김대중 등의 자유회복을 거듭 한국에 대망한다."라고 주장했다.

다음은 요미우리신문의 사설 보도 내용에 대하여 살펴보고자 한다. 요미우리신문은 1980년 5월 28일 자 '위험한 사태에 빠진 한국'이라는 사설을 게재하였다.[5] "한국 계엄군은 27일 마침내 광주시를 무력으로 제압했다. 무장한 학생 시민과의 사이에서 격렬한 총격전이 발생하여 다수의 사상자가 발생했다. 한편 한국 정부는 내각보다 강력한 최고 결정기관으로서 '국가보위비상대책위원회'를 발족했다. 광주시의 무력 진압과 소위 평의회의 발족은 한국민에게는 측정할 수 없는 충격파가 될 수 있다. 위험한 사태에 빠졌다고 할지라도 한반도의 긴장 재격돌도 우려된다. 무력 진압이 국군에 대한 국민의 신뢰감을 흔들었고 안전보장에 중대한 문제를 던지는 것은 피할 수 없다. 지금까지 군이 민중에 총구를 겨눈 일은 거의 없었다. 이것이 광주에서는 공수부대까지 동원하여 학생 시민데모대에 발포하였고 시민들의 무장 결기를 촉발하였다. 게다가 **시민군과의 수습 합의를 무시하고 또다시 무력으로 진압하였다**. 군으로서는 시민군의 요구대로 잘못을 인정하면 군의 위신이 실추하여 타협의 선례를 남기면 제2, 제3의 광주사태를 초래할 것으로 생각했다. 그러나 무력 진압은 국민의 반감을 증폭시키고 오히려 군의 위신을 실추시켜 광주사태를 다른 도시에 전파시켰다. 즉 국가보위비상대책위원회의 설치는 전두환 군부 집단이 '유신체제'의 계승을 지향하여 실질적인 군정을 추진하는 체제를 굳히려는 것을 의미했다. 이것이 계엄령의 해제와 전두환 퇴진을 요구하고 있는 민주화 촉진파의 반대를 불러일으키는 것은 당연하지만, 군부는 전두환 지지로 결속되어 있었다. 경제위기의 극복에 중점을 둔 박충훈 신 내각은 위신을 잃어버렸다.

5) 『読売新聞』, 「危険な事態に陥った韓国」, 1980年5月28日.

〈그림3〉 5.18광주민주화운동 관련 국내외 언론 풍자[6)]

광주시로 상징되는 한국사태는 신규 외자 투자나 상담을 보류하고 관광 수입을 격감시켜 군정으로의 역행은 경제위기의 장기화를 초래하였다. 한국은 심각한 불황과 인플레에 허덕이고 있지만, 박정희시대 16년간에 눈부신 경제성장을 이루었고 이에 따라 민주화에 대한 욕망도 높아졌다. 박대통령 암살사건은 민주화를 억압하고 경제성장을 지속하려는 '유신체제'의 파탄을 보여준 것이 아닌가? 그런데도 같은 수단을 취하려는 것은 시대착오이다. 민주화 촉진파로부터 구명의 탄원이 나왔던 박대통령 암살범 김재규는 사형 확정으로부터 불과 약 5일 후인 24일 처형되었다. '소란 선동', '반정부활동'의 용의로 연행된 김

6) 『朝日新聞』, 1980年5月30日; 材北米同胞紙, 『コリアタイムズ』, 1980年6月7日; 在米同胞, 『民衆新聞』, 1980年5月17日; 在日コリアン『創』8月号など.

대중과 김종필 민주공화당 총재 등도 걱정이다. 군정으로의 역행을 우려하면서 일본은 물론이고 미국도 거의 영향력을 행사할 수 없었던 것은 한국 문제의 미래가 우려된다. 북한은 한국의 '군사파쇼'체제를 비난하면서 '남한의 내부 문제에 개입하지 않는다.'라는 태도를 명확히 하고 있으며 중국도 '북한의 남침 의도는 없다.'라고 천명하였다. 그러나 한국정세 추이의 상황에 따라 남북관계가 다시 긴장에 빠질 수도 있다. 일본은 미국과의 긴밀한 협력하에 대한 대북정책을 재검토해야 한다."라고 주장하며 무력 진압은 국민의 반감을 증폭시키고 오히려 군의 위신을 실추시켜 광주사태를 다른 도시에 파급시킬 것이다. 또한, 국가보위비상대책위원회의 설치는 전두환 군부 집단이 '유신체제'를 계승하여 실질적인 군정을 추진하는 체제를 굳히려는 것으로 전두환 퇴진을 요구하고 지지 또한 결속되어 있지만, 경제성장에 따른 **민주화의 욕망도 커져 민주화의 억압은 시대착오적**이라고 비판하였다.

이상과 같이 일본 3대 신문은 5.18광주민주화운동에 대하여 "군정 강화는 민중의 저항에 직면할 것이며 국민에 총부리를 겨누어도 사람의 마음까지 제압할 수 없다. 유신체제의 계승 반대, 국군의 무력 진압에 따른 국민 불신과 반감 증폭, 폭력적 억압은 문제 해결이 될 수 없고 민중의 요구에 귀를 기울이고 사태를 수습해야 한다는 논리를 펴고 있다.

2) 재일동포사회의 확산 및 반향

이번에는 재일동포사회의 반향에 대해 살펴보고자 한다. 재일동포사회는 대한민국을 지지하는 민단과 북한을 지지하는 총련으로 나뉜다. 이들은 지지하는 성향에 따라 5.18광주민주화운동을 바라보는 시각과 관점도 각각 다르다.

먼저 민단의 관점에 대해서 살펴보면, 한국청년동맹은 1980년 6월 '왜 광주학살에 항의하지 않는가? 라는 내용으로 민단 중앙에 공개 질의서'를 보냈다. 그 내용은 다음과 같다.[7)]

"1. 모국은 민주화의 촉진과 비상계엄령의 철회를 요구하여 광주를 비롯한 각지에서 수십만 시민과 학생들이 일어섰다. 현재 한국이 직면하고 있는 위기 상황을 타개하기 위해서는 완전한 민주화를 실현하는 것 외에는 없다. 오늘날 한국에서 민주화를 요구하여 피를 흘리면서 시민과 학생들이 투쟁하고 있는 것은 파멸의 위기에 처한 국가의 운명을 구하기 위한 것이다. 한국인이라면 해외에 거주하더라도 이 신성한 구국 애족의 투쟁에 참여하는 것은 당연한 의무이며 권리이다. 그런데 민단 중앙은 평소 민족과 국가를 위해서라고 호언장담을 해왔는데 이번에 모국 동포의 구국 애족 투쟁에 대하여 일언반구의 공식 발언이 없는 것은 도대체 어떤 이유인가?

2. 민단 강령에는 '국시를 준수한다.'라고 되어있다. 대한민국 국시가 자유민주주의인 것은 모국의 권위 있는 법률학자의 일치된 견해이다. 박 정권의 유신체제가 자유민주주의체제를 모조리 파괴해온 것은 누구나가 인정하는 사실이다. 그런데도 민단 중앙은 박정희 정권에 추종하여 스스로 유신 민단으로 칭하고 민단동포 대중의 자유로운 발언을 억제하고 스스로의 강령에 등을 돌려왔다. 그뿐만 아니라 최규하 정권의 민주화에 역행하는 폭거에 침묵하고 있다. 특히 광주시민과 학생에 대한 계엄군의 천인공노할 대학살에 많은 재일동포의 분노가 폭발하고 있는 지금 민단 중앙은 항의하는 목소리 하나 없는 것은 도대체 어떠한 이유 때문인가? 광주에서 흘린 피는 한국의 피가 아니라고

7) 1980년 6월 민단자주수호위원회 대표위원 양상기, 한국청년동맹 위원장 곽원기 명의 공개질문장『なぜ光州虐殺に抗議しないのか』.

말하고 싶은 것인가? 아니면 당신들의 몸에는 한국인의 피가 흐르고 있지 않다는 것인가? 우리들은 전 재일동포를 대신하여 민단 중앙이 이하의 사태에 대하여 어떠한 의견을 가지고 있는지 공개 질문을 드리는 바이다.

(1) 광주에서 공수부대가 시민과 학생, 노인에 이르기까지 무차별적으로 총검으로 찔러죽이고 여학생을 나체로 매달아 유방을 총검으로 도려내어 죽인 만행에 대하여 민단 중앙은 최규하 정권에 대하여 항의할 의사는 없는 것인가?

(2) 광주에서 20만 시민이 일어선 것은 시민에 대한 무차별 발포가 원인이다. 이 책임은 군대, 치안, 정보의 최고책임자인 전두환에게 있다. 민단 중앙은 전두환의 퇴진을 요구할 의사는 없는 것인가?

(3) 시민과 학생의 데모에 대하여 계엄군이 무차별 발포하여 다수의 선량한 시민을 학살했다. 국민에게 총을 겨누는 등 국군의 이름에 걸맞지 않다고 생각한다. 민주주의를 요구하는 것은 오늘날 세계적으로 당연하지만, 민단 중앙의 의견은 무엇인가?

(4) 최규하 정권은 계엄령을 확대, 강화하여 모든 정치활동을 금지하고 스스로 '정치발전'의 공약을 깨뜨렸다. 이것은 전두환의 군사쿠데타이며 민주화에 역행하는 폭거이다. 민단 중앙은 공약 위반의 최규하 정권에 대하여 퇴진을 요구할 의사는 없는 것인가?

(5) 최규하 정권은 민주주의를 요구한 김대중 선생을 비롯한 민주인사, 학생들을 투옥하였다. 이대로라면 진정한 민주주의는 실현될 수 없다. 민단 중앙은 민주주의를 위하여 김대중 선생 등의 석방을 요구할 의사는 없는 것인가?

이상의 사항에 대하여 민단 중앙이 어떠한 견해를 가지고 있는가? 민단 단원의 모두가 이해할 수 있도록 공개적인 답변을 강력히 요구한다."

총련계 조선시보는 1980년 6월 23일 자 '광주의 진실을 왜곡하는 것'이라는 논설에서 5.18광주민주화운동에 대하여 다음과 주장하였다. "광주 인민 봉기에 대한 전두환 일당은 미국이 베트남에서 행한 '선미 학살사건'을 웃도는 것으로서 조선 인민은 세계언론의 냉엄한 규탄을 받고 있다. 일본 인민도 규탄성명, 담화, 항의데모 등을 통해 '전두환의 학살 만행은 용서하지 마라.' 등의 목소리를 높이고 있다. 그러나 광주 인민봉기의 진상을 왜곡하여 전두환, 박정희 등을 찬양하려는 일본인도 일부 존재한다. 다나카 아키라(田中明, 조선문학연구가), 시바타 미노루(柴田穗, 산케이신문 칼럼니스트), 마쓰하라 다다시(松原正, 와세다대 교수) 등이 이들이다."[8)]

다나카 아키라(田中明)는 아사히신문 6월 5일 자 '한국, 광주사건을 생각한다.'에서 광주민주화운동에 대하여 '일반적으로 민주화를 요구하는 학생 시민과 유신체제유지파인 군부와의 투쟁으로 보았다. 현상학적으로는 그대로이지만, 그러나 이러한 두 가지의 관점만으로 사태를 파악하는 것이 과연 한국 정치의 실상을 제대로 보고 있는 것인지에 대해 이해할 수 없는 의문을 제기하고 있다는 것이다. 첫째, 왜 한국에서는 독재정권(이승만, 박정희, 전두환)이 탄생하여 민주주의가 뿌리내리지 못했는가? 둘째, 이러한 원인이 규명되지 못하고 악당(이승만, 박정희, 전두환)들이 설치는 정치가 진행되었다. 셋째, 한국에는 두 가지의 정치적 흐름이 있다. 하나는 서울을 중심으로 하는 정치가와 일부 인텔리 지식인, 학생의 정치이다. 또 하나는 일반노동자, 농민 간의 생활옹호 의식이 높아짐에 따라 저변에서 꿈틀거리기 시작한 정치로 그들의 정치적 대변자는 아직 없다. 넷째, 지금까지의 정치는 전자의 사이에서

8) 『朝鮮時報』, 「光州の真実を歪めるもの」, 1980年6月23日論説.

의 정치였다. 후자의 출현에 의해 향후 정치는 새로운 국면을 맞이하겠지만 그렇게 되기 위해서는 전술한 '왜'라는 이유가 규명되지 않으면 안 된다." 등 이들 4가지에서 광주민주화운동의 왜곡, 박정희와 전두환의 찬양 등을 조선시보는 비판하고 있다. 즉 한국에서 민주주의가 왜 뿌리내리지 못했는지에 대한 논거가 부족하고 일본제국주의자가 조선침략의 구실로 날조하는 조선정체론, 즉 황국사관의 재판으로 평가하고 있다는 것이다. 다나카 아키라의 주장에 대해 조선시보는 "일본은 메이지유신 이후 패전까지 약 80년간 천황 독재국가였으며 남한 민중은 민주주의를 갈망하여 독재자를 악당으로 단정하여 타도했다."라고 주장한다.

시바타 미노루(柴田穂)는 중앙공론 7월호 '광주소란의 배경에 있는 것'이라는 제하에서 다나카 아키라와 비슷한 논리를 전개하면서 김대중에 대해 집중적으로 공격하고 있다.[9] 시바타 미노루는 '5.18광주민주화운동'과 광주폭동은 전두환과 김대중의 대결로 단정하고 있다. 즉 민주화를 바라는 대중과 박정희 없는 독재체제의 유지를 옹호하는 전두환 일파의 투쟁에서 대중의 존재를 의도적으로 누락시키고 김대중으로 대체하여 그와 같은 사태를 촉발시킨 김대중은 당연히 처벌되어야 한다고 주장하고 있다. 그 이유로 시바타는 '김대중은 이와 같은 사태가 일어날 것을 예측하여 조직을 꾸리고 있었으며 김대중이 다시 체포되면 전라남도에서 반정부데모를 조직할 준비를 하고 있었다는 것은 쉽게 상상할 수 있다.'라고 배후조정 세력이 있는 것처럼 주장하고 있다. 이러한 주장에 대해 조선시보는 일본 가톨릭정의와 평화협의회가 입수한 '찢겨진 깃발'을 인용하여 "이때였다. 도망치고 있던 시민들의

9) 『中央公論』, 「光州市騷乱の背景にあるもの」, 1980年7月号.

함성이 더욱 거칠어지고 흥분은 절정에 달했다. 누군가의 입에서 '광주 시민들이여 모두 일어서자. 우리들의 아들딸들이 모두 죽어가고 있다. 공구나 곡괭이 등 손에 잡히는 대로 가지고 싸우자.'라며 지금까지 구경만하고 도망치고 있던 대중들이 반대로 싸우는 자세로 돌변하여 사태가 악화되었다."라고 비판하고 있다.

또한, 마쓰하라 다다시(松原正)는 중앙공론 4월호와 7월호, 세계 7월호에서 "박정희와 그 체제를 찬양하는 일본인의 한국방문이 현저히 증가하였다.[10] 거기에는 일본의 일류대학 교수 등도 포함되어 있다. 그들은 한국의 지식인들이 말하는 것을 들으려고 하지 않는다. 그들은 박정희의 위대함을 모르는 것이 얼마나 어리석은지를 몸소 보여주는 말투이다."라고 화나는 심경을 지적하고 있다. 즉, '전두환을 만나 생각한 것'은 마침 T·K생이 말하는 '박정희의 위대함을 모르는 것이 얼마나 어리석은 사람들인가?'라는 논리로 일관되게 비판하고 있다.

〈그림4〉 5.18광주민주화운동 관련 재일동포 통일신문 풍자[11]

10) 『世界』, 「T·K生」, 1980年7月号.

11) 『統一新聞』, 1980年6月20日.

3) 초국적 네트워크를 통한 재외동포사회의 확산과 반응

재미 뉴코리아 타임스는 1980년 6월 7일 자 사설 '미국은 과연 우리들의 친구인가?'에서 다음과 같이 밝히고 있다.[12] "소위 인권외교를 강조하여 자유세계의 총본산을 자칭하는 미국 대통령 카터는 지난 2일 한국 문제를 언급하며 전두환의 잔인한 정책을 공공연히 지지하여 '국가의 안보는 인권보장에 우선한다.'라고 하였다. 이에 따라 미국을 진정한 우방으로 생각하여 미국이 한국의 민주화를 도와줄 것으로 믿었던 한국인에게 커다란 충격을 주었다. 우리들은 한미연합사령관 위컴이 전두환의 요청에 의해 전투부대를 광주진압에 투입하고 무고한 양민을 탱크로 깔아뭉개는 학살을 강행했을 때 이것은 미군 현지 지휘관인 위컴의 몰지각한 행위라고 증오하면서 워싱턴 정부의 인권외교를 믿어 의심치 않았다. 그러나 카터는 미군사령관 지휘하의 한국군이 자유와 민주주의를 요구하는 한국민의 절규를 말살하여 대량살인을 강행하는 이 현실에 눈을 돌리고 국가안보를 우선하지 않으면 안 된다고 말함으로써 민족 반역자인 전두환을 공공연히 지지하여 고무했다. 경건한 보수 기독교의 세례교도인 카터는 이란에 있는 50여 명의 미국인의 인질을 구하기 위해 모든 수단을 동원하면서도 자신의 부하인 어느 장군의 지휘하에 있는 군대가 자유시민 수천 명을 살상하는 현실에 눈을 돌리고 왜 언급하지 않는지 이해할 수 없다. 카터는 대통령 취임 이래 목이 닳도록 외쳤던 '인권외교'의 슬로건을 완전히 잊었는가? 언제나 독재자 박정희를 칭찬하면서 그들이 말하는 국가안보를 앵무새처럼 되뇌고 전두환이 자유시민을 학살하는 것을 공공연히 정당

12) 在アメリカ ニューコリア·タイムズ1980年6月7日, 『米国は果たして我々の友か』.

화하는 발언을 서슴지 않는 것을 들을 때 우리들은 '미국은 한국에서 무엇을 하려는 것인가?'라고 묻지 않을 수 없다. 우리들은 지금 미국에 대한 환상에서 깨어나 미국은 과연 한국의 친구인가를 다시 생각해야 할 때가 왔다. 미국은 과연 우리들의 친구인가? 미국은 한민족의 자유와 민주 회복, 국토의 통일 등에 관심이 없고 관심이 있다면 미국의 국가 이익에 따라 동북아시아의 전략적 요충지로서 한반도에 관심이 있을 뿐이다. 이 순간부터 우리들의 인권과 자유와 민주주의와 통일은 우리들이 싸워서 쟁취하지 않으면 안 되며 그냥 부여되는 것이 아니라는 것을 깨달아야 한다. 동시에 미국, 일본, 중국, 소련도 우리들의 친구가 아니라는 것을 알아야 한다. 광주의 비극은 큰 대가를 치렀지만, 환상의 세계에서 살고 있었던 우리 민족을 자각하게 했다."라고 주장했다.

(1) 중국

중국 인민일보 5월 20일 자에는 '남조선학생과 시민이 반동 당국의 비상계엄령을 겁내지 않고 계속해서 데모, 괴뢰경찰서를 습격'이라는 제목으로 다음과 같이 보도했다.[13] "남조선 전라남도의 청년학생과 시민 약 5천 명은 당국이 선포한 새로운 비상계엄령에도 굴하지 않고 18일 계속해서 거리로 뛰쳐나가 괴뢰경찰서를 습격했다. 남조선 계엄 당국은 괴뢰군 공수부대를 투입하여 많은 학생을 체포했다. 당일 광주시의 약 700명의 학생들이 데모하며 경찰과 싸웠다. 그들은 2개의 경찰파출소를 파괴했다."

13) 『人民日報』, 『南朝鮮学生と市民が反動当局の『非常戒厳令』とものともせずにひきつづきデモ, あかいらい警察署を襲撃』, 1980年5月20日 .

19일 신화사 통신은 "남조선 광주시의 학생과 시민은 당국이 비상계엄령을 선포했음에도 18일 대규모 반정부데모를 단행했다. 증가하는 학생운동의 진압을 위한 하나의 조치로서 무장 군대가 기관총을 장착한 장갑차를 앞세우고 18일 서울의 주요 대학 구내에 돌입했다."

19일 북경방송은 "'대중적 투쟁의 폭풍은 남조선당국의 반동적 아성을 붕괴시키고 있다.'라는 제목으로 다음과 같은 논평을 보도했다. 학생들은 교문을 박차고 나가 '비상계엄령을 해제하라.'라는 구호를 외치면서 탄압에 미친 경관과 용감하게 투석전을 전개했다. 이러한 대중적 투쟁의 폭풍은 남조선 당국의 반동적 아성을 붕괴시키고 있다. 한반도의 정세에 관심을 가진 사람들은 남조선당국자가 이러한 사태를 맞이하게 된 것은 그들이 집요하게 독재 지배에 매달렸기 때문이라는 것은 잘 알려져 있다. 또한, 남조선당국자는 입으로는 '헌법개정'과 민주질서회복이라는 말을 늘어놓고 있지만 실제로는 군사파쇼 권력체제를 총검으로 유지하고 있다. 지배층 내부에서도 권력투쟁이 계속해서 일어나고 있기 때문에 정세가 매우 복잡하게 전개되고 있다. 이들 모든 것이 광범위한 인민의 커다란 불만과 반항을 불러일으키고 있는 것은 당연하다. 대중적 투쟁의 폭풍에 의해 남조선 정권은 기반이 흔들리고 있다."

(2) 소련

소련의 프라우다지 5월 19일 자는 5.18광주민주화운동에 대하여 다음과 같이 보도하고 있다.[14] "남조선 중앙정보부장대리로 보안사령관 전두환이 이끄는 군부지배자는 최근 남조선의 땅을 뒤덮은 대학생과

14) 『プラウダ』, 1980年5月29日.

노동자의 데모참가자에 대한 처형에 착수했다. 수백 명의 무장 경관이 이화여자대학을 점거하고 수십 명의 학생조직책임자를 체포했다. 또한, 20여 명의 야당지도자가 투옥되었다. 광주에서 수백 명의 대학생이 거리로 뛰쳐나와 비상계엄령을 해제하고 민주주의 개혁을 시행하도록 군사 집단에 요구했다."라고 보도했다. 이즈베스차지를 비롯한 스트로이체리나야 가제타지 18일 자에도 '구체적 회답'이라는 제목의 기사에서 남조선 청년학생과 인민의 반정부투쟁을 소개하고 있다.

19일 타스통신은 "워싱턴의 우려가 가진 진가"라는 제목으로 다음과 같은 논평을 전달하였다. 남조선에는 사실상 새로운 군사쿠데타가 일어났다. 모든 실권은 우익군벌의 손에 장악되었다. 남조선중앙정보부장대리와 보안사령관인 전두환은 전 독재자 박정희와 친한 사이였다. 군벌의 반공세를 진두지휘한 그는 자신이 독재자의 자리에 앉으려는 것이 분명하다. 현재 워싱턴은 서울의 군 상층부가 지시한 '비상조치'에 불만인 것처럼 보인다. 보도에 따르면, 미국 국무성은 남조선이 비상계엄령을 선포하고 군인 정치에 대한 간섭에 대하여 '깊은 우려'를 표명했다고 한다. 그러나 미국의 이러한 발언은 진정으로 들리지 않는다. 그리고 통신은 남조선에 비상계엄령이 선포되었음에도 불구하고 19일 일련의 도시에서 학생의 반정부 데모가 계속되고 있다고 기술하고 다음과 같이 지적했다. "광주에서는 많은 학생들이 거리로 나와 군사당국이 행한 가혹한 탄압 조치의 철폐를 요구했다. 목격자의 증언에 의하면 광주시 중심부는 전쟁을 연상시킨다고 한다. 경찰과 군대가 데모대를 공격하여 유혈 충돌이 발생했다."라고 보도했다.

19일 모스크바방송은 남조선에서 비상계엄령이 선포되었다고 보도하고 다음과 같이 지적했다. "당국이 탄압과 민주주의 자유 말살정부에 대한 인민의 분노를 군사력으로 진압하기 위하여 이러한 조치에 매달리게 되었다. 서울은 종래와 전혀 다름없는 아시아의 헌병 역할을 남조선에 부여하고 있는 워싱턴의 침략정책을 계속 추종하고 있다.

(3) 미국

워싱턴포스트는 6월 22일 자 사설에서 "쿠데타를 일으킨 자들은 북한 군대의 이상한 움직임 때문에 긴급사태를 발령했다고 말하고 있다.[15] 그러나 말할 것도 없이 북한의 군대가 남침한다는 증거는 없다. 군 당국이 취한 조치로 한국은 불안한 상황에 접어들었다. 그들이 원하는 헌법은 스스로 패권을 확립하려는 의도를 반영한 것으로 결코 사회 전체의 이익을 대변하는 것은 아니다."라고 보도했다. 같은 날 시카고 타임즈 사설에서도 "한국을 통치하고 있는 군 수뇌부는 정치적인 자유를 요구하는 국민의 목소리에 답을 내놓았다. 그것은 군사전제제도이다. 명목상의 대통령인 최규하는 질서와 사회적 안정 없이는 정치적 발전도 없다고 주장하고 있다. 독재자는 항상 이와 같은 억압정치를 합리화한다. 그러나 역사의 교훈은 그것과 정반대로 정치적 발전 없이 질서는 없다."는 것이다.

(4) 영국

영국은 1980년 6월 22일 자 런던 타임즈 사설에서 "데모를 전개하고 있는 학생들을 미국의 여론과 세계의 여론이(한국당국이 말하는 것처럼) 좌익분자로 낙인찍는 것은 그들의 수가 너무 많고 결의도 강하다."라고 보도했다.[16]

---

15) 『ワシントン·ポスト』, 1980年6月22日社説.
16) 『ロンドン·タイムズ』, 1980年6月22日社説.

(5) 기타 국가

기타 국가의 5.18광주민주화운동에 대한 보도와 지지에 대하여 살펴보면 다음과 같다. "세계민주청년연맹기관지가 남조선 학생투쟁을 지지(세계 청년 4월호), 프랑스 시장이 조선의 자주적 평화통일 지지(4월 8일), 스웨덴 조선학생우호협회가 미국에 항의, 국제민주법률가협회가 조선 인민의 투쟁지지, 남한 통일을 지지하는 서독, 영국, 네덜란드, 벨기에, 룩셈부르크, 터키, 그리스 민주세력의 회의가 조선 인민과의 연대강화 표명(5월 17일), 세계민주청년연맹(부다페스트 본부)이 전두환 일당을 규탄(5월 22일), 세실 공화국이 전두환 일당의 인민탄압에 항의하여 한국과 국교단절(5월 28일), 민주 독일 쿠바가 공동으로 미국 비난, 미국 버클리 대학생 400여 명 전두환의 군정에 항의 데모(5월 29일), 타이 학생대표가 최규하에 항의 서간(5월 30일), 조선통일 지지 스리랑카 위원회가 광주학살 규탄(5월 31일), 미국 공산당 전두환 일당과 미국 당국자 규탄(6월 7일), 제네바 남조선 인민탄압에 대한 항의 집회(6월 9일), 콜롬비아 국제회의에서 조선 인민의 정의 투쟁을 전면지지, 시리아 노동자노조 총련이 항의 성명(6월 9일), 사회주의 인터 통상간사회가 전두환 일당 만행을 규탄 결의(6월 13일), 타이 불교도와 기독교도 방콕의 한국대사관 앞에서 항의 데모(6월 2일), 서독 베를린자유대학 교직원과 학생들이 한국 정부에 대해 대한 원조 중지 요구(6월 5일), 오스트리아 공산당이 남조선의 군정과 미국의 책임 규탄, 예멘민주농민동맹 총서기국이 전두환과 미국 당국을 비난하며 조선 인민과의 연대표명(6월 7일), 국제신문편집자협회(IPI, 62개국 편집자가 가맹)가 최규하 대통령 권한대행에 긴급 타전하여 보도 통제 중지 요구(6월 17일), 서독의 브란트 전 수상이 최규하 대통령권한대행에 메시지를 보내 김대중 씨가 옥중에서 부당한 처우를 받았다는 정보를 조사하도록 요청(7월 4일),

스웨덴, 노르웨이, 덴마크, 아일랜드의 북유럽 4개국이 한국 정부에 민주화 회복을 요구하는 공동 성명 발표(7월 10일), 조선통일국제연락위원회(파리본부)가 국제연합 인권위원회에 한국의 인권탄압을 조사하는 특별팀을 서울에 파견하도록 요청(7월 11일)" 등이다.

〈표2〉 해외국가별 5.18광주민주화운동 확대 양상[17)]

일자(1980년 기준)	5.18광주민주화운동 지지 및 확대 전파 내용
'세계 청년' 4월호	세계민주청년연맹기관지 남조선 학생투쟁 지지
4월 8일	프랑스 조선의 자주적 평화통일 지지
5월 17일	스웨덴 조선학생우호협회 미국에 항의, 국제민주법률가 협회 조선 인민의 투쟁지지, 남한 통일을 지지하는 서독, 영국, 네덜란드, 벨기에, 룩셈부르크, 터키, 그리스 민주세력의 회의 조선 인민과의 연대강화 표명
5월 22일	세계민주청년연맹(부다페스트 본부) 전두환 일파 규탄
5월 28일	세실 공화국 전두환 일파 인민탄압에 항의하여 한국과 국교단절
5월 29일	민주 독일 쿠바가 공동으로 미국 비난, 미국 버클리 대학 학생 400여 명 전두환의 군정에 항의 데모
5월 30일	타이 학생대표 최규하 대통령권한대행에 항의 서간
5월 31일	조선통일 지지 스리랑카 위원회가 광주학살 규탄
6월 2일	타이 불교도와 기독교도 방콕의 한국대사관 앞에서 항의데모
6월 5일	서독 베를린자유대학 교직원과 학생 정부에 대해 대한 원조 중지 요구
6월 7일	미국 공산당 전두환 일파와 미국 당국자를 규탄, 오스트리아 공산당이 남조선의 군정과 미국의 책임 규탄, 예멘민주농민동맹 총서기국 전두환과 미국당국을 비난하여 조선 인민과의 연대표명
6월 9일	제네바 남조선 인민탄압에 대한 항의 집회, 콜롬비아 국제회의에서 조선 인민의 정의 투쟁을 전면지지, 시리아 노동자노조 총련이 항의 성명
6월 13일	사회주의 인터 통상간사회 전두환 일파 만행을 규탄 결의
6월 17일	국제신문편집자협회(IPI, 62개국 편집자가 가맹)가 최규하 대통령권한대행에 긴급 타전하여 보도통제 중지 요구

17) 이 표는 統一評論社編集部 編, 『光州市民蜂起の記録: この民生かす統一よ来たれ』 統一評論社, 1980, pp.176~177 내용을 바탕으로 연구자가 작성하였음.

7월 4일	서독의 브란트 전 수상이 최규하대통령권한대행에 메시지를 보내 김대중 씨가 옥중에서 부당한 처우를 받았다는 정보를 조사하도록 요청
7월 10일	스웨덴, 노르웨이, 덴마크, 아일랜드의 북유럽 4개국 한국 정부에 민주화 회복을 요구하는 공동성명 발표
7월 11일	조선통일국제연락위원회(파리본부) 국제연합 인권위원회에 대해 한국의 인권탄압을 조사하는 특별팀을 서울에 파견하도록 요청

이상에서 살펴본 바와 같이 5.18광주민주화운동은 인접 국가인 일본을 발판으로 중국, 소련, 미국, 영국, 유럽 등 기타 국가로 확산 전파되어 갔을 것으로 생각된다. 다음 〈그림5〉는 민주화운동의 초국적 네트워크를 통한 정보 전파경로(전파, 지지, 성명, 후원 등)를 나타낸 것이다.

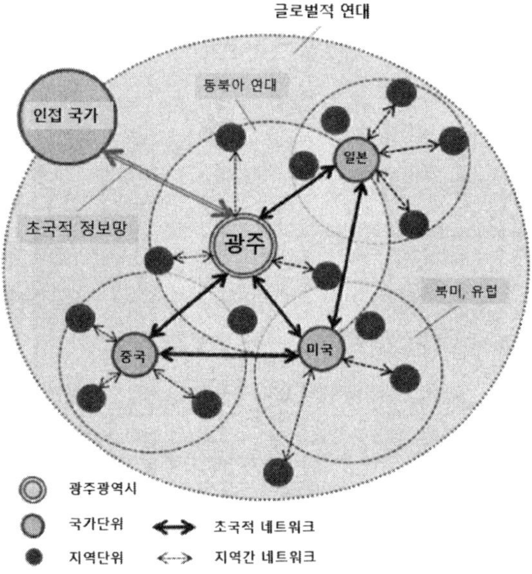

〈그림5〉 5.18광주민주화운동과 초국적 연대 네트워크[18)]

18) 이 그림은 본문의 내용을 바탕으로 연구자가 작성하였음.

일본을 중심으로 한 미국, 유럽 등에서 활동하고 있던 기독교 인권단체 및 통일운동 관련 단체들은 1980년 5.18광주민주화운동을 전후하여 사태의 진행 과정을 비교적 빠르게 파악하여 전파하고 있었던 것으로 생각된다. 당시 이러한 광주민주화운동 관련 정보들이 신속히 전파될 수 있었던 배경에는 한일 기독교 인권단체, 특히 가톨릭 단체의 개인정보 채널이 가동되었기 때문이었고 광주 현지에서 일어난 생생한 증언들은 개인정보 채널에 의해 수집되어 통일운동 회원 및 단체에 즉각 전파되었다.[19] 물론 이러한 정보전파 과정에서 "2,000명 이상이 사망하였다. 임신부의 배가 갈라지고 태아가 밖으로 나왔다. 여학생의 유방을 도려냈다."라는 확인되지 않은 정보들이 함께 전파된 것도 사실이었다. 그러나 일본을 중심으로 한 기독교단체 및 통일운동 인권단체들은 광주민주화운동의 심각성을 충분히 인식하고 광주학살의 정보와 진실 여부를 파악하기 위하여 노력했으며 김대중 구명운동과 시민에 대한 폭력진압 규탄 및 부단한 압력 활동을 전개하였다.

4. 맺음말

이 글은 기존의 5.18광주민주화운동의 역사적 전개과정이나, 정신, 증언 등의 연구도 매우 중요하지만, 1980년 5.18광주민주화운동을 전후하여 일본을 중심으로 해외에서의 언론 보도 행태와 반향에 대하여 다음 세 가지 측면에서 살펴보았다. 첫째, 일본의 신문과 언론 보도에

19) 가톨릭광주대교구사제단은 1980년 6월 전주, 부산, 안동, 마산, 수원, 춘천, 원주, 인천, 청주, 서울, 가톨릭정의구현수도회사제단 등과 함께 공동성명서를 발표하였음.

대하여 분석하였다. 둘째, 재일동포 관련 단체의 보도와 반향에 대해 분석하였다. 셋째, 재외동포 단체의 보도와 반응 순서로 살펴보았다. 연구 방법은 일본에서의 5.18광주민주화운동 관련 언론신문, 잡지 등에서 관련 보도와 반향에 대한 자료를 수집하고 대표적인 논조들을 분석하였다. 결론은 다음과 같다.

첫째, 일본 신문과 언론 보도에 대하여 일본에서 대표적인 3대 신문인 아사히신문(朝日新聞), 요미우리신문(読売新聞), 마이니치신문(毎日新聞)의 논설을 중심으로 5.18광주민주화운동에 대한 각 신문의 논조를 살펴본 결과, "군정 강화는 민중의 저항에 직면할 것이며 국민에 총을 겨누어도 사람의 마음까지 억압할 수 없다. 유신체제의 계승 반대, 국군의 무력 진압에 따른 국민 불신과 반감 증폭, 폭력적 억압은 문제해결이 될 수 없고 민중의 요구에 귀를 기울여 사태를 수습해야 한다." 등을 주장하였다.

둘째, 재일동포 민단과 총련의 반응에 대해서는 재일동포사회는 1980년 6월 '왜 광주학살에 항의하지 않는가? 라는 내용으로 민단 중앙에 공개 질의서'를 보내어 광주 민주항쟁에 대해 민단 중앙의 입장과 견해를 밝히도록 요구하였다. 총련은 조선시보를 통해 1980년 6월 23일 자 '광주의 진실을 왜곡하는 것'이라는 논설에서 광주 시민봉기의 진상을 왜곡하여 전두환, 박정희 등을 찬양하는 일본인에게 비판의 날을 세웠다.

셋째, 재외동포사회의 5.18광주민주화운동에 대한 보도에서는 재미 뉴코리아 타임스의 1980년 6월 7일 자 '미국은 과연 우리들의 친구인가?'라는 사설에서 미국에 대한 환상에서 벗어나 우리 스스로 인권과 민주주의와 통일의 쟁취를 위해 싸워야 한다고 주장하였다.

이상과 같이 이 글은 5.18광주민주화운동 관련 그동안의 연구가 왜 미국 일변도였는지 고찰하였다. 그 이유는 광주민주화운동 관련 그동안의 연구가 국내와 미국에서 생산된 자료에 집중되어 있고 당시 정보채널의 동북아 허브 역할을 담당했던 일본 기반 인권단체 활동 및 생산 자료의 수집 연구가 상대적으로 미약하였다는 점을 지적할 수 있다. 따라서 향후 그동안 간과되어 온 일본을 토대로 한 광주민주화운동 관련 자료 수집 및 DB 구축사업이 신속히 이루어져야 할 것으로 생각된다.

결론적으로 1980년 5.18광주민주화운동 관련 일본 신문 보도는 민중의 요구에 비폭력으로 해결해야 한다는 태도를 견지하고 있었고 재일동포사회에서는 민단의 경우 유보적인 태도, 총련의 경우 광주민주화운동의 왜곡 보도에 대한 비판, 재미교포의 경우 미국에 대한 비판적 시각을 견지하고 있는 것으로 나타났다. 하지만 무엇보다도 중요한 것은 이번 기회를 통해 과연 국내 우리 국민의 5.18광주민주화운동에 대한 이해와 관심은 어떠한지 되짚어볼 필요가 있을 것이다.

이글은 1980년 5.18을 전후하여 일정 기간 당시 언론 보도와 방송(NHK 방송 등)의 글로벌 허브 역할을 담당했던 일본을 중심으로 한 언론과 미디어의 보도 행태를 고찰하였다. 따라서 5.18광주민주화운동 이후 일본에서의 각 신문과 방송의 찬반여론과 논조 변화에 대해서는 언급하지 못했다. 후속 연구에서는 5.18 이후 시대별, 국가별, 미디어별 논조의 변화, 국가별 반응과 대응, 사회단체별, 방송 미디어별 보도 행태에 대하여 역사적 맥락에서 살펴볼 필요가 있을 것이다.

이글은 한국정치사회연구소의 『한국과세계』 제6권 3호에 수록된 논문 「5·18 광주 민주항쟁의 재일동포와 재외동포사회로의 확산과정 고찰」을 수정·보완한 것임.

참고문헌

최정기, 「5·18 민주화운동 이후 1980년의 『민족시보』 기사 분석」, 『민주주의와 인권』 21(4), 전남대학교 5·18연구소, 2021.

キリスト教新聞社, 『キリスト教年鑑1990年版』, キリスト教新聞社, 1990.

民団中央本部宣伝局 編, 『「光州事態」の真相はなにか?』, 在日本大韓民国居留民団中央本部, 1980.

民族統一新聞社 編, 『死を賭けた韓国学生の青春』, エール出版社, 1980.

山本剛士, 『ドキュメント韓国は激動する』, 教育社, 1980.

石井清司, 『ドキュメント金大中裁判』, 幸洋出版, 1980.

柴田穂, 「続模索する韓国·光州暴動」, 『産経新聞』(8月 5日), 1980.

神谷康介, 『三一〇日の韓国と大統領全斗渙』, 真世界社, 1980.

猪狩章 編著, 『光州80年5月-つかの間の春の虐殺』, すずさわ書房, 1980.

朝鮮問題研究所, 『月刊朝鮮資料』(1980年 7月号), 1980.

統一評論社 編集, 『この民生かす統一よ来たれ』, 創樹社, 1980.

『プラウダ』(1980年 5月 29日).

『ロンドン·タイムズ』 (1980年 6月 22日 社説).

『ワシントン·ポスト』 (1980年 6月 22日 社説).

『読売新聞』, 「危険な事態に陥った韓国」(1980年 5月 28日), 1980.

『毎日新聞』, 「悪化一途の韓国政情を憂う」(1980年 5月 22日), 1980.

『世界から』編集委員会, 『光州民衆の決起韓国1980年 5月』, アジア太平洋資料センター, 1980.

『世界』, 「T·K生」(1980年 7月号), 1980.

『人民日報』, 「南朝鮮学生と市民が反動当局の『非常戒厳令』とものともせずにひきつづきデモ, あかいらい警察署を襲撃」(1980年 5月 20日), 1980.

『在アメリカ ニューコリア·タイムズ』, 「米国は果たして我々の友か」(1980年 6月 7日), 1980.

『諸軍!』, 「文芸春秋社」(1988年 7月号), 1988.

『朝鮮時報』, 「光州の真実を歪めるもの」(1980年 6月 23日), 1980.

『朝鮮研究』, 「日本の新聞が伝えた光州事件」(1980年 8月号), 1980.

『朝日新聞』, 「光州は武力で制圧できたのか」(1980年 5月 28日), 1980.

『中央公論』, 「光州市騒乱の背景にあるもの」(1980年 7月号), 1980.

『韓国通信』, 「第56号」(1980年 6月 20日), 1980.

『現代コリア』(1988年 4月号).

『現代コリア』, 「光州事件·「引き裂かれた旗』の真相は」(1985年 5月号), 1985.

재일조선인 북한송환 사례와 인권 정치

강여린

1. 머리말

1959년 12월 북한으로 귀국하였던 재일조선인들의 이후 삶은 어떻게 되었을까? 재일조선인 북한송환(이하 북송)은 1959년 8월 북한적십자사와 일본적십자사가 인도 캘커타에서 '재일조선인 귀국협정'에 조인 후 1959년 12월 14일에 시작되었다. 1984년까지 약 9만 명의 재일조선인이 1984년까지 북한으로 영구 귀국하였다. 재일조선인 북송사업은 일본, 북한 등 국가 행위자와 국제적십자위원회와 같은 비국가 행위자들도 연관되었다.[1)]

냉전기에 진행되었던 재일조선인 북송으로 파생된 여러 가지 문제는 여전히 현재까지도 이어지고 있다. 특히 재일조선인 북송과 관련된 인권 문제는 지금도 계속 진행 중이다. 그러나 냉전 당시 재일조선인 북송과 관련된 인권 연구는 많지 않으므로 이와 관련된 연구의 중요성은 매우 크다고 할 수 있다.

1) 강여린, 「1959년 초기 재일조선인 북한송환과 미국」, 『아시아리뷰』 12(1), 서울대학교 아시아연구소, 2022, p.344. 연구자에 따라서 '재일조선인', '재일교포' '재일한국인' 등을 사용하며 '북한송환'의 경우 '귀국'이라는 용어를 활용하기도 한다. 이 글에서는 '재일조선인'과 '북한송환(북송)'을 주로 사용한다.

재일조선인 북송 관련 대표적 연구는 다음과 같다. 우선 테사 모리스－스즈키(Tessa Morris-Suzuki)의 연구는 국제적십자위원회 자료를 찾아 재일조선인 북송 관련 국가의 이해관계를 고찰하였다.[2] 다음으로 박정진의 연구는 북일 양국을 중심으로 재일조선인 북송문제를 자세히 고찰하였다.[3] 한편 일본에서의 재일조선인 북송문제 관련 최근 연구는 마쓰우라 마사노부(松浦正伸)의 연구로 전후 일본에서 진행되었던 재일조선인의 북한 귀국사업(북송사업)을 통해 자본주의 국가에서 사회주의 국가로의 국경을 넘은 재일조선인의 대이동 매커니즘을 살펴보았다.[4] 또한, 기쿠치 요시아키(菊池嘉晃)는 1959~1984년 사이 9만 명이 넘는 재일조선인과 일본인 배우자들이 북한으로 귀국한 북송사업에 대해 다양한 일본, 프랑스어, 러시아어, 영어, 한국어 등의 다양한 1차 자료를 통해 냉전의 국제관계 속에서의 북송문제를 살펴보았다.[5]

최근 한국에서의 재일조선인 북송문제 관련 연구는 다음과 같다. 김석향의 연구[6]에서는 탈북 북송 재일동포의 심층 면담을 통해 이들의 정체성 문제를 다루었다. 다음으로 박미아의 연구[7]는 북송사업으로 북한에 갔던 재일 권투선수 김귀하가 캄보디아의 프놈펜의 일본대사관에 가서 망명 신청한 사건을 다루었다. 또한, 북송문제와 관련

2) 테사 모리스－스즈키 저. 한철호 역, 『북한행 엑서더스: 그들은 왜 '북송선'을 타야만 했는가』, 책과함께, 2008.

3) 朴正鎮, 『日朝冷戦構造の誕生1945-1965: 封印された外交史』, 平凡社, 2012.

4) 松浦正伸, 『北朝鮮帰国事業の政治学: 在日朝鮮人大量帰国の要因を探る』, 明石書店, 2022.

5) 菊池嘉晃, 『北朝鮮帰国事業の研究――冷戦下の「移民的帰還」と日朝·日韓関係』, 明石書店, 2020.

6) 김석향, 『조센징, 째포, 탈북민: 탈북 북송재일동포의 세 토막 인생살이』, 선인, 2021.

7) 박미아, 「어느 '재일 권투선수'의 선택과 1960년대 한국 외교: '북송교포 김귀하 망명기도 사건'문서를 중심으로」, 『일본근대학연구』 76, 한국일본근대학회, 2022, pp.237~258.

한 미국의 입장을 분석한 최근 연구로 강여린의 연구[8]는 1959년 1~3월 시기를 중심으로 재일조선인 북송문제와 관련한 미국의 입장을 살펴보았다.

전술하였듯이 재일조선인 북송문제 관련 연구는 많지만, 재일조선인 북송사업 이후의 문제를 다룬 연구는 드문 편이다. 따라서 이 글은 기존연구의 성과를 바탕으로 재일조선인 북송문제 이후 발생한 문제에 초점을 두어 분석한다. 특히 이 글은 재일조선인 북송사업 이후의 인권 정치를 비정부 행위자의 활동을 통해 고찰한다. 비정부 행위자와 인권의 정치 측면은 매우 밀접한 관계가 있다. 비정부기구(Non-Governmental Organization; 이하 NGO)는 국제연합 헌장의 인권 조항 삽입에 중요 역할을 하였고, 이후에도 국제인권 규범 인식을 확산하도록 하는 역할을 하였다. 그러므로 오늘날의 비정부기구는 인권 정치의 중심 행위자 중 하나라고 할 수 있다.[9] 이렇듯 인권 분야의 비정부 단체는 세계 인권의 증진과 보호를 위해 결정적 역할을 하였다.[10]

이 글은 재일조선인 북송사업 후의 인권 문제와 관련하여 기존연구의 공백을 보완하기 위하여 NGO '모두 모이자(モドゥモイジャ)'[11]를 설립한 가와사키 에이코(川崎栄子, 이하 가와사키) 대표의 활동을 중심으로 분석한다. 재일조선인 북송사업과 관련된 문제는 근본적으로 한국, 북한, 일본 등의 국가적 차원의 문제이기도 하지만, 현재에는 오히려 비

8) 강여린, 「1959년 초기 재일조선인 북한송환과 미국」, pp.343~366.

9) 잭 도널리 저, 김범수 역, 「인권」, 존 베일리스 외, 하영선 외 역, 『세계정치론』, 을유문화사, 2019, pp.676~677.

10) 정경수, 「국제인권법과 비국가행위자」, 『서울국제법연구』 17(2), 서울국제법연구원, 2010, p.40.

11) 이 NGO는 가와사키 에이코(川崎栄子) 씨에 의해 결성되었고 일본 등 국제적으로 활발한 활동을 진행 중이다.

정부 행위자들의 활동이 더욱 활발하다. 그러므로 재일조선인 북송사업 후의 관련 문제를 자세하게 알기 위해서는 관련 비정부 행위자 중 활발한 활동 중인 '모두 모이자'를 설립한 가와사키 에이코의 활동을 살펴보며 그 특징을 파악하는 것은 중요하다.

이 글의 핵심 질문은 '냉전기에 진행되었던 재일조선인 북송사업 후의 인권 문제와 관련하여 '모두 모이자'의 설립자인 가와사키 대표의 활동은 어떻게 진행되었으며 그 특징은 무엇인가'이다. 이 글은 이에 답하기 위하여 '모두 모이자'가 설립된 2014년부터의 시기를 중심으로 가와사키 대표의 활동을 신문 기사 등의 1차 자료를 활용하여 통시적으로 분석한다. 특히 재일조선인 북송사업과 관련된 자료는 매우 한정적이므로 이 글은 한국과 일본의 신문 기사를 모두 활용하며, '모두 모이자'의 가와사키 대표의 활동 내용을 중심으로 고찰한다.

2. 인권을 옹호하는 비정부 행위자 '모두 모이자'

NGO '모두 모이자'는 2014년 2월 7일 UN의 「북한인권보고서」 발표 후 북한 인권 문제를 연구하고 행동하기 위해 가와사키 대표에 의해 2014년 11월 14일 결성되었다. 또한, 2015년 1월 15일 가와사키 대표와 12명의 탈북자들이 '일본변호사연합'에 「인권구제신청서」를 제출하여, 93,340명의 북송자와 그 가족들의 인권 회복을 위해 활발한 활동 중이다. 특히 이 NGO는 재일조선인 북송사업의 부당성과 희생자들에 대해 일본과 세계에 알리며, 구제를 위한 협력을 호소하는 여러 활동을 진행 중이다. '모두 모이자'의 궁극적인 목표는 극동아시아의 평화이므로, 이를 위하여 북한문제가 해결되어야만 한다고 강조한다.[12)]

그렇다면 가와사키 대표는 왜 북송사업의 부당성을 알리는가? 가와사키 대표가 재일동포 2세이며 재일조선인 북송선에 탔었기 때문이라고 볼 수 있다. 2015년 2월 한국일보와의 인터뷰를 통해 가와사키 대표는 북송선을 탄 경위와 탈북 등에 대해 다음과 같이 설명하였다.

> 북한 현실을 두 눈으로 직접 보고 판단하겠다고 생각해 혼자 북송선을 탔다. 열일곱 살 때였다. …(중략)… 1960년 니가타항에서 러시아가 마련한 선박을 타고 청진항으로 향했다. 배가 공해에 도착하자 북한에서 온 인솔자가 일본에서 가져온 음식물을 모두 바다에 버리라고 했다. 자본주의사회의 음식은 북한에 반입할 수 없다는 이유였다. 청진항에 도착하니 앞서 도착한 조총련 학교 출신 고교생들이 일본어로 '배에서 내려오지 말고 그대로 일본으로 돌아가라'고 외쳤다. 뭔가 잘못됐다는 느낌이 들었지만 이미 늦었다. …(중략)… 당초 1년 정도 살다가 남은 가족들도 북한에 건너와 합류하기로 약속했다. 하지만 북한의 현실은 일본에서 들은 것과 너무 딴판이었다. …(중략)… 일본에서 온 사람들은 출신 성분이 낮아 차별 대우를 받았다. 이를 견디지 못하고 자살한 사람을 본 적도 있다. …(중략)… 한국이 1988년 서울올림픽을 열자 북한은 김정일 주도로 평양 통일대축전을 유치했는데, 이 때문에 북한 경제는 어려워지고 굶어 죽는 사람들이 나오기 시작했다. 김일성이 죽고 김정일 정권이 들어선 이후 주민들의 어려움이 심각해지고 아사자가 급증해 탈북을 결심했다. 2003년 3월 중국으로 간 뒤 이듬해 일본에 입국했다. 지금까지 3만 명 정도의 북송사업 당사자나 가족들이 탈북해 이 중 2만 7,000여 명은 남한에 살고 있고, 200여 명만 일본에 정착했다.[13)]

12) '모두 모이자' 홈페이지의 인사말 http://koreaofall.com/greetings.php(검색일: 2022.08.31.)

13) 한국일보, 「지상낙원 거짓 선전…자이니치 북송은 명백한인권 침해」, 2015.02.11.

가와사키 대표의 위의 발언을 통해 1959년부터 시작되었던 재일조선인 북송사업이 현재까지 어떠한 영향을 주는지 알 수 있다. 가와사키 대표는 북송선에 탔던 당사자였고, 북한의 실상을 본 후 탈북했으므로 재일조선인 북송사업 이후의 인권을 위해 열심히 활동 중이다. 또한, 가와사키 대표는 북송 경험을 바탕으로 실화소설을 출간하기도 하였다.[14)]

3. 2014년 '모두 모이자' 결성 이후의 활동

2014년 NGO '모두 모이자' 결성으로 일본에서 북송사업으로 북한에 건너간 재일조선인과 일본인에 대한 인권구제 사업이 시작되었다.[15)] 2015년 4월, 가와사키 대표는 탈북 후 북한의 인권 상황을 더욱 적극적으로 국제사회에 알렸다. 가와사키 대표는 미국 의회에서 강연하였고 뉴욕 유엔본부에서 열린 북한 인권 행사에도 참석하였다. 특히 가와사키 대표는 과거 북송사업에 관여했던 일본 정부 등이 잘못을 인정해야 하며 북송 재일교포와 그 가족의 자유로운 일본행을 북한이 허용해야 한다고 요구하였다. 이와 더불어 일본변호사연합회도 북송피해자들의 인권구제를 위해 움직임을 보였다.[16)]

12월 14일 가와사키 대표는 재일조선인 북송사업에 앞장을 섰던 재일조선인총연합회(이하 조총련) 본부가 있는 일본의 도쿄 조선회관 앞에

14) 가와사키 에이코 저, 리소라 역, 『일본에서 북한으로 간 사람들의 이야기』, 다큐스토리, 2021.

15) 서울신문, 「살아돌아온 자 의무로 북송동포 인권구제를」, 2014.11.17.

16) 세계일보, 「노예같은 생활에 사회적 매장... 철저히 속아」, 2015.07.21.

서 북한송환 동포의 귀환을 위한 집회를 주도하였다. 가와사키 대표는 북한에 있는 가족 걱정이 되지만, 누군가 재일조선인 북송의 실상을 알려야 한다고 강조하였다. 이날 가와사키 대표는 일본변호사연합회 인권위원회에 제출한 '인권구제신청서'와 요구사항 등을 조총련 측에 전달하려 했으나 반응이 없자 조선회관의 철문 밑으로 인권구제신청서 사본을 넣었다.[17)]

가와사키 대표는 전술한 활동뿐만 아니라 관련 세미나를 개최하여 재일조선인 북송 관련자 인권 및 북한 인권 문제 등을 알렸다. 2016년 12월 일본 도쿄에서 열린 '북한 인권 세미나'에서 가와사키 대표는 다음과 같이 언급하였다. 즉, 가와사키 대표는 북송문제, 일본인 납치 문제 등 일본 관련의 북한 인권 문제에 대하여 국제형사재판소(International Criminal Court; ICC)에 제소할 수 있도록 적극적인 활동을 하며 북한의 실상을 알리겠다고 강조하였다.[18)] 가와사키 대표는 2017년에도 일본에서 북한 생활에 대해 강연을 이어갔다.[19)]

2018년부터 인권을 위한 '모두 모이자'의 활동은 더욱 구체적으로 진행되었다. 2018년 5월 2일 서울에서는 '북한자유주간' 주최로 '남북·미북 정상회담을 향한 탈북민 시각' 기자회견이 진행되었다. 이 기자회견에 가와사키 대표도 참석하여 "목숨을 걸고 넘어온 탈북자들이 온 세계를 향해 실태를 알리고 있음에도 이 문제는 해결되지 않고

17) 인권구제신청서의 내용은 일본과 북한, 조총련 등을 상대로 재일조선인 북송사업의 인권침해를 지적하고, 북송 재일조선인과 그 가족의 북일 간 자유로운 왕래 관련 요구 등이다. 세계일보, 「재일 탈북자 단체들 북송 56주년 맞아 조총련본부 조선회관 앞에서 항의 시위」, 2015.12.14.

18) 연합뉴스, 「北 인권문제 해결에 국제사회 압력 필요…도쿄서 세미나」, 2016.12.09.

19) 産経新聞, 「山梨·笛吹で脱北者が講演 月に2, 3回公開 処刑が…」, 2017.03.05.

있다"라며 호소하였다.[20] 이후 가와사키 대표는 2018년 8월 재일동포 탈북자들과 함께 북한 정권을 상대로 5억 엔 손해배상 소송을 도쿄지방 재판소에 제기했다.[21]

2019년에도 가와사키 대표의 활동은 이어졌다. 11월에는 북한에 의한 강제납치 및 억류 피해를 당한 세계 각 나라의 당사자와 가족들이 한국에 모여 공동 기자회견을 열었다. 이 기자회견에서 가와사키 대표는 "북한 정권의 악행을 사람들에게 알리거나 증언·호소하는 정도론 납북 문제가 해결이 안 된다"라며 "법을 통한 활동을 해야 한다"라고 언급하였다.[22] 12월에는 재일조선인 북한송환 60주년 추도식이 니가타항(新潟港)에서 진행되었다. 재일조선인 북한송환의 출발지였던 니가타항에서 재일조선인 북송 후 탈북한 사람들과 그 가족들 약 40명이 추도식에 참석하였다.[23]

4. 맺음말

이 글은 냉전기 재일조선인 북송사업 후의 인권 문제와 관련하여 비정부 행위자에 초점을 맞추어 분석하였다. 즉, 재일조선인 북송사업 후 인권 문제와 관련하여 NGO '모두 모이자'의 설립자인 가와사키 대

20) 뉴데일리, 「김정은이 호감이라는 일부 언론에 피눈물 나 탈북민들 통탄」, 2018.05.02. '북한자유주간'은 북한 주민의 자유 및 인권 증진을 위하여 국내 및 국외의 NGO가 매해 4월 마지막 주에 공동으로 활동하는 기간이다.

21) 産経新聞, 「帰国事業は人権侵害 脱北者らが北朝鮮政府に5億円賠償求め提訴」, 2018.08.20.

22) 데일리안, 「나는 오토웜비어다...북한강제납치,억류피해자 들의 증언」, 2019.11.22.

23) 朝日新聞, 「(新潟)北朝鮮帰還事業開始から60年 新潟港で追悼式」, 2019.12.15.

표의 활동에 대하여 통시적으로 고찰하였다.

냉전기 재일조선인 북송사업 이후 인권 문제와 관련한 비정부 행위자 '모두 모이자'를 중심으로 하여 가와사키 대표의 활동을 살펴본 이 글은 다음의 두 가지를 제시한다. 첫째, 1959년에 시작되었던 재일조선인 북송문제는 끝난 것이 아니며, 여전히 우리가 계속 풀어야만 하는 역사적 문제이다. 재일조선인 북송사업으로 북한에 입국했다가 가와사키 대표처럼 탈북을 시도하여 한국과 일본 등에 정착한 사례도 있지만, 여전히 북한에는 재일조선인 북송사업 피해자와 그 가족들이 있으므로 이 문제는 현재에도 진행 중인 문제이다. 둘째, 재일조선인 북송사업 이후 관련자들의 인권 증진을 위하여 '모두 모이자'는 국가 행위자가 접근하기 어려운 부분에서 큰 활약을 했으며 계속하여 다양한 노력을 하고 있다. 특히 '모두 모이자'의 가와사키 대표의 재일조선인 북송사업 피해자들의 인권 증진을 위한 노력과 활동은 한국과 일본만이 아니라 전 세계적으로 알리는 계기가 되었다.

재일조선인 북송문제는 냉전기에 시작되었으나 수십 년이 지난 지금도 여전히 그 무게가 무겁다. 특히 수년간 진행되었던 2022년 3월 재일조선인 북송사업과 관련한 손해배상 소송이 도쿄지방재판소에서 기각되었다. 이 글은 앞으로 재일조선인 북송사업의 피해자와 그 가족들의 인권 증진, 더 나아가 북한 인권 문제 해결을 위하여 한일 양국과 세계적인 차원에서 더 많은 관심이 필요하며 이와 관련된 실질적인 노력의 필요성을 강조한다.

이 글은 한국정치사회연구소의 『한국과 국제사회』 제6권 5호에 수록된 논문 「재일조선인 북한송환 이후의 인권 정치: '모두 모이자(モドゥモイジャ)' 대표 가와사키 에이코(川崎栄子)의 활동을 중심으로」를 수정·보완한 것임.

참고문헌

가와사키 에이코 저, 리소라 역, 『일본에서 북한으로 간 사람들의 이야기』, 다큐스토리, 2021.

강여린, 「1959년 초기 재일조선인 북한송환과 미국」, 『아시아리뷰』 12(1), 서울대학교 아시아연구소, 2022.

김석향, 『조센징, 째포, 탈북민: 탈북 북송재일동포의 세 토막 인생살이』, 선인, 2021.

박미아, 「어느 '재일 권투선수'의 선택과 1960년대 한국 외교: '북송교포 김귀하 망명 기도 사건'문서를 중심으로」, 『일본근대학연구』 76, 한국일본근대학회, 2022.

잭 도널리 저, 김범수 역, 「인권」. 존 베일리스 외, 하영선 외 역. 『세계정치론』, 을유문화사, 2019.

정경수, 「국제인권법과 비국가행위자」, 『서울국제법연구』 17(2), 서울국제법연구원, 2010.

테사 모리스-스즈키 저, 한철호 역, 『북한행 엑서더스: 그들은 왜 '북송선'을 타야만 했는가』, 책과함께, 2008.

菊池嘉晃, 『北朝鮮帰国事業の研究--冷戦下の「移民的帰還」と日朝·日韓関係』, 明石書店, 2020.

朴正鎮, 『日朝冷戦構造の誕生1945-1965: 封印された外交史』, 平凡社, 2012.

松浦正伸, 『北朝鮮帰国事業の政治学: 在日朝鮮人大量帰国の要因を探る』, 明石書店, 2022.

뉴데일리, https://www.newdaily.co.kr(검색일: 2022.10.08).

_______, 「김정은이 호감이라는 일부 언론에 피눈물 나 탈북민들 통탄」, 2018.05.02.

데일리안, https://dailian.co.kr(검색일: 2022.10.08).

_______, 「나는 오토웜비어다...북한강제납치,억류피해자 들의 증언」, 2019.11.22.

서울신문, https://www.seoul.co.kr(검색일: 2022.10.08).

_______, 「살아돌아온 자 의무로 북송동포 인권구제를」, 2014.11.17.

세계일보, https://www.segye.com(검색일: 2022.10.08).

_______, 「노예같은 생활에 사회적 매장... 철저히 속아」, 2015.07.21.

_______, 「재일 탈북자 단체들 북송 56주년 맞아 조총련본부 조선회관 앞에서 항의 시위」, 2015.12.14.

연합뉴스, https://www.yna.co.kr(검색일: 2022.10.08).

_______, 「北 인권문제 해결에 국제사회 압력 필요…도쿄서 세미나」, 2016.12.09.

한국일보, https://www.hankookilbo.com(검색일: 2022.10.08).

한국일보, 「지상낙원 거짓 선전…자이니치 북송은 명백한인권 침해」, 2015.02.11.
朝日新聞, https://www.asahi.com(검색일: 2022.10.08).
________, 「(新潟)北朝鮮帰還事業開始から60年 新潟港で追悼式」, 2019.12.15.
産経新聞, https://www.sankei.com(검색일: 2022.10.08).
________, 「山梨·笛吹で脱北者が講演 月に2, 3回公開 処刑が…」, 2017.03.05.
________, 「帰国事業は人権侵害 脱北者らが北朝鮮政府に5億円賠償求め提訴」, 2018.08.20.
KOA-, 北朝鮮帰国事業·拉致問題·北朝鮮人権改善NGO「モドゥモイ ジャ」http://koreaofall.com/(검색일: 2022.08.31).

자이니치 인권운동과 유엔

강여린

1. 머리말

이 글은 유엔 북한인권조사위원회(the United Nations Commission of Inquiry on Human Rights in the Democratic People's Republic of Korea; 이하 UN COI)와 자이니치의 북한 관련 인권운동을 중심으로 고찰한다. 재일조선인 북한 송환(북송)은 냉전 시기에 다음과 같이 진행되었다. 즉, 1959년 8월 북한적십자사와 일본적십자사가 체결한 협약을 통해 1984년까지 약 9만 명의 재일조선인이 북한으로 영구 이주했다.[1)]

일부 자이니치는 UN COI의 '북한인권보고서'를 근거로 하여 냉전기 재일조선인 북송에 대한 북한 인권 운동을 벌이고 있다. 그러나 이와 관련된 기존 연구는 거의 없다고 할 수 있다.[2)]

1) 강여린, 「1959년 초기 재일조선인 북한송환과 미국」, 『아시아리뷰』 12(1), 서울대학교 아시아연구소, 2022a, p.344.

2) 재일조선인 북한송환과 관련된 최근 및 대표 기존연구로는 다음 연구를 참조. 테사 모리스-스즈키 저, 한철호 역, 『북한행 엑서더스: 그들은 왜 '북송선'을 타야만 했는가』, 책과함께, 2008; 菊池嘉晃, 『北朝鮮帰国事業の研究――冷戦下の「移民的帰還」と日朝·日韓関係』, 明石書店, 2020; 松浦正伸, 『北朝鮮帰国事業の政治学: 在日朝鮮人大量帰国の要因を探る』, 明石書店, 2022; 강여린, 「재일조선인 북한송환 이후의 인권 정치: '모두 모이자(モドゥモイジャ)' 대표 가와사키 에이코(川崎栄子)의 활동을 중심으로」, 『한국과 국제사회』 6(5), 한국정치사회연구소, 2022b, pp.193~208.

다만, 유엔 COI의 북한인권보고서에 대한 기존연구로는 법률적인 측면의 선행연구로 법률 관련 연구가 있다.[3)] 또한, 소수의 기존 연구는 남북한의 통일과 보고서 자체에 관한 연구에 초점을 맞추었다.[4)]

전술한 바처럼 재일조선인 북한송환에 관한 UN COI의 최종보고서와 재일조선인 북송문제와 관련된 현재의 자이니치 인권운동을 살펴본 선행연구는 드물다. 그러므로 이 글은 기존연구의 공백을 채우고자 한다.

이 글은 UN COI의 북한인권보고서가 냉전기 재일조선인 북한 송환을 어떻게 해석하고 있으며, 이 북송 사례에 대한 현재 자이니치의 현재 인권운동이 어떻게 전개되고 있는지를 고찰한다. 구체적으로 이 글은 UN COI가 북한인권보고서를 작성한 2014년 전후와 NGO '모두모이자' 대표인 자이니치 가와사키 에이코(川崎栄子)가 북한을 상대로 손해배상청구 소송을 제기했다가 기각된 2018~2022년 전후를 중심으로 분석한다.

이 글에서 활용한 자료는 2014년 UN COI의 북한인권보고서[5)]와 자이니치의 대북 인권 캠페인을 보여주는 언론 자료 등이다. 이러한 자료

3) 홍성필, 「유엔을 중심으로 본 북한인권 개선: 이해와 이행」, 『법학연구』 26(1), 연세대학교 법학연구원, 2016. pp.379~407; 전수미, 「북한인권법에 대한 소고」, 『법학연구』 17(4), 한국법학회, 2017, pp.359~381.

4) 김헌준, 「유엔 북한인권조사위원회 최종보고서의 성취와 문제점」, 『통일정책연구』 25(2), 통일연구원, 2016, pp.89~109; 이정훈, 「The United Nations and North Korean Human Rights」, 『신아세아』 26(1), 신아시아연구소, 2019, pp.90~110.

5) UN Human Rights Council. 2014. "Report of the detailed findings of the commission of inquiry on human rights in the Democratic People's Republic of Korea."A/HRC/25/CRP.1. https://www.unikorea.go.kr/unikorea/business/NKHRCenter/archive/?boar dId=bbs_0000000000000011&mode=view&searchCondi tion=all&searchKeyword=%EB%B6%81%ED%95%9C%EC%9D%B8%EA%B6%8C&cntId=53925&category=&pageIdx=2(검색일: 2023.04.10.).

들을 통해 UN이 재일조선인 북한송환 사례를 어떻게 보고 있으며, 현재 자이니치가 어떠한 인권운동을 진행하고 있는지를 구체적으로 검토한다.

2. 냉전기 재일조선인 북송에 대한 UN COI 보고서

UN COI는 약 1년간의 조사를 거쳐 2014년에 북한 인권에 대한 보고서를 발표했다. 그 후, 유엔 안전보장이사회는 첫 공식 브리핑을 열었는데, 유엔 안전보장이사회가 북한과 관련된 인권 문제에 처음으로 개입한 것이었다. 이 결정은 유엔 조사 위원회의 획기적인 보고서에 기초하여 내려졌다.[6)]

그렇다면 이 UN COI 보고서는 냉전기 재일조선인 북송사례에서의 인권문제를 어떻게 바라보았을까? UN COI 보고서에 따르면 냉전기 재일조선인 북한송환의 역사적 과정은 다음과 같이 정리할 수 있다.

제2차 세계대전 이후, 일본에는 약 240만 명의 재일조선인들이 있었다. 주목할 점은 북한이 1945년에 재일본조선인총연합회(조선 총련, 이하 총련 또는 조총련)을 설립했다는 것이다. 총련은 재일교포들에게 대안적인 고용 전망과 교육의 기회를 제공하기 위해 일본에 학교, 기업, 그리고 대학을 설립했다. 그 당시 일본에 있는 많은 재일조선인들은 총련에 충성심을 보였다. 이러한 상황에서 남북한 중 두 나라 중 하나를 선택할 수 있는 선택권이 주어졌을 때, 이들은 북한을 선택했다. 그래서 '지상 낙원' 또는 '낙원으로의 귀환'을 중심으로 하는 북한의

6) 김헌준, 「유엔 북한인권조사위원회 최종보고서의 성취와 문제점」, pp.90~92.

귀국 캠페인은 이들을 대상으로 했다. 1959년 12월 14일, '지상 낙원' 운동이 시작되어 1984년에 공식적으로 끝났고, 1961년까지 93,340명의 '귀국자'가 이미 북한으로 건너갔다.[7)] 그러나 북한으로 간 재일조선인들의 상황은 불행하게도 아래의 설명처럼 좋지 않았다.

> 북한은 한국전쟁의 참화로부터 회복하기 위해 노력하였다. 그들은 노동력, 기술, 제조 시설은 물론 재료도 부족했지만, 북한은 재일조선인 북송을 생각해 냈고 그들의 나라를 '지상의 낙원'이라고 불렀다. 하지만 [말한 것처럼] 조건 때문에 자이니치들이 조국이라고 부르는 곳은 아주 냉혹한 현실이 기다리고 있는 곳이었다.[8)]

북한으로 귀국한 사람들은 기본적인 생활 조건과 수당뿐만 아니라 자신들의 삶에 대한 통제력을 잃었다. 그들이 도착한 순간부터, 그들은 어디서 살아야 할지, 어디서 일해야 할지, 무엇을 먹어야 할지, 누구와 이야기해야 할지, 어떻게 해야 할지 지시받았다. 또한, 그들은 자유롭게 이동하는 것이 금지되었고, 그들은 서로 감시해야만 했다. 더 나아가 북한으로 간 재일조선인들은 일본에 있는 가족들 보내려는 우편물에 대해 검열받았다. 이로 인해 일본에 있는 그들의 가족들은 북한에서의 삶의 전망에 대해 걱정하였다. 이렇듯 북한은 귀국한 사람들과 일본의 가족 간의 접촉을 제한하였다.[9)]

더욱이 일본에서 북한으로 귀국한 사람들과 북한 사람들 사이에는 전반적으로 상호 불신이 존재했다. 청진항에 도착한 많은 '귀국자'들은

7) UN Human Rights Council, 2014, p.292.

8) UN Human Rights Council, 2014, p.293.

9) UN Human Rights Council, 2014, pp.293~294.

일본에 비해 기반시설과 생활수준이 극히 열악하다는 사실을 깨달았다. '귀국자'들은 자본주의 사회에서 살았기 때문에, 북한 사람들은 그들을 의심했다. 북한으로 귀국한 많은 재일조선인들은 북한사람들이 제기한 의혹 때문에 엄격한 감시를 받았고, 외딴 지역에 갇혔다. 또한, 일본어의 사용은 금지되었다. 유엔 측은 재일조선인 북한 송환자들이 일본어를 말하거나 노래하는 것에 대한 처벌과 관련하여 목격자 증언, 즉 경찰서에 끌려가 구타를 당했던 등의 상황을 알게 되었다.[10)]

다수의 '북한 귀국자'들은 일본에서 높은 수준의 교육을 받았다. 그러므로 북한에서 이들은 중요한 조직 내에서 고위직에서 일할 수 있었고 평양이나 근처에 살 수 있었다. 도쿄 공청회에서 가토 씨(Mr. Kato)는 처음에는 북한에서 재능과 기술로 인정받았지만, 나중에는 간첩 용의자로 박해받았다고 증언하였다. 유엔 측은 이러한 간첩 혐의를 받은 북한 귀국자들의 유형에 대해서도 논의했다.[11)]

지금까지 UN COI의 북한인권보고서에 나타난 내용을 검토하였다. UN COI는 북한인권을 알기 위해 재일조선인의 북한송환 사례를 조사하여 보고서에 상세하게 작성하였다. 이 보고서의 내용으로 미루어 볼 때, 냉전 시기의 재일조선인의 북한송환은 인권에 대한 고려가 없는 엄중한 사건이었음을 알 수 있다.

따라서 UN COI의 보고서의 등장은 역사적 기록의 등장으로 볼 수 있으며, 나아가 이 보고서는 향후 북한의 인권 문제 해결을 위한 다양한 노력의 시작점이 되었다.[12)]

10) UN Human Rights Council, 2014, p.294.

11) UN Human Rights Council, 2014, pp.294~295.

12) 김헌준, 「유엔 북한인권조사위원회 최종보고서의 성취와 문제점」, p.106.

3. 자이니치의 인권운동: 북한을 상대로 한 소송

UN COI의 북한인권보고서 발표 이후 자이니치의 북한 관련 인권운동은 어떻게 진행되었을까? 2014년 UN COI의 보고서 발표 이후 자이니치의 북한 관련 인권운동이 구체적으로 시작되었다. NGO '모두모이자'의 홈페이지는 다음과 같은 내용을 담고 있다.

> 2014년 2월 7일 UN의 「북한인권보고서」 발표를 접하고 북한 인권문제를 연구, 행동하기 위해 2014년 11월 14일 NGO 『모두 모이자』를 결성해서 지금까지 활동하고 있는 가와사키 에이코(川崎 栄子)입니다.[13]

가와사키 에이코는 자이니치이며, NGO '모두모이자' 대표이다. 이 NGO는 북한을 상대로 소송을 제기하려고 노력했다. 가와사키 대표는 냉전기 일본에서 북한으로 건너가 북한의 실상을 보고 탈북했다. 그때부터 가와사키 대표는 자이니치로서 북한 관련 인권을 위해 일본에서 열심히 노력하고 있다. 북한인권단체 '모두모이자' 홈페이지에는 다음과 같은 내용이 있다.

> 2015년 1월 15일 저를 비롯한 12명의 탈북자들이 『일본변호사연합』에 「인권구제신청서」를 제출, 93,340명에 이르는 북송자와 그 가족들의 인권 회복과 일본과의 자유왕래 실현을 위해 활발하게 활동하고 있습니다. 우리들은 그간 일본 국내·외 많은 사람들에게 「북송사업」(귀국사업)의 부당성과 그로 인해 희생된 사람들의 어려운 처지를 알리

13) NGO '모두모이자' 홈페이지 http://koreaofall.com/greetings.php?&lang=kr&lang=kr&lang=en(검색일: 2023.04.10.).

> 는 활동과 함께 그 구제를 위한 협력을 호소, 요청해 왔습니다. 한국, 미국, 제네바 등 국제회의에도 참가하고 일본 나가사키(長崎)를 시작으로 도쿄도내 각지에서도 학습회와 강연회 등을 적극적으로 전개함과 아울러 「조총련」중앙본부에 대한 항의활동 등 여러 가지 사업을 전개해 왔습니다 …(중략)… [14]

NGO '모두모이자'는 2018년부터 인권을 위해 더욱 적극적인 활동을 하였다. 가와사키 대표는 재일조선인의 북한송환이 대부분 인권침해였다고 주장하며 북한과 총련을 비난하기 위해 국제형사재판소에 수사를 제기하겠다고 밝혔다.[15]

가와사키 대표는 2018년 2월 20일, 재일조선인의 북한 송환 사례는 국제법을 위반했다며 김정은과 허종만 조총련 회장을 국제형사재판소에 제소하였다. 즉, 가와사키는 국제형사재판소에 김정은, 허종만에 대한 제소 서류를 접수했다.[16]

한편, 일본 도쿄지방법원에 북한을 상대로 한 소송 제기는 2020년에도 계속되었다.[17] 가와사키 대표 등은 재일조선인 북한송환으로 인한 인권 박탈에 대한 배상을 요구하는 소송을 도쿄지방법원에 제기했다. 즉, 탈북자 5명이 오랜 기간 기본적 인권을 누리지 못해 참담한 삶을 살았다며 2018년 8월 20일 북한 정부를 상대로 총 5억 엔의 손해배상청

14) NGO Modumoija http://koreaofall.com/greetings.php?&lang=kr&lang=kr&lang=en(검색일: 2023.04.10.).

15) 朝日新聞, 2018/2/17, 「脱北者, ＩＣＣに捜査申し立てへ」.

16) 뉴데일리, 2018/03/11, 「일본 인권단체, 김정은·조총련 국제형사재판소에 제소」. https://www.newdaily.co.kr(검색일: 2023.04.10.).

17) 한국경제, 2020/06/24, 「한변, 6·25 납북 피해자 유족 대리해 북한과 김정은에 손해배상 소송 제기」. https://www.hankyung.com(검색일: 2023.04.10.).

구 소송을 제기했다. 도쿄에 거주하는 가와사키 대표를 포함해 57~77세 5명은 냉전기에 북한으로 귀국했다가 2000년대에 탈북했다. 이들은 북한이 재일조선인들을 지상낙원으로 속여 일본으로 돌아오게 했음에도 충분한 식량 등을 얻지 못한 재일조선인들을 탄압하여 기본적인 인권을 억압하였다고 주장하였고, 이들이 북한에 저항하자 북한 정부는 이들을 탄압하였다고 하였다. 또한, 이들은 냉전 시기 재일조선인 북한 송환이 북한에 의한 납치 행위라고 주장했다. 이렇게 탈북자가 북한을 고소한 것은 이례적인 사례라고 할 수 있다.[18]

그러나 2022년 3월, 도쿄지방법원은 가와사키 대표를 비롯한 다른 원고들이 북한에 대한 배상을 요구하는 소송을 기각하였다. 그 후, 2022년 12월 13일 니가타(新潟)에서 냉전기 일본 내 재일조선인의 북한 송환과 관련된 인권의 중요성을 호소하는 집회가 개최되었다. 가와사키 대표는 집회에서 다음과 같은 내용을 언급하였다. 가와사키 대표는 "북한은 천국"이라고 믿고, 17세에 북한에 갔지만, "자유와 인권이 침해되었다"라는 이유로 2003년에 탈북하였다. 가와사키 대표는 일본에 거주하지만, 계속해서 북한에 있는 가족들에게 돈을 보냈다. 또한, 가와사키 대표는 그녀가 겪은 힘든 삶과 가족들이 북한에서 떠났던 것을 생각하며, 그녀가 살아있는 동안 어떻게든 이 문제를 해결해야 한다고 강조했다.[19]

이렇듯 가와사키 대표의 인권운동은 여전히 진행 중이며, 일본 내 친북 단체인 조총련 건물 앞에서 탈북자들의 1인 시위가 계속 이어지고 있다. 가와사키는 2022년 12월 19일 "2015년부터 매달 조총련 건물

18) 朝日新聞, 「脱北者5人が北朝鮮を提訴 帰還事業めぐり」, 2018.08.21.

19) 毎日新聞, 「北朝鮮渡航者 : 北朝鮮渡航者の苦境と人権訴え新潟で集会 / 新潟」, 2022.12.16.

앞에서 시위를 하고 있다"라고 밝혔다. 또한, 그녀는 일본 내 송환 피해자와 북한에 거주하는 가족 등 모든 사람들이 김정은 정권으로부터 자유와 인권을 얻을 때까지 시위를 계속하겠다고 언명했다.[20)]

4. 맺음말

이 글은 UN COI 북한인권 보고서가 냉전기 재일조선인의 북한송환을 어떻게 해석했으며, 현재 자이니치의 인권운동이 재일조선인 북한송환에 대해 인권적인 측면에서 어떻게 활동하는지를 분석했다. 그 답을 찾기 위해 이 글은 UN COI 북한인권 보고서가 작성된 2014년 전후의 분석기간을 중심으로 고찰하였고, NGO '모두모이자' 대표인 가와사키가 북한을 상대로 손해배상청구소송을 제기했다가 기각된 2018~2022년에 초점을 맞추어 살펴보았다.

UN COI 북한인권보고서에는 냉전 시기에 시작된 사건, 즉 재일조선인의 북한송환 문제를 조사한 상세한 내용이 포함되었다. 이 보고서에 따르면 냉전 시기에 재일조선인의 북한송환은 인권을 고려하지 않은 가혹한 사건이었다.

자이니치이며 NGO '모두모이자'의 대표인 가와사키는 북한을 상대로 소송을 제기하려고 시도하였고, 인권을 위해 더욱 활발하게 활동을 전개하였다. 2018년 2월 20일 가와사키는 냉전기 재일조선인 북한송환이 국제법을 위반했다며 국제형사재판소에 북한을 제소하였다. 또

20) VOA, 2022/12/20, 「탈북민, 파키스탄서 1인 시위 "김정은 미사일 발사 규탄, 주민 위해 재원 써야」. https://www.voakorea.com(검색일: 2023.04.10.).

한, 가와사키를 필두로 5명의 원고가 참여한 재일조선인 북한송환 손해배상청구 소송은 일본에서 최초로 북한에 책임을 묻는 민사재판이었다.

그러나 2022년 3월 23일 도쿄지방법원은 결국 이 손해배상청구 소송에서 원고의 청구를 기각하였다. 그럼에도 NGO '모두모이자' 대표 가와사키는 자이니치로서 인권 NGO를 이끌며 여전히 북한 인권을 위해 열심히 활동하고 있다. 따라서 이 글은 자이니치의 북한에 대한 인권운동이 UN COI 북한인권보고서를 통해 더욱 구체화되었음을 제시한다.

이 글은 한림대학교 일본학연구소, 『한림일본학』 제42집에 수록된 논문 「The UN Commission of Inquiry on North Korean Human Rights Report and Zainichi's Human Rights Campaign」을 수정·보완한 것임.

참고문헌

강여린, 「1959년 초기 재일조선인 북한송환과 미국」, 『아시아리뷰』 12(1), 서울대학교 아시아연구소, 2022a.

______, 「재일조선인 북한송환 이후의 인권 정치: '모두 모이자(モドゥモイジャ)' 대표 가와사키 에이코(川崎榮子)의 활동을 중심으로」, 『한국과 국제사회』 6(5), 한국정치사회연구소, 2022b.

김헌준, 「유엔 북한인권조사위원회 최종보고서의 성취와 문제점」, 『통일정책연구』 25(2), 통일연구원, 2016.

이정훈, 「The United Nations and North Korean Human Rights」, 『신아세아』 26(1), 신아시아연구소, 2019.

전수미, 「북한인권법에 대한 소고」, 『법학연구』 17(4), 한국법학회, 2017.

테사 모리스-스즈키 저, 한철호 역, 『북한행 엑서더스: 그들은 왜 '북송선'을 타야만 했는가』, 책과함께, 2008.

홍성필, 「유엔을 중심으로 본 북한인권 개선: 이해와 이행」, 『법학연구』 26(1), 연세대학교 법학연구원, 2016.

菊池嘉晃, 『北朝鮮帰国事業の研究－－冷戦下の「移民的帰還」と日朝·日韓関係』, 明石書店, 2020.

松浦正伸, 『北朝鮮帰国事業の政治学: 在日朝鮮人大量帰国の要因を探る』, 明石書店, 2022.

뉴데일리, 「일본 인권단체, 김정은·조총련 국제형사재판소에 제소」, 2018.03.11. https://www.newdaily.co.kr(검색일: 2023.04.10.)

한국경제, 「한변, 6·25 납북 피해자 유족 대리해 북한과 김정은에 손해배상 소송 제기」, 2020.06.24. https://www.hankyung.com(검색일: 2023.04.10.)

朝日新聞, 「脱北者, ＩＣＣに捜査申し立てへ」, 2018.02.17.

________, 「脱北者5人が北朝鮮を提訴 帰還事業めぐり」, 2018.08.21., 동북아역사자료센터 제공.

毎日新聞, 「北朝鮮渡航者：北朝鮮渡航者の苦境と人権訴え新潟で集会 / 新潟」, 2022.12.16., 동북아역사자료센터 제공.

VOA, 「탈북민, 파키스탄서 1인 시위 김정은 미사일 발사 규탄, 주민 위해 재원 써야」, 2022.12.20. https://www.voakorea.com(검색일: 2023.04.10.)

UN Human Rights Council. 2014. "Report of the detailed findings of the commission of inquiry on human rights in the Democratic People's Republic of Korea."A/HRC/25/CRP.1.

https://www.unikorea.go.kr/unikorea/business/NKHRCenter/archive/?boardId=bbs_0000000000000011&mode=view&searchCondition=all&searchKeyword=%EB%B6%81%ED%95%9C%EC%9D%B8%EA%B6%8C&cntId=53925&category=&pageIdx=2(검색일, 2023.04.10.)

NGO '모두모이자'홈페이지. http://koreaofall.com/greetings.php?&lang=kr&lang=kr&lang=en(검색일: 2023.04.10.)

제4장

재일디아스포라의 경제 네트워크

재일코리안의 고베(神戸)·나가타(長田) 지역 고무산업 진입 과정과 케미컬슈즈의 탄생

김웅기

1. 들어가며

재일코리안[1]이 종사하는 산업이라고 하면, 유흥업(파친코), 음식업(야키니쿠), 금융업(소비자 금융)과 같은 제3차 산업이 중심이라는 인식이 일본 사회 일반에 존재한다. 그 요인으로는 민족차별로 인해 타 업계로의 진출이 어려웠던 점 등을 들 수 있는데, 이러한 인식은 한국에서도 마찬가지이다. 이러한 현실로 인해 제조업 분야에서의 재일코

1) 이 논문에서는 일본에 거주하는 한민족이라는 뜻을 함유하는 여러 용어 중 '재일코리안'을 선택하여 사용할 것이다. 갈등적 정치 구도 속에 다양성이 공존한다는 점을 표현해내기 위한 최선(best)의 대안으로 여겨지기 때문이다.(최상(most)이라고는 주장하지 않겠다) 이때 국내 학계에서 흔히 사용되는 '재일조선인'은 하부 영역 중 한 범주라는 함의를 갖게 된다. '재일조선인'이 역사적 존재, 즉 일제강점의 결과 일본으로 이주, 정착하게 된 한민족 디아스포라라는 의미로 사용되는 데 필자 또한 동의한다. 다만, 남북분단으로 인한 갈등과 갈등 속에서의 공존이라는 상황이 여전히 엄존하고 조선민주주의인민공화국/재일본조선인총연합(총련) 지지라는 함의 또한 내포하는 점을 부정할 수 없다. 한편, '재일코리안'은 일본 사회에서 갈수록 거세지는 '북(조선) 때리기'를 회피하기 위해 총련계 인사들 스스로가 사용하는 경우도 적지 않다. 이 같은 상황을 종합해 볼 때, '재일조선인'을 총칭으로 사용한다는 것은 일종의 정치적 선택으로 간주할 수 있다. 다만 전전 시기 및 총련 출범 이전 시기와 관련된 기술에서는 이 글에서도 '조선(인)'을 사용할 것이다.

리안의 활약이 한국 사회, 특히 그 학계에서 주목받는 일은 거의 없었다고 해도 과언이 아니다. 이는 한국에서의 재일코리안 연구가 학술 분야에서는 폭을 확대하고는 있지만, 지역적으로는 오사카시(大阪市) 이쿠노구(生野区)나 가나가와현(神奈川県) 가와사키시(川崎市) 등 이른바 집주지역에 편중되어 있기 때문이다. 이에 따라 재일코리안 사회의 다양성이나 지역성 등은 여전히 간과되는 측면이 있다.

한편, 일본 국내에서는 몇 가지 제조업 분야에서 재일코리안의 관여에 대한 논고를 찾아볼 수 있다. 교토(京都)의 섬유산업(니시진오리; 西陣織)과 고베(神戸) 나가타(長田)지역의 제화산업(케미컬슈즈) 등이 이에 해당한다. 예를 들어 한재향(韓載香)[2]은 니시진오리(西陣織) 등으로 상징되는 교토 섬유산업에서의 재일코리안 기업의 역사적 변천 과정을 규명하고, 섬유산업에의 진입 경위나 성장과정에서 재일코리안 지역사회가 담당했던 기능이나 역할에 관한 면밀한 분석을 추진한 바 있다. 그 연구에서 한재향은 민족차별을 근거로 하는 선행연구의 한계를 지적하면서 민족 커뮤니티에 의한 경제활동에 대한 관여와 관련하여 산업 진입과 후속 성장에 필요한 경영자원을 조달하는 데 역할이 있다는 관점을 제시하였다.[3]

또 다른 제조업이자 본고의 연구 대상인 고베의 제화산업은 재일코리안 집주지역인 나가타에서 제조 거점이 해외로 이전하는 등 어려움을 겪고 있는 가운데서도 여전히 지역 산업의 역할을 담당하고 있다. 오늘날 이 지역에서 생산되는 신발이 은 '케미컬슈즈(chemical shoes)'

2) 韓載香, 「京都繊維産業における在日企業のダイナミズム」, 『「在日企業」の産業経済史 : その社会的基盤とダイナミズム』, 名古屋大学出版会, 2010, 第2章 참조.

3) 鍛冶博之, 「韓載香『「在日企業」の産業経済史 : その社会的基盤とダイナミズム』」, 『企業史研究』 第7号, 2010.10, p.75.

라는 일본식 영어의 조어(造語)로 대중적으로 인지되고 있는 것은 클라리노 등 인공피혁을 원자재로 사용하는 데 비롯된다. 케미컬슈즈의 원자재는 끊임없는 기술개발 노력으로 변화를 거듭했다. 천연고무로 출발하다가 염화비닐로 바뀐 뒤, 다시 인공피혁으로 변화하는 과정을 거쳐왔다. 이 산업이 고베에서 싹트게 된 데는 고베항이 천연고무의 수입항으로 던롭(Dunlop)사의 생산거점이 자리 잡았던 점이 영향을 미치고 있다.[4)]

케미컬슈즈 산업에 관해서는 산업사적 관점, 재해 복구적 관점으로부터의 논고가 다수를 차지하는 가운데, 일부 재일코리안의 역할이나 위상 등에 초점을 맞춘 논고도 존재한다. 이러한 예로는 나가타지역의 케미컬슈즈 산업에서 재일코리안의 사회경제적 네트워크를 고찰함으로써 산업과 민족성 간의 연관성을 논한 야마모토(山本)[5)]의 논고를 들 수 있다. 그는 거래처의 선정 등을 비롯한 상행위상의 선택기준은 일반적으로 경제성에 근거하여 이루어지고 있으며, 거기에 민족성의 영향을 찾아볼 수 없다고 지적하였다. 그러나 한편으로 재일코리안의 민족성에서 비롯된 여러 종류의 사회경제적 네트워크가 존재한다며, 이들 네트워크를 통해 기업과 지역사회가 밀접하게 연계될 뿐만 아니라 경영자들에게 중요한 정보교환의 터전을 마련해 주는 점도 지적하였다.

이 글에서는 고베 나가타지역에서의 케미컬슈즈 업계의 산업사 가운

4) 고베 공장은 1909년에 가동하기 시작했으며 1995년 고베대지진으로 타 지역으로 이전될 때까지 생산을 지속했다. 기업 명칭은 1963년에 스미토모고무(住友ゴム)로 변경되었으며, 이는 스미토모 계열 등 일본 측 투자 비율이 50%를 상회하게 됨에 따른 것이다. 오늘날에도 고베에 본사가 있으며, 던롭 브랜드도 유지되고 있다. 住友ゴムHP https://www.srigroup.co.jp/corporate/history.html(검색일: 2023.05.02.)

5) 山本俊一郎, 「神戸ケミカルシューズ産地におけるエスニシティの態様: 在日韓国・朝鮮人経営者の社会経済的ネットワーク」, 『季刊地理学』 Vol.54, 2002, pp.1~19.

데, 그 맹아기에 초점을 맞추어 고찰해 보고자 한다. 오늘날 케미컬슈즈가 이 지역에서 탄생하게 된 전제조건으로서의 산업기반인 고무산업의 발전과 노동자로 출발한 재일코리안이 나가타지역에 정착하다가 경영자로 성장할 때까지의 과정에 대해 역사적으로 고찰하는 것을 목적으로 한다. 이 글에서는 각종 사료 분석과 더불어 2018년 1월 현지에서 추진한 인터뷰 내용에 대한 분석을 병행해나갈 것이다.

이 글의 구성은 다음과 같다. 제2장에서는 어떠한 경위에 따라 고베·나가타지역에 고무 산업이 뿌리내리게 되었는지에 대해 논하고, 제3장에서는 재일코리안이 고무산업을 지탱하는 노동자로서 나가타지역에 정착하여 어떻게 살아왔는지, 그리고 전후(戦後)에 경영자로 진출하게 되는 과정을 추적해 볼 것이다. 그리고 제4장에서는 케미컬슈즈 산업이 싹을 뜨게 되는 과정에 대해 살펴볼 것이다.

2. 고베·나가타지역에서의 고무산업

고무가 오늘날 산업 소재로 주목 받게 된 계기를 마련한 데 있어서는 찰스 굿이어(Charles Goodyear)의 공적이 크다. 그는 미국 필라델피아(Philadelphia)에서 농기구 대장간을 운영했지만, 1827년에 일어난 공황으로 경제기반을 잃게 된다. 그러나 굿이어는 어려움을 딛고 마침내 가황고무 제조법을 개발하여 1844년 특허를 신청하기에 이른다. 그 과정에 대해서는 여러 설이 있는 가운데 생고무에 유황을 가함으로써 강력한 탄성과 점착력을 갖게 되었다고 한다.

한편 일본에 고무산업이 들어오게 된 것은 메이지유신 이후의 일이다. 초기에는 외국 상사들이 중심이 되어 잠수복 등 어업과 관련된 상품을 수입해 왔으나, 수선이 필요하면 이를 나가사키(長崎)나 요코하마(横浜)로 보내야만 한다는 번거로움이 있었다. 이러한 불편을 해소하기 위해 일본인들이 어깨너머로 수리기술을 배우려 했던 것이 일본 고무산업의 탄생 계기가 된 것으로 추정된다. 구미의 서적에 의지하며 가황고무 제조법을 배우다가 마침내 국산화를 이루어냈지만, 고무산업이 전 세계적으로 급성장함에 따라 일본에도 저렴한 수입산이 쇄도하게 된다. 여기에는 1905년 러일전쟁으로 막대한 부채를 떠안게 된 일본 정부가 고무산업 정책 방향성을 국내자본에 의한 국산화 대신 구미 자본 도입으로 기울게 된 점도 영향을 미쳤다.

이러한 경위에 따라 1906년부터 완제품을 일본 시장에 수출해오던 던롭사가 1909년에 일법인을 설립했다. 수의사였던 던롭사의 창업자 존 보이드 던롭(John Boyd Dunlop)은 튜브식 타이어를 발명한 인물로 알려졌다. 그 타이어를 사용한 자전거가 경주에서 우승하여 주목을 받게 되자 특허를 취득하고 1893년 던롭사를 창업했다. 고무산업이 세계 규모로 확대되는 가운데 일본에서는 고베가 그 상륙지가 되었다.

일본에서 유독 고베에 먼저 고무산업이 상륙한 이유와 관련해서는 다음과 같은 요인을 들 수 있다. 첫째, 고베항이 에도시대 말 1853년에 체결된 일미화친조약으로 요코하마와 더불어 고베가 최초 개항지가 되어 외국인의 거주가 일찍이 시작했다는 점이다. 둘째, 이 시기를 전후하여 배를 수리하기 위한 도크가 운영되기 시작했다가 메이지 정부가 이를 인수했고, 인수된 도크가 세관으로서의 기능도 겸하게 됨에 따라 고베항이 생고무의 수입항이 된 점이다. 또한, 셋째, 외국인 거주지를 중심으로 고베의 동쪽과 서쪽으로 공장지대가 확대됨에 따라 조선, 철강, 방적 등 연관성이 있는 산업들이 이미 활성화되어 있었던 점과, 넷째, 일본의 개항지 중 천연고무 생산지인 동남아시아에서 고베가 지리적으로 가까운 위치에 있는 점 등도 작용했다.

던롭사가 고베에서 조업을 시작했을 당시 공장책임자는 고무제조 기술이 일본인에게 누설될 것을 우려했다. 이에 일본인은 기술을 접할 수 있는 중국인으로 행세하여 내부를 견학했다고 한다. 이러한 상황에 변화가 일어난 것은 던롭사가 일본에 진출했을 당시 완재품의 극동지역 총판대리점 역할을 맡은 런던에 본사가 있는 무역상사 그리아(Greer)상회의 도쿄지점에서 근무하던 무토 겐(武藤健)이 이사로 취임하면서부터다.[6] 무토는 일본인 직공들을 던롭사에 적극적으로 고용하여 기술을 습득하게 했다가 1년 만에 해고했다. 그의 의도는 고무기술을 고베 외 일본 각지로 확산시키는 데 있었다. 이리하여 일본인 기술자들은 1910년대 후반에 이르러 던롭사에서 배운 기술을 바탕으로 고무공장의 경영에 나서게 되었다. 또한, 던롭사에 앞서 1908년에 일본에 진출해 있던 인그램(Ingram)사의 경영이 기울면서[7] 거기서 일하던 외국인 기술자나 숙련공들이 한신고무상회(阪神ゴム商会)나 반도조대(阪東調帯) 등 일본인이 운영하는 고무제조기업으로 유입되었다.[8]

고베에서 최초로 제조된 고무제품은 기계를 돌리는 데 필요한 가죽벨트의 대체품이었다. 당초 목면을 소재로 하는 제품이 개발되어 발명자의 이름을 딴 「반도식 목면벨트(阪東式木綿調帯)」이라는 명칭으로

6) 山内昌斗, 「外国資本企業の対日投資と現地経営: ダンロップ社の自動車タイヤ事業を中心として」, 『国際ビジネス研究学会年報』 14, 2008, p.89.

7) 인그램사(Ingram)사는 고베 외곽에 설립된 일본 최초의 외국계 고무공장으로 영국 인그램사의 분공장이다. 기사와 생산기계류를 영국에서 가져와 일본인 직공 약 30명을 고용했다. 경영난을 겪다가 1911년에 던롭사로 흡수합병되었다. 山田均, 「配合師 第1報」, 『日本ゴム協会誌』 84(11), 2011, pp.32~33.

8) 山田均, 위의 책, p.32. 인그램사 또한 던롭사와 마찬가지로 그리아상회와의 관계에 따라 일본에 진출했다. 던롭사와 같은 계열의 자본이었던 관계로 던롭사에 흡수합병되었다.

1901년에 특허 상품화되었지만, 내구성이 떨어져 고무를 소재로 하는 벨트가 개발되었다. 에나미 미쓰조(榎並充造)는 고베 재계에서 자금을 끌어모아 목면벨트를 제조한 것을 시작으로 고베은행(神戸銀行, 현 미쓰이스미토모은행)의 전신 오카자키고베은행(岡崎神戸銀行)으로부터 융자를 얻어 1906년 반도조대(현 반드화학[9])를 창업했다. 반도조대는 고무를 소재로 하는 기계벨트 제조를 거쳐 인력거 타이어 제조로 진출하였으며, 1913년 나이가이고무(内外ゴム)를 설립[10]하기에 이른다. 반도와 나이가이는 모두 오늘날까지 조업을 계속하고 있다. 반도조대 공장이 위치했던 것이 나가타 동부지역으로, 그 주변에 중소규모 고무공장들이 밀집하기 시작한 것이다.

나가타지역의 고무제품 제조산업 발전의 계기를 마련했던 것은 고무화 수요였다. 고무를 겹으로 붙이기만 한다는 단순한 공법으로 제조된 「건착화(巾着靴)」가 잘 팔리고 있다는 정보를 과자점을 운영하던 다나카 에이키치(田中永吉)가 얻게 된다. 그는 과자점을 접고 그곳에 고베 최초의 고무화 공장인 아사히고무공업소(朝日護謨工業所)를 창업했다. 그러나 이내 고무화의 수요의 폭발적 증가가 수많은 중소업체들의 고무화 시장 침입을 유발하여 가격이 급락했다. 이에 아사히고무는 고무장화, 작업화, 운동화 등도 생산하여 상품을 다양화하는 움직임을 보였다. 당시 고베의 주요산업이 성냥 제조업이었던 관계로 성냥공장 설비를 활용하여 타이어와 벨트, 고무화 등을 생산했다. 특히 고무화 산업은 크게 성장하여 1930년에 이르러 수출량이 3,400만 켤레 규모로 세

9) バンドー化学株式会社HP. https://www.bandogrp.com/corporate/business/index.html(검색일: 2023.05.02.)

10) 内外ゴム株式会社HP. http://www.naigai-rubber.co.jp/about/history.html(검색일: 2023.05.02.)

계 1위를 기록할 정도였다.[11] 이 가운데 식민지 조선에 수출된 것이 흔히 '고무신'이라고 불리는 고무화다. 성냥 제조업이 고무제품 제조와 친화성이 있었던 것은 성냥공장이 고무제품업에서 빼놓을 수 없는 '수공업·유황·방화'라는 요소들을 두루 갖추고 있었기 때문이다.[12]

그러나 고무화 산업의 발전은 전쟁이 지속됨에 따라 정체를 맞이하게 된다.

중일전쟁 심화로 군수품 생산이 비대해짐에 따라 민생품 제조 전반에 대해 통제가 가해지기 시작했기 때문이다. 또한, 민생품의 생산을 중심으로 하는 고베 고무산업은 원료가 되는 생고무의 공급을 받을 수 없게 되었다. 뿐만 아니라 기업 정비라는 명목의 정책 카르텔로 일본 국내에 1,100개였던 고무공장은 49개로 정리되게 되었다.[13] 민생품 생산 위주의 나가타지역 공장들은 주요 정리 대상으로 지목되었다.[14]

3. 조선인의 나가타지역에 고무산업 진입과 일본 패전 직후의 역할 확대

나가타지역의 고무산업에 재일코리안이 어떻게 진입하여 오늘날 케

11) 文聖姫, 1999.12.6., 「わがまち·ウリトンネ(28)/神戸·長田(1)姜仁淑」, 『朝鮮新報』. http://korea-np.co.jp/sinboj1999/sinboj99-12/sinboj991206/sinboj99120685.htm (2018年4月20日検索)

12) 日本ケミカルシューズ工業組合, 『創業50周年記念誌：偉大なる足跡と未来への飛翔』, 日本ケミカルシューズ工業組合, 14頁, 2007.

13) 高龍弘, 「ケミカルシューズ産業の歴史」, 一般社団法人在日韓国商工会議所兵庫 編, 『成熟経済におけるケミカルシューズ業界の新たな挑戦報告書』, 一般社団法人在日韓国商工会議所兵庫, 2015.

14) 上掲論文.

미컬슈즈 산업에서 위상을 높여나갔는지와 관련하여 민족성의 개재(介在)라는 측면에서 접근한 야마모토는 다음과 같이 서술하였다.

> 올드커머로 불리는 재일한국·조선인은 그 대부분이 전시 중에 노동력 확보를 위해 강제 연행되어 온 노동자라고 한다. 종전 후 일본에 남은 당시 재일코리안 1세들은 다양한 차별과 싸우면서 현재에 이르렀는데, 그러한 차별 속에서 종사할 수 있었던 산업은 일본인이 취업을 경원시했던 저임금 육체노동이었다. 이러한 배경에서 고베시 중심부의 교외에 위치해 당시 고무공업이 활발했던 현재의 나가타구에서는 신발산업에 종사하는 재일한국·조선인이 증가해 갔다.[15)]

이 같은 업계의 특성들이 진입장벽을 낮게 형성케 했다고 이해할 수 있다. 식민지 출신 조선인의 고무제조업계 진입과 관련된 기록은 야마모토가 출처로 제시하고 있는 두 가지 서적 가운데 고베고무공업협동조합(神戸ゴム工業協同組合)이 1987년 펴낸『창립 40주년 기념지』에서 확인된다. 전전 시기부터 이미 조선인이 하역(荷役)노동자로서 고무산업에 종사했다고 내용[16)] 등 적지 않은 내용이 확인된다. 고베시 나가타구가 정리한 지역사에서도 "조선인의 유입이 1922년 말 이후 해마다 증가하여 다이쇼 15(1926)년에는 1,411명이었던 것이 쇼와 5(1930)년에는 5,035명이 되었다"라는 기술이 있다.[17)]

조선인이 노동자로 고용된 이유로 들 수 있는 것은 제1차 세계대전

15) 山本,「神戸ケミカルシューズ産地におけるエスニシティの態様: 在日韓国·朝鮮人経営者の社会経済的ネットワーク」, p.4.

16) 神戸ゴム工業協同組合,『創立40周年記念 神戸ゴム工業協同組合史』, 神戸ゴム工業協同組合, 1987, p.11.

17) 神戸市長田区役所,『ながたの歴史』, 1977.(文聖姬, 앞의 기사 재인용)

후 특히 1920년대 후반에 일어난 고무산업 불황의 영향이 크다고 할 수 있다. 유럽에서의 전쟁으로 호황을 누리던 일본 고무산업이 수요가 끊김에 따라 불황을 맞이하게 되었다. 거기에 생고무 가격이 급등락을 거듭했고 중국 제품의 대두 또한 영향을 미쳤다. 고무제조 업체들은 이러한 상황에 대한 대응으로 인건비 삭감을 추진했다. 이때 조선인은 저임금이면서 고용조정이 쉬운 노동자로 지목되었다.[18]

당시 노동자들이 고무제조업을 기피했던 이유는 방독시설 미비로 인해 건강문제가 따르지 않을 수 없었기 때문이다. 가황고무의 발명자인 굿이어도 제조 과정에서 건강을 해치는 등 고무산업에 있어서 방독문제는 매우 심각한 수준에 달했다.

열악한 현장 여건이 잦은 노동분쟁을 야기했다고 해도 과언이 아니다. 방독 설비가 부족했던 노동조건과 그로 인한 건강 악화, 그리고 저임금으로 인하여 조선인을 포함한 고무 산업노동자가 노동 분쟁으로 향한 것은 지극히 자연스러운 일이라고 할 수 있다. 그들이 노동분쟁에서 활발하게 활동했다는 기록도 다수 확인된다.[19] 특히 1931년 1월에 발생한 이른바 '이신고무쟁의(兵神ゴム争議)'는 당시 신문기사(〈사진 1〉)로도 확인되듯 쟁의 과정에서 경비원이 소총을 난사하여 '권총쟁의'로 지칭됨에 따라 전국적으로 유명세를 타게 된 사건이다.

노동자 측에서 상당수 조선인이 중심적 역할을 차지했으며, 해방 후 민족교육을 비롯한 권익운동 전반에서도 주도적 역할을 담당했던 이들이 적지 않다.[20] 예를 들어 이민선(李民善)은 해방 후 재일본조선인

18) 高龍弘, 「ケミカルシューズ産業の歴史」, p.7.

19) 姜徹 編著, 『在日朝鮮人史総合年表-在日同胞120年史』, 雄山閣, 2002에 수록된 20세기 전반 효고현 관련 기록 중 대부분이 고무산업 노동쟁의에 관한 내용이라는 사실은 이 점을 뒷받침해 준다.

연맹(조련) 효고지부 위원장을 지낸 인물이다. 그는 1936년 1월 1일 자 『민중일보(民衆日報)』에 "한글을 지키자," "자녀들에게 조선문과 조선어를!"이라는 내용의 담은 글을 게재한 바 있으며, 일제강점 시기에 일본에서 모어(母語)로서의 조선어교육의 필요성을 강조했다.[21] 그는 해방 후 이 지역에서 활발하게 전개된 민족교육운동의 선달로 활동했으며, 고베를 비롯한 효고현이 오사카와 더불어 민족교육운동이 활발하게 전개된다는 지역성을 띠게 된다. 그 기원이 이미 1930년대에 출현했던 것이다.

이러한 저변의 노동자로서의 조선인의 위상은 일본이 패전을 맞이하면서 조선인에게 유리한 여건이 형성됨에 따라 급변하게 된다.

그 요인으로는 첫째, 앞서 거론한 바와 같이 중일전쟁의 확대로 민생품의 원료인 생고무 공급이 끊겨 중단되어 나가타지역의 고무공장의 수가 격감함에 따라 제조가 멈췄던 것이 조선인에게 새로운 진입기회를 열었고, 둘째, 패전으로 그동안 군부가 통제해오던 물자가 한꺼번에 암시장에 유출되기 시작한 점, 셋째, 이 상황이 일본인보다 암거래 물품에 대한 접근이 용이했던 조선인에게 유리하게 작용했던 점,[22] 넷째, 군부가 전쟁수행을 위해 제품 균질화를 요구함에 따라 기업마다 독점하던 고무가공 등 기술적 정보가 조선인 노동자를 포함한 업계 전체에서 공유되었다는 점. 다섯째, 원료 부족으로 인해 대규모 고무공장들의 조업시간이 단축되자 인력감축 차원으로 조선인 노동자들이

20) 姜徹 編著, 위의 책.

21) 『民衆日報』, 1936.1.1. (金仁徳, 「在日朝鮮人の民族運動における文化闘争と闘争文化 : 1920年代中盤から1930年代初めまで」, 国際日本文化研究センター海外研究交流室, 『Japanese Studies around the World 2005』 第12巻, 2006, p.175からの再引用)

22) 김대환(金泰煥)에 대한 인터뷰, 고베, 2018년 1월.

해고되다가 영세업체 경영에 나서게 된 점 등 다양한 요소들을 들 수 있다.

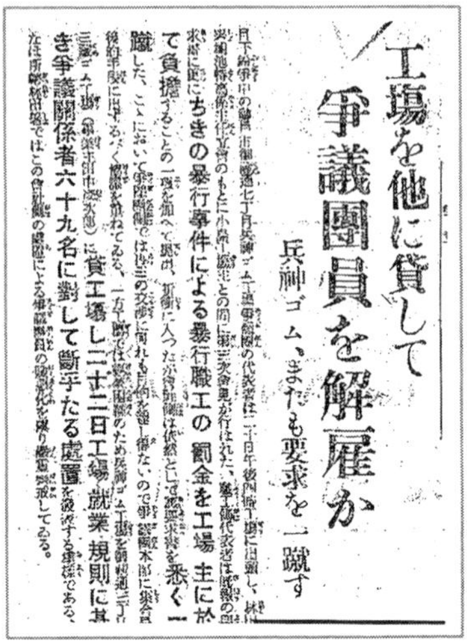
工場を他に貸して争議團員を解雇か
兵神ゴム、またも要求を一蹴す

〈사진 1〉 헤이신고무쟁의에 관한 보도

출처: 神戸大学経済経営研究所·新聞記事文庫 労働問題(24-046)·『神戸又新日報』, 1931年1月22日.

이렇듯 노동자로서 공법이나 기술에 접한 조선인들이 영세규모 가내공업으로 고무신을 제조하기 시작하면서 경영자로서의 면모도 갖추기 시작했다. 고무화나 타이어 튜브와 같은 민생품은 폐허가 된 일본의 부흥 수요까지 겹쳐 급증하는 수요를 감당하지 못할 정도가 되었다.[23] 당시 상황에 대해서는 고베시가 정리한 지역사에 조선인과 고무산업 간의 관계성에 언급하는 기술 내용이 있다.

> 외국인으로서 법적 제한이 적었던 조선인은 생고무나 재생고무를 교묘하게 입수하여 단기간에 수를 늘려나갔다. 그 대부분이 고베에 집중되었다. (중략) 전전·전중기를 거쳐 하급 노동자로서 차별받아 온 조선인 경영자의 진출은 업계에 정신적 끈기를 불어넣었다.[24]

또한, 아래 내용으로 알 수 있듯이 효고현, 즉 고베시 나가타지역에

23) 高龍弘, 「ケミカルシューズ産業の歴史」, p.8.

24) 神戸市役所 編, 『神戸市史第3集産業経済編』, 神戸市, 1967.(神戸ゴム工業協同組合, 前掲書, p.13からの再引用)

서 일어난 조선인에 의한 고무산업 진입이 효고현 경제 총체의 비약적 성장에 크게 이바지했던 사실을 확인할 수 있다.

> 지역적으로 보면, 기업의 증가율이 전국 평균을 넘고 있는 것은, 효고현, 도카이 지방, 규슈 지방, 오사카부, 홋카이도이며, 공장의 증가율이 평균을 넘고 있는 것은 효고현, 규슈 지방, 오사카부이지만, 그중에서 효고현이 최고이다. 이는 이 지역에 종전 때에는 존재하지 않았던 재일조선인기업이 다수 설립되었다는 특수사정에 의한 점이 크다.[25]

그러나 1945년 말에 이르러 방출물자가 고갈하기 시작했고, 또한, 연합군 총사령부(GHQ)와 일본 정부가 다시 생고무를 통제물자로 지정한 탓에 정규 공급 유통망을 타기 위해서는 고무 통제조합에 가입해야 하는 상황이 대두되기 시작했다. 이에 조선인 업체들도 합법적으로 생고무를 구하기 위하여 1946년 4월 강순찬(姜順贊)이 운영하는 헤이와 고무공업주식회사(平和ゴム工業株式会社)를 시작으로 109개 고무제조업체가 이 조합에 가입하게 되었다. 그러나 당시 조선인 업자의 사업 규모가 영세한 경우가 대부분이었기에 기존 대규모 일본인 업체들과는 직면해야 할 과제가 다를 수밖에 없었다.

이에 따라 1947년 5월 효고현 지사의 인가를 받아 '효고현 조선인 고무공업협동조합(兵庫県朝鮮人ゴム工業協同組合)'이 별도로 설립되었고, 고무 통제조합의 후속단체인 효고 고무공업협동조합(兵庫ゴム工業協同組合)으로부터 많은 조선인 업체들이 탈퇴하기에 이른다. 이와 관

25) 日本ゴム工業会,『日本ゴム工業史第2巻』, 東洋経済新報社, 1969.(神戸ゴム工業協同組合, 前掲書, p.13からの再引用)

련하여 당시 효고현 조선인 고무공업협동조합 이사장직을 지낸 박건영(朴建永)은 효고 고무공업협동조합을 탈퇴 취지를 설명하는 이유서에 다음과 같이 기술하였다.[26)]

> 원체 일본인 업체와 조선인 업체 사이에는 사업의 역사·규모·설비 내지 경영 등에서 현격한 차이가 있어, 향후 고무업계가 당면해야 할 제반 문제에 대해 각기 다른 대책이 존재한다고 생각하며, (중략) 효고 고무공업 협동조합을 탈퇴하는 것은 본래의 뜻에 부합하는 것으로 (…)[27)]

또 다른 탈퇴 사유로 들 수 있는 것은 이들의 고향인 한반도에서 독립국 탄생에 촉발된 민족주의 고조나 당시 모호하게나마 '전승(戰勝)국 국민'으로서의 처우를 받고 있던 조선인이 일본인에 비해 상대적으로 고무 배급 협상을 유리하게 이끌어나갈 수 있을 거라는 고려도 있었던 것으로 보인다.[28)]

이러한 통제조합의 후속단체로부터의 집단탈퇴를 둘러싸고 조선인 업체 간에서 갈등이 일어났다. 당시 상황은 '재떨이가 날아오고 주먹을 휘두른다'라고 표현될 만큼 격렬했고, 당시 주류를 이루던 민족주의적 주장과 경제행위에서만큼은 일본인과 협조해 나가야 한다는 반대파 사이의 의견 차이로 요약된다.[29)] 이러한 대립 등을 거쳐 효고현 조선인 고무공업협동조합은 1948년 2월 전국조직 일본고무공업협동조합연합

26) 高龍弘, 「ケミカルシューズ産業の歴史」, p.9.
27) 神戸ゴム工業協同組合, 前掲書, p.17.
28) 高龍弘, 「ケミカルシューズ産業の歴史」, p.9.
29) 神戸ゴム工業協同組合, 前掲書, p.17.

회(日本ゴム工業協同組合連合会)에 정식 가맹하였고, 70개 업체의 가맹으로 고무 통제업무에 참여하기에 이르렀다.

4. 고무 관련업계 재일코리안의 특수한 위상과 케미컬슈즈의 탄생

앞서 서술한 바와 같이 고베·나가타지역에서의 고무산업의 발전은 효고 경제의 지위를 높이는 데 이바지했고, 조선인 업자의 역할은 긍정적인 평가를 받았다. 조선인은 독자적인 조합인 효고현 조선인 고무협동조합을 조직하였고, 패전 후 구 식민지 출신 조선인에 대한 일본국적 박탈로 이어지는 '외국인화'라고 할 수 있는 주류사회로부터의 배제가 갈수록 심화하는 가운데 주류사회 업계단체에 가입하여 원자재 조달에서 정식 유통 경로에 접촉하게 된다는, 지극히 드문 사례가 되었다. 그러나 한국전쟁 직전인 1950년 4월에 이르러 일본 산업 전반의 부흥이 정착되기 시작하자 원자재에 대한 통제가 완전히 폐지됨에 따라 조합의 영향력이 제약을 받게 된 데다가 참여기업의 부도가 잇따르면서 가맹 기업수가 3분의 1선까지 감소하기에 이른다.

게다가 여기에 6.25전쟁 특수가 나가타지역 고무산업에 부정적으로 작용했다는 측면도 겹친다. 1950년 6월 개전 직후에는 특수에 따라 생고무의 수요공급에 불균형이 발생하여 가격이 일시적으로 급등했다가 이듬해 다시 가격이 폭락하면서 고무제품 전반의 가격 또한 급락했기 때문이다. 이 같은 곤경에서 살아남은 재일코리안 경영자들은 새롭게 고베 고무공업협동조합(神戸ゴム工業協同組合)을 설립했다. 이들이 케미컬슈즈 산업을 이끌어갈 주체가 된 것이다.

케미컬슈즈의 기원은 1946년 고무를 배급받지 못한 가내수공업 형태로 영세규모 패치업체(貼業者〈貼り子〉)에 종사한 이들이 GHQ나 홍콩에서 암시장으로 흘러들어온 비옷이나 핸드백, 손목시계용 벨트 등에 사용된 염화비닐(vinyl chloride)을 신발의 제조에 사용하기 시작했던 데 있다. 염화비닐은 산화나 기름, 마모 등 측면에서 고무보다 장점이 있는 데다가 가공하기가 쉽다는 특성 덕분에 미관이 좋은 여성용 신발의 제조가 가능해졌다. 그러나 이때는 후술하듯 아직 제조가 본격화되는 단계가 아니었다.

염화비닐 제조는 일본의 패전 직후부터 한국전쟁 특수에 이르기까지 일본 경제부흥의 주요정책 중 하나인 경사생산방식의 영향으로 활성화되었다.[30] 석탄, 철강에 이어 중시된 화학비료의 원료인 석회석 일부가 염화비닐의 원료인 염화비닐 단량체의 제조에 충당된 것, 그리고 그 제조에서 기존의 고무공장 설비 전용이 가능했던 것, 또한, 전시 중에 군부가 각지에 건조한 수력발전소로부터의 전력 공급을 기대할 수 있었던 점 등, 생산에 좋은 여건이 갖춰져 있었기 때문이다.

염화비닐은 애초에 고무 부품과의 접착에 문제가 있었다. 그러나 그것을 기술적으로 가능하게 하는 가공 본드가 개발되면서 케미컬슈즈 제조의 기술적 기반이 마련되었다.[31] 일본 케미컬슈즈공업조합 이사장을 지낸 고노 다다히로(河野忠宏) 씨에 따르면 그 시기는 「쇼와 27(1952)년」으로,[32] 그는 이에 대해 다음과 같이 말했다.

---

30) 戦後日本国内における塩化ビニール産業の興隆については岡本利生, 「日本における塩化ビニール産業の基盤形成とその諸要因－1945~60－」, 『経済論叢』 152(4·5), 1993, pp.102~129を参照.

31) 高龍弘, 「ケミカルシューズ産業の歴史」, p.10.

32) 日本ケミカルシューズ工業組合, 『創業50周年記念誌：偉大なる足跡と未来への飛翔』, p.98.

> (통제가 해제되고 나서 대기업 메이커가 자금력을 사용해, 점점 자재를 매입해 운동화를 만들게 되어 급성장했다고 하는 발언에 뒤이어) 그런 일 때문에 현재의 (영세규모의) 케미컬슈즈 제조업자가 기존의 일을 할 수 없게 된 것입니다. 그런 와중에 의자나 다양한 것에 사용되고 있던 비닐 시트를 이용해 신발을 만들어 보면 어떨까 하는 발상에서 제작하게 된 것이 현재의 케미컬슈즈입니다. 세계 최초로 나가타에서 케미컬슈즈가 고안되었는데, 그것이 쇼와 27년경입니다.[33)]

케미컬슈즈이라는 명칭이 정착된 것도 이 시기다. 당시는 아직 '모드(mode) 신발,' '뉴스타일 슈즈,' '패션 슈즈,' '비닐 슈즈' 등 다양한 명칭을 붙여 사용했다. 현재 명칭은 1954년 도쿄고무도매조합(東京ゴム卸組合)의 시미즈 야쓰키치(清水八十吉) 씨가 "화학 소재를 사용한 신발이기 때문에 '케미컬슈즈'로 부르는 것이 어떨까"라고 제안했던 데 비롯된다는 기록이 있다.[34)] 케미컬슈즈 산업의 일손이었던 영세규모 패치업자들 중에는 재일코리안과 일본인이 혼재해 있었고 현재도 그러하다. 앞서 언급한대로 고무 업계단체는 양자가 분리되어 있었지만, 영세규모 패치업자들의 상황은 이와 대조적이었다.[35)] 생존 문제에 직면해 있던 이들은 정보교환이나 디자인 등 기술적 측면에 관한 의견교환을 하는 것을 목적으로 〈표〉와 같이 친목단체를 여러 개 창설했다. 이들은 오늘날 일본 케미컬슈즈 공업조합(日本ケミカルシューズ工業組合)의 전신인 케미컬슈즈 공업회의 모체가 되었다.

---

33) 日本ケミカルシューズ工業組合, 위의 책.
34) 日本ケミカルシューズ工業組合, 위의 책, p.16.
35) 高龍弘, 「ケミカルシューズ産業の歴史」, p.10.

〈표〉 기록이 확인되는 패치업자 친목단체

단체명	주요 참가자/업체
효고현고무공업진흥회 (兵庫県ゴム工業振興会)	平田愛吉, 小川ゴム(小川幹七), 三洋ゴム(三輪栄次) 등
고산 토모노카이(五三友の会)	サンナイトゴム(新井然種)の主唱
닌니쿠회(にんにく会)	ポパイラバー(岩本敏秀), 大関ゴム化学(児玉幸雄), メトロ護謨(大浦武臣)など
닌진클럽(にんじん倶楽部)	国華ゴム(豊村行雄), 福山ゴム(福山龍一), 金村相亀(朝日糊引)など

출처:高龍弘(2015),「ケミカルシューズ産業の歴史」, 一般社団法人在日韓国商工会議所兵庫 編,『成熟経済におけるケミカルシューズ業界の新たな挑戦報告書』, 一般社団法人在日韓国商工会議所兵庫, 10頁.

케미컬슈즈 공업회는 1956년 9월, 친목단체 중 전부가 '고베시 우량 고무 전시회(神戸市優良ゴム展示会)'에 참가하는 과정에서 결성되었다. 그들은 '구별 없는(分け隔てなき)'[36] 관계성을 내걸었고, 공존을 모토로 하는 풍토는 오늘날에 이르기까지 이 업계의 관행으로 계승되고 있다. 이것이 이 글에서 필자가 논의해 온 고무 및 케미컬슈즈 업계의 특징과 역사성에서 비롯된 점이라는 데는 두말할 필요가 없을 것이다.

5. 나가며

이 글에서는 재일코리안 집주지역 중 하나인 고베·나가타의 지역산

36) 2018年1月に当地にて行ったインタビューにおいても, 在日コリアン, 日本人を問わず, 複数のケミカルシューズ業界関係者が「分け隔てのない」業界の特徴について言及を行っている.

업인 케미컬슈즈 산업의 기원을 검토하면서 노동자이자 경영자인 재일코리안이 어떠한 경위로 나가타지역에 정착하고, 업계에 유입되었는지를 검토하였다. 선나이트고무(サンナイトゴム)의 창업자인 박연종(朴然種) 씨는 그 과정을 다음과 같은 말을 통해 상징적으로 표현한 바 있다.

> 어쨌든 나라가 키워낸 것이 아니라, 나가타 사람들이 자력으로 만들어 내고 키운 산업이라는 말이지요.[37)]

이처럼 나가타지역에 케미컬슈즈 산업이나 그 원류인 고무산업의 발전은 국책으로 보호받은 것이 아니라 민간시장의 수요에 신속하고도 왕성하게 대처해온 창의력과 대응능력의 결과라고 할 수 있다. 이는 또한 재일코리안과 일본인 모두가 공통의 상황을 직면하고 함께 대응해나갔다는 점을 의미하기도 한다. 생존이나 실익 문제만으로는 설명할 수 없는 국가가 주도하는 산업육성 테두리 밖에 있는 이 산업의 특성이야말로 '구별 없는' 양자 간의 공존에 큰 영향을 미쳤다고 할 수 있을 것이다.

한편, 필자는 현지 조사를 하는 동안 적지 않은 관계자가 재일코리안과 일본인이 '구별 없이' 업계 발전을 담당해 왔다고 자부하는 점에 대해 부정적 인식은 아니지만 다소의 당혹감을 느꼈던 것이 사실이다. 왜냐하면 이러한 흐름이 민족교육을 비롯하여 재일코리안을 둘러싼 다른 영역에서 전개되어온 양상과 사뭇 다르기 때문이다. 오늘날, 나가

37) 박연종의 발언. 日本ケミカルシューズ工業組合, 『創業50周年記念誌 : 偉大なる足跡と未来への飛翔』, p.14.

타지역은 베트남 난민의 정착 등으로 외국인의 다국적화가 일본 어느 지역보다도 빨리 진행되고 있는 것으로도 알려져 있는데, 이러한 배경에는 일찍부터 전개되었던 재일코리안과 일본 주류사회 간의 '공생'의 역사가 존재했다는 역사적 사실과 이에 대한 일종의 자부심도 작용했을 것으로 보인다.

필자 개인에게 이때 현지 조사는 많은 연구성과의 양적 축적이 간혹 이 같은 '예외적' 상황에 대한 면밀한 이해를 치부하거나 간과하고 마는 측면이 있을 수 있다는 점에 대한 경각심을 가질 필요성을 진지하게 고민하는 계기가 되었다. 또한, 재일코리안을 연구하는 데 다양성을 전제하여 접근할 필요성을 깨닫게 해 주었다. 지역성을 강조한 것도 이 점 때문이다. 끝으로 이러한 기회를 마련해 주신 일반사단법인 재일한국상공회의소 효고 및 일본케니컬슈즈협회 관계자 여러분께 진정으로 감사의 뜻을 표한다.

이 글은 동국대학교 일본학연구소의 『日本學』 제46집에 수록된 논문
「神戸長田地域におけるケミカルシューズ産業の萌芽と在日コリアンの定着」을
수정·보완한 것임.

참고문헌

岡本利生, 「日本における塩化ビニール産業の基盤形成とその諸要因—1945-60—」, 『経済論叢』 152(4·5), 1993.

姜徹 編著, 『在日朝鮮人史総合年表-在日同胞120年史』, 雄山閣, 2002.

高龍弘, 「ケミカルシューズ産業の歴史」, 一般社団法人在日韓国商工会議所兵庫 編, 『成熟経済におけるケミカルシューズ業界の新たな挑戦報告書』, 一般社団法人在日韓国商工会議所兵庫, 2015.

金仁徳, 「在日朝鮮人の民族運動における文化闘争と闘争文化 : 1920年代中盤から1930年代初めまで」, 国際日本文化研究センター海外研究交流室, 『Japanese Studies around the World 2005』 12, 2006.

鍛冶博之, 「韓載香『「在日企業」の産業経済史 : その社会的基盤とダイナミズム』」, 『企業史研究』 7, 2010.

文聖姫, 「わがまち・ウリトンネ(28)/神戸・長田(1)姜仁淑」, 『朝鮮新報』, 1999.12.6. http://korea-np.co.jp/sinboj1999/sinboj99-12/sinboj991206/sinboj99120685.htm(2023年5月1日検索)

山内昌斗, 「外国資本企業の対日投資と現地経営: ダンロップ社の自動車タイヤ事業を中心として」, 『国制ビジネス研究学会年報』 14, 2008.

山本俊一郎, 「神戸ケミカルシューズ産地におけるエスニシティの態様: 在日韓国・朝鮮人経営者の社会経済的ネットワーク」, 『季刊地理学』 Vol.54, 2002.

山田均, 「配合師 第1報」, 『日本ゴム協会誌』 84(11), 2011.

神戸ゴム工業協同組合, 『創立40周年記念 神戸ゴム工業協同組合史』, 神戸ゴム工業協同組合, 1987.

日本ケミカルシューズ工業組合, 『創業50周年記念誌 : 偉大なる足跡と未来への飛翔』, 日本ケミカルシューズ工業組合, 2007.

韓載香, 「京都繊維産業における在日企業のダイナミズム」, 『「在日企業」の産業経済史 : その社会的基盤とダイナミズム』, 名古屋大学出版会, 2010.

住友ゴムHP. https://www.srigroup.co.jp/corporate/history.html(검색일: 2023.05.02.)

内外ゴム株式会社HP. http://www.naigai-rubber.co.jp/about/history.html(검색일: 2023.05.02.)

バンドー化学株式会社HP. https://www.bandogrp.com/corporate/business/index.html(검색일: 2023.05.02.)

재일(在日)한인 기업가의 등장과 사회적 배경 특성

고광명

1. 들어가며

재일한인(在日韓人)[1)]의 이주[2)]는 올해 광복 78주년을 맞이하면서 약 100년이 넘는 세월의 역사를 갖고 있으며, 그 배경을 비롯한 이주 시기(요인)에 따른 삶(생업)도 매우 다양하게 나타나고 있다. 재일한인 1세는 이주 초기에 일시적인 거주가 목적이었으나 최근 들어 재일(在日)은 정주화(定住化) 경향을 보이면서 언어나 교육, 문화 등 여러 측면에서 일본 사회로의 동화가 점점 더 심화되는 양상이다.

재일한인은 해외 거주 코리안 디아스포라 중 역사적으로 가장 많은

1) 일본에 거주하는 한반도 출신들을 지칭하는 용어들은 재일코리안, 재일한인, 재일한국·조선인, 재일한국인, 재일조선인, 재일동포, 재일교포 등 매우 다양하게 표현되고 있다. 하지만 이 글에서는 남북한 출신 모두를 동시에 아우를 수 있는 재일한인 용어를 주로 사용하고자 한다.

2) 지금까지 일본에서 거주하는 재일제주인은 도일(渡日)이라는 용어를 주로 사용하였다. 그러나 제2차 세계대전 이후 일본에서 약 60만 명 규모의 재일한인과 함께 영주자 집단이 차별적인 상황에 처하면서도 계속 존재하였고 현재는 '특별영주라'는 법적 지위로 거주하고 있다. 이 글에서는 현재 일본에서 거주한다는 사실을 중요하게 인식할 필요가 있기 때문에 이주(移住)라는 용어를 사용한다.

영향력을 보여 주었던 재외한인(在外韓人) 중의 하나인데 일본 식민지정책의 결과로 의해 생긴 역사적 산물로서 매우 특수하고 복잡한 환경 속에서 정착하는 데 많은 어려움을 겪어 왔다. 재일한인 인구는 1938년 799,878명을 기록한 이후 증감을 반복하다 1993년 688,144명이 있는 것으로 나타났다. 1995년 이후 20년 동안 감소세가 이어지면서 2021년(2020년 말 기준)에는 426,908명이 거주하는 것으로 집계되었다.[3)]

재일한인 이주자들은 일제강점기에 징병·징용 등 강제적으로 이주(involuntary emigration)되었거나 1945년 이후 제주4.3[4)] 후유증에 따른 밀항과 한국전쟁을 피해, 그중에서 이주노동자와 출가해녀(出稼海女) 등은 가난을 벗어나기 위해 일본으로 건너갔다. 그리고 1965년 한일국교 정상화, 1989년 해외여행 자율화 등 시대적 상황에 부응하면서 자발적으로 이주(spontaneous emigration)하게 되었다.[5)]

이처럼 재일한인의 이주 초기는 조선에 대한 일제의 식민지 통치라는 역사적 조건 속에서 진행되었지만 이후 경제적 요인을 비롯하여 역사, 정치, 사회적 등의 이유로 이주하여 일본에 정착하면서 재일한인 사회를 형성하고 있다. 비록 이들의 이주 형태와 동기는 서로 다르더라도 해방을 전후하여 일본 사회에서 삶을 영위했다는 사실은 지금까지

3) 入管協会, 『2021年版(令和3年版) 在留外国人統計』, 2022.

4) 제주4.3은 “1947년 3월 1일 경찰의 발포 사건을 기점으로 하여, 경찰·서청의 탄압에 대한 저항과 단선·단정 반대를 기치로 1948년 4월 3일 남로당 제주도당 무장대가 무장봉기한 이래 1954년 9월 21일 한라산 금족(禁足) 지역이 전면 개방될 때까지 제주도에서 발생한 무장대와 토벌대 간의 무력 충돌과 토벌대의 진압 과정에서 수많은 주민들이 희생당한 사건”으로 〈제주4·3사건 진상규명 및 희생자 명예회복에 관한 특별법〉에서 규정하고 있다. 제주4·3진상규명 및 희생자명예회복위원회, 『제주4·3사건진상조사보고서』, 2003.

5) 고광명, 『재일(在日)제주인의 삶과 기업가활동』, 제주대학교 탐라문화연구소, 2013, pp.38~39.

재일한인의 정체성을 형성하여 다양한 경제적 활동을 수행하면서 거주국과 본국, 고향과의 관계를 정립하는 데 중요한 역할을 했다는 것이다.

하지만 재일한인은 일본인으로부터 조센징(朝鮮人)이라는 민족적 차별을 받으면서 생활하여 왔는데, 그 속에서 소수자인 재일제주인은 재일한인으로부터 섬놈이나 유배지(流配地) 출신이라는 이유로 이중적 차별을 받으면서 살아왔다. 이들 대부분은 도쿄(東京)도 아라카와(荒川)구 미카와시마(三河島)나 오사카(大阪)부 이쿠노(生野)구 쓰루하시(鶴橋) 등의 대도시에 집단적으로 거주하면서 간토(関東)와 간사이(関西) 지역을 중심으로 재일한인의 커뮤니티(community)를 형성하고 있다.

일본으로 이주한 한인들은 철강, 가방, 재봉(봉제), 플라스틱, 유리, 신발(구두)제조, 고무 등의 제조업과 조선, 탄광, 토목공사에 단순노동으로 투입되었거나 방적과 고무공장에서 일하면서 인간적 대우를 받지 못하는 중노동에 시달리는 삶을 살아왔다.[6] 특히 재일한인 기업가들은 오사카와 도쿄를 근거지로 삼아 상공업활동을 두드러지게 해온 것으로 나타났다. 소규모 자본을 축적한 이들은 고무, 유리, 유지, 피혁, 섬유, 잡화 등을 생산하는 제조업에 이르기까지 사업 영역을 점차 넓혀나갔다. 이후 재일한인들은 음료, 유기업(遊技業), 대중음식점 등 서비스 업종으로 사업을 확대하여 나갔는데, 특히 유기업은 소자본으로 사업이 가능하고 자금 회전율이 높아 사업기반을 마련하지 못한 이들에게 적합한 업종이었다.[7]

6) 庄谷怜子·中山 徹, 『高齢在日韓国·朝鮮人ー大阪における「在日」の生活構造と高齢福祉の課題』, 御茶の水書房, 1997, p.95.

7) 河 明生(2003)에 따르면 재일한인들은 일본 사회 속에서 공직에 취업할 수 없었기 때문에 영리활동 이외에 자기 자신을 실현할 방법이 없었다고 한다. 이들 중에 재능이 뛰어난 사람과 경제적 상승에 대한 지향성이 강한 사람들은 영리활동을 통해 자기

또한 재일한인은 이주 초기 자발적으로만 이주한 사람들이 아니었기 때문에 사회, 문화적 갈등뿐만 아니라 경제적으로도 곤란한 상황에 직면하여 왔다. 그럼에도 불구하고 이들은 일본 사회 속에서 자긍심과 애향심, 그리고 상호간 인적 교류를 통해 재일한인의 아이덴티티(identity)를 찾고자 사회적 네트워크를 형성하였다.[8] 그런 의미에서 재일한인들은 일본 사회 속에서 온갖 차별과 멸시 속에서 피와 땀으로 사회적, 경제적 기반을 마련하여 재일한인 사회를 보다 공고하게 형성하면서 경제활동 영역을 넓혀가고 있는 존재라고 볼 수 있다.

그런 의미에서 이 글은 본국(한국)의 경제를 발전시킨 각 산업의 재일한인 기업가들의 등장을 파악하고,[9] 이들이 등장하게 된 사회적 배경이 어떠했는가를 고찰하는 것을 목적으로 한다. 따라서 이 글에서는 共同新聞社(1989)가 재일한인 기업가를 수록한 『在日韓国人実業名鑑(関西版)』, 각종 공식·비공식 자료 등에서 조사한 기업가를 대상으로 기업가의 사회적 배경을 파악하고자 한다. 다시 말하면 일본 사회에서 기업을 설립하거나 경영의 최고 위치에 있었던 재일한인 출신들이 어떠한 개인적 사회적 배경 속에서 탄생하여 기업가활동을 영위하게 되었는지를 규명하는 데 있다.[10]

자신을 실현하고자 했으며, 특히 영리활동을 수행하는 데 있어서 일본인들보다 상대적으로 뛰어난 탁월성을 발휘하게 되면서 자본을 형성하고 축적하는 계기가 되었다. 河明生, 『マイノリティの起業家精神: 在日韓人事例研究』, ITA, 2003, p.16~17.

8) 고광명, 『재일(在日)제주인의 삶과 기업가활동』, p.91.

9) 재일한인 기업가들은 1965년 한일협정(韓日協定) 이후부터 일본의 앞선 기술을 본국에 이전함으로써 한국의 선진공업화를 이룩하는 데 하나의 디딤돌 역할을 수행하게 되었다. 1964년까지의 공식통계에 따른 재산반입 명목의 재일한인 자금만 해도 2,569만 달러(현재의 가치로 환산하면 약 1억 2,000달러)였다. 특히 1965년부터 1979년까지 재일한인이 본국에 투자한 금액은 10억 달러 이상으로 같은 기간 외국인 투자액 9억 달러를 상회했다.

2. 재일한인 현황과 선행연구의 흐름

1) 재일기업가(상공인)의 의미

재일상공인이라는 용어를 한가지로 규정한다는 것은 상당히 어려운 일이다. 굳이 표현해야 한다면 재일한국인 중에서 상공기업(商工企業)을 경영하는 사람을 일컬어 재일상공인(이하 상공인, 동포상공인 등)이라고 말할 수 있다. 상공(商工)이란 대개 상업과 공업 또는 상인과 공인이라고 규정되어 있다. 다시 말하면 상공인은 글자 그대로 상인(商人)과 공인(工人)이란 표현을 사용하는데 상인이란 표현은 잘 어울리는 반면 공인이란 단어는 왠지 어색한 느낌이 든다. 공인이란 용어는 중국어로 근로자의 의미를 나타내기 때문에 상공인을 상인과 공인으로 구분하여 해석하는 데 다소 무리가 있다. 그래서 상공인이란 용어는 상업과 공업을 경영하는 사람 혹은 상(商)기업이나 공(工)기업을 다루는 사람으로 해석하는 편이 바람직할 것이다. 또한 경영이란 용어는 보통 기업을 경영한다는 의미를 내포하기 때문에 상업이나 공업의 경영자를 상공인이라고 표현할 수 있다. 이것은 사업상 관계를 가지거나 종사하는 의미를 나타내므로 넓은 범위에서 보면 모든 사람들이 포함될 수 있다. 결국, 상공인이란 상업이나 공업을 경영하거나 그것에 직접 관련되는 사람이라고 이해할 수 있다.[11]

따라서 재일기업가(상공인)의 의미는 재일한인으로 일본 사회에 거주하면서 생활을 영위하거나 영리를 목적으로 상공업활동을 수행하는 사람이라고 할 수 있다.

10) 鳥羽欽一郎, 『日本における企業家·経営者の研究』, 早稲田大学産業経営研究所, 1988.
11) 吳圭祥, 『在日朝鮮人企業活動形成史』, 雄山閣, 1992.

2) 재일한인 인구 현황

(1) 국적·지역별 재류외국인 수 추이

〈표1〉은 국적·지역별 일본 재류외국인 수 추이를 나타내고 있다. 재류외국인의 국적은 194개국(무국적 제외)이다. 재류외국인 수를 국적·지역별로 보면, 중국이 전체의 27.0%를 차지하고 있으며, 다음으로 베트남, 한국, 필리핀, 브라질 순으로 나타났다. 재일한국인은 2016년 이후 매년 감소를 이어가고 있고, 2020년 말 기준으로 전년도 대비 1만 9,456명(4.4%)이 감소하여 42만 6,908명으로 되어있다. 또 재류외국인 전체에 대한 구성 비율도 해마다 저하하고 있어 2020년은 14.7%

〈표1〉 국적·지역별 재류외국인 수 추이

(단위: 명, %)

국적·지역		2016년	2017년	2018년	2019년	2020년	전년도 증감률
총 수		2,382,822	2,561,848	2,731,093	2,933,137	2,887,116	
중국	수	695,522	730,890	764,720	813,675	778,112	▲ 4.4
	비율	29.2	28.5	28.0	27.7	27.0	
베트남	수	199,990	262,405	330,835	411,968	448,053	8.8
	비율	8.4	10.2	12.1	14.0	15.5	
한국	수	453,096	450,663	449,634	446,364	426,908	▲ 4.4
	비율	19.0	17.6	16.5	15.2	14.8	
필리핀	수	243,662	260,553	271,289	282,798	279,660	▲ 1.1
	비율	10.2	10.2	9.9	9.6	9.7	
브라질	수	180,923	191,362	201,865	211,677	208,538	▲ 1.5
	비율	7.6	7.5	7.4	7.2	7.2	
기타	수	609,629	665,975	712,750	766,655	745,845	▲ 2.7
	비율	25.6	26.0	26.1	26.1	25.8	

주) 2011년 한국·조선인은 전체 재류외국인(2,047,349명) 중 560,799명(27.4%)으로 나타남.
자료: 入官協会(2022), 『2021年版(令和3年版) 在留外国人統計』.

를 차지하는 것으로 나타나고 있다.

(2) 도도부현별 재류한국·조선인 수 추이

〈표2〉는 도(都)도(道)부(府)현(県)별 재류한국·조선인 수 추이를 살펴본 것이다. 거주지역별 재일한국인 수는 오사카(大阪)부가 9만 4천 447명(22.1%)으로 가장 많고, 다음으로 도쿄(東京)도가 8만 9천 773명(21.0%), 효고(兵庫)현이 3만 7천 451명(8.8%), 아이치(愛知)현이 2만 8천 506명(6.7%), 가나가와(神奈川)현이 2만 7천 660명(6.5%), 교토(京都)부가 2만 2천 409명(5.2%) 등의 순으로 나타나고 있다. 재일조선인 수는 도쿄(東京)도가 4천 883명, 오사카(大阪)부가 4천 301명, 효고(兵庫)현이 2천 608명 등으로 나타났다. 이들 대부분은 대도시 지역을 중심으로 거주하고 있음을 알 수 있다.

〈표2〉 도도부현별 재류한국·조선인 수 추이(2022년)

(단위: 명, %)

都道府県	한국인		조선인	都道府県	한국인		조선인
	수	비율	수		수	비율	수
北海道	4,164	1.0	564	滋賀県	4,048	0.9	300
青森県	714	0.2	67	京都府	22,409	5.2	1,576
岩手県	702	0.2	81	大阪府	94,447	22.1	4,301
宮城県	3,063	0.7	243	兵庫県	37,451	8.8	2,608
秋田県	482	0.1	46	奈良県	3,218	0.8	159
山形県	1,454	0.3	37	和歌山県	1,900	0.4	151
福島県	1,349	0.3	191	鳥取県	843	0.2	99
茨城県	4,174	1.0	299	島根県	602	0.1	58
栃木県	2,251	0.5	181	岡山県	4,610	1.1	343
群馬県	2,159	0.5	299	広島県	7,105	1.7	756
埼玉県	15,778	3.7	1,336	山口県	4,744	1.1	648

千葉県	15,481	3.6	690	徳島県	311	0.1	28
東京都	89,773	21.0	4,883	香川県	824	0.2	54
神奈川県	27,660	6.5	1,505	愛媛県	1,072	0.3	97
新潟県	1,684	0.4	111	高知県	474	0.1	37
富山県	851	0.2	96	福岡県	14,749	3.5	1,113
石川県	1,289	0.3	167	佐賀県	601	0.1	73
福井県	2,006	0.5	246	長崎県	1,032	0.2	41
山梨県	1,686	0.4	38	熊本県	944	0.2	55
長野県	3,215	0.8	294	大分県	1,777	0.4	137
岐阜県	3,477	0.8	485	宮崎県	549	0.1	10
静岡県	4,522	1.1	365	鹿児島県	485	0.1	31
愛知県	28,506	6.7	1,964	沖縄県	1,353	0.3	24
三重県	4,157	1.0	323	未定・不詳	763	0.2	4

자료: 〈표1〉과 동일

(3) 거주지역별 인구 현황(2022년)

〈표3〉은 재일한국인과 재일조선인의 거주지역별 분포를 살펴본 것이다. 재일한국인은 긴키(近畿)지역 167,630명(39.3%), 간토(関東)지역 157,276명(36.8%) 등 전체의 76.1%가 거주하고 있지만 일부 재일한국인은 기타 다른 지역에 약간 분산되어 있는 상황이다. 반면 재일조선인은 긴키(近畿)지역 9,418(39.3%), 간토(関東)지역 9,193명(36.8%)으로 전체의 76.1%가 도시지역에 거주하고 있다. 결국, 재일조선인을 포함한 재일한인들은 일본의 8개 지방 중에서 2개 지방을 중심으로 거주하고 있음을 알 수 있다.

〈표3〉 재일한국·조선인 거주지역별 인구 현황(2022년)

(단위: 명, %)

거주지역	재일한국인		재일조선인	
	수	비율	수	비율
홋카이도(北海道)	4,164	1.0	564	1.0
도호쿠(東北)	7,764	1.8	665	1.8
간토(関東)	157,276	36.8	9,193	36.8
주부(中部)	47,236	11.1	3,766	11.1
긴키(近畿)	167,630	39.3	9,418	39.3
주고쿠(中国)	17,904	4.2	1,904	4.2
시코쿠(四国)	2,681	0.6	216	0.6
규슈(九州)·오키나와(沖縄)	21,490	5.0	1,484	5.0
기타(미정·불명)	763	0.2	4	0.2
총 수	426,908	100.0	27,214	100.0

자료: 〈표1〉과 동일

3) 기존연구의 검토

이 글에서는 최근 기업가정신(Entrepreneurship)에 대한 관심이 국제적으로 높아지는 시점에서 재일한인의 자본형성에 기여한 기업가가 등장하게 된 사회적 배경이 어떻게 이루어졌는지를 고찰하여 기업가적 특성을 모색하는 데 있다. 지금까지 발표된 재일한인 기업가 연구는 기업가의 사회적 배경에 대한 규명보다는 기업가정신에 관한 접근이 주를 이루어 왔다. 더욱이 최근 국내에서 재일한인 기업가에 대한 관심이 높아지고는 있으나 기업가의 사회적 배경 관련 연구는 상대적으로 미흡한 실정이다. 이러한 연구 상황 속에서 기업가의 사회적 배경과 관련하여 국내외 선행연구를 살펴보면 다음과 같다.

우선, 구미(歐美) 기업가 사회적 배경 연구와 관련하여 Cooper et

al.(1987)은 기업가 중에서 부모가 자영업에 종사하거나 기업가인 경우가 50% 정도를 차지한다고 주장하였다. 이러한 결과는 어린 시절 부모가 보여주는 기업가적 기질이 자녀의 성장에 많은 영향을 미치기 때문에 가정환경에서 부모와의 관계가 기업가적 활동의 방향이나 수준을 결정하는 가장 중요한 요소라고 할 수 있다.[12] 이스라엘 여성 기업가의 성과와 관련한 연구에서 Lerner, Hisrich & Brush(1986)는 사회학습이론(창업기업가 부모), 인적자본(학력, 이전직업, 이전 창업경험, 이전 직위, 사업기술 등), 동기·목적(성취동기, 자율성 동기, 경제적 동기), 네트워크(조언자, 인적 네트워크 수), 인구 통계적 변인(연령, 자녀 수, 결혼 여부), 환경요인(재정 원천, 산업특성) 등의 요인과 재무적, 비재무적 성과와의 관계를 통해 동기와 사회학습, 인적 네트워크, 이전 창업경험, 직무 경험, 기술, 환경 등의 요인이 성과와 유의한 관계가 있음을 밝혀냈다.[13]

한편 Collins et al.(1964)에 따르면 기업가가 되기를 원하는 사람은 특성상 남의 지배를 받기 싫어하며 상당히 개성들이 강하여 교육수준과 반비례할 수 있다고 지적했다.[14] 그와 비슷하게 Stuart et al.(1990) 연구에서 신생기업의 성과에는 창업경험이 중요하며 기업가의 교육수준이 오히려 성과와 역의 관계로 나타났다.[15] 그러나 Cooper et al.

12) Cooper, A. C. & W. C. Dunkelberg, "Entrepreneurial Research: Old Questions, New Answers and Methodological Issues", *American Journal of Small Business*, 11(3), 1987, pp.11~23.

13) Lerner, M., Brush, C. & Hisrich, R., "Israeli Women Entrepreneurs: An Examination of Factors Affecting Performance", *Journal of Business Venturing*, 12(4), 1997, pp.315~339.

14) Collins, O. F. & G. Moore, *The Enterprising Man*, East lansing, MI, 1964.

15) Stuart, R. W. & p.A. Abetti, "Start-up Ventures: Towards the Prediction of Initial Success", *Journal of Business Venturing*, 2(3), 1987, pp.215~230.

(1987)은 중소기업의 창업자(890명) 연구 조사에서 66% 이상이 고등학교 이상의 교육을 받은 것으로 나타났다.[16] 이러한 부분을 감안한다면 교육 정도는 기업가의 특성과 상당히 밀접한 관련성을 가질 것으로 판단된다.

다음으로 일본 기업가의 사회적 배경과 관련하여 히루슈 마이아(Hirshmeier, 1964)는 일청(日清)전쟁 이전에 혁신적인 활동을 행하고 적어도 현저한 성공을 거둔 50명(조사항목은 출생년도, 출신 계급, 실무훈련, 업적 등)을 추출하여 메이지 시대 기업의 모든 측면을 검토하는 기초작업을 시도하였다. 그리고 재벌창업자 이외에도 혁신성과 지도력을 지닌 실업가의 고찰을 통하여 메이지 시대 기업가의 일반성에 대해 검증하였다.[17] 이어 이시카와 겐지로(石川健次郎, 1974)는 『大人名事典』의 직종란에 실업가라고 기술된 422명(조사항목은 출신, 가족 내 지위, 출생지, 최초 이주지, 교육지역 등)을 대상으로 메이지(明治) 시대 기업가 활동에 대해 통계적 관찰을 시도하였다.[18] 공업화와 관련하여 아오누마 요시마쓰(青沼吉松, 1965)는 최고경영층 420명(조사항목은 거주지와 출생지, 고등교육기관의 배치, 지역별 경영자 배출비율, 학력 등)을 추출하여 1965년 전후에 주목된 일본적 경영의 봉건적 특성을 부정하지 않고 공업화와 관련하여 경제주체의 문제를 규명하였다.[19] 그리고 아사노 도시미쓰(浅野俊光, 1980)는 일본 공업화 시대에 적극적인 활동을 나타

16) Cooper, A. C. & W. C. Dunkelberg, 1987, pp.11~23.

17) Hirshmeier, *The Origin of Entrepreneurship in Meizi Japan* [土屋喬雄·由井常彦 訳, 『日本における企業者精神の生成』, 東洋経済新報社, 1965], 1964.

18) 石川健次郎, 「明治期における企業家活動の統計的観察」, 『大阪大学·経済学』 第23巻 第4号, 大阪大学経済研究所, 1974, pp.85~117.

19) 青沼吉松, 『日本経営層』, 日本経済新聞社, 1965.

낸 인물 212명(조사항목은 출생연도, 출신 계급, 훈련, 도시, 기업 유형 등)을 추출하여 일본 공업화의 기반을 농촌에서 찾아야 한다며, 각 계층에서 배출하는 '다원적 공업화(多元的 工業化)'의 입장에서 분석을 전개하고 있다. 그러면서도 그는 지금까지의 연구가 정부의 기업가적 노력 혹은 재벌의 활동을 일본 자본주의 발전의 지주(支柱)로서 중시하였기 때문에 도시의 대재벌, 지도력 있는 대실업가에 조사의 초점이 지나치게 편중됐음을 인식하였다.[20] 또한 미쓰나리 히로시(満成博, 1960)는 일본 산업계의 회장, 사장, 경제단체의 대표자 212명(조사항목은 출신, 학력, 업종, 경력 등)을 조사하여 일본의 엘리트에 대한 실증적 연구를 시도하였다. 비즈니스 엘리트가 거대기업의 톱매니지먼트 지위에 이르는 과정을 객관적으로 관찰하여, 그것을 기초로 현대 비즈니스 엘리트가 연공서열제도, 교육제도, 기업 내 관료제와 어떠한 관련성이 있는가를 추적하였다.[21] 아소 마코토(麻生 誠, 1970)도 출생연대별로 각각 127명과 120명의 비즈니스 엘리트(조사항목은 출신, 학력, 경력패턴, 엘리트의 학력 구성, 평균연령 등)를 대상으로 사회체제의 폐쇄성과 개방성, 고정성과 유동성을 염두에 둔 사회적 성격의 결정요인, 역할규정에의 영향, 출신 계급과 이익의 관계인 '체제엘리트(体制エリート)'의 사회적 출신 계층을 고찰하였다.[22]

마지막으로 국내 기업가의 사회적 배경과 관련하여 金泳謨(1971)는 日帝時 대지주의 사회적 배경이 대단히 높고 권력, 즉 경제외적 방법에 의한 토지자본의 형성이 강력하였고, 그들의 사회변동은 오늘날 한국

---

20) 浅野俊光, 「明治よりみた企業家の分析」, 『経営史学』 第14巻 第3号, 日本経営史学会, 1980, pp.87~115.

21) 満成博, 『ビジネス エリート』, 中央公論社, 1960.

22) 麻生誠, 『大学と人材育成』, 中央公論社, 1970.

사회의 권력 지배층을 형성하고 있음을 알게 되었다고 한다.[23] 이어서 한상복(1997)은 경북 영주시 풍기읍(豊基邑)의 직물산업 중소기업가들의 사회적 배경과 경제행위에 관한 경험적 자료를 통하여 사례연구를 시도하였다. 직물기업가들의 사회적 배경은 초창기에 이북 출신이 압도적으로 많았으나 최근에는 본고장 출신이 증가하고 있다. 직물 기업의 소유와 경영 주체는 창업자들이 그들의 2세대보다 6배 이상인 것으로 나타났다. 또한 직물 기업가들의 사회계층과 생활양식은 기업의 규모에 따라 뚜렷한 차이를 보여주고 있고, 경제행위도 자산 및 투자의 규모와 형태에 따라 각기 다르게 나타났다고 논술하고 있다.[24] 김영수(1996)는 중소기업을 대상으로 총 151개의 표본기업을 분석하여 기업가의 배경적 특성과 기업가적 행동의 관계를 규명하였다. 이는 기업가의 객관적인 요인보다는 기업가의 심리적 특성 등 주관적 요소에 중점을 두고 있다는 점 등에서 다른 연구와 비교하여 차이가 난다고 볼 수 있다.[25] 특히 이덕훈(2003)은 전후 일본경제의 성장 과정에서 기업가의 등장과 사회적 배경을 해명하였다. 전전의 산업계를 대표하던 기성 재벌의 붕괴 후에 등장한 새로운 기업경영자의 세 가지 유형, 즉 전문경영자와 창업자형, 준 창업자형 기업가의 등장 요인에 대해 설명하고 이들의 등장 과정에 대한 사회적 배경을 논하였다.[26] 최근 일본 기업가와 관련하여 고광명(2006)은 《기업가의 개인이력서》 자료를 이용하여

23) 金泳謨, 「日帝時 大地主의 社會的 背景과 移動」, 『아세아연구』 14(2), 고려대학교 아세아연구소, 1971, pp.107~125.

24) 한상복, 「풍기(豊基) 직물산업 중소기업가들의 사회적 배경과 경제행위」, 『농촌사회』 7, 한국농촌사회학회, 1997, pp.5~32.

25) 김영수, 『기업가적 행동성향의 결정요인과 성과와의 관계』, 한양대학교 박사학위논문, 1996.

26) 이덕훈, 「戰後 日本의 企業家의 등장과 사회적 배경」, 『日本文化學報』 17, 2003, pp.1~20.

일본 기업가의 사회적 배경 특성이 무엇인지를 고찰하였다. 특히 일본에서는 기업가의 출신성분에 따라 기업가 유형이 다르게 나타났으며 기업가의 사회적 배경에 대해 새롭게 인식할 수 있는 계기를 갖게 되었다.[27] 또한 고광명(2008)은 『20世紀 濟州人名事典』 등에서 조사한 자료를 이용하여 제주도 기업가 유형에 따라 기업가적 특성이 다르게 나타난다는 사실을 밝혔다. 특히 제주도 기업가는 일제하 토착자본을 바탕으로 도민자본을 형성하였고 신용과 근면, 절약을 상인정신으로 삼았으며, 경영성과인 부를 지역사회에 환원하는 기업가윤리를 몸소 행동으로 보여주었다.[28] 그리고 고광명(2012)은 조선인 기업가(119명)를 대상으로 조사하여 이들 기업가 유형이 학력, 경영다각화, 업종보다는 출생시기, 출신지역, 활동시기에 영향을 미친다는 사실을 밝혔다.[29]

이외에도 지금까지 연구 흐름 속에서 재일한인 기업가와 관련된 기존연구를 살펴보면 다음과 같다. 吳圭祥(1992)은 해방 이후 일본에서 재일조선인 상공인들이 어떻게 생활해 왔는가를 알아보기 위해 재일조선인의 역사, 상공업활동이나 경영활동의 흐름에 대해 종합적으로 정리하여 재일조선인의 제 문제를 비롯한 상공업활동 분석과 연구에 큰 공헌을 했다.[30] 河明生(1996; 1998)은 재일한인 1세 조선인의 사례분석을 통해 마이너리티의 기업가활동을 고찰하였으며, 이어서 재일한인

---

27) 고광명, 「일본 기업가의 사회적 배경 연구」, 『동아연구』 51, 서강대학교 동아연구소, 2006, pp.191~216.

28) 고광명, 「일제하 제주도 기업가의 사회적 배경 연구」, 『經營史學』 23(2), 한국경영사학회, 2008, pp.221~251.

29) 고광명, 「日帝下 조선인 기업가의 사회적 배경 연구」, 『日本近代學硏究』 37, 韓國日本近代學會, 2012, pp.187~210.

30) 吳圭祥, 『在日朝鮮人企業活動形成史』, 雄山閣, 1992.

1세와 2·3세 와의 비교분석을 통해 마이너리티의 기업가정신을 분석하였다.[31] 특히 河明生(2003)은 재일코리안 기업가의 활동을 유교적 가치관인 '금의환향'(錦衣還鄕)의 기업가정신(Entrepreneurship)이라고 주장했다. 재일코리안 기업가의 금의환향 지향은 한민족적 소양이 높은 재일한인 1세 기업가들의 지향성을 한마디로 표현한 것이다. 재일한인 1세들은 일본에서 경제적인 성공을 달성한 후 본국 투자나 고향에의 물질적인 공헌에 의해 금의환향을 실현하고자 했다. 왜냐하면 재일코리안 1세들은 본국의 풍토, 풍습, 언어 등에 익숙하고 금의환향이 현실적으로 가능한 상태였기 때문이다.[32] 최근 이주한 기업가와 관련하여 林永彦(2004)은 일본에서 활동하고 있는 한국인 뉴커머 기업가 조사를 통해 그들의 창업활동이 어떠한 자본에 의하여 행해지고 있는가를 사회학적 측면에서 고찰하였다.[33] 또한 金泰永(2005)은 불합리한 환경을 극복하고 일본 사회에서 정착한 재일한국인 기업가의 성장 이유를 명확히 밝혀냈다. 더욱이 재일한국인 집단의 사회적 네트워크와 기업가정신과의 관계를 규명하였다. 결과적으로 재일한국인 기업가의 사회적 네트워크 및 기업가정신은 모두 탈(脫)에스닉(ethnic)화가 진전되고 있고, 탈에스닉적 비즈니스 활동이 전략적으로 필요하다고 주장하였다.[34] 임영언 및 임채완 외(2006, 2007)는 재일한인 기업가 및 기업

31) 河明生, 「日本におけるマイノリティの起業者活動ー在日一世朝鮮人の事例分析」, 『経営史学』 30(4), 日本経営史学会, 1996, pp.59~78; 河明生, 「日本におけるマイノリティの'起業者精神'－在日一世韓人と在日二·三世韓人との比較」, 『経営史学』 33(2), 日本経営史学会, 1998, pp.50~74.

32) 河明生, 『マイノリティの起業家精神: 在日韓人事例研究』, ITA, 2003.

33) 林永彦, 『韓国人企業家』, 長崎出版, 2004.

34) 金泰永, 「재일한국인 기업가의 네트워크 특성과 기업가정신」, 『日本文化學報』 27, 韓國日本文化學會, 2005, pp.1~26.

의 특징을 기술하면서 재일한인 기업의 네트워크 실태에 대해 분석하였으며, 특히 사회적 자본이라는 측면에서 재일한인들이 조직화하여 형성하고 있는 단체 및 기업을 중심으로 파악하여 사례연구를 중점적으로 다루고 있다.[35)] 임영언 외(2005)은 창업 패턴에 따라 기업가를 유형화하고 유형별로 기업가정신(경영관)을 파악하였다. 경제적 자본(창업자금)이나 문화적 자본(사업승계)에 따라 분류한 결과(독립/독자형, 분사형/전업형, 사업 계승형(승계), 개척형)에 따라 기업가정신이 다르게 나타나고 있음을 사례를 들어 논술하고 있다.[36)] 그리고 梁京姬(2009)는 재일한국인 기업가들이 본국에 투자한 신한은행 사례를 중심으로 한국사회 및 금융업계에 미친 영향을 분석하였다. 이들은 일본 사회의 소수민족으로서 일치단결하여 끊임없는 도전정신에 의해 성공을 이끈 사람들로서 본국의 금융 서비스산업에 큰 영향을 미친 재일한인 기업가의 도전정신, 그리고 신한은행의 조직문화 및 경영방식 등이 향후 한국사회에 계승되어 갈 것이라고 주장했다.[37)] 특히 韓在香(2010)은 재일한국·조선인이 소유·경영하는 기업이 만들어 낸 여러 산업에 대해 기업의 자원조달 및 그 기초에 주목하면서 전후 약 50년간에 거처 새로 만들어 내온 역사적 특징이나 그것이 형성된 요인을 명확히 밝혔다.[38)] 최근 고광명(2014)은 재일제주인 기업가(155명)를 대상으로 기업가 유형에 따른 사회적 배경 특성을 살펴보았다. 이 연구에서는 출생 시기,

35) 임영언, 『재일코리안 기업가』, 한국학술정보, 2006; 임채완·임영언·최석신·나주몽, 『재일코리안 기업의 네트워크』, 북코리아, 2007.

36) 임영언·임채완·최석신·나주몽·이석인, 『재일코리안 기업의 경영활동』, 집문당, 2005.

37) 梁京姬, 「在日韓国人企業家が韓国の金融業界に及ぼした影響－新韓銀行を中心に」, 『現代韓国朝鮮研究』 9, 現代韓国朝鮮学会, 2009, pp.16~30.

38) 韓載香, 『在日企業の産業経済史』, 名古屋大学出版会, 2010.

출신지역, 학력, 업종, 경영형태 등은 기업가 유형에 유의한 영향을 미쳤지만 교육지역은 유의한 영향을 미치지 못한 것으로 나타났다.[39)]

이상의 기존연구를 종합하면 기업가 연구와 관련하여 사회적 배경 등의 연구가 많이 진행되고 있으나, 사실상 재일한인 기업가의 사회적 배경에 대한 연구는 국내외적으로 드문 실정이다. 따라서 이 글은 재일한인 기업가의 사회적 배경을 살펴봄으로써 기업가적 측면에서 기존연구와는 차별성을 가진다고 여겨진다.

3. 누구를 대상으로 어떤 방법을 통해 조사했는지

1) 연구대상

이 글은 共同新聞社(1989)가 재일한인 기업가를 수록한 『在日韓国人実業名鑑(関西版)』 자료를 기본적인 원 자료(raw data)로 하고 있다. 이 자료에 수록된 기업가는 약 2,500명(大阪府 약 1,500명, 京都府 약 400명, 兵庫県 약 600명)에 이르고 있다. 이 글에서는 일본 사회에서 경영활동을 수행한 재일한인 기업가 1,585명(関西地域)을 우선 추출한 후, 기업가 유형 및 기업특성과 관련된 내용 등 사회적 배경 관련 자료가 양호한 328명(大阪府)을 대상으로 분석하였다.[40)] 단, 이 글에서는 일부 항목에

39) 고광명, 「재일(在日)제주인 기업가의 사회적 배경 연구」, 『日本近代學研究』 44, 韓國日本近代學會, 2014, pp.375~391.

40) 이 자료의 특성은 『在日韓国人実業名鑑(関西版)』에 기재된 성명, 통명, 직위, 회사명, 소재지, 성별, 생년월일, 본적, 프로필, 거래은행, 업종, 설립, 자본금, 매출액, 사업내용, 특색 및 최근 현황 등 재일한인 기업가와 관련된 자료 중에서 양호한 항목이 다수 포함되어 있다는 것이다. 하지만 이 자료는 1989년 이후에 활동한 기업가를 토대로

서의 누락으로 인해 분석에서 제외된 경우도 유의미한 정보를 제공할 수 있지만 재일한인의 기업가의 사회적 배경과 관련된 기본정보 이외에 보다 구체적이고 분석적인 정보를 제공하지 못하기 때문에 항목별 자료가 미비한 기업가를 분석대상에서 제외하였다.

이처럼 이 글에서 상기 자료를 바탕으로 연구 대상을 선정한 것은 첫째, 1910년 이전부터 1960년 이후에 출생한 주요 재일한인 기업가가 거의 포함되어 있으며, 개인적 요인을 시계열적으로 다룰 수 있기 때문이다. 둘째, 재일한인 기업가를 조사한 자료에 기재된 내용이 시기별로 잘 정리되어 있을 뿐만 아니라 표본 특성으로서 추출이 용이하기 때문이다.

따라서 조사 대상의 자료에서는 좀 더 유용한 정보를 얻기 위하여 4가지 표본 특성에 근거하여 구체적인 수치를 우선 기입하고, 이에 근거하여 명목척도로 측정한 자료임을 밝혀둔다.

2) 연구방법

이 자료는 원래 기업가(328명) 조사를 통해 얻은 내용을 데이터 시트(Data Sheet)로 전기하여 각 내용에 대한 자료를 수록하였기 때문에, 재일한인의 사회적 배경 특성과 관련하여 구체적인 수치와 같은 기본 정보 이외에 보다 분석적인 정보를 제공하지 못하고 있다. 그래서 이 글은 재일한인 기업가의 사회적 특성과 관련한 유용한 정보를 수집하기 위하여, 위의 자료에 수록된 모든 경영활동과 관련한 수치를 M/S 엑셀(Excel) 프로그램에 코딩(Coding)하는 작업을 실시하였다. 다시 말

조사한 내용이 부족하며, 간사이(関西)지역에 국한되어 조사되었다는 점에서 그 한계점을 지니고 있다.

하면 재일한인 기업가의 목록자료를 엑셀 프로그램에 입력하여 기업가들이 가지고 있는 개인적 요인을 포함한 출생시기, 출신지역, 학력, 경영형태 등 기업가의 사회적 배경과 관련하여 어떠한 특성을 갖는지를 분석하였다. 이 글의 분석에 사용된 통계 프로그램은 SPSS 12.0 version이고, 사용된 통계기법은 빈도분석(Frequencies analysis)과 교차분석(Crosstabs), 그리고 t-검정(t-test) 등을 사용하였다.

3) 분석을 위한 유형 및 항목 구분

이 글의 목적은 재일한인 기업가를 유형화하여 기업가 탄생의 사회적 배경과 기업가적 특성을 살펴보는 데 있다. 이를 위해 이 글에서는 조사 자료의 분석을 보다 효율적으로 처리하기 위하여 1945년 이전부터 1989년까지 가장 왕성하게 활동한 주요 재일한인 기업가를 4가지 유형으로 구분하고 사회적 배경 특성과 관련된 항목을 다음과 같이 분류하였다. 이와 같이 유형별로 설정한 이유는 재일한인 기업가를 내용별로 분류한다는 것이 사실상 불가능하지만 자료상에 본인 스스로가 나름대로의 비즈니스를 시작하게 된 동기를 밝힌 사항을 통해 기업가 유형이나 기업특성 등을 파악할 수 있기 때문이다.

우선, 기업가 유형인 경우는 분석대상 기업가에 따라 Ⅰ유형(생계유지형), Ⅱ유형(사업전업형), Ⅲ유형(사업전향형), Ⅳ유형(가업승계형) 등과 같이 4가지 유형으로 제시되어 명목척도로 변환하였다. 이처럼 기업가의 유형을 4가지로 구분한 이유는 일반적으로 재일한인 기업가와 관련하여 프로필에서 많이 표현되거나 언급된 내용을 중심으로 유형화하여 구분하였다. Ⅰ유형은 생계유지를 위해 지금까지의 직업 경험을 살려서 개인경영 형태로 창업한 경우이다. Ⅱ유형은 기존기업이나 가족기업 혹은 주변의 친척들과 함께 법인회사 형태로 창업한 경우이다. Ⅲ형은 기존의 직업이나 직장 경험, 경영 노하우, 전문적인 기술, 실무경험 등을 살려서 창업한 경우이다. Ⅳ유형은 1세들의 부모나 친척으로부터 기업의 경영권을 계승한 경우이다.

다음으로 이 글에서는 조사 자료의 분석을 보다 효율적으로 처리하기 위하여 일본 사회에서 활동한 주요 재일한인 기업가를 대상으로 4가지 항목을 다음과 같이 분류하였다. 사회적 배경 특성 항목과 관련하여 ① 출생년도인 경우는 1920년대 이전, 1930년대, 1940년대, 1950년대 이후와 같이 4가지의 시기로 구분하였다. 이처럼 기업가의 출생시기를 구분한 것은 시간의 흐름에 따라 어떠한 사회적 변화가 발생했는가를 검토하는데 필요한 사항이기 때문이다. ② 출신지역인 경우는 서울, 경기도, 충청도, 전라도, 경상도, 강원도, 제주도와 같이 7개 항목으로 제시되어 명목척도로 변환할 것이나 분석의 효율성을 높이기 위하여 경상남도, 경상북도, 제주도, 기타(서울, 경기도, 충청도, 전라도, 강원도 등) 등과 같이 4개로 구분하였다. 이와 같이 지역을 4개의 카테고리로 구분한 이유는 당시 기업가 출신지역의 비율을 감안하였기 때문이다. ③ 학력인 경우는 본래 한문수학, 초등학교, 중학교, 고등학교, 전문학교, 대학과 같이 중퇴와 졸업을 포함한 6개 항목으로 구분될 것이나, 분석의 효율성을 높이기 위하여 고졸 이하, 전문학교졸, 대졸 이상 등과 같이 3가지로 구분하였다. ④ 경영형태인 경우는 개인상점, 공업소(제작소, 철조소 등), 유한회사, 주식회사와 같이 4개로 구분하였으나 개인상점과 공업소(제작소, 철조소 등)를 하나로 묶어 개인경영으로 범주화하여 개인경영, 유한회사, 주식회사 등과 같이 3개 항목으로 분류하였다.

마지막으로 이 외에도 기업특성(설립년수, 자본금, 매출액, 기업규모)은 회사연감 등 각종 공식·비공식 자료를 통하여 출생시기별(1940년대 전후), 출신지역별(경상남북도, 기타), 학력별(고졸 이하, 전문학교 이상), 경영형태별(개인경영, 법인회사) 등을 기준으로 분류하였다.

4. 어떤 내용으로 사회적 배경 특성을 분석했는지

1) 표본 특성

〈표4〉에서 재일한인 기업가의 표본특성을 살펴보면, 출생시기는 1940년대 89명(31.8%)으로 가장 많고, 다음으로 1930년대 79명(28.2%), 1920년대 이전 76명(27.1%)으로 나타났다. 출신지역은 제주도 154명(54.4%), 경상남도 51명(18.0%), 경상북도 40명(14.1%), 기타 38명(13.4%) 등의 순으로 나타났다. 학력은 대졸 이상 95명(50.0%), 고졸 이하 87명(45.8%), 전문학교졸 8명(4.2%) 순으로 나타났다. 경영형태는 주식회사 163명(57.8%)으로 가장 많고, 다음으로 개인경영 107명(37.9%), 유한회

〈표4〉 표본 특성

(단위: 명, %)

구분	항목	N	빈도	구분	항목	N	빈도
출생 시기	1920년대 이전	76	27.1	출신 지역	경상남도	51	18.0
	1930년대	79	28.2		경상북도	40	14.1
	1940년대	89	31.8		제주도	154	54.4
	1950년대 이후	36	12.9		기타	38	13.4
학력	고졸 이하	87	45.8	경영 형태	개인경영	107	37.9
	전문학교졸	8	4.2		유한회사	12	4.3
	대졸 이상	95	50.0		주식회사	163	57.8

주: 조사한 기업가(328명) 중에서 결측치는 분석대상에서 제외하였음.

사 12명(4.3%) 순으로 나타났다.

〈표5〉는 재일한인 기업가(328명)에 대한 표본기업의 기본 특성을 살펴본 것이다. 조사 대상자에서 재일한인 기업의 평균 설립년수는 22.86년, 자본금은 1.7천만 엔, 매출액은 15.1억 엔, 기업규모는 종업원 수 30명으로 나타났다.

〈표5〉 표본기업의 기본 특성

(단위: 명)

항목	N	최소값	최대값	평균	표준편차
설립년수(년)	322	1.00	68.00	22.8665	11.46650
자본금(천만 엔)	225	.06	20.90	1.7392	2.28242
매출액(억 엔)	231	.07	243.00	15.1360	33.51133
기업규모(명)	301	2.00	413.00	30.1063	52.56522

주: 조사한 기업가(328명) 중에서 결측치는 분석대상에서 제외하였음.

2) 사회적 배경 특성 분석

(1) 출생시기별 특성

〈표6〉에서는 출생시기별에 따른 기업가 유형을 살펴보기 위해 교차분석을 실시하였다. 출생시기별 특성을 살펴보면, 1920년대 이전은 Ⅱ유형 48명(63.2%), 1930년대는 Ⅱ유형 31명(39.2%), 1940년대는 Ⅱ유형 27명(30.3%), 1950년대 이후는 Ⅳ유형 24명(66.7%)으로 나타나 가장 높은 비율을 보였다. 기업가 유형에는 통계적으로 유의한 차이($\chi^2(9)$=76.441, p=0.000)가 있었으며, Cramer's V 값이 .302로 실제적으로 유의한 결과를 보여주었다.

〈표6〉 출생시기별에 따른 기업가 유형

(단위: 명, %)

출생시기별 \ 유형	Ⅰ유형	Ⅱ유형	Ⅲ유형	Ⅳ유형	x^2	p	Cramer's V
1920년대 이전	14(18.4)	48(63.2)	13(17.1)	1(1.3)	76.441	.000	.302
1930년대	10(12.7)	31(39.2)	23(29.1)	15(19.0)			
1940년대	15(16.9)	27(30.3)	26(29.2)	21(23.6)			
1950년대 이후	4(11.1)	3(8.3)	5(13.9)	24(66.7)			

주) * p〈0.1, ** p〈0.05, *** p〈0.01

〈표7〉은 출생시기별에 따른 기업특성을 파악하기 위해 t-검정을 통해 살펴보았다. 이 분석결과를 보면 매출액(F=3.528, p=.062)은 유의수준 10% 이내에서 차이가 나타났지만 반면 설립년수(F=.051, p=.821), 자본금(F=.056, p=.813), 기업규모(F=.986, p=.322) 등은 출신지역별에 따라 유의하지 않는 것으로 나타났다. 결국 재일한인 기업가들은 출생시기가 새로운 사업기회를 얻고자 할 때 영향을 미치기 때문에 기업가 유형과 기업특성(매출액) 요인을 중요하게 인식했던 것으로 판단된다.

〈표7〉 출생시기별에 따른 기업특성

(단위: 명)

기업특성	출생시기별	N	평균	표준편차	F	sig.
설립년수	1940년대 이전	181	25.3204	11.4531	.051	.821
	1940년대 이후	138	19.5507	10.7384		
자본금	1940년대 이전	126	1.8188	2.3903	.056	.813
	1940년대 이후	98	1.6445	2.1550		
매출액	1940년대 이전	132	17.4106	36.1681	3.528	.062
	1940년대 이후	97	12.3188	29.7751		
기업규모	1940년대 이전	165	29.0182	44.1265	.986	.322
	1940년대 이후	133	31.9925	61.9893		

주) * p〈0.1, ** p〈0.05, *** p〈0.01

(2) 출신지역별 특성

〈표8〉에서는 출신지역별에 따른 기업가 유형을 살펴보기 위해 교차분석을 실시하였다. 출신지역별 특성을 살펴보면, 경남은 Ⅱ유형 29명(56.9%), 경북은 Ⅱ유형 18명(45.0%), 제주도는 전반적으로 고른 분포를 나타냈고, 기타는 Ⅱ유형 17명(44.7%)으로 나타나 가장 높은 비율을 보였다. 기업가 유형에는 통계적으로 유의한 차이($\chi^2(9)=22.621$, $p=0.007$)가 있었으며, Cramer's V 값이 .163로 실제적으로 유의한 결과를 보여주었다.

〈표8〉 출신지역별에 따른 기업가 유형

(단위: 명, %)

출신지역별 \ 유형	Ⅰ유형	Ⅱ유형	Ⅲ유형	Ⅳ유형	χ^2	p	Cramer's V
경상남도	3(5.9)	29(56.9)	12(23.5)	7(13.7)	22.621	.007	.163
경상북도	5(12.5)	18(45.0)	9(22.5)	8(20.0)			
제주도	33(21.4)	45(29.2)	35(22.7)	41(26.6)			
기타	2(5.3)	17(44.7)	12(31.6)	7(18.4)			

주 1) 기타는 서울, 경기도, 충정도, 전라도, 강원도를 포함함.
주 2) * p<0.1, ** p<0.05, *** p<0.01

〈표9〉는 출신지역별에 따른 기업특성을 파악하기 위해 t-검정을 통해 살펴보았다. 이 분석결과를 보면, 기업규모($F=4.357$, $p=.038$)는 유의수준 5% 이내에서 차이가 나타났지만 반면 설립년수($F=1.550$, $p=.214$), 자본금($F=.001$, $p=.973$), 매출액($F=.051$, $p=.822$) 등은 출신지역별에 따라 유의하지 않는 것으로 나타났다. 결국 재일한인 기업가들은 지역정체성이 신규기업을 창업할 때 영향(업종)을 미치기 때문에 기업가 유형이나 기업특성(기업규모) 요인을 중요하게 인식했던 것으로 판단된다.

〈표9〉 출신지역별에 따른 기업특성

(단위: 명)

기업특성	출신지역별	N	평균	표준편차	F	sig.
설립년수	경상남북도	128	22.5625	12.1472	1.550	.214
	기타	194	23.0670	11.0219		
자본금	경상남북도	89	1.6331	2.7022	.001	.973
	기타	136	1.8087	1.9676		
매출액	경상남북도	95	15.0977	35.3701	.051	.822
	기타	136	15.1628	32.2827		
기업규모	경상남북도	123	26.2439	37.5622	4.357	.038
	기타	178	32.7753	60.7716		

주 1) 기타는 제주도, 서울, 경기도, 충청도, 전라도, 강원도를 포함함.
주 2) * p<0.1, ** p<0.05, *** p<0.01

(3) 학력별 특성

〈표10〉에서는 학력별에 따른 기업가 유형을 살펴보기 위해 교차분석을 실시하였다. 학력별 특성을 살펴보면, 고졸 이하는 Ⅱ유형 33명(37.9%), 전문학교졸은 Ⅱ유형 6명(75.0%), 대졸 이상은 Ⅱ유형 38명(40.0%)으로 나타나 가장 높은 비율을 보였다. 기업가 유형에는 통계적으로 유의한 차이($\chi^2(6)=23.030$, $p=0.001$)가 있었으며, Cramer's V 값이 .246로 실제적으로 유의한 결과를 보여주었다.

〈표10〉 학력별에 따른 기업가 유형

(단위: 명, %)

학력별 \ 유형	Ⅰ유형	Ⅱ유형	Ⅲ유형	Ⅳ유형	χ^2	p	Cramer's V
고졸 이하	17(19.5)	33(37.9)	27(31.0)	10(11.5)	23.030	.001	.246
전문학교졸	0(0.0)	6(75.0)	2(25.0)	0(0.0)			
대졸 이상	6(6.3)	38(40.0)	20(21.1)	31(32.6)			

주) * p<0.1, ** p<0.05, *** p<0.01

〈표11〉은 학력별에 따른 기업특성을 파악하기 위해 t-검정을 통해 살펴보았다. 이 분석결과를 보면, 기업규모(F=7.823, p=.006), 설립년수(F=7.359, p=.007) 등은 유의수준 1% 이내에서 차이가 나타났고, 매출액(F=5.292, p=.023)은 5% 이내에서 차이가 나타나는 것으로 분석되었다. 반면 자본금(F=.037, p=.847)은 학력별에 따라 유의하지 않는 것으로 나타났다. 결국 재일한인 기업가들은 학력이 경영 위기를 극복할 때 영향을 미치기 때문에 기업가 유형과 개인특성(기업규모, 설립년수, 매출액)을 중요하게 인식했던 것으로 판단된다.

〈표11〉 학력별에 따른 기업특성

(단위: 명)

기업특성	학력별	N	평균	표준편차	F	sig.
설립년수	고졸 이하	107	21.5701	13.1909	7.359	.007
	전문학교 이상	114	22.7105	10.3861		
자본금	고졸 이하	77	1.6744	2.8176	.037	.847
	전문학교 이상	92	1.7648	2.0389		
매출액	고졸 이하	90	11.1553	30.2330	5.292	.023
	전문학교 이상	92	21.9236	39.8626		
기업규모	고졸 이하	103	25.1456	42.9167	7.823	.006
	전문학교 이상	110	41.3455	68.2939		

주) * p〈0.1, ** p〈0.05, *** p〈0.01

(4) 경영형태별 특성

〈표12〉에서는 경영형태별에 따른 기업가 유형을 살펴보기 위해 교차분석을 실시하였다. 경영형태별 특성을 살펴보면, 개인경영은 Ⅰ유형 38명(35.5%), 유한회사는 큰 차이가 없었으며, 주식회사는 Ⅱ유형 86명(52.8%)으로 나타나 가장 높은 비율을 보였다. 기업가 유형에는 통계적으로 유의한 차이($\chi^2(6)=74.532$, p=0.000)가 있었으며, Cramer's

V 값이 .364로 실제적으로 유의한 결과를 보여주었다.

〈표12〉 경영형태별에 따른 기업가 유형

(단위: 명, %)

유형 / 경영형태별	Ⅰ유형	Ⅱ유형	Ⅲ유형	Ⅳ유형	x^2	p	Cramer's V
개인경영	38(35.5)	17(15.9)	32(29.9)	20(18.7)	74.532	.000	.364
유한회사	2(16.7)	5(41.7)	2(16.7)	3(25.0)			
주식회사	3(1.8)	86(52.8)	34(20.9)	40(24.5)			

주) * p〈0.1, ** p〈0.05, *** p〈0.01

〈표13〉은 경영형태별에 따른 기업특성을 파악하기 위해 t-검정을 통해 살펴보았다. 이 분석결과를 보면, 매출액(F=27.667, p=.000), 기업규모(F=33.813, p=.000), 자본금(F=8.165, p=.005) 등은 유의수준 1% 이내에서 차이가 나타났고, 설립년수(F=6.496, p=.011)는 유의수준 5% 이내에서 차이가 나타나는 것으로 분석되었다. 결국 재일한인 기업가들은 경영형태 변경이 기업성장을 추구할 때 영향을 미치기 때문에 기업가 유형과 개인특성(매출액과 기업규모, 자본금, 설립년수)을 중요하게 인식했던 것으로 판단된다.

〈표13〉 경영형태별에 따른 기업특성

(단위: 명)

기업특성	경영형태별	N	평균	표준편차	F	sig.
설립년수	개인경영	119	22.0000	9.9396	6.496	.011
	법인회사	202	23.4208	12.2813		
자본금	개인경영	40	1.0325	1.0802	8.165	.005
	법인회사	184	1.8996	2.4463		
매출액	개인경영	67	2.7661	2.7902	27.667	.000
	법인회사	163	20.3042	38.7287		
기업규모	개인경영	109	12.2936	11.0372	33.813	.000
	법인회사	191	40.3508	63.2836		

주) * p〈0.1, ** p〈.05, *** p〈0.01

5. 마치며

1) 연구결과의 요약

이 글에서는 재일한인 기업가의 사회적 배경(기업가 유형, 기업특성) 특성을 살펴보았는데 이에 대한 분석결과를 종합하면, 다음과 같다.

첫째, 재일한인 기업가의 표본 특성을 살펴보면, 출생 시기는 1940년대 89명(31.8%), 출신지역은 제주도 154명(54.4%), 학력은 대졸 95명(50.0%), 경영형태는 주식회사 163명(57.8%)으로 가장 높은 비율을 나타냈다.

둘째, 출생시기별 특성을 살펴보면, 1920년대 이전~1940년대 사이에 출생한 경우는 Ⅰ·Ⅱ·Ⅲ유형의 비율이 높게 나타났지만 1950년대 이후 출생한 경우는 Ⅳ유형의 비율이 높은 것으로 나타났다. 결국, 재일한인 기업가는 이주 초기에 활동한 기업가가 대부분을 차지하고 있지만 1세나 2세로부터 경영권을 승계한 경우도 있는 것으로 보인다.

셋째, 출신지역별 특성을 살펴보면, 제주도 출신의 경우는 Ⅰ·Ⅱ·Ⅲ·Ⅳ유형의 비율이 높게 나타났지만, 경상남북도 출신의 경우는 Ⅱ유형의 비율이 상대적으로 높은 비율을 나타냈다. 결국, 이들은 경제적, 사회적 목적으로 이주한 경우가 많았기 때문에 다른 지역 출신보다는 제주도나 경상지역 출신이 많은 것으로 파악된다.

넷째, 학력별 특성을 살펴보면, 고졸 이하 출신의 경우는 Ⅱ·Ⅲ유형에서 높은 비율을 보였지만 대졸 이상 출신의 경우는 Ⅱ·Ⅳ유형의 비율이 상대적으로 높게 나타냈다. 결국, 재일한인 기업가는 이주 초기 사업을 수행하는데 충분한 학력을 가지지 못한 경우가 많았으나 일본 이주 이후 일본 사회에서 적응하기 위해 대학 교육을 받은 기업가가 탄생하게 된 것으로 판단된다.

다섯째, 경영형태별 특성을 살펴보면, 개인경영의 경우는 Ⅰ·Ⅱ유형에서 높은 비율을 보였지만 주식회사의 경우는 Ⅱ·Ⅲ·Ⅳ유형의 비율이 상대적으로 높게 나타냈다. 결국, 생계유지의 경우는 소규모 자본으로 삶을 영위하기 위해 가족들과 함께 가방제조, 신발제조 등 일본인들이 싫어하는 업종에 종사한 반면, 사업전업이나 사업전향 및 가업승계의 경우는 경영이나 기술 노하우를 가지고 일본 기업들과 경쟁하면서 제조업이나 서비스 업종을 중심으로 경영활동을 영위한 것으로 보인다.

따라서 재일한인 기업가는 사회적 배경(출생시기, 출신지역, 학력, 경영형태)에 따라 기업가 유형과 기업특성에 유의한 영향을 미치는 것으로 나타났다.

2) 연구결과의 시사점 및 한계

이 글을 통해 얻어진 결과들은 최근 기업가의 사회적 배경에 대해 중요하게 인식되는 시기에 국내외 기업가(경영자)에게 많은 시사점을 제공해 줄 것이다. 이 글에서 기대되는 효과를 살펴보면 다음과 같다.

첫째, 이 글은 재일한인 기업가들의 사회적 배경을 종합적으로 고찰하여 기업가사적 의미를 밝히는 연구라는 점에서 그 의의가 크다. 이는 지금까지 기업가 연구가 부분적으로만 언급되면서 그 전체적 흐름을 가늠하기 어려웠던 기존의 연구 한계를 극복하는 한층 진전된 연구라는 점에서 장점을 지닌다. 둘째, 이 글은 재일한인 기업가의 사회적 배경에 따라 기업가 유형과 기업특성이 다르게 나타난다는 사실을 새롭게 인식할 수 있는 계기가 되었다. 셋째, 이 글에서는 최근 재일한인 1세가 사회적으로 약화되면서 사업계승 형태의 기업가가 등장한 경우도 다소 있었지만 대부분 기업가들이 생계유지나 사업전업을 중심으로 이루어지고 있음을 알 수 있다. 넷째, 기업가의 사회적 배경을 체계적으로 연구하기 위해서는 기업가의 상황을 충분하게 고려하여 분류기준을 명확히 정립하는 것이 무엇보다도 중요함을 인식하게 되었다.

이상과 같은 연구결과에도 불구하고 이 글은 향후 연구에서 보완되어야 할 몇 가지의 한계점이 있다. 첫째, 이 글에서는 共同新聞社(1989)가 재일한인 기업가를 수록한 『在日韓国人実業名鑑(関西版)』에서 조사한 내용을 가지고 전개하였으므로 자료 수집에 따른 한계를 가지고 있다. 향후 연구에서는 연구 자료를 보다 다양하게 확대시키고, 국가간 사회적 배경의 비교를 통해 연구결과를 보완시키면서 일반화시키는 노력이 요망된다. 둘째, 이 글에서는 기존연구에서 이용한 항목 외에 다른 항목을 추가하고 새로운 연구방법에 대한 검토를 통해 연구를 전개하지 못했다는 한계가 있다. 향후 연구에서는 기업가의 사회적 배경 특성에 대해서도 학술적인 연구가 부족하고, 다양한 변수들과의 관련성이 검증되지 못하고 있는 실정을 감안할 때, 보다 구조적이고 실증적인 연구방법을 통해 연구를 전개해야 할 것이다. 셋째, 이 글에서는 국내에서 발간된 기업가의 사회적 배경과 관련하여 경험적 자료에 대한 활용도가 낮은 시점에서 기존자료를 통하여 기업가의 또 다른 의미를 부여하는 연구가 필요하다. 넷째, 이 글에서는 1989년 이전에 활동한 재일한인 기업가의 사회적 배경을 대상으로 고찰을 시도하였지만, 향후 이 과제에 대한 논의를 정밀화하면서 1989년 이후에 활동한 기업가를 토대로 재일한인 기업가의 사회적 배경을 분석해야 할 필요성이 있다.

이 글은 세계한상문화연구단 『디아스포라연구』 제17집에 수록된 논문 「재일(在日)한인 기업가의 사회적 배경 연구」를 수정·보완한 것임.

참고문헌

고광명, 「일본 기업가의 사회적 배경 연구」, 『동아연구』 51, 서강대학교 동아연구소, 2006.

______, 「일제하 제주도 기업가의 사회적 배경 연구」, 『經營史學』 23(2), 한국경영사학회, 2008.

______, 「日帝下 조선인 기업가의 사회적 배경 연구」, 『日本近代學研究』 37, 韓國日本近代學會, 2012.

______, 「재일(在日)제주인 기업가의 사회적 배경 연구」, 『日本近代學研究』 44, 韓國日本近代學會, 2014.

______, 『재일(在日)제주인의 삶과 기업가활동』, 제주대학교 탐라문화연구소, 2013.

金泳謨, 「日帝時 大地主의 社會的 背景과 移動」, 『아세아연구』 14(2), 고려대학교 아세아연구소, 1971.

김영수, 『기업가적 행동성향의 결정요인과 성과와의 관계』, 한양대학교 박사학위논문, 1996.

金泰永, 「재일한국인 기업가의 네트워크 특성과 기업가정신」, 『日本文化學報』 27, 韓國日本文化學會, 2005.

이덕훈, 「戰後 日本의 企業家의 등장과 사회적 배경」, 『日本文化學報』 17, 2003.

임영언, 『재일코리안 기업가』, 한국학술정보, 2006.

임영언·임채완·최석신·나주몽·이석인, 『재일코리안 기업의 경영활동』, 집문당, 2005.

임채완·임영언·최석신·나주몽, 『재일코리안 기업의 네트워크』, 북코리아, 2007.

제주4·3진상규명 및 희생자명예회복위원회, 『제주4·3사건진상조사보고서』, 2003.

한상복, 「풍기(豊基) 직물산업 중소기업가들의 사회적 배경과 경제행위」, 『농촌사회』 7, 한국농촌사회학회, 1997.

共同新聞社, 『在日韓国人実業名鑑』, 1989.

麻生誠, 『大学と人材育成』, 中央公論社, 1970.

満成博, 『ビジネス エリート』, 中央公論社, 1960.

石川健次郎, 「明治期における企業家活動の統計的観察」, 『大阪大学·経済学』 23(4),

大阪大学経済研究所, 1974.

梁京姬, 「在日韓国人企業家が韓国の金融業界に及ぼした影響 - 新韓銀行を中心に」, 『現代韓国朝鮮研究』 9, 現代韓国朝鮮学会, 2009.

吳圭祥, 『在日朝鮮人企業活動形成史』, 雄山閣, 1992.

由井常彦·ヒルシュマイア, 「江戸時代の価値体系とビジネス - 明治期の工業化との関連において」, 『経営史学』 10(1), 日本経営史学会, 1975.

林永彦, 『韓国人企業家』, 長崎出版, 2004.

入管協会, 『2021年版(令和3年版) 在留外国人統計』, 2022.

________, 『在留外国人統計』, 각년도.

庄谷怜子·中山 徹, 『高齢在日韓国·朝鮮人 - 大阪における「在日」の生活構造と高齢福祉の課題』, 御茶の水書房, 1997.

鳥羽欽一郎, 『日本における企業家·経営者の研究』, 早稲田大学産業経営研究所, 1988.

浅野俊光, 「明治よりみた企業家の分析」, 『経営史学』 14(3), 日本経営史学会, 1980.

青沼吉松, 『日本経営層』, 日本経済新聞社, 1965.

河明生, 「日本におけるマイノリティの'起業者精神' - 在日一世韓人と在日二·三世韓人との比較」, 『経営史学』 33(2), 日本経営史学会, 1998.

______, 「日本におけるマイノリティの起業者活動 - 在日一世朝鮮人の事例分析」, 『経営史学』 30(4), 日本経営史学会, 1996.

______, 『マイノリティの起業家精神: 在日韓人事例研究』, ITA, 2003.

韓載香, 『在日企業の産業経済史』, 名古屋大学出版会, 2010.

Collins, O. F. & G. Moore, *The Enterprising Man*, East lansing. MI, 1964.

Cooper, A. C. & W. C. Dunkelberg, "Entrepreneurial Research: Old Questions, New Answers and Methodological Issues", *American Journal of Small Business*, 11(3), 1987.

Hirshmeier, *The Origin of Entrepreneurship in Meizi Japan* [土屋喬雄·由井常彦訳, 『日本における企業者精神の生成』, 東洋経済新報社, 1965], 1964.

Lerner, M., Brush, C. & Hisrich, R., "Israeli Women Entrepreneurs: An Examination of Factors Affecting Performance", *Journal of Business Venturing*, 12(4), 1997.

Stuart, R. W. & P. A. Abetti, "Start-up Ventures: Towards the Prediction of Initial Success", *Journal of Business Venturing*, 2(3), 1987.

북한의 상업거래 관행

재일상공인과 남한 기업인의 사례를 중심으로

남근우

1. 들어가며

이 글에서는 북일무역과 남북교역이 중단된 2010년 이전을 중심으로 조총련계 재일상공인과 남한 기업인들이 북한과 교역과정에서 경험했던 북한의 비정상적인 상업거래 관행을 실증적으로 분석한다. 특히, 이들이 경험했던 북한의 상업거래 관행을 유형화하여 분석함으로써 향후 남북교역 재개에 대비한 시사점을 제공하고자 한다.

2017년 문재인 정부가 출범하면서 남북관계 개선에 대한 정치적, 사회적 기대감이 높아진 적이 있다. 포럼, 세미나, 간담회 등 다양한 형태의 회의석상에서 남북교류협력 재개를 위한 논리가 개발되고 구체적인 추진과제들이 논의되었다. 그러나 2019년 베트남 하노이에서 열린 북미정상회담이 결렬되면서 국내의 다양한 논의는 다시 동력을 잃었다. 국제사회의 대북제재와 미국 바이든 정부의 대북 강경정책, 그리고 북한의 지속적인 핵 개발 및 미사일 도발은 남북교역 재개에 부정적인 외부환경으로 작용하고 있다. 향후 남북교역 재개는 북한의 비핵화 진전과 무력도발 자제에 따른 우리 정부와 국제사회의 대북제재 완화, 그리고 남북교역에 대한 국민적 동의 등 정치적 고려가 중요하게 작용할 것이다. 그러나 대북제재의 목적은 남북교류협력과 크게 다르지 않다. 북한의 의미 있는 변화를 유도해 한반도에 평화를 정착시키고, 우리 경제의 새로운 성장동력 확보와 북한 시장화 촉진을 통해 통일환경을 조성하는 것이다. 따라서 대북제재 이후를 대비하는 작업은 반드시 필요하다.

그동안 남북교역 재개와 관련한 논의들은 주로 남북교역이 남북한 모두에게 호혜적일 수 있다는 데 방점을 두고 우리 기준에서의 의미와 효과를 평가하였다. 반대로 한번 생각해보자. 북한은 왜 남북교역에 참여하려고 할까? 북한이 시장화를 촉진할 수 있는 남한 인적, 물적 자원의 자유로운 유통을 허용할까? 북한 어느 기관이 남한 기업인을 상대할까? 북한 체제 특성에 맞춰 이러한 질문에 대해 생각해보면, 남북교역 과정이 순탄하지만은 않았음을 추측해볼 수 있다.

실제로 5.24조치 이전 남북교역에 참여했던 업체들은 북한의 비정상적인 상업거래로 큰 손해를 입었다. 재일상공인도 마찬가지였다. 과거 재일상공인들은 기부금 명목으로 북한에 많은 외화를 제공하였고, 공업화에 필요한 물자와 생산설비도 무상으로 제공하였다. 그러나 북한이 이들의 투자를 공짜로 인식했다는 재일상공인들의 증언을 심심찮게 들을 수 있다. 북한은 사업을 추진하기 전부터 다양한 명목으로 선급금과 생산설비를 요구했고, 계약체결 이후 계약을 이행하지 않는 일도 있었다. 북한 방문이 어려워 회사 운영현황을 파악하기 힘들었을 뿐만 아니라, 사업 철수 시 자산몰수도 비일비재하였다. 이러한 문제들에도 남한 기업인과 재일상공인들은 클레임을 걸기 어려웠다.

물론 북한의 비정상적인 상업거래 행태가 변했을 수 있다. 국제사회의 대북제재로 대외무역에서 중국 의존도가 90%를 넘어서는 등 북한에게 중국 이외의 다른 선택지가 없기 때문이다. 그러나 과거 북한의 비정상적인 상업거래 행태는 유독 남한 기업인과 재일상공인에게 심하게 나타났다. 북한은 왜 중국과 달리 재일상공인과 남한 기업인에게 비상식적인 거래 행태를 보였을까? 남북교역이 재개될 경우, 이러한 비정상적인 관행들은 사라질까? 북한체제 특성상 남북교역이 재개된다고 하더라도 곧바로 글로벌 스탠다드가 적용되는 교역환경 조성은 어려울 것이다. 남북교역을 바라보는 남북당국 간 시각차가 존재할 뿐만 아니라, 기본적으로 북한체제 변화가 선행되지 않으면 비정상적인 상업거래 관행도 근절되기 어렵기 때문이다. 그럼에도 불구하고 남북교역은 글로벌 스탠다드가 적용되는 비즈니스 대 비즈니스의 상업거래 원칙을 견지하는 방향으로 진행되어야 할 것이다.

이 글에서는 이러한 문제의식을 갖고 남북교역 재개에 대비하기 위해 과거 재일상공인과 남한 기업인들이 대북사업 현장에서 경험했던 북한 상업거래 관행을 실증적으로 분석한다. 그래야만 남북교역 재개 시 관련 제도를 개선하고 북한 시장화를 촉진하는 정책 방안을 발굴할 수 있다.

북한의 비정상적인 상업거래 관행이 알려지기 시작한 것은 방북 재일상공인의 수기를 통해서다. 이후 합영사업을 운영했던 재일상공인이 1994년『世界』에 이 문제를 기고하였고[1] 1995년 조총련합영사업추진위원회는 합영회사 운영과정에 나타났던 원료공급 문제, 계약불이행, 임의적인 사업비 및 인건비 인상, 비자 발급 등 문제들을 직접 북한당국에 제기하였다.[2] 그러나 국내에서는 북한 상업거래 관행에 대한

1) 북한에서 모란봉합영회사를 운영했던 전진식(全鎮植)은 뇌물, 계약불이행, 관료주의 등 합영사업을 진행하면서 들어난 북한의 비정상적인 상업거래의 문제점을 비판하였다. 全鎮植,「祖国との合弁は在日の糧」,『世界』, 1994年 10月 号, pp.107~110.

2) 李燦雨,「日本と朝鮮民主主義人民共和国の経済関係の歴史と現況」, *ERINA REPORT*,

연구가 상당히 미흡하다.[3] 북한 상업거래 행태를 파악하기 위해서는 해당 기업뿐만 아니라, 그들과 접촉했던 북한 파트너의 경험이 필수적으로 반영되어야 하는데 북한 무역일꾼 심층면접이 어려운 작업이기 때문이다. 또한, 북한의 상업거래 관행을 연구대상으로 인식하지 않는 연구풍토도 영향을 미쳤다.

이에 본 연구에서는 재일상공인, 남한 기업인, 탈북무역일꾼에 대한 심층면접을 통해 북한의 상업거래 관행을 실증적으로 파악한다. 2017년 3월부터 6월까지 남한 기업인과 탈북무역일꾼을 대상으로 인터뷰를 진행하였다. 재일동포 사업가에 대한 인터뷰는 2016년 12월과 2017년 7월, 2차례에 걸쳐 히로시마에서 진행하였다. 피면접자 조사명부는 〈표1〉과 같다.

〈표1〉 피면접자 조사명부

피면접자	성별	연령	지역	사업시기 (탈북연도)	분야 및 직업
A1	남	50대	서울시	2001	남북경협
A2	남	50대	서울시	2006	남북교역
A3	남	50대	서울시	1989	위탁가공교역
A4	남	50대	서울시	2006	남북교역
A5	남	50대	서울시	2000	남북경협
A6	남	50대	인천시	1998	위탁가공교역
A7	남	70대	서울시	2004	남북경협
A8	남	50대	서울시	1998	위탁가공교역

Vol.47, 2002.8, p.41.

3) 북한의 상업거래 관행에 관한 주목할 연구는 다음을 참조. 남근우, 「북한의 무역패턴변화와 대남교역 상거래 관행」, 『북한학보』 42(1), 북한연구소, 2017.

A9	남	50대	강원도	2007	남북교역
A10	남	60대	강원도	2004	남북교역
A11	남	50대	충청북도	2006	남북교역
B1	남	60대	자강도	2002	前 합영회사 사장
B2	여	40대	평양	2006	前 대외무역총국 산하 무역회사 근무
B3	남	50대	평양	2014	前 무역회사 사장
B4	남	50대	평양	2013	前 무역회사 해외대표부 부대표
B5	남	50대	평양	2003	前 당 일꾼
B6	남	50대	-	2008	前 당 산하 무역회사 근무
B7	여	40대	평안북도	2008	前 인민무력부 산하 무역회사 근무
B8	여	40대	함경북도	2013	前 인민무력부 산하 무역회사 근무
B9	남	50대	평양	2014	前 해외 주재 무역대표부 근무
C1	남	80대	히로시마	1970년대	前 북일무역 종사
C2	남	80대	히로시마	1980년대	前 히로시마상공회 회장
C3	남	70대	히로시마	1980년대	前 북일무역 종사
C4	여	70대	히로시마	1990년대	前 북일무역 종사
C5	남	60대	히로시마	-	소설가
C6	남	70대	히로시마	1980년대	前 북일무역 종사
C7	남	60대	히로시마	-	前 조총련 간부

※ A: 국내 대북사업자, B: 탈북 대외무역 종사자, C: 조총련 출신 북일무역 관계자

2. 시기별 북한의 대외교역 확대 배경

북한이 재일상공인과 남한 기업인으로부터 투자유치 및 교역을 확대했던 배경에는 대내외적 경제환경 변화가 중요한 요인으로 작용하였다. 이를 크게 재일조선인 귀국사업 시기, 재일상공인 투자 확대 시기, 남북교역 확대 시기로 나뉘어 살펴본다.

1) 재일조선인 귀국사업 시기

북한이 재일조선인 사회로부터 인적, 물적 자원을 동원했던 출발은 귀국사업이다. 북한은 1960년대 자력갱생의 경제발전계획을 수행하는 데 필요한 자원을 확보하기 위해 귀국사업을 추진하였다.[4] 1950년대 후반 동구 사회주의 국가들로부터 원조가 급감하는 환경 속에서 귀국사업은 경제개발계획을 수행하는 데 필요한 노동력, 외화, 생산설비 및 다양한 생활물자를 공급받을 수 있는 현실적인 창구였다.

첫째, 북한은 귀국사업을 통해 한국전쟁 직후 부족한 숙련 노동력을 일정부분 확보할 수 있었다. 전후 북한은 심각한 노동력 부족에 시달렸다. 전쟁 직후인 1953년 8월 중공업 부문 노동자 가운데 10년 이상 경력을 가진 노동자는 4%에 불과하였다. 1년 미만 경력을 가진 노동자가 절반 이상이었다.[5] 김일성이 1974년에 가서야 비로소 노동력 수급 상황이 나아질 것으로 예상할 만큼 전쟁으로 인한 노동력 부족은 심각하였다.[6] 귀국협정에 따라 귀국사업이 중단된 1967년까지 북한으로 귀국한 재일조선인 88,611명의 귀국 전 직업 현황을 살펴보면,[7] 무직자가 8,649명(39.7%)으로 가장 많았다. 그러나 건설 및 생산 현장에 유용한 경력을 보유한 토공분야 인부 4,528명(20.8%)과 공장노동자 2,014명(9.2%)도 귀국했는데, 당시 북한 입장에서 이들은 분명 가치

4) 귀국사업에 대한 자세한 내용은 다음을 참조. 高崎宗司·朴正鎮, 『帰国運動とは何だったのか』, 平凡社, 2005; 菊池嘉晃, 『北朝鮮帰国事業』, 中央公論新社, 2009; 남근우, 「북한 귀국사업의 재조명」, 『한국정치학회보』, 44(4), 한국정치학회, 2010.

5) 김일성, 「모든 것을 전후 인민경제복구발전을 위하여(1953년 8월 5일)」, 『김일성저작집 8』, 조선로동당출판사, 1980, p.61.

6) 김일성, 「당사업과 경제사업에서 풀어야 할 몇 가지 문제에 대하여(1969년 2월 11일)」, 『김일성저작집 23』, 조선로동당출판사, 1983, p.342.

7) 内閣調査室, 「在日朝鮮人の北鮮帰還について(下)」, 『調査月報』 150, 1968, p.69.

있는 노동력이었다.

둘째, 귀국사업은 일본과 국교를 맺지 않은 상태에서 외화와 각종 생활물자를 조달할 수 있는 창구이기도 하였다. 정확한 액수는 파악하기 어려우나, 1959년 12월 제1차 귀국부터 1960년 10월 제44차 귀국까지 귀국자들이 소지한 금액은 약 1억 3천만 엔이었다.[8] 1959년 12월 14일부터 1960년 12월 16일까지 1년간 귀국자가 51,978명으로 전체 귀국자 93,340명의 55.6%가 귀국한 점에 비춰보면 많은 금액은 아니다.[9] 그러나 귀국자들은 소지하고 들어온 돈 외에도 일본 친인척들을 통해 많은 생활용품을 공급받았다. 북한의 열악한 생활환경 탓에 돈이 있어도 생활물자를 구할 수 없었기 때문이다.[10]

셋째, 재일동포 기업가와 기술자 집단이 북한 경제건설에 필요한 생산설비를 휴대하고 귀국하였다. 1961년 2월 조총련은 북한 경제건설에 참여하기 위해 기업가와 기술자 다수의 우선적 귀국을 결정하였다. 이들은 비닐·플라스틱가공, 미싱제조, 양복가공, 제화, 자동차정비, 정밀기계제조, 렌즈제조, 도장, 도금 등 공장 설비를 갖고 귀국하였다.[11] 그 결과, 1인당 평균 귀국물품 중량이 1965년 1월 제122차 귀국 때 2톤을 초과한 이후 동년 4월 제124차 귀국 때 3.4톤, 1967년 4월

8) 木村光彦·安部桂司, 『戦後日朝関係の研究』, 知泉書館, 2008, p.65.

9) 金英達·高柳俊男 編, 『北朝鮮帰国事業関係資料集』, 新幹社, 1995, p.341.

10) 북한으로 귀국한 아들에게 한 번 보내는 물품비용으로 약 10~20만 엔을 지출했다는 사례가 있다. 1960년 일본 샐러리맨의 평균 연간수입이 50만 엔이었다는 점을 고려하면 일본에 남아 있던 친인척들이 귀국자들에게 상당한 양의 물품을 보냈을 것으로 추정할 수 있다. 康日妹, 『本を読む兄本を書く妹』, 星雲社, 2006, pp.47~49. 북한으로 보내는 물자는 북일무역이 중단된 이후에도 지속되었던 것으로 확인된다. 필자가 인터뷰한 재일동포는 2014년까지 북한으로 귀국한 가족에게 생활물자를 보냈는데, 한 번 보낼 때의 양은 100㎝×50㎝ 크기상자 5개였다고 한다(C6).

11) 木村光彦·安部桂司, 『戦後日朝関係の研究』, p.85.

제148차 3.6톤, 6월 제150차 4.3톤, 7월 제151차 5.8톤 등 꾸준히 증가하였다.[12] 귀국자들이 가지고 들어간 각종 공업용 기계와 생산설비들이 북한에서 어느 정도 활용되었는지 알 수 없으나, 상당한 양이 들어갔기 때문에 북한이 1차 7개년계획을 수행하는 데 있어 중요한 역할을 한 것으로 판단된다.

2) 재일상공인 투자 확대 시기

북한이 귀국사업을 통해 1960~70년대 경제개발계획에 필요한 인적, 물적 자원을 재일조선인 사회로부터 동원했다면, 경제발전 전략 핵심이었던 기계화에 필요한 대규모 생산설비는 1961년부터 시작된 민간차원의 북일무역을 통해 도입하였다. 1960~70년대 북한 경제발전계획이 중공업 분야의 기술적 토대를 강화하기 위한 기계화와 기술혁신을 목적으로 하고 있었기 때문에 관련 생산설비 도입이 필요하였다. 일본기업들은 북한에 공작기계, 광산기계, 계측기, 발전설비 등 주로 생산설비 플랜트를 6~8년 장기연불로 수출하고 대금 일부를 북한산 광물자원, 농수산물, 및 섬유원료 등으로 수입하였다.[13] 일본수출입은행 금융지원과 통산성 보험제도 및 후불결제 같은 수단이 있었기 때문에 일본기업의 대북 연불 수출이 증가할 수 있었다.

1961년부터 민간차원의 북일무역이 활발해지면서 1960년대에는 주로 북한이 북일무역에서 흑자를 기록했지만, 1972년부터 1986년까지는 적자를 기록하였다. 여기에는 몇 가지 이유가 있었다. 첫째, 북일무역이 증가할수록 북한은 주된 수출품인 광물 수출을 늘려야 했지만

12) 内閣調査室, 「在日朝鮮人の北鮮帰還について(下)」, pp.69~71.

13) 木村光彦·安部桂司, 『戦後日朝関係の研究』, p.71, p.102.

전력, 항구, 도로 등 인프라가 열악해 광물 대량수송이 어려웠다.[14] 광물 수출에 차질을 빚으면서 일본에 지불해야 할 수입대금 상환액은 그만큼 증가할 수밖에 없었다. 둘째, 1970년대 초반 세계석유 위기가 발생하면서 북한의 주요 수입품목인 석유나 기계류 가격은 상승했지만, 주요 수출품목인 비철금속 가격이 하락하였다. 이로 인해 수입과 수출의 균형이 깨졌고 일본기업에 지불해야 할 채무는 더 늘어났다.

결국, 북한이 일본기업과의 연불무역 거래에서 발생한 만기차관을 상환할 수 없게 되면서 일본기업의 대북 수출에 제동이 걸렸다. 당시 북한과 무역하던 일본기업들은 대체로 중소기업이 많아 일본수출입은행으로부터 수출금융 융자를, 통산성으로부터 보험 혜택을 받았지만, 북한 채무 불이행으로 1975년부터 수출융자와 보험업무가 사실상 중단되었다. 북한과 일본기업들은 수출대금 결제변제 문제를 협의하고, 미지불 채무원금 800억 엔을 1980년부터 1989년까지 10년간 분할상환하기로 합의하였다. 그러나 북한은 1983년 6월까지 원금 약 100억 엔과 이자 약 300억 엔을 변제하고 채무변제를 중단하였다.[15] 북한 채무 불이행에 따라 1986년 9월 일본기업들은 북한으로부터 받지 못한 수출대금에 대한 수출보험금 지급을 일본 정부에 구상 청구하였고, 통산성이 약 300억 엔을 해당 기업에 지불하였다.[16]

북한은 1970년대 후반 미결제 채무 문제로 인한 대외신용도 하락과 북일무역 쇠퇴로 외화 수급에 어려움을 겪자 안정적인 외화벌이를 위해 재일상공인과의 무역을 추진하였다. 재일상공인의 대북 직접투자

14) *Ibid.*, p.104.

15) 李燦雨, 「日本と朝鮮民主主義人民共和国の経済関係の歴史と現況」, p.33.

16) 이찬우, 「북한과 일본의 경제관계 현황과 전망」, 『수은북한경제』, 한국수출입은행, 2009년 가을호, p.50.

는, 그들이 1970년대 시작된 조국방문단 일원으로 북한을 방문하면서 시작되었다. 이를 계기로 헌금납부, 송금, 제조업 투자, 그리고 단순 교역 등 여러 가지 방식으로 대북 투자가 이루어졌다.

북한으로 귀국한 친인척을 둔 재일상공인들은 조국방문단으로 북한을 방문하면서 가족 상봉 대가로 많은 금액을 북한에 헌금하였다. 예를 들어 1974년 히로시마에서 16명으로 구성된 방문단이 방북할 당시 총 5,000만 엔을 북한에 지불하였다고 한다. 이 중 단장은 1,000만 엔을, 기타 인원은 300~700만 엔을 납부하는 것이 하나의 관행이었다고 한다(C2). 1979년 조국방문단 총무를 맡았던 조총련 간부 역시 이와 유사한 증언을 하였다. 방문단원이 되기 위해서는 기본적으로 200~300만 엔을 헌금하고, 가족을 상봉하기 위해서는 추가로 1,000만 엔을 기부해야 했다고 한다. 보통 한번 방북단이 구성되면 2~3억 엔이 모금되었고, 연간 15~20회 정도 방북단이 구성되었기 때문에 매년 30~60억 엔이 북한에 전달되었을 것으로 추정할 수 있다.[17] 1972년부터 1986년까지 북한이 대일무역을 통해 매년 200~400억 엔의 무역수지 적자를 기록했는데,[18] 재일상공인 헌금은 이러한 무역수지 적자를 일정부분 상쇄하는 효과를 거두었다고 볼 수 있다.

북한을 방북한 재일조선인들은 열악한 생활환경을 목격하고 중고의류를 비롯한 다양한 생활용품을 북한의 가족에게 보내주었다. 증언에 의하면, 북한의 가족들은 일본에서 보내준 물품 중 일부는 본인이 사용하고, 남는 것은 암시장에서 쌀, 계란, 야채 등으로 바꾸기도 하였다고 한다.[19] 방북단이 올 때마다 다양한 경공업 물품을 가져오자 북한은

17) 韓光熙, 『我が朝鮮総連の罪と罰』, p.223.

18) 日本統計年鑑, 各年度.

그중에서 경제력 있는 상공인들을 대상으로 북한산 수산물, 농산물, 석재, 모래, 골동품, 그림, 우표 등 다양한 품목에 대한 위탁판매를 제안하거나, 제조업 분야 설비시설 투자와 합영사업을 제안하였다. 재일상공인이 북한을 방문할 때마다 북한산 물품을 구입해 일본에서 판매한 후 수익을 북한 간부와 나누거나, 재방북 시 수산물이나 광물로 교환하는 방식으로 구체적인 사업이 추진되었다고 한다. 이외에도 설비투자의 경우 북한이 요구하는 설비를 일본에서 구입하여 만경봉호를 통해 전달하기도 하였다. 수산물의 경우에는 어망, 어구와 같은 설비를 제공하고 포획된 수산물을 공해상에서 현금으로 구매하기도 하였다(C3, C4).

재일상공인들의 대북 직접투자는 합영사업을 통해 본격화되었다. 북한은 1984년 9월 '합영법'을 제정하기 전부터 '힘 있는 사람은 힘으로, 돈 있는 사람은 돈으로, 지식 있는 사람은 지식으로'라는 구호를 통해 재일동포 사회에 투자를 유도하였다.[20] 1986년 2월 재일본조선인상공연합회결성 40주년 기념방문단이 방북했을 때는 합영사업에 적극 참여할 것을 주문하기도 하였다.[21] 합영사업이 추진되던 1986년부터 북일무역은 감소하기 시작해 1987년부터 북일무역이 중단된 2010년까지 북한 대일수출이 일본 대북수출을 상회하는 현상이 정착되었다.

이 시기 이후부터는 북일무역 수출입 품목도 변하였다. 그동안 일본의 주요 대북 수출품이었던 기계설비류 비중은 줄어든 반면, 섬유제품 위탁가공이 북일무역의 새로운 중심으로 자리를 잡았다. 일본 대북수

19) 小熊英二·姜尚中 編, 『在日一世の記憶』, 集英社新書, 2008, pp.43~44.

20) 김일성, 「재일본조선인총련합회 제15차 분회열성자대회에 보낸 축하문(1982년 6월 19일」, 『김일성저작집 37권』, 조선로동당출판사, 1992, p.189.

21) 李燦雨, 「日本と朝鮮民主主義人民共和国の経済関係の歴史と現況」, p.40.

입에서도 금속제품과 광산물 비중이 감소한 반면, 섬유제품과 수산물 비중이 크게 증가하였다. 섬유제품 수입이 증가한 데에는 1986년부터 시작된 재일상공인과 북한 간 합영회사 영향이 컸다. 당시 합영회사들은 주로 섬유 등 경공업 분야에 집중되었는데, 생산제품이 북한 내수로 사용되지 못하고 일본으로 수출되었기 때문에 섬유제품의 대북수입이 증가한 것이다(B1).

'합영법' 발표 이후 1993년 말까지 북한의 외국인 투자유치는 전자, 기계, 화학, 의류, 식품, 광산 등 다양한 분야에 걸쳐 147건에 달했는데, 이중 88%에 해당하는 130건이 조총련계 기업에 의한 투자로 알려졌다. 한편, 1986년부터 1991년까지 일본 대장성에 신고된 조총련계 기업의 대북 투자는 32건 3,132만 달러로서 투자 시기는 1988년~1989년에 집중되었고 업종별로는 섬유산업이 가장 큰 비중을 차지하였다.[22)]

그러나 1990년대 중반 이후 재일상공인의 직접투자는 감소하였다. 재일상공인의 대북투자 감소는 전체적으로 북일무역 감소로 이어졌다. 전력사정이 열악하고 도로, 통신 등 인프라가 제대로 갖춰지지 않은 것도 문제였지만, 무엇보다도 경제사업을 자본주의 경제시스템으로 운영하지 않고 계획경제 통제방식으로 운영하는 북한체제 특성에 더 큰 문제가 있었다. 이러한 방식으로는 재일상공인뿐 아니라, 외국인의 직접투자를 유치하는 것은 불가능하다. 투자기업은 이윤을 창출하려고 하는데 북한은 자신들의 방식으로 사업을 운영하려 했기 때문이다. 결국 북한 상업거래 방식은 재일상공인들이 북한과의 거래를 회피하게 만든 주요 요인으로 작용하였다.

22) 우상민, 『북한의 외자유치 현황과 전망』, KOTRA, 2006, pp.3~4.

3) 남북교역 확대 시기

1990년대 사회주의권 붕괴로 북한 대외무역 대상이 구소련을 비롯한 동구권에서 아시아로 변하였다. 1990년 북한 대외무역에서 구소련과 동구권이 차지하는 비중은 64.1%였고, 아시아권이 32.2%로 뒤를 이었다. 그러나 소련이 해체된 1991년 아시아 비중은 59.7%로 증가하였고, 유럽은 27.1%로 크게 감소하였다. 이후 아시아 비중은 꾸준하게 증가해 2010년부터 90%를 넘어섰고 2015년에는 95%를 기록하였다.[23)]

전체적으로 북한 대외무역에서 아시아권 비중이 증가한 이유는 중국, 남한과의 교역이 증가했기 때문이었다. 1990년 북한 대외무역에서 중국이 차지하는 비중은 11.4%에 불과하였지만, 1991년 22.6%로 증가한 이후 2000년대 들어와 가파르게 상승하였다. 특히 2005년에 52.6%로 처음 50%를 넘어섰으며, 2014년부터 90%를 상회하고 있다.[24)]

1988년 7.7선언과 대북경제 개방조치를 계기로 시작된 남북교역은 크고 작은 부침을 겪으면서도 양적인 측면에서 성장하였다. 1989년 25개 품목 1,872만 달러를 시작으로 5.24조치가 있었던 2010년에는 795개 품목 19억 1,224만 달러로 확대되었다. 5.24조치 이후에도 개성공단 확대로 2015년 남북교역액이 742개 품목 27억 1,447만 달러를 기록하는 등 1989년에 비해 약 150배 성장하였다. 남북교역을 북한 대외무역에 포함시킬 경우, 북한 대외무역에서 남북교역이 차지하는 비중은 2001년 15.1%에서 2015년 30.3%로 약 2배 성장하였다. 질적인 측면에서도 초기 단순 물자거래에서 위탁가공교역, 금강산관광, 개성공단을 비롯한 경제협력사업 형태로 발전하였다.[25)]

---

23) KOTRA, 『북한의 대외무역동향』, 연도별.

24) 남근우, 「북한의 무역패턴변화와 대남교역 상거래 관행」, p.128.

반면, 북일무역은 1961년 북일 간 직접교역이 시작된 이후 1980년 1,259억2,400만 엔으로 정점을 기록했고, 2009년 262백만 엔을 마지막으로 2010년부터 전면 중단되었다. 일본은 2001년까지 중국 다음으로 북한의 중요한 무역상대국이었다. 더군다나 1987년부터 2006년 일본의 대북제재가 있기 전까지 북한은 2001년 단 한 차례를 제외하고 일본과의 무역에서 흑자를 기록하였다. 그러나 2002년 일본인 납치문제가 이슈화되고 2006년 제1차 북핵실험으로 일본 정부가 국제사회의 대북 경제제재 조치에 동참하면서 북일무역은 쇠퇴하기 시작하였다. 2000년 남북교역을 포함한 북한 대외무역에서 북일무역이 차지하는 비중이 19.4%(4억6,365만 달러)로 중국 20.4%(4억8천803만 달러)와 크게 차이 나지 않았지만, 2003년 처음으로 10% 이하로 감소한 이후 2006년 2.8%로 급격히 축소되었다. 이후 일본은 2007년부터 북한 10대 교역 대상국에서 제외되었고, 2009년 6월부터 북일무역은 완전히 중단되었다.[26]

북일무역이 축소되기 시작한 이 시기부터 북한은 남한과의 교역 및 경제협력을 강화하기 위해 제도적 기반을 마련하였다. 대표적인 사례가 2002년 제정된 '금강산관광지구법' 및 '개성공업지구법'과 2005년에 제정된 '북남경제협력법'이다. 이전까지 북한은 '외국인투자관계법'에 '공화국 영역밖에 거주하는 조선동포들'이라는 표현으로 남한기업 투자를 제한하였다. 그러나 '금강산관광지구법' 제2조와 '개성공업지구법' 제3조는 투자대상을 '남측 및 해외동포'로, '북남경제협력법' 제3

25) 남근우, 「신(新)남북교역체계 기반구축에 관한 연구」, 『통일문제연구』 28(2), 평화문제연구소, 2016, p.4.

26) KOTRA, 『북한의 대외무역동향』, 연도별.

조는 '북한과 경제협력을 하는 남한의 법인, 개인'으로 명확히 규정하였다. 북한은 2002년을 기점으로 남북교역 제도화를 위해 법제 정비를 단행하였고, 이를 통해 개성공단과 금강산 관광 사업을 확대해 남한으로부터 외화를 획득할 수 있었다.

2000년대 들어와 북일무역이 축소되고, 대중국무역 의존도가 높아져 대중무역 적자가 커진 북한 입장에서 남북교역을 통해 획득하는 외화는 중요할 수밖에 없었다. 5.24조치 이전 일반교역과 위탁가공교역 등 거래성 남북교역에서 송금방식과 임가공료 지급방식이 전체 대금결제에서 차지하는 비율은 2006년 84.2%, 2007년 81.8%로 매우 높았다. 5.24조치 이후 남북한 간 교역이 단절되면서 2011년부터 2015년까지 개성공단 대금결제 유형을 보면, 전체 결제유형 가운데 임가공료 지급방식에 의한 대금결제가 92.5%로 압도적으로 높았음을 알 수 있다.[27] 비록 남북교역을 통해 획득하는 외화가 북중무역 적자를 상쇄할 정도는 아니었더라도 이마저도 없었다면 북한의 무역수지 적자폭은 더욱 커졌을 것이다.

재일상공인과 남한 기업인들이 북한에 투자하거나 교역하던 시기는 북한의 대외신용도가 낮고 국제사회 대북제재로 북중무역에 편중되어 만성적인 대외무역 적자를 기록하던 때였다. 이 시기 북한은 재일상공인과 남한 기업인을 생산설비와 외화획득 창구로 활용하였다. 북한은 재일상공인 및 남한 기업인과의 경제협력을 강화하기 위해 법적 기반을 마련했고, 이에 따라 재일상공인, 남한과의 교역은 북한 대외무역에

27) 관세청 통관자료를 기초로 산출. 2008년의 경우, 관세청에서 결제유형을 구분하지 않은 반출입 비중이 전체의 68.3%에 달해 송금과 임가공료 지급 등 결제유형별 반출입 현황의 통계산출이 불가능하다. 2009년의 경우 아예 결제유형별 반출입액을 산출하지 않았다.

서 북중무역과 더불어 중요한 위치로 자리 잡았다. 그러나 재일상공인과 남한 기업인은 이러한 경제적 이점을 충분히 살리지 못하였다. 여러 원인이 있겠지만, 북한의 비정상적인 상업거래 관행에 대한 지식이 부족했다는 점도 중요한 이유이다.

3. 북한의 대남 및 대일교역의 특징

1) 조선로동당 통제로 진행

북한에서 재일상공인과 남한 기업인의 사업을 최종적으로 통제 및 승인하는 기관은 통일전선부(이하 '통전부')이다. 통전부는 재일조선인을 비롯한 해외동포 사업을 주관하고 대남관계 창구기능을 수행하면서, 북한식 통일을 위해 민족통일전선체 형성을 담당하는 조선노동당 핵심부서이다. 따라서 북한에서 재일동포 및 남한과 관련된 경제사업은 남한을 흡수통일하기 위한 동조세력 확대라는 측면에서 '대적관계'로 진행되었다(B1, B2). 통전부가 사업전반을 통제하기 때문에, 재일상공인이든 남한 기업인이든 관계없이 이들과 사업거래에 활용되는 전화, 팩스 등 통신은 모두 당에서 검열하였다. 특히 팩스의 경우, 해당 기업소가 아닌 검열기관으로 발송되기 때문에 기업소 직원이 검열기관을 방문해 찾아가야 했다고 한다(B1).

재일상공인이 북한에 투자하는 경우 통전부 산하 해외동포원호위원회와 통전부의 실질적 통제를 받는 내각 소속 교포사업총국(현 해외동포사업국)이 사업승인 창구 혹은 연결 역할을 하였다. 북한이 재일동포 투자를 유도하는 방법은 크게 두 가지였다.

첫째, 조선해외동포원호위원회가 재일동포 방북을 권유하거나 투자를 유도하였다(B2). 해외동포원호위원회는 해외동포를 대상으로 외화벌이 사업이나 통일사업을 진행하면서 가족상봉 명목으로 방북을 주선하는 역할을 하였다. 해외동포원호위원회 소속 일꾼은 북한 무역회사 명함으로 활동하면서 사업 파트너를 선별하는 역할을 하였다. 재일상공인이 방북이나 투자를 희망할 경우 북한에서 보위부원과 해당 사업을 잘 아는 경제일꾼으로 구성된 조직이 일본에서 해당 재일상공인과 접촉하는 시스템이었다.

둘째, 교포사업총국이 북한에 거주하는 귀국자를 통해 재일조선인의 투자를 유도하는 방법이다(C3). 교포사업총국은 북한에 거주하는 해외동포를 위한 행정지원을 담당하는데, 거기에 속한 도·시별 인민위원회 교포지도원이 재일조선인 투자를 유도하는 데 중요한 가교 역할을 하였다. 교포지도원은 방문단으로 방북한 재일조선인의 신원을 파악하고, 이들에게 애국심을 고취하여 투자나 합영회사 설립을 유도하였다. 또한, 귀국자 신상을 파악하고 있었기 때문에 이들을 통해 재일동포의 투자유도를 권유하기도 하였다. 재일동포가 투자에 긍정적인 반응을 보일 경우, 교포지도원은 조총련을 통해 해당 재일동포에 대한 신원을 파악한 후 투자유도나 공장, 기업소를 소개시켜주는 역할을 하였다(B3).

남한 기업인이 대북사업에 참여하게 된 계기는 여러 가지 있으나, 크게 세 가지로 구분할 수 있다. 첫째, 중국에서 무역회사 명함을 소지한 북한 측 인사를 만나 사업과 관련된 이야기를 주고받는 과정에서 참여하는 경우였다. 둘째, 북한과 사업경험이 있거나 거래방법을 조언해줄 수 있는 조선족 혹은 해외동포로부터 대북사업을 제안받는 경우였다. 셋째, 국내외 민간단체로부터 대북사업을 소개받은 경우였다(A1, A2, A3, A4, A5). 당시 남북교역에 참여했던 기업들은 무관세 효과와 품질 대비 저렴한 북한 노동력 활용, 그리고 국내시장 선점효과를 기대하고 북한의 사업제안을 받아들이는 경우가 많았다.

재일상공인 대북투자는 통전부 산하 해외동포원호위원회와 교포사업총국이 창구기능을 수행했다면, 남한 기업인의 경우 통전부 산하 조선민족경제협력연합회(이하 '민경련')가 창구기능을 수행하였다. 남한 기업인은 북한의 직접 생산자가 아닌 민경련을 통해서만 계약체결이 가능하였다. 민경련은 북한 경제기관들이 남한 기업인을 자율적으로 접촉하지 못하도록 설립된, 대남경제협력과 교류에 대한 총괄적이고 일원화된 감독 및 통제를 전담하는 대남접촉 창구기관이다.

민경련은 대남경제사업의 북한 측 단일창구기능을 수행하는 중계기구이지 직접 생산기관은 아니다. 북한이 대적관계로 남북교역을 진행했기 때문에 남한 기업인에게 먼저 사업을 제안하기보다는 남한 기업인이 민경련의 베이징사무소나 단둥사무소를 방문해 사업을 논의하는 경우가 많았다. 남한 기업인들은 이곳에서 민경련 소속 실무자와 접촉해 사업과 관련한 협의를 진행했고, 계약을 체결하면서도 구체적인 북한 측 생산파트너 및 생산 현장에 대한 정보 없이 대북사업을 진행하는 경우가 많았다.

남한 기업인은 민경련과 사업계약을 체결한 이후 민경련을 통해 통전부, 보위부 등을 거쳐 사업신청서에 대한 최종 승인을 받았다. 그 후 민경련 산하의 생산분야별 총회사가 남한 기업인이 거래하고자 하는 품목을 생산할 수 있는 북한 내 기업소를 자체적으로 선정해 하청을 줬다. 민경련은 남한 기업인의 대북투자 전담창구로서 계약체결에서부터 물품인도에 이르기까지 전 과정을 주관하지만 직접 생산에 참여하지는 않았다.

재일상공인의 대북투자도 통전부가 통제하는 해외동포원호위원회나 교포사업총국이 직접 사업에 참여하지 않고 창구기능만 수행한다는 점은 같았다. 그러나 이들 기관과 관계없는 부서의 일꾼이나 사업능력이 있는 개인이 재일동포 투자자와 사업 관련 협의를 진행하고, 이 과정에서 투자유치에 성공할 경우 사장으로서 직접 사업수행 주체가 된다는 점에서 차이가 있었다. 해외동포원호위원회나 교포사업총국 소속 교포지도원은 기본적으로 재일동포에 대한 신상을 파악하고 투자를 유도하는 역할을 한다. 그러나 이들을 직접 투자로 이끄는 주체는 무역일꾼이든 그렇지 않든 재일동포와 관계 맺고 해당 정보를 가진, 사업능력 있는 사람이었다. 재일동포 투자를 유치하려는 사람은 교포지도총국이나 해외동포원호위원회를 통해 그들에 대한 조총련의 신원조회를 거치고, 투자와 관련된 문건을 작성해 교포지도총국의 승인을 받은 후 진행하였다. 최종 사업승인이 결정되고 합영회사 설립이 논의되면, 승인을 획득한 북한 파트너가 해당 회사의 사장이 되는 구조였다 (B1, B3).

결국 재일동포 투자자는 자신이 북한의 해당 기업인과 투자와 관련된 모든 논의와 사업을 진행했다고 생각하지만, 실제로는 통전부의 통제와 승인 아래 이뤄진 것이다. 또한, 자신도 모르는 사이 이미 북한에서 합영회사 사장이 결정됨에 따라 회사 설립계약 체결 후 운영에 참여하지 못하는 결과로 이어지게 되었다.

2) 외화벌이 수단으로 이용

북한은 통전부를 통해 재일상공인과 남한 기업인의 경제사업을 통제하면서 철저하게 외화벌이 수단으로 이용하였다. 북한은 1980년대 들어와 대외채무 상환 불능 상태에 빠지면서 신용장(L/C) 거래로 대외무역이 불가능해지자, 1992년 11월 국가기관과 더불어 일반 기업소도 대외무역 활동을 할 수 있도록 '새로운 무역체계'를 발표하였다. 이에 따라 위원회, 성 및 지방 단위들에서도 각 기관의 생산 능력과 조건들에 기초하여 수출입 계획을 세웠고 계약에 따라 수출품을 생산하고 무역도 직접 할 수 있게 되었다.[28] 일반 기업소도 생산뿐만 아니라, 외화벌이 무역사업까지 자체적으로 진행할 수 있게 된 것이다. 1990년대 중반 고난의 행군시기를 거치면서 국가배급체계가 붕괴되자 기관들은 스스로 먹고사는 문제를 해결해야 했기 때문에 자체적으로 무역회사를 운영하면서 외화벌이 사업을 진행하였다.

그러나 모든 기업소가 외화벌이 사업을 할 수 있는 것은 아니다. 사업을 위해서는 기본적으로 팩스와 같은 통신시설을 갖춰야 하는데, 이는 무역회사로 승인받아야 가능하다. 따라서 외화벌이 사업을 하고자 하는 기업소는 다른 무역회사와 위탁관계를 체결하거나, 내각 혹은 당, 군 등 특수기관을 통하여 무역회사 설립을 승인받아야 한다(B4). 또한, 외화벌이 사업을 위해 반드시 필요한 것이 와크이다. 와크는 일종의 무역허가증으로, 와크가 없으면 외화벌이 사업을 할 수 없다. 외화벌이 사업에 참여할 수 있는 주체가 공식 대외무역기관에서 와크를 배당받은 일반 기업소까지 가능해지면서 무역일꾼 선발 방식에서도 변화가 나타났다.

북한에서 무역업무를 담당하는 무역일꾼 선발은 공식적으로는 두 가지 방식으로 이루어진다. 첫째, 인민경제대학 출신이나 평양외국어대학, 김일성종합대학, 김형직사범대학 외국어 계열 출신 중에서 선발하는 것이 기본원칙이다. 둘째, 인민경제대학을 졸업하지 않았거나 외

28) 리신효, 「새로운 무역체계의 본질적 특징과 그 우월성」, 『경제연구』 4, 1992, p.30.

국어를 전공하지 않았더라도 인민경제대학 재직반(직장인반)에서 1년여간 집중교육을 받은 후 무역일꾼으로 근무하는 경우도 있다(B1, B5, B6). 북한이 정상적으로 대외무역을 하던 1970년대까지만 해도 무역일꾼들은 현금결제가 아닌 신용장(L/C) 거래로 해외 사업파트너와 계약을 체결하였다. 또한, 통전부 등 특수기관원이 개인적인 안면관계를 활용하여 해외 사업파트너를 찾는 것과 달리 무역일꾼들은 소속 무역회사에 설치되어 있는 조사처(과)나 자료처(과)를 활용하였다. 이 부서에는 해당 무역회사가 거래했던 외국 업체의 회사명, 임직원 현황, 주소, 거래 내역·방법을 비롯해 직원의 가정사와 같은 소소한 개인정보까지 업체별 정보가 축적되어 있다. 공식적 대외무역은 이처럼 무역회사의 조사처를 통해 공식 대외무역일꾼이 참여한다(B5).

그러나 일반 기업소도 자체적으로 외화벌이 사업을 진행할 수 있게 되면서 공식 무역일꾼이 아닌 일반인도 본인의 인맥을 활용하거나, 투자자만 확보하면 얼마든지 외화벌이 사업에 참여할 수 있는 기회가 많아졌다(C7). 재일상공인과의 무역 역시 와크가 없는 기업소나 공식적인 무역일꾼이 아닌 일반인도 투자만 유치해 오면 와크가 있는 무역기관과 위탁관계를 체결하거나, 그 산하에 본인이 직접 새로운 회사를 설립할 수 있게 되었다. 그렇기 때문에 재일상공인들의 대북경제사업은 해외동포원호위원회나 교포사업총국이 창구역할을 수행했지만, 직접적인 사업은 이들이 수행했던 것이다. 이에 반해, 대남교역의 경우 남한을 외국으로 보지 않기 때문에 외국 무역허가증인 와크가 없다. 대남교역은 대남경제사업 창구인 민경련만 참여할 수 있기 때문에 사실상 민경련 산하 회사들이 대남교역 전용 와크를 받았다고 볼 수 있다.

3) 현지 생산환경 조사 불허

보통 투자를 결정할 때 투자지역의 전력, 공업용수, 도로, 항만시설 등 기본적인 인프라와 원료, 자재, 노동력 수급 현황 등에 대해 파악하는 것이 기본이다. 그러나 재일상공인과 남한 기업인은 북한 현지를 직접 방문해 생산환경을 조사하기 어려웠다. 해외동포원호위원회, 교포사업총국, 민경련은 직접 생산자가 아니었지만, 재일상공인이나 남한 기업인이 사업추진 전 사업에 필요한 여러 사정을 물으면 "모든 것이 가능하다"라는 답변을 하는 것이 공통된 특징이었다.[29]

재일상공인은 해외동포원호위원회나 교포사업총국 소속의 교포지도원을 통해 사업을 제안받고 한 번도 만난 적 없는 실제 사업파트너와 검열받는 전화 및 팩스로 사업협의를 진행하였다. 북한의 사업파트너가 재일상공인과 사업을 할 의지가 있더라도, 이들과 재일상공인은 개별적으로 접촉하기 어려웠다. 이로 인해 재일상공인은 생산에 필요한 원부자재, 생산설비, 운송수단을 북한에 보냈음에도, 이것들이 현장에서 사용되고 있는지 확인할 수 없는 경우가 많았다(C1).

남한 기업인 역시 민경련을 통해 사업을 진행했기 때문에 북한 생산기업소의 정확한 현황이나 투자한 설비들이 해당 공장에서 제대로 사용되고 있는지 확인하기 어려웠다고 한다(A6). 북한 현장 방문의 어려움은 대적관계에 있는 남한 사람이 주민들의 생활공간에 들어오는 것을 허용하지 않는 북한체제 특성에 기인한다(B4). 다만, 예외적으로 기술전수가 필요한 경우에 한해서 근로자 기술교육을 위한 남한 기업인의 방북과 현장방문을 허용하였다(A5, A7). 그러나 이 경우에도 남한 사업장과

29) 東北アジア問題研究所 編, 『在日朝鮮人はなぜ帰国したのか』, 現代人文社, 2004, p.94.

의 자유로운 통신이 불가능하여 겪게 되는 어려움이 존재하였다.

이처럼 남한 기업인들은 계약과 업무협의를 민경련과 진행할 수밖에 없었고, 계약을 체결한 민경련 산하 총회사와 생산공장의 상호 외에는 공장의 정확한 위치나 현황 등 세부 사항에 대해 알지 못하는 경우가 많았다. 또한, 생산현장을 방문할 수 없기 때문에 남북교역을 중개했던 중국조선족을 통해 물품을 검수하거나 중국에서 검수하는 불편함을 감수해야 하였다. 이 과정에서 중개인 수수료와 검수에 필요한 추가 비용도 발생하였다(A8, A9).

4. 북한의 상업거래 관행과 유형

1) 사업과 관련 없는 금품 요구

북한 측 파트너는 사업계약을 체결하기 이전에 다양한 명목으로 금품을 요구하는 경우가 많았다. 재일상공인은 북한을 방문할 때마다 '선물비'나 '기부'의 명목으로 많은 금액과 물품을 헌납하였다. 당시 북한이 보기에 재일상공인들은 가족상봉을 위해 기꺼이 금품을 제공할 능력과 의지가 있었기 때문에, 그들에게 일종의 특혜제공을 빌미로 대가를 요구한 것이다. 이러한 북한의 금품 요구 관행은 이후 재일상공인과 남한 기업인의 대북투자에서 나타난 북한의 비정상적인 상업거래 관행의 뿌리가 되었다.

재일상공인은 북한의 불합리한 요구를 들어줄 수밖에 없었다고 한다. 북한을 자주 방문하기 어려워 사업관리를 위해서는 북한 측 파트너와 지속적으로 접촉해야 했기 때문이다(C3, C4). 또한 북한으로 이주한 가족들의 생활을 돕기 위해 대북투자를 시작한 경우가 많아, 북한의 금품 요구행위를 거절하기 어려웠던 것도 이유였다. 재일상공인은 북한 친인척과 정치적 조국으로서의 북한을 돕는다는 측면에서 적극적으로 투자하였다. 그러나 북한은 이들의 투자를 기부금으로 인식하였고, 결국 '투자=공짜'라는 인식이 정착되는 계기로 작용하였다.

1990년대 이후 남북교역이 확대되면서 북한은 재일상공인의 경제적 투자를 기부금처럼 공짜로 받던 관행대로 남한 기업인을 대하였다. 실제로 북한과의 경협에서 남한 기업인들이 공통으로 겪는 애로는 사업을 시작하기도 전에 여러 가지 명목으로 돈을 주어야 했다는 점이다. 여기에는 몇 가지 이유가 있었다.

첫째, 남한과의 경제사업은 개인이 자체적으로 할 수 없고 보위부, 통전부 등 특수기관과 더불어 최고지도자가 승인해야 한다는 이유로 각 기관에 상납할 돈이나 물품을 요구하였다(B3). 남한 기업인들이 요구한 사업을 가능하게 해주는 조건으로 민경련에서 일종의 '중개비'를 요구한 것이다(B5).

둘째, 남한 기업인의 사업 의지를 확인하기 위해 계약체결과 상관없이 상납금을 요구하기도 하였다(A7). 북한 측 파트너 입장에서, 상납금은 남한 기업인에 대한 정보가 부족한 상황 속에서 사업추진의 안정성과 남한 업체의 신용을 확보하기 위한 일종의 '사업 담보금'이었다(B6).

셋째, 남한 기업인으로부터 받는 돈 일부는 생활비나 기관 운영경비로 사용되기도 하였다. 남한 기업인을 상대하는 민경련 소속 일꾼들은 공식적으로 받는 급여만으로 생활하기 어렵다고 한다. 그래서 사업계약을 체결하기 전에 일종의 리베이트를 요구하고, 이 중 일부는 상급기관에 상납하고 나머지는 생활비와 기관 운영경비로 사용했다고 한다(B6).

2) 선급금 및 사전 투자설비 요구

북한 측 파트너는 이미 다양한 명목으로 일정 금액을 받았음에도 계약체결 전후로 선급금을 요구하거나 설비, 자재, 및 운송수단의 선투자를 요구하는 경우가 많았다. 이러한 북한의 선급금 요구행위에는 몇 가지 이유가 있었다.

첫째, 재일상공인의 대북투자를 유치한 북한 측 파트너가 설립한 회사의 사장 자리를 지키고 회사를 운영하기 위해 상부에 지속적으로 바칠 뇌물이 필요했기 때문이다. 선급금을 받아놓으면 설사 계약이 체결되지 않더라도 북한 측 파트너가 본인 몫으로 일정 액수를 챙길 수 있었다(B1).

둘째, 북한은 남북교역 사업 초기에 선급금을 요구하지 않다가, 공급한 물품이 남한에서 잘 판매되면 요구하기도 하였다. 남한 기업인은 해당 물품을 지속적으로 공급받기 위해 북한 요구를 받아들일 수밖에 없었다고 한다(A10).

셋째, 사업실패 시 책임회피를 위한 일종의 보험 성격으로 선급금이나 생산설비, 자재를 미리 받는 경우도 있었다. 남한 기업인으로부터 투자를 받아낸 간부나 부서는 상급자나 상급부서에 자신의 성과로 돈을 바치고 실무사업은 다른 단위에 넘겨버리는 경우가 많았다. 그래야 책임소재에서 벗어날 수 있기 때문이었다. 결국 남한 기업인이 투자한 돈에 대한 행방은 알 수 없고, 책임을 물을 북한 측 담당자조차 없어지는 현상이 나타났던 것이다.

선급금 요구와 더불어 설비, 자재, 원료 및 운송수단을 투자하도록 요구하는 행위도 북한의 대표적인 상업거래 관행이다. 많은 재일상공인, 남한 기업인들이 본격적인 사업추진에 앞서 생산설비, 자재, 원료 등을 미리 제공하지 않으면 사업 자체가 진척될 수 없는 상황에 직면했다. 앞서 설명했듯, 북한은 1992년 '새로운 무역체계'를 발표하고 기업소 단위에서도 무역활동을 할 수 있게 허용하였다. 외견상으로는 생산의 자율성이 향상된 것처럼 보이지만, 이는 아래로부터의 자체적인 자율권 획득으로 보기 어렵다. 생산설비 부족과 원활하지 못한 자재공급체계 문제를 해결하기 위해 지방과 기업소가 자체적으로 생산자원을 동원하여 외화벌이하도록, 오히려 위로부터 강제된 측면이 강한 것이다. 각 생산단위는 자체적으로 무역을 할 수 있게 되었지만, 무역활동과 생산에 필요한 자재와 자금도 스스로 해결해야만 하였다. 북한이 선 투자를 요구한 주요 원인은 바로 여기에 있었다.

북한의 선 투자요구는 재일상공인이 합영회사를 운영하는 과정에서 많이 나타났던 문제였다. 북한은 합영회사 설립계약 이후 생산설비의 노후화로 인한 낮은 생산성, 생산 원부자재와 운송수단 부족 등을 이유로 제시하면서 선 투자를 요구하였다(B1). 심지어 생산설비가 고장 나면 북한에서 자체적으로 부품을 조달할 수 없기 때문에 부품부터 원부자재, 설비, 운송수단에 이르기까지 모든 것을 선 투자했다고 한다.[30)] 재일상공인들은 이렇게 투자했음에도 북한에 내수시장이 형성되어 있지 않아, 추가적인 유통비용을 들여 생산물품을 일본에서 판매하는 손해까지 감수해야 하였다.

남북교역에서 민경련은 창구기능을 수행했지만 직접 생산기관은 아니다. 민경련은 북한 내 생산기관과의 하청계약을 통해 생산물품을 확보하고 남한 기업인에게 공급하는 역할을 하였다. 이 과정에서 민경련은 직접 생산기관에서 물품을 생산하는 데 필요한 원료, 자재 등을

---

30) *Ibid.*, p.100.

보장해야 했으므로 남한 기업인에게 먼저 원부자재를 요구하였다. 남한 기업인들은 이처럼 선급금과 선 생산설비를 제공했음에도 북한 생산현장을 직접 방문하기 어려웠기 때문에 계약물품을 인계받지 못하거나 불량품을 인도받는 경우가 많았다.

3) 계약조건 위반과 클레임 불수용

북한 측 파트너들은 일반적인 무역규범에서 벗어난, 신용할 수 없는 행위로 상대와의 계약을 위반하거나 불성실하게 이행하는 경우가 빈번하였다. 이러한 북한의 계약조건 위반행위에 대해 당사자 간 협의와 조율은 매우 어려웠다. 북한의 계약조건 위반행위는 크게 여덟 가지로 정리할 수 있다.[31)]

첫째, 납기일을 맞추지 못하는 경우이다. 전력, 생산능력 및 교통 인프라 부족으로 공정과 수송 능력이 떨어지기 때문에 발생하였다. 둘째, 수량을 맞추지 못해 임의로 수량을 조작하거나 낮은 품질의 제품을 납품하는 경우이다. 이 역시 제품을 생산할 능력이 되지 않아 수량을 조작하거나 생산공정이 자동화되어 있지 않아 낮은 품질의 제품을 공급한 것이다. 셋째, 선 투자한 생산자재, 원료 등 생산수단을 계약과 무관한 용도로 사용하는 경우이다. 북한을 방문하기 어려워 투자한 설비와 자재들이 해당 생산시설에서 사용되고 있는지를 확인할 수 없다는 점을 악용한 것이다. 넷째, 계약체결 이후 전력이나 원자재를 미

31) 물론 모두가 북한의 계약위반 행위를 경험한 것은 아니다. 일부 업체의 경우 사업초기에 북한의 불성실한 계약이행을 경험했으나 손해를 감수해가면서 북한 측 사업파트너와 신뢰관계를 형성하면 북한도 계약조건을 성실하게 이행하려고 노력했다고 한다(A10).

공급하는 경우이다. 이러한 행위 역시 생산현장을 방문하기 어려운 현실적 한계 속에서 북한 측 파트너의 말만 믿고 계약할 수밖에 없기에 발생하였다. 다섯째, 계약을 체결한 후 임의로 판로를 변경하는 경우이다. 선급금과 생산설비, 자재 등을 받은 후 더 좋은 조건을 제시한 다른 업체에 해당 물품을 공급하기로 이중 계약을 체결한 것이다. 여섯째, 계약체결 당시에 언급하지 않았던 조건을 계약체결 후 요구하거나 투자과정에서 각종 트집을 잡고 손해 발생의 책임을 씌워 인건비 혹은 사업비를 인상하거나 투자 이윤을 제공하지 않는 경우이다. 일곱째, 계약을 체결한 담당자 혹은 부서가 변경되어 더는 계약을 이행할 수 없는 경우이다. 이러한 행위는 책임지지 않으려는 북한체제의 한 단면을 보여준다. 여덟째, 상급자 혹은 상급부서에서 계약을 불승인하는 경우 계약체결의 효력이 상실되는 경우도 있다.

이와 같은 북한의 계약위반 행위에 대해 재일상공인과 남한 기업인들은 다양한 루트를 통해 클레임을 제기했으나 대부분 받아들여지지 않았다. 북한 고위급을 통해 계약이 체결된 경우나 북한 당국 차원에서 보장한 사업일 경우, 혹은 중국 조선족을 중개인으로 활용해 클레임을 걸 경우에만 한정되어 클레임이 받아들여졌다. 이런 경우를 제외한 클레임 제기는 무용지물에 가까웠다고 한다(A11, B6, C3). 여기에는 몇 가지 이유가 있었다.

첫째, 재일상공인은 북한 귀국 가족이 있다는 현실적 한계 때문에 사업과정에서 불거진 문제에 대해 클레임을 강하게 제기하기 어려웠다. 그렇기 때문에 사업과정에서 발생한 손해를 기부로 치부하는 경향이 있었다. 설사, 클레임을 제기한다고 해도 북한은 애초에 이들의 투자를 공짜로 인식했기 때문에 클레임을 무시하였다(C4).

둘째, 북한은 남한보다 정치적으로 우월하다는 자신감으로 남한 기업인을 상대했기 때문에 남한 기업인이 물품의 상품성, 계약절차, 가격 등으로 문제를 제기하면 남한에 대한 적대의식과 자존심 때문에 수용하지 않는 경향이 있다고 한다(B2, B6).

셋째, 남한 기업인의 클레임 제기가 어려웠던 원인에는 북한의 민경련과 다수의 남한 기업인 간에 진행되었던 남북교역의 '일대다(一對多)' 구도의 한계도 있었다. 민경련은 대남경제사업의 단일창구라는 점을 활용해 클레임을 제기하는 남한 기업인에게 다양한 방법으로 불이익을 주었다(B6). 다른 기업인과 계약을 체결하겠다고 위협하거나, 원산지 증명서 발급을 늦추거나, 추가비용을 요구하는 행위도 서슴지 않았다. 심지어 의도적으로 상품 인도를 지연시키거나 아예 계약을 파기하는 행동을 보여 남한 기업인을 당황하게 만들기도 하였다.[32] 남한 기업인들은 생산현장에 대한 정보가 부족한 상황에서 민경련을 통해서만 사업을 진행할 수 있었기 때문에 민경련을 상대할 만큼 협상력이 크지 않았고 클레임을 제기하기 어려웠다.

물론, 당사자 간 협의가 어렵다고 해서 분쟁해결 수단이 전혀 없었던 것은 아니었다. 1961년 북일 간 민간차원의 직접무역이 개시되면서 북한과 일본은 무역활동에서 발생하는 분쟁을 해결하기 위해 민간차원의 다양한 합의서를 채택한 바 있다. 또한, 북한의 '합영법'에는 분쟁해결을 위한 조항(제47조)도 있다. 남북한의 경우는 경제교류 협력 과정에서 발생하는 상사분쟁을 공정하고 신속하게 해결하기 위하여 2000년 상사분쟁 해결에 관한 합의서를 채택한 바 있다. 그러나 재일상공인과 남한 기업인들은 북한의 계약위반으로 발생한 분쟁에 대해 합의된 수단의 어떠한 도움도 받지 못하였다.

32) 남근우, 「북한의 무역패턴변화와 대남 상업거래 관행」, p.144.

4) 사업철수 시 자산 몰수

재일상공인과 남한 기업인들은 북한과 사업을 진행하는 과정에서 모두 사업 중단을 경험하였다. 물론 이들의 사업 중단은 북일 간, 그리고 남북한 간 정치군사적인 갈등과 긴장이 원인으로 작용하였다. 일본이 2006년 북한의 제1차 핵실험에 대한 대응으로 북한산 물품의 일본 수입을 금지했고, 2009년 제2차 핵실험에 대한 조치로 수출을 중단시킴으로써 북일무역은 전면 중단되었다. 남북한 간의 모든 경제사업 역시 2008년 금강산관광 중단과 2010년 5.24조치, 2016년 2월 개성공단 폐쇄로 중단되었다. 특히, 재일상공인들은 북일 간 정치군사적 문제 이외에 다른 이유로도 사업을 중단하였다.

첫째, 수익이 나지 않는 합영회사 운영방식으로 인해 상공인 스스로 사업을 철수하는 경우가 있었다. 원부자재에서부터 생산설비에 이르기까지 모든 것을 투자했음에도 재일상공인들은 회사의 인사권과 운영권을 행사하지 못하였다. 더군다나 북한에는 생산한 제품을 팔 수 있는 내수시장이 전혀 형성되어 있지 않아 생산품을 전량 일본으로 가져가 판매해야 하였다. 합영회사 중에는 주로 피복회사가 많았는데, 일본에 재고가 쌓여 생산량을 축소해야 하는 상황에도 북한은 지속적으로 상납금을 요구하여 손해를 가중시켰다.

둘째, 북한 당국에서 일방적으로 사업을 중단시키기도 하였다. 사업 중단 결정은 두 가지 형태로 나타났다. 먼저, 합영회사 주변에 외화식당과 외화상점 등이 생기면서 발생한 자본주의 의식을 차단하기 위해 검열을 통해 해산시키는 경우이다. 검열은 보통 당, 검찰, 사회안전부, 국가안전보위부 등으로 구성된 합동검열반이 며칠 동안 진행했다고 한다. 주로 합영회사를 운영하는 북한 측 사장의 개인비리를 찾아내

처벌함으로써 합영회사를 해산시키는 경우가 많았다(B1, B3). 또 다른 형태로, 재일상공인의 북한 귀국 가족에게 범죄 혐의를 씌운 후 해결방안으로 북한에 투자한 자산을 포기하도록 강요하는 경우도 있었다(C5).

사업철수가 어떠한 원인에 의해 이루어졌든 재일상공인과 남한 기업인들은 투자자산을 모두 몰수당하였다. 단순교역에 참여한 기업인들은 물품을 인도받지 못하고 선급금도 회수하지 못하는 손해를 입었다. 그러나 합영사업이나 위탁가공교역의 경우 투자자가 생산에 필요한 설비, 기계 등 고정자산과 원부자재, 완성품, 심지어 선급금 등 유동자산까지 모두 부담했기 때문에 사업철수로 인한 피해는 더욱 클 수밖에 없었다. 북한은 투자설비, 원부자재, 그리고 완제품을 회수하기 위해 입국하려는 재일상공인에게 비자를 발급하지 않는 방법으로 재산을 몰수하였다(B1, C4). 더군다나 북일무역에 참여했던 일본기업은 통산성의 보험제도를 통해 일정부분 손해를 만회할 수 있었으나, 재일상공인의 경우 보험혜택을 전혀 받지 못해 피해가 컸다. 5.24조치 이전 북한에 투자한 남한 기업인과 금강산관광 및 개성공단 입주기업 사례에서 보듯, 남한의 경우에도 투자자산의 회수는 사실상 불가능하였다. 특히 개성공단 입주업체를 제외하고 북한에 투자한 남한 기업인들은 북한으로부터 대위변제 각서를 받아야만 하는 경협보험 제도의 문제로 남북교역 중단에 따른 피해를 지원받지 못하였다.

5. 나가며: 남북교역의 성공적인 재개를 위하여

북한의 비정상적인 상업거래 관행은 재일상공인의 수기나 조총련합영사업추진위원회와 같은 민간기관을 통해 끊임없이 제기되던 문제이었다. 1997년 일본 아시아경제연구소는 이러한 문제들로 인해 한국기업의 북한 진출이 성공하기 어렵다고 평가하기도 하였다.[33] 그런데도 남북교역이 북한의 상업거래 관행에 대한 면밀한 분석 없이 진행되었던 부분에 대해 아쉬움이 클 수밖에 없다. 향후 남북교역이 재개된다면, 북한의 과거 관행들이 재현될 가능성을 항상 염두에 두어야 한다.

물론, 북한이 현재는 중국 이외의 국가와는 대외무역을 할 수 없기에 과거와 같은 비정상적인 행태를 보이지 않을 수 있다. 외화벌이를 위해 중국 사업파트너와의 신용관계가 중요해졌기 때문이다(B6). 또한, 내부적으로 시장화와 사경제 확산에 따라 내수시장이 성장하고 있어, 계약내용을 책임 있게 이행하는 것이 이익이라는 인식도 형성되고 있다고 한다(B7). 이런 측면에서 본다면 향후 남북교역은 글로벌 스탠다드가 적용되는 비즈니스 대 비즈니스의 상업거래도 가능할지 모른다.

그러나 남북교역이 재개되어도 남한 기업인과 북한 생산자의 직접교역은 어려울 것이다. 시장화와 사경제가 확산되고 돈주들이 많아져도 경제보다 정치가 우위인 북한체제의 특성상 통전부가 민경련을 내세워 남북교역을 관리할 것으로 예상된다. 북한은 주민들의 의식변화를 초래할 수 있는 남한 기업인의 통신과 통행을 제한하면서 필요한 외화벌이 사업만 진행할 것이다. 그렇기 때문에 남한 기업인은 여전히 북한의 생산현장을 자유롭게 방문하기 어려울 뿐만 아니라 차량, 물자 및 통신의 교환도 힘들 것으로 예상된다. 또한, 평화협정이 체결되지 않는 한 민간주도 경제사업은 정치, 군사 안보적 상황에서 자유로울 수 없다. 이러한 남북관계 특수성에 기인하는 북한의 대남교역 상업거래 관행은 기본적으로 북한체제의 변화가 선행되지 않으면 근절되기 어렵다.

33) 林一信·小牧輝夫,『苦難の行進: 金正日時代の政治経済展望』, アジア経済研究所, 1997.

따라서 남북교역이 정상적으로 구조화되기 전까지 기업인은 스스로 북한의 비정상적인 상업거래 관행에 대처할 방안을 강구해야 한다. 정부는 남북교역이 투명하고 공정하게 진행될 수 있도록 하는 정책을 마련해야 할 것이다.

첫째, 기업인 스스로 리스크 관리방안을 마련해야 한다. 앞으로도 북한 생산공장의 가동과 원활한 사업추진을 위해 선급금이나 시설, 설비, 원료 등 선 투자는 제공해야 할 수 있다. 다만, 과거에 선급금과 선 투자를 했음에도 불구하고 사업이 중단된 경우가 많았으므로, 이러한 것을 제공할 때 장부에 기록해 계약위반 시 클레임 제기를 위한 수단으로 활용할 필요가 있다.

둘째, 계약체결 시 북한 측 계약주체를 민경련 혹은 산하 총회사로 한정 짓지 말고 계약을 이행할 생산기관과 당, 내각, 군, 도·시·군 인민위원회, 은행 등 상위기관을 계약서에 함께 명기해 상위기관의 보증을 받아놓을 필요가 있다(B5). 예를 들어, 북한의 계약주체를 '00성 산하 00무역회사'라고 정확히 기재해놓으면 해당 무역회사 혹은 담당자가 사라져도 계약을 보증한 상위기관에 변제책임을 어느 정도 제기할 수 있다. 물론 책임지지 않으려는 북한체제 특성상 이러한 보증도 무용지물일 수 있다. 또한, 계약서에 상급기관을 명기하는 것에 대해 대가를 요구할 수도 있다. 그러나 상급단위의 변제보증 기관을 계약주체로 명기하는 것은 장기적인 측면에서 북한의 신용을 확보하는 방법이다.

셋째, 북한의 반복되는 계약위반이나 불필요한 금품 요구행위에 대해 거래가 끊어질 것을 두려워하지 말고 강력하게 클레임을 제기해야 한다. 과거 남북교역에서 남한 기업인은 북한과 거래를 지속하기 위해 북한의 계약위반 행위에 문제를 제기하지 않고 쉽게 넘어가 주는 경향도 있었다. 그러나 클레임이 수용되지 않는다면 단호하게 북한 측 사업 파트너와 거래를 단절하는 관행을 만들어야 한다. 중국이 북한의 계약 위반 행위에 대해 거래를 끊는 경우가 많기 때문에 북한은 클레임이 제기되지 않도록 신용을 지킨다고 한다(B6, B8). 북한에게 중국측 사업 파트너의 강력한 클레임 제기와 사업철수는 '시장에서의 신용이 곧 돈'이라는 깨달음으로 이어졌고, 엄격한 품질 및 고정고객 관리 경험을 터득하게 되었다고 한다(B8). 따라서 남한과의 거래에서도 '신용=돈'이라는 논리가 작동될 수 있도록 필요한 경우 반드시 클레임을 제기하여야 한다.

넷째, 정부는 투자보장, 이중과세방지, 분쟁해결절차, 청산결제 등 4대 경협합의서의 실질적인 이행을 위해 노력해야 한다. 이와 함께 북한의 대남경제사업 단일창구인 민경련과 다수의 남한 기업인 간에 진행되었던 일대다 구도의 불리한 교역환경에 대응할 수 있는 방안을 마련해야 한다. 북한체제의 특성상 북한은 앞으로도 민경련을 대남 단일창구로 활용할 가능성이 높기 때문이다(B6, B9). 대안으로 개성공단관리위원회와 같이 남북교역을 통합 지원 및 전담할 기구를 지정해 민경련의 카운트 파트너로 활용할 필요가 있다. 다만, 정부가 설립 혹은 지정하는 남북교역 전담기구가 오히려 업체들을 관리하고 통제하는 방향으로 흐르는 것은 경계해야 한다. 아울러 남북교역 전문기구가 보다 실행력을 높이기 위해서는 5.24조치 이전 남북교역 현장에서 나타났던 여러 법·제도적 문제를 개선하는 방안도 함께 모색하여야 할 것이다.[34)]

34) 남북교역 전담기구 설치 및 법제도적 개선 방안에 대한 자세한 내용은 다음을 참조. 남근우, 「'신(新)남북교역체계' 기반구축에 관한 연구」, 2016.

과거 재일상공인과 남한 기업인들이 북한과 사업하는 과정에서 경험한 북한의 상업거래 행태들은 남북교역 재개를 준비하기 위한 반면교사이다. 정부와 기업은 남북교역의 성공적인 재개를 위하여 북한 상업거래 관행에 대한 대비책을 철저하게 준비해야 할 것이다.

이 글은 통일연구원의 『통일정책연구』 제26집에 수록된 논문
「조총련계 재일상공인과 남한 기업인의 대북투자
: 북한의 상업거래 관행을 중심으로」를 수정·보완한 것임.

참고문헌

김일성, 「모든 것을 전후 인민경제복구발전을 위하여(1953년 8월 5일)」, 『김일성저작집 8』, 조선로동당출판사, 1980.

_____, 「당사업과 경제사업에서 풀어야 할 몇 가지 문제에 대하여(1969년 2월 11일)」, 『김일성저작집 23』, 조선로동당출판사, 1983.

_____, 「재일본조선인총련합회 제15차 분회열성자대회에 보낸 축하문(1982년 6월 19일)」, 『김일성저작집 37권』, 조선로동당출판사, 1992.

남근우, 「북한 귀국사업의 재조명」, 『한국정치학회보』 44(4), 한국정치학회, 2010.

_____, 「'신(新)남북교역체계' 기반구축에 관한 연구」, 『통일문제연구』 28(2), 평화문제연구소, 2016.

_____, 「북한의 무역패턴변화와 대남교역 상거래 관행」, 『북한학보』 42(1), 북한연구소, 2017.

리신효, 「새로운 무역체계의 본질적 특징과 그 우월성」, 『경제연구』 4(77), 과학백과사, 1992.

우상민, 『북한의 외자유치 현황과 전망』, KOTRA, 2006.

이찬우, 「북한과 일본의 경제관계 현황과 전망」, 『수은북한경제』, 한국수출입은행, 2009 가을호.

KOTRA, 『(연도별)북한의 대외무역동향』.

康日妹, 『本を読む兄本を書く妹』, 星雲社, 2006.

高崎宗司·朴正鎮, 『帰国運動とは何だったのか』, 平凡社, 2005.

菊池嘉晃,『北朝鮮帰国事業』, 中央公論新社, 2009.
金英達·高柳俊男 編,『北朝鮮帰国事業関係資料集』, 新幹社, 1995.
内閣調査室,「在日朝鮮人の北鮮帰還について(下)」,『調査月報』150, 1968.
東北アジア問題研究所 編,『在日朝鮮人はなぜ帰国したのか』, 現代人文社, 2004.
李燦雨,「日本と朝鮮民主主義人民共和国の経済関係の歴史と現況」,『ERINA REPORT』 Vol.47, 2002.
林一信·小牧輝夫,『苦難の行進: 金正日時代の政治経済展望』, アジア経済研究所, 1997.
木村光彦·安部桂司,『戦後日朝関係の研究』, 知泉書館, 2008.
小熊英二·姜尚中 編,『在日一世の記憶』, 集英社新書, 2008.
日本統計年鑑, 各年度.
全鎮植,「祖国との合弁は在日の糧」,『世界』, 1994年 10月号.
韓光熙,『我が朝鮮総連の罪と罰』, 文藝春秋, 2002.

편자 _ 재일디아스포라의 생태학적 문화지형과 글로컬리티 연구팀

김환기(金煥基) 동국대학교 일본학연구소 소장
신승모(辛承模) 경성대학교 인문문화학부 조교수
유임하(柳壬夏) 한국체육대학교 교양과정부 교수
이승진(李丞鎭) 건국대학교 모빌리티인문학연구원 조교수
이승희(李升熙) 부산대학교 사학과 조교수
이영호(李榮鎬) 동국대학교 일본학연구소 전임연구원
이진원(李眞遠) 서울시립대학교 국제관계학과 교수
이한정(李漢正) 상명대학교 일본어권지역학전공 교수
정성희(鄭聖希) 동국대학교 일본학연구소 전문연구원
정수완(鄭秀婉) 동국대학교 영화영상학과 교수

필자 _

강여린(姜鴽潾) 서울대학교 국제문제연구소 선임연구원
고광명(高廣明) (사)제주다문화교육복지연구원
권연이(權姸李) 이화여자대학교 이화사회과학원 연구원
김웅기(金雄基) 한림대학교 일본학연구소 HK교수
남근우(南根祐) 인천연구원 도시사회연구부 연구위원
신승모(辛承模) 경성대학교 인문문화학부 조교수
이승희(李升熙) 부산대학교 사학과 조교수
이영호(李榮鎬) 동국대학교 일본학연구소 전임연구원
이지영(李芝英) 창원대학교 사회과학연구소 전임연구원
이진원(李眞遠) 서울시립대학교 국제관계학과 교수
임영언(林永彦) 전남대학교 정책대학원 교수
조기은(趙基銀) 도쿄외국어대학 해외사정연구소 특별연구원

재일디아스포라와 글로컬리즘 2 – 정치·경제

2023년 12월 31일 초판 1쇄 펴냄

엮은이 동국대학교 일본학연구소
펴낸이 김흥국
펴낸곳 도서출판 보고사

책임편집 이소희
표지디자인 김규범

등록 1990년 12월 13일 제6-0429호
주소 경기도 파주시 회동길 337-15 보고사
전화 031-955-9797
팩스 02-922-6990
메일 bogosabooks@naver.com
http://www.bogosabooks.co.kr

ISBN 979-11-6587-662-3 94300
979-11-6587-660-9 (세트)

정가 33,000원

이 저서는 2020년 대한민국 교육부와 한국연구재단의 지원을 받아 수행된 연구임.
(NRF2020S1A5B8104182)